O Nascimento da Inteligência na Criança

O GEN | Grupo Editorial Nacional – maior plataforma editorial brasileira no segmento científico, técnico e profissional – publica conteúdos nas áreas de ciências humanas, exatas, jurídicas, da saúde e sociais aplicadas, além de prover serviços direcionados à educação continuada e à preparação para concursos.

As editoras que integram o GEN, das mais respeitadas no mercado editorial, construíram catálogos inigualáveis, com obras decisivas para a formação acadêmica e o aperfeiçoamento de várias gerações de profissionais e estudantes, tendo se tornado sinônimo de qualidade e seriedade.

A missão do GEN e dos núcleos de conteúdo que o compõem é prover a melhor informação científica e distribuí-la de maneira flexível e conveniente, a preços justos, gerando benefícios e servindo a autores, docentes, livreiros, funcionários, colaboradores e acionistas.

Nosso comportamento ético incondicional e nossa responsabilidade social e ambiental são reforçados pela natureza educacional de nossa atividade e dão sustentabilidade ao crescimento contínuo e à rentabilidade do grupo.

Jean Piaget

O Nascimento da Inteligência na Criança

Tradução
Álvaro Cabral

Quinta edição

- O autor deste livro e a editora empenharam seus melhores esforços para assegurar que as informações e os procedimentos apresentados no texto estejam em acordo com os padrões aceitos à época da publicação, e todos os dados foram atualizados pelo autor até a data de fechamento da edição original do livro. Entretanto, tendo em conta a evolução das ciências, as atualizações legislativas, as mudanças regulamentares governamentais e o constante fluxo de novas informações sobre os temas que constam do livro, recomendamos enfaticamente que os leitores consultem sempre outras fontes fidedignas, de modo a se certificarem de que as informações contidas no texto estão corretas e de que não houve alterações nas recomendações ou na legislação regulamentadora.
- Data do fechamento da edição brasileira do livro: 10/06/2024
- O autor e a editora se empenharam para citar adequadamente e dar o devido crédito a todos os detentores de direitos autorais de qualquer material utilizado neste livro, dispondo-se a possíveis acertos posteriores caso, inadvertida e involuntariamente, a identificação de algum deles tenha sido omitida.
- **Atendimento ao cliente: (11) 5080-0751 | faleconosco@grupogen.com.br**
- Traduzido de
  La naissance de l'intelligence chez l'enfant
  Copyright © Jean Piaget, 1966
  Copyright © Foundation Jean Piaget, 2019
  All Rights Reserved.
  ISBN: 9782603001332
- Direitos exclusivos para a língua portuguesa
  Copyright © 2024 by
  LTC | Livros Técnicos e Científicos Editora Ltda.
  Uma editora integrante do GEN | Grupo Editorial Nacional
  Travessa do Ouvidor, 11
  Rio de Janeiro – RJ – 20040-040
  www.grupogen.com.br
- Reservados todos os direitos. É proibida a duplicação ou reprodução deste volume, no todo ou em parte, em quaisquer formas ou por quaisquer meios (eletrônico, mecânico, gravação, fotocópia, distribuição pela Internet ou outros), sem permissão, por escrito, da LTC | Livros Técnicos e Científicos Editora Ltda.
- Imagem da capa: © Archives Jean Piaget
- Capa: e-Clix
- Ilustração da capa: Yago Abreu
- Editoração eletrônica: Caio Cardoso
- Ficha catalográfica
- **CIP-BRASIL. CATALOGAÇÃO NA PUBLICAÇÃO**
  SINDICATO NACIONAL DOS EDITORES DE LIVROS, RJ

P642n
5. ed.

  Piaget, Jean, 1896-1980
    O nascimento da inteligência na criança / Jean Piaget ; tradução Álvaro Cabral. - 5. ed. - Rio de Janeiro : LTC, 2024.
    456 p. ; 21 cm.

  Tradução de: La naissance de l'intelligence chez l'enfant
  ISBN 978-85-216-3893-3

  1. Psicologia infantil. 2. Crianças - Desenvolvimento. 3. Inteligência. I. Cabral, Álvaro. II. Título.

24-92701 CDD: 155.413
          CDU: 159.922.73

Gabriela Faray Ferreira Lopes - Bibliotecária - CRB-7/6643

Nota da editora

O Nascimento da Inteligência na Criança foi escrito por Jean Piaget há décadas, em um contexto histórico, cultural, social e político muito distinto do atual. Embora continue a ser um dos conteúdos mais utilizados e aceitos em sua área, a editora está ciente de que pode haver trechos considerados anacrônicos. Contudo, para garantir rigor científico e respeito ao pensamento do autor, optou-se por manter o texto original, sem qualquer ressalva.

SUMÁRIO

Apresentação, xi
Yves de La Taille

Prefácio à 2ª edição, xix

Introdução O Problema Biológico da Inteligência, xxiii

PRIMEIRA PARTE
As Adaptações Sensório-Motoras Elementares, 1

Capítulo I A Primeira Fase: o Exercício dos Reflexos, 3

Capítulo II A Segunda Fase: as Primeiras Adaptações Adquiridas e a Reação Circular Primária, 29

SEGUNDA PARTE
As Adaptações Sensório-Motoras Intencionais, 131

Capítulo III A Terceira Fase: as "Reações Circulares Secundárias" e os "Processos Destinados a Fazer Durar os Espetáculos Interessantes", 137

Capítulo IV A Quarta Fase: a Coordenação dos Esquemas Secundários e sua Aplicação às Novas Situações, 197

Capítulo V A Quinta Fase: a "Reação Circular Terciária" e a "Descoberta de Novos Meios por Experimentação Ativa", 253

Capítulo VI A Sexta Fase: a Invenção de Novos Meios por Combinação Mental, 327

Conclusões A Inteligência "Sensório-Motora" ou "Prática" e as Teorias da Inteligência, 355

A
Valentine Piaget

APRESENTAÇÃO

Algumas obras marcam suas épocas. Em relação a elas, há um antes e um depois. É, por exemplo, o caso do *Curso de Linguística Geral*, de Saussure, e também do livro *A Interpretação dos Sonhos*, de Freud. Nesses dois casos, o antes é a ausência de uma área do conhecimento e o depois é justamente a sua presença: Saussure é chamado de pai da Linguística, e Freud, o pai da Psicanálise.

No entanto, há obras que, mesmo sem inaugurarem uma nova área de conhecimento, marcam suas épocas no sentido de que, depois de sua publicação, não é mais possível, ou fica muito difícil, permanecer abordando o tema de que elas tratam como se fazia anteriormente. Um dos exemplos mais conhecidos é o texto de Darwin, *A Origem das Espécies*, que abriu uma nova e revolucionária perspectiva teórica para a hereditariedade, opondo-se à de Lamarck. E há vários outros, digamos, mais modestos, mas que mesmo assim se tornaram incontornáveis para quem seriamente se debruça sobre os temas abordados. Penso, por exemplo, nos achados de Pavlov sobre os reflexos condicionados. Penso também no livro de Durkheim sobre o suicídio: mesmo não concordando com as teses do eminente sociólogo, é praticamente impossível não as levar em conta, não as discutir. Penso também em Paulo Freire, cuja abordagem educacional é ora admirada, ora vilipendiada, mas mundialmente conhecida e incontornável, mesmo para quem não simpatiza com ela.

Haveria alguns outros textos dignos de serem citados. E um deles é certamente o livro *O Nascimento da Inteligência na Criança*, de Jean Piaget.

Antes de explicitar as razões que me levam a considerar este livro como um marco na história da Psicologia – como um clássico, portanto –, devo situá-lo na extensa bibliografia do cientista suíço.

xii O Nascimento da Inteligência na Criança

O Nascimento da Inteligência na Criança não é o primeiro livro de Piaget. Cinco outros o precederam, dos quais quatro já dão o "tom" do que seriam a abordagem e a teoria piagetianas. Os dois primeiros intitulam-se *A Linguagem e o Pensamento da Criança* (1923) e *O Raciocínio da Criança* (1924)[1]. Como os títulos indicam, são dois livros dedicados ao estudo da *inteligência infantil*, não somente aos mecanismos desta, mas sobretudo à sua *evolução* durante a infância. Portanto, temos nesses dois textos um tema que será recorrente na obra de Piaget: a inteligência (estruturas mentais) e o seu desenvolvimento.

Os dois livros seguintes tratarão não da inteligência em si, mas sim dos conhecimentos infantis: *A Representação do Mundo na Criança* (1926) e *A Causalidade Física na Criança* (1927). Porém, cuidado: limitar-se a dizer que esses dois livros não tratam da inteligência seria um erro, pois, para Piaget, o desenvolvimento da inteligência e o desenvolvimento da qualidade dos conhecimentos não são somente correlatos (o que era de se esperar), mas alimentam-se mutuamente. Temos, portanto, nesses quatro primeiros livros os dois temas que ocuparão nas décadas seguintes o essencial das pesquisas e reflexões de Jean Piaget.

Porém, não é o caso do quinto livro publicado pelo "jovem Piaget": *O Juízo Moral na Criança* (1932). Moral: tema que ele nunca mais voltará a pesquisar, mas que estará bem presente nos seus escritos pedagógicos. Embora tema isolado na sua obra, pode-se dizer que, assim como *O Nascimento da Inteligência*, *O Juízo Moral na Criança* é um clássico que abriu amplas perspectivas de pesquisa e reflexão antes inexistentes sobre moral e ética, e que até hoje estão vivíssimas, notadamente no Brasil. Falta acrescentar que é nesse texto que Piaget aborda o conceito de relações sociais de *cooperação*, essenciais para o papel da socialização no desenvolvimento do juízo moral, mas também da inteligência e dos conhecimentos (as relações de *coação* não favorecem o desabrochar das diversas manifestações da inteligência).

O sexto livro publicado por Piaget é justamente *O Nascimento da Inteligência na Criança*. Ele o publica em 1936, com a idade de 40 anos e pai de duas filhas (Jacqueline e Lucienne) e de um filho

---

[1] A tradução brasileira do título deste livro omite a referência ao *juízo* presente no título original: *Le Jugement et le raisonnement chez l'Enfant*.

(Laurent). A menção a esses filhos não á anedótica: são eles, durante seus primeiros dois anos de vida, seus sujeitos de pesquisa para analisar como se opera o nascimento da inteligência no ser humano. Sublinhe-se que para essa tarefa Piaget contou com a inestimável participação de sua esposa, Valentine. E são também os filhos do casal os sujeitos de pesquisa de outros dois livros que, com *O Nascimento da Inteligência*, compõem uma trilogia que soma mais de mil páginas: *A Construção do Real na Criança* (1937) e *A Formação do Símbolo na Criança* (1945).

Isso posto, chegou a hora de explicitar a razão pela qual considero *O Nascimento da Inteligência na Criança* como um marco na história da Psicologia (nas linhas gerais, o que vou escrever vale para os dois outros tomos da trilogia).

Piaget não foi o primeiro a se interessar pela infância. Pode-se dizer que foram os educadores que inauguraram essa tendência, notadamente criando materiais didáticos, como o fizeram Itard, Séguin, Froëbel, Montessori e outros, os quais seguiram o conselho de Rousseau: para educar os alunos, é preciso conhecê-los. Tampouco foi o primeiro cientista a estudar sistematicamente a Psicologia infantil, como o fizeram Claparède, Vigotski e Wallon, para citar apenas nomes célebres e contemporâneos de Piaget. Finalmente, houve antes deles observações de bebês. Por exemplo, Darwin o fez com seu próprio filho. Porém, a riqueza e a minúcia com as quais Piaget observou os seus três filhos bebês foram inéditas. E um aspecto edificante que decorre das centenas de observações e análises foi o seguinte: os bebês não apenas são dotados de inteligência, mas esta é complexa, rica e criativa. Mais ainda: essa forma de inteligência chamada de "prática" prenuncia a inteligência verbal subsequente. Esse último aspecto é essencial, e voltarei a ele.

Em resumo, depois de se ler *O Nascimento da Inteligência na Criança*, é impossível considerar os bebês como seres passivos que necessitam apenas de cuidados essencialmente materiais, como higiene e alimentação, e que estão à espera pacientemente dos benefícios da maturação biológica. Aliás, a obra toda de Piaget atesta da fineza da inteligência das crianças desde o seu nascimento e coloca em xeque a validade de uma expressão corriqueira, segundo a qual um adulto comete "um erro infantil": é um erro adulto mesmo!

xiv O Nascimento da Inteligência na Criança

Vou agora abordar dois temas que, estes sim, colocam claramente um antes e um depois a partir da publicação de *O Nascimento da Inteligência na Criança*.

Quem, por acaso, resolva ir diretamente às Conclusões do referido livro, intituladas "Inteligência 'sensório-motora' ou 'prática' e as teorias da inteligência", poderá ficar surpreso se esperava considerações teóricas restritas ao universo de crianças de zero a dois anos de idade. Como indicado no subtítulo das Conclusões, Piaget vai também servir-se de seus dados e análises para discutir teorias consagradas sobre a inteligência (a inteligência humana, e não apenas a infantil). Escreve ele: "Existe uma inteligência sensório-motora ou prática, cujo funcionamento prolonga o dos mecanismos de nível inferior: reações circulares, reflexos e, mais profundamente ainda, a atividade morfogenética do próprio organismo. Tal é, segundo nos parece, a principal conclusão do presente estudo. Convém agora determinar o alcance de tal interpretação, procurando fornecer uma visão de conjunto dessa forma elementar da inteligência" (p. 355). Depois desse primeiro parágrafo das conclusões, o autor vai dedicar-se a um exercício sofisticado de análise e refutação parcial de teorias de peso, como o "empirismo associacionista", o "intelectualismo vitalista", o "apriorismo e a psicologia da forma (Gestalt)" e a "teoria de ensaios e erros". Após essa revisão crítica, Piaget finaliza suas conclusões com "a teoria da assimilação", ou seja, com a *sua teoria*. Podemos dizer que assim nasce definitivamente o *construtivismo* e que este não nasce *ex nihilo*, mas sim de minuciosa pesquisa e revisão bibliográfica. E sabe-se da importância dessa abordagem teórica que revolucionou a Psicologia e que, portanto, abriu novas e profícuas pesquisas e reflexões que duram até hoje. Há, portanto, realmente, um antes e um depois da publicação do livro que se vai ler.

Mas o que é essa *teoria da assimilação*? É o que Piaget vai explicar ao longo do livro. Limito-me aqui a colocar dois argumentos: um em relação ao empirismo e outro ao que se pode chamar de apriorismo.

Nas suas conclusões, escreve Piaget a respeito do primeiro: "tende a considerar a experiência como algo que se impõe por si mesmo, sem que o sujeito tenha de organizá-la, isto é, como se ela fosse impressa diretamente no organismo *sem que uma atividade do sujeito seja necessária à sua constituição*" (p. 360). Duas ideias aqui são centrais.

Apresentação **XV**

A primeira diz que *a inteligência organiza a experiência*. Este é o sentido do conceito de assimilação: o sujeito "interpreta" suas experiências a partir das estruturas mentais que possui. A segunda ideia decorre da primeira: a assimilação é uma *ação*. É através de suas ações sobre o meio que o sujeito o torna inteligível, inteligibilidade essa, portanto, não decorrente de uma passividade que se resumiria a deixar-se impregnar pela qualidade supostamente intrínseca das coisas. Escreve também Piaget nas suas conclusões: "A experiência não é recepção, mas ação e construção progressivas. Eis o fato fundamental." (p. 363)[2].

Aceita essa tese, impõe-se uma questão assim formulada pelo autor: "Se a inteligência não é uma soma de traços depositados pelo meio nem de associações impostas pela pressão das coisas, a solução mais simples consistirá, então, em considerá-la uma força de organização ou uma faculdade inerente ao espírito humano e mesmo a toda a vida animal, seja ela qual for" (p. 367). Piaget está se referindo à tese apriorística segundo a qual as estruturas mentais da inteligência seriam o fruto exclusivo de uma carga hereditária, fossem essas estruturas presentes desde o nascimento ou fruto progressivo de uma maturação. O autor refuta essa tese com um conceito indissociável da assimilação: *a acomodação*. Ao entrarem em contato com o meio para assimilá-lo, as estruturas da inteligência, por um processo de autorregulação, são capazes de se modificar para apreender as novidades desse meio não completamente assimiláveis pelas estruturas já presentes. E aqui reencontramos dois conceitos centrais da teoria piagetiana. Novamente, a *ação*: é agindo sobre o mundo que o sujeito o assimila e enriquece suas capacidades de assimilação. A *construção*: pelos processos de assimilação e acomodação, o sujeito constrói tanto a sua inteligência quanto seus conhecimentos do mundo.

Falta comentar o que escrevi uns parágrafos acima: a inteligência sensório-motora prenuncia a inteligência verbal subsequente. Sendo mais preciso, a inteligência presente quando a criança começa a falar não se limita ao verbo, mas sim a todas as manifestações da função semiótica, como a imagem mental, o desenho e os jogos de imitação (o "faz de conta").

---

[2] Rolando Garcia, um dos últimos colaboradores de Piaget, me contou um dia que ambos brincavam dizendo que a única coisa que falta ao empirismo é uma prova empírica que confirme sua tese.

XVI   O Nascimento da Inteligência na Criança

Alguns poderão pensar que a trilogia que contém observações de bebês é um parêntese na obra de Piaget. Com efeito, como vimos, seus cinco primeiros livros trazem pesquisas em forma de entrevistas (verbais, portanto) com crianças de aproximadamente quatro a doze anos. E os livros de pesquisa posteriores à trilogia também são baseados em entrevistas com crianças das mesmas faixas etárias. Poder-se-ia deduzir que o estudo da inteligência sensório-motora em nada se relaciona com os outros dedicados a formas superiores da inteligência. Porém, para Piaget não é o caso. Acabamos de ver que suas pesquisas com bebês lhe permitiram contestar teorias gerais sobre a inteligência, como o empirismo e o apriorismo. Ora, se a inteligência sensório-motora fosse, para ele, apenas um capítulo isolado do desenvolvimento da inteligência, evidentemente não o autorizaria ousar contestar teorias clássicas que não valem apenas para a inteligência prática. Se ele o fez, é porque julgava que as funções de assimilação, acomodação e autorregulação, detalhadas na trilogia, se reencontravam em todos os níveis do desenvolvimento mental. E é justamente essa tese que pesquisas e pesquisas a fio desenvolvidas por ele e a sua equipe procuram demonstrar.

Porém, a tese de que a inteligência verbal é uma evolução cujas raízes encontram-se na inteligência prática está longe de fazer unanimidade. Para outros autores, existe, sim, uma inteligência prática, mas, com o aparecimento da linguagem, uma ruptura se estabeleceria no desenvolvimento graças à "socialização" da mente infantil, mente essa agora abastecida pelas trocas verbais com o seu meio social, notadamente adulto.

Não raramente, Piaget foi e é criticado por não levar em conta o fator socialização no desenvolvimento infantil. Com efeito, ele não realizou pessoalmente pesquisas a respeito, com exceção daquelas sobre o desenvolvimento do juízo moral, mas outros o fizeram, como Barbara Freitag, no Brasil. Um aspecto a ser destacado nessas pesquisas é que, realizadas em vários países, culturas e classes sociais diferentes, sempre se encontra a mesma sequência de estágios do desenvolvimento da inteligência. Dois aspectos variam de grupos sociais para outros. O primeiro: as idades médias do alcance dos estágios chamados Operações Concretas e Operações Formais variam, o que atesta a influência do meio social (notadamente a educação formal) no desenvolvimento, podendo acelerá-lo ou, pelo contrário, freá-lo.

O segundo: em se tratando das Operações Formais, certos indivíduos nunca as alcançariam. Contudo, o fato de a sequência de estágios se reencontrar em todos os sujeitos de origens sociais bem diferentes atesta que não se pode reduzir o desenvolvimento da inteligência, do conhecimento e também do juízo moral apenas à socialização. Em todos os momentos da vida e em todos os contextos sociais, há o que Piaget chamou de invariantes funcionais: assimilação, acomodação e autorregulação, conceitos desenvolvidos na sua trilogia e depois enriquecidos com outros, como *abstraction réfléchissante, abstraction empirique, equilibração* e outros mais. Sim, o tema é polêmico, mas a questão da gênese da inteligência a partir de suas raízes sensório-motoras está definitivamente colocada. E, se Piaget tiver razão, adultos com uma arquitetura mental superior à média da população (os chamados "gênios") começaram a construir sua fantástica aventura intelectual quando eram recém-nascidos.

Conta a história que um deles, Einstein, se interessou pelos trabalhos de Piaget, notadamente em relação às concepções infantis do tempo e do espaço! Mas o que explicaria o fato de certos seres humanos, como o eminente físico alemão, demonstrarem de forma inequívoca que possuem o que se chama de "talento"? Fizeram essa pergunta para Jean Piaget, e ele respondeu: *"Não sei".*

Yves de La Taille

Professor Titular do Instituto de
Psicologia da Universidade de São Paulo.

PREFÁCIO À 2ª EDIÇÃO

A presente obra, de que nos solicitaram uma segunda edição, foi seguida de *A construção do real na criança e devia ser completada por um estudo sobre a gênese da imitação na crian*ça. Esta última pesquisa, cuja publicação adiamos, pois está intimamente vinculada à análise do jogo e das origens do símbolo representativo, veio a lume em 1945, numa terceira obra intitulada *A formação do símbolo na criança*. Estes três volumes formam, pois, um todo consagrado aos primórdios da inteligência, isto é, às diversas manifestações da inteligência sensório--motora e às formas mais elementares da representação.

As teses desenvolvidas no presente volume, que dizem respeito particularmente à formação dos esquemas sensório-motores e ao mecanismo da assimilação mental, deram lugar a numerosas discussões, pelas quais nos congratulamos e a cujo propósito nos cumpre agradecer, tanto aos nossos contraditores como aos nossos partidários, o interesse benévolo que assim quiseram testemunhar pelo nosso esforço. É impossível citarmos aqui todos os autores cujas observações gostaríamos de comentar, mas temos de mencionar especialmente os notáveis estudos de H. Wallon e P. Guillaume.

Em sua bela obra *De l'acte à la pensée*, H. Wallon honra-nos com uma longa discussão, a cujos pormenores retornaremos em *A formação do símbolo na criança*. A ideia central de Wallon é a cisão que ele apresenta entre o domínio sensório-motor (caracterizado pela "inteligência das situações") e o da representação (inteligência verbal). Do mesmo modo, o seu excelente estudo sobre *Les origines de la pensée chez l'enfant*, publicado depois, fez remontar as fontes do pensamento aos quatro anos, *aproximadamente*, como se nada de essencial acontecesse entre a conquistas da inteligência sensório-motora e os primórdios da representação conceptual. A uma tese tão radical, de que se percebe até que ponto contradiz o que defendemos na presente obra, podemos hoje responder recorrendo a duas espécies de argumentos.

Em primeiro lugar, o estudo minucioso de um terreno preciso, o do desenvolvimento das representações espaciais, conduziu-nos, com a colaboração de B. Inhelder, à descoberta de uma continuidade ainda muito maior do que parecia entre o sensório-motor e o representativo. Sem dúvida, nada passa diretamente de um desses planos ao outro, e tudo o que a inteligência sensório-motora construiu deve, primeiramente, ser reconstruído pela representação nascente, antes de esta superar os limites do que lhe serve de subestrutura. Mas o papel dessa subestrutura nem por isso é menos evidente: é porque o bebê começa por construir, coordenando suas ações, esquemas tais como os do objeto permanente, encaixamentos a duas ou três dimensões, rotações e translações, superposições etc., que consegue, em seguida, organizar o seu "espaço mental" e, entre a inteligência pré-verbal e os começos da intuição espacial euclidiana, insere-se toda uma série de intuições "topológicas" que vemos em atividade no desenho, na estereognose, na construção e montagem de objetos etc., quer dizer, nas regiões de transição entre o sensório-motor e o representativo.

Em segundo lugar, e sobretudo, é à atividade sensório-motora pré-verbal que se deve a construção de uma série de esquemas perceptivos cuja importância é impossível negar, sem uma simplificação exagerada, na estruturação ulterior do pensamento. Assim, as constâncias perceptivas da forma e da grandeza estão ligadas à construção sensório-motora do objeto permanente; ora, como pensaria a criança de quatro anos sem acreditar em objetos de forma e dimensões invariantes, e como adotaria ela essa crença sem uma longa elaboração prévia, de ordem sensório-motora?

Sem dúvida, os esquemas sensório-motores não são conceitos, e o parentesco funcional em que insistimos no presente volume de modo nenhum exclui a oposição de estrutura entre esses termos extremos, apesar da continuidade das transições. Mas, sem esquemas prévios, o pensamento nascente reduzir-se-ia ao puro verbal, o que muitos dos fatos citados por Wallon em sua última obra deixam entrever; ora, é precisamente no plano concreto das ações que as crianças pequenas melhor manifestam a sua inteligência, até o momento em que, por volta dos sete a oito anos, as ações coordenadas passam a traduzir-se em operações, suscetíveis de estruturar logicamente o pensamento verbal, e apoiá-lo num mecanismo coerente.

Prefácio à 2ª edição **XXI**

Em resumo, a tese de Wallon negligencia a estruturação progressiva das operações e é por isso que ela opõe, de um modo excessivamente radical, o verbal ao sensório-motor, quando afinal a subestrutura sensório-motora é necessária à representação para que se constituam os esquemas operatórios destinados a funcionar, enfim, de maneira formal e a reconciliar, destarte, a linguagem e o pensamento.

Quanto ao estudo tão interessante de P. Guillaume,[1] concorda em suas grandes linhas com as nossas conclusões, salvo num ponto essencial. Em conformidade com as suas interpretações, inspiradas pela "teoria da forma", P. Guillaume apresentou uma distinção fundamental entre os mecanismos perceptivos e os processos intelectuais, propondo-se explicar os segundos a partir dos primeiros (ao contrário de Wallon). Seria demorado retomar em pormenores essa discussão num prefácio. Limitemo-nos a responder que o estudo sistemático das percepções na criança, ao qual nos dedicamos depois, em colaboração com Lambercier[2] levou-nos, pelo contrário, a duvidar da permanência das constantes perceptivas em que P. Guillaume acredita (constância das dimensões etc.) e a introduzir uma distinção entre as percepções instantâneas, com suas características sobretudo receptivas, e uma "atividade perceptiva" que as interliga no espaço e no tempo, segundo certas leis notáveis (em especial, uma mobilidade e uma reversibilidade crescentes com a idade). Ora, essa atividade perceptiva, negligenciada parcialmente pela teoria da forma, é apenas uma manifestação das atividades sensório-motoras de que a inteligência pré-verbal constitui a expressão. Existe, pois, sem dúvida, na elaboração dos esquemas sensório-motores do primeiro ano, uma interação muito estreita da percepção e da inteligência, sob suas formas mais elementares.

Genebra, junho de 1947.

Jean Piaget

---

[1] P. GUILLAUME, L'intelligence sensori-motrice d'après J. Piaget, *Journal de Psychologie*, v. XXXVIIXXXVIII, p. 264-280, abr./jun. 1940-1941.

[2] Ver Recherches sur le développement des perceptions (I-VIII), *Archives de Psychologie*, 1942-1947.

INTRODUÇÃO

O Problema Biológico da Inteligência

O problema das relações entre a razão e a organização biológica surge, necessariamente, no início de um estudo sobre o nascimento da inteligência. É verdade que semelhante discussão não pode conduzir a qualquer conclusão positiva e atual, mas, em vez de sujeitarmo-nos, implicitamente, à influência de uma das várias soluções possíveis desse problema, é preferível escolher, com toda a lucidez, a fim de destacar os postulados dos quais se parte para a investigação.

A inteligência verbal ou refletida baseia-se numa inteligência prática ou sensório-motora, a qual se apoia, por seu turno, nos hábitos e associações adquiridos para recombiná-los. Por outro lado, esses mesmos hábitos e associações pressupõem a existência do sistema de reflexos, cuja conexão com a estrutura anatômica e morfológica do organismo é evidente. Existe, portanto, certa continuidade entre a inteligência e os processos puramente biológicos de morfogênese e adaptação ao meio. Qual é o seu significado?

É evidente, em primeiro lugar, que certos fatores hereditários condicionam o desenvolvimento intelectual. Mas isso pode ser tomado em dois sentidos biologicamente tão diferentes que a confusão entre ambos foi o que, provavelmente, obscureceu o debate clássico das ideias inatas e mesmo do *a priori* epistemológico.

Os fatores hereditários do primeiro grupo são de ordem estrutural e estão vinculados à constituição do nosso sistema nervoso e dos nossos órgãos sensoriais. Assim é que percebemos certas irradiações físicas, mas não todas, que só percebemos os corpos em certa escala etc. Ora, esses dados estruturais influem na construção das noções mais fundamentais. Por exemplo, a nossa intuição do espaço está

XXiv   O Nascimento da Inteligência na Criança

certamente condicionada por elas, ainda que, pelo pensamento, consigamos elaborar espaços transintuitivos e puramente dedutivos. As essas características do primeiro tipo, embora fornecendo à inteligência estruturas úteis, são, portanto, essencialmente limitativas, em contraste com os fatores do segundo grupo. As nossas percepções são tão somente aquilo que são, entre todas as que seriam concebíveis. O espaço euclidiano, ligado aos nossos órgãos, nada mais é que um dos que se adaptam à experiência física. Pelo contrário, a atividade dedutiva e organizadora da razão é ilimitada e conduz, precisamente, no domínio do espaço, a generalizações que ultrapassam toda a intuição. Na medida em que essa atividade é hereditária, o é, pois, em outro sentido muito distinto: tratar-se--á, neste segundo tipo, de uma hereditariedade do próprio funcionamento e não da transmissão desta ou daquela estrutura. Foi neste segundo sentido que H. Poincaré pôde considerar a noção espacial de "grupo" como *a priori*, visto que está ligada à própria atividade da inteligência.

Quanto à hereditariedade da inteligência como tal, vamos encontrar a mesma distinção. Por um lado, uma questão de estrutura: a "hereditariedade especial" da espécie humana e de suas "linhagens" particulares comporta certos níveis de inteligência, superiores aos dos símios etc. Mas, por outro lado, a atividade funcional da razão (o *ipse intellectus* que não provém da experiência) está vinculada, evidentemente, à "hereditariedade geral" da própria organização vital: assim como o organismo não poderia adaptar-se às variações ambientais se não estivesse já organizado, também a inteligência não poderia apreender qualquer dado exterior sem certas funções de coerência (cujo termo último é o princípio de não contradição), de relacionamento etc., que são comuns a toda e qualquer organização intelectual.

Ora, esse segundo tipo de realidades psicológicas hereditárias é de uma importância capital para o desenvolvimento da inteligência. Com efeito, se existe verdadeiramente um núcleo funcional da organização intelectual que promana da organização biológica no que ela tem de mais genérico, é evidente que essa invariante orientará o conjunto das sucessivas estruturas que a razão vai elaborar em seu contato com o real; desempenhará assim o papel que os filósofos atribuíram ao *a priori*, quer dizer, imporá às estruturas certas condições necessárias e irredutíveis de existência. Aconteceu, porém, cometer-se algumas vezes o erro de considerar o *a priori* como se fosse constituído por estruturas feitas acabadas desde o início do desenvolvimento, quando, embora a invariante funcional do pensamento esteja em ação desde as fases mais primitivas, só gradualmente é que se impõe à consciência, graças à elaboração de estruturas cada vez mais adaptadas ao próprio funcionamento. Logo, o *a priori* não se apresenta sob a forma de estruturas necessárias senão no final da evolução das noções, nunca em seu início: sem deixar de ser hereditário, o *a priori* encontra-se, por conseguinte, nos antípodas do que outrora se chamava "ideias inatas".

Quanto às estruturas do primeiro tipo, elas recordam ainda mais as ideias inatas clássicas e foi possível rejuvenescer o nativismo, a propósito do espaço e das percepções "bem estruturadas" do gestaltismo. Mas, diversamente das invariantes de ordem funcional, essas estruturas nada têm de necessárias, do ponto de vista da razão: são apenas dados internos, limitados e limitativos, que a experiência externa e, sobretudo, a atividade intelectual, ultrapassarão incessantemente. Se, num sentido, elas são inatas, nada têm de *a priori*, entretanto, no sentido epistêmico do termo.

Analisemos, em primeiro lugar, as invariantes funcionais e depois (no § 3) discutiremos a questão criada pela existência de estruturas hereditárias especiais (as do primeiro tipo).

§ 1. *AS INVARIANTES FUNCIONAIS DA INTELIGÊNCIA E A ORGANIZAÇÃO BIOLÓGICA* – A inteligência é uma adaptação. Para apreendermos as suas relações com a vida, em geral, é preciso, pois, definir que relações existem entre o organismo e o meio ambiente. Com efeito, a vida é uma criação contínua de formas cada vez mais complexas e o estabelecimento de um equilíbrio progressivo entre essas formas e o meio. Afirmar que a inteligência é um caso particular da adaptação biológica equivale, portanto, a supor que ela é, essencialmente, uma organização e que a sua função consiste em estruturar o universo tal como o organismo estrutura o meio imediato. Para descrever o mecanismo funcional do pensamento em verdadeiros termos biológicos, bastará, pois, destacar as invariantes comuns a todas as estruturações de que a vida é capaz. O que se deve traduzir em termos de adaptação não são, de fato, os objetivos particulares a que a inteligência prática visa, em seus primórdios (esses objetivos ampliar-se-ão, subsequentemente, até abrangerem todo o saber); é, outrossim, a relação fundamental própria do conhecimento, que é a relação entre o pensamento e as coisas. O organismo adapta-se construindo materialmente novas formas para inseri-las nas do universo, ao passo que a inteligência prolonga tal criação construindo, mentalmente, as estruturas suscetíveis de aplicarem-se às do meio. Num sentido e no começo da evolução mental, a adaptação intelectual é, portanto, mais restrita do que a adaptação biológica, mas, prolongando-se esta, aquela supera-a infinitamente; embora, do ponto de vista biológico, a inteligência seja um caso particular da atividade orgânica e as coisas percebidas ou conhecidas sejam uma parcela limitada do meio a que o organismo tende a adaptar-se, opera-se em seguida uma inversão dessas relações. Mas isso em nada exclui a busca de invariantes funcionais.

Com efeito, no desenvolvimento mental, existem elementos variáveis e outros invariáveis. Daí os mal-entendidos da linguagem psicológica, alguns dos quais redundam na atribuição de características superiores às fases inferiores e outros à pulverização das fases e operações. Portanto, convém evitar, simultaneamente, o pré-formismo da Psicologia intelectualista e a hipótese das heterogeneidades mentais. A solução dessa dificuldade reside, precisamente, na distinção entre as estruturas variáveis e as funções invariantes. Assim como as grandes funções do ser vivo são idênticas em todos os organismos, mas correspondem a órgãos muito diferentes de um grupo para outro, também entre a criança e o adulto se assiste a uma construção contínua de estruturas variadas, se bem que as grandes funções do pensamento permaneçam constantes.

Ora, esses funcionamentos invariáveis entram no quadro das duas funções biológicas mais genéricas: a *organização* e a *adaptação*. Comecemos por esta última, pois se se reconhece que tudo é adaptação no desenvolvimento intelectual, não se pode deixar de deplorar, entretanto, a imprecisão do conceito.

Certos biólogos definem simplesmente a *adaptação* pela conservação e sobrevivência, isto é, pelo equilíbrio entre o organismo e o meio. Mas a noção perde, assim, todo o seu interesse, pois confunde-se com a da própria vida. Existem graus na sobrevivência e a adaptação implica o mais e o menos. Portanto, deve-se distinguir a adaptação-estado da adaptação-processo. No estado, nada é claro. Na sequência do processo, as coisas arrumam-se: há adaptação quando o organismo se transforma em função do meio, e essa variação tem por efeito um incremento do intercâmbio entre o meio e aquele, favorável à sua conservação, isto é, à conservação do organismo.

Procuremos explicar-nos melhor, de um ponto de vista inteiramente formal. O organismo é um ciclo de processos físico-químicos e cinéticos que, em relação constante com o meio, engendram-se mutuamente. Sendo a, b, c etc. os elementos dessa totalidade organizada e x, y, z etc. os elementos correspondentes do meio ambiente, o esquema da organização é, pois, o seguinte:

1) $a + x \rightarrow b$;
2) $b + y \rightarrow c$;
3) $c + z \rightarrow a$ etc.

Os processos 1), 2) etc. tanto podem consistir em reações químicas (quando o organismo ingere substâncias x que ele transformará em substâncias b que fazem parte da sua estrutura), como em transformações físicas quaisquer ou, enfim, de um modo particular, em comportamentos sensório-motores (quando um ciclo de movimentos corporais a combinados com os movimentos exteriores x chega a um resultado b que participa igualmente no ciclo de organização). A relação que une os elementos organizados a, b, c etc. aos elementos do meio x, y, z etc. constitui, portanto, uma relação de *assimilação*, quer dizer, o funcionamento do organismo não destrói, mas conserva o ciclo de organização e coordena os dados do meio de modo a incorporá-los nesse ciclo. Suponhamos, pois, que se produz no meio uma variação que transforma x em x'. Ou o organismo não se adapta e há uma ruptura do ciclo, ou há

XXVIII O Nascimento da Inteligência na Criança

adaptação, o que significa que o ciclo organizado se modificou ao fechar-se sobre si mesmo.

1) $a + x' \to b'$;
2) $b' + y \to c$;
3) $c + z \to a$.

Se denominarmos *acomodação* esse resultado das pressões exercidas pelo meio (transformação de b em b'), poderemos dizer, portanto, que a *adaptação é um equilíbrio entre a assimilação e a acomodação*.

Ora, tal definição aplica-se igualmente à própria inteligência. Com efeito, a inteligência é *assimilação* na medida em que incorpora nos seus quadros todo e qualquer dado da experiência. Quer se trate do pensamento que, graças ao juízo faz ingressar o novo no conhecido e reduz assim o universo às suas noções próprias, quer se trate da inteligência sensório--motora que estrutura igualmente as coisas percebidas, integrando-as nos seus esquemas, a adaptação intelectual comporta, em qualquer dos casos, um elemento de assimilação, isto é, de estruturação por incorporação da realidade exterior a formas devidas à atividade do sujeito. Quaisquer que sejam as diferenças de natureza que separam a vida orgânica (a qual elabora materialmente as formas e lhes assimila as substâncias e energias do meio ambiente), a inteligência prática ou sensório-motora (a qual organiza os atos e assimila ao esquematismo desses comportamentos motores as diversas situações oferecidas pelo meio) e a inteligência reflexiva ou gnóstica (a qual se contenta em pensar as formas ou construí-las interiormente, para assimilar-lhes o conteúdo da experiência), tanto umas como outras se adaptam assimilando os objetos ao sujeito.

Ainda menos pode dar azo a dúvidas que a vida mental também é *acomodação* ao meio ambiente. A assimilação nunca pode ser pura, visto que, ao incorporar os novos elementos nos esquemas anteriores, a inteligência modifica incessantemente os últimos para ajustá-los aos novos dados. Mas, inversamente, as coisas nunca são conhecidas em si mesmas, porquanto esse trabalho de acomodação só é possível em função do processo inverso de assimilação. Veremos, assim, como a própria noção de objeto está longe de ser inata e necessita de uma construção ao mesmo tempo assimiladora e acomodadora.

Em resumo, a adaptação intelectual, como qualquer outra, é um estabelecimento de equilíbrio progressivo entre um mecanismo assimilador e uma acomodação complementar. O espírito só poderá encontrar-se adaptado a uma realidade se houver uma acomodação perfeita, isto é, se nada mais vier, nessa realidade, modificar os esquemas do sujeito. Mas, inversamente, não haverá adaptação se a nova realidade tiver imposto atitudes motoras ou mentais contrárias às que tinham sido adotadas no contato com outros dados anteriores: só haverá adaptação se houver coerência, logo, assimilação. Certo, no plano motor, a coerência apresenta uma estrutura muito diversa da do plano reflexivo ou do plano orgânico, e todas as sistematizações são possíveis. Mas, em todos os casos, sem exceção, a adaptação só se considera realizada quando atinge um sistema estável, isto é, quando existe equilíbrio entre a acomodação e a assimilação.

Isso conduz-nos à função de *organização*. Do ponto de vista biológico, a organização é inseparável da adaptação: são os dois processos complementares de um mecanismo único, sendo o primeiro o aspecto interno do ciclo do qual a adaptação constitui o aspecto exterior. Ora, no tocante à inteligência, tanto sob a sua forma reflexiva como prática, vamos reencontrar esse duplo fenômeno da totalidade funcional e da interdependência entre a organização e a adaptação. No que diz respeito às relações entre as partes e o todo, que definem a organização, é sabido que cada operação intelectual é sempre relativa a todas as outras e que os seus elementos próprios são regidos por essa mesma lei. Cada esquema está, assim, coordenado com todos os demais e constitui ele próprio uma totalidade formada de partes diferenciadas. Todo e qualquer ato de inteligência supõe um sistema de implicações mútuas e de significações solidárias. As relações entre essa organização e a adaptação são, portanto, as mesmas existentes no plano orgânico: as principais "categorias" de que a inteligência faz uso, para adaptar-se ao mundo exterior – o espaço e o tempo, a causalidade e a substância, a classificação e o número etc. – correspondem, cada uma delas, a um aspecto da realidade, tal como os órgãos do corpo são relativos, um por um, a uma característica especial do meio; mas, além da sua adaptação às coisas, essas categorias também estão implicadas umas nas outras a tal ponto que é impossível isolá-las logicamente. A "concordância do pensamento com as coisas" e a "concordância do pensamento consigo mesmo" exprimem essa dupla invariante funcional da adaptação e da organização. Ora, esses dois aspectos do pensamento são indissociáveis: é adaptando-se às coisas que o pensamento se organiza e é organizando-se que estrutura as coisas.

§ 2. *AS INVARIANTES FUNCIONAIS E AS CATEGORIAS DA RAZÃO* – O problema consiste agora em apurar como essas invariantes funcionais vão determinar as categorias da razão, em outras palavras, as grandes formas de atividade intelectual que se nos deparam em todas as fases do desenvolvimento mental e cujas primeiras cristalizações estruturais, na inteligência sensório-motora, vamos tentar descrever.

Não se trata, aliás, de querer reduzir de algum modo o superior ao inferior. A história das ciências demonstra claramente que todo esforço de dedução para estabelecer a continuidade entre uma disciplina e outra não redunda numa redução do superior ao inferior, mas na criação, entre os dois termos, de uma relação de reciprocidade que não destrói, absolutamente, a originalidade do termo mais elevado. Assim é que as relações funcionais suscetíveis de existir entre o intelecto e a organização biológica em nada podem diminuir o valor da razão, mas, pelo contrário, acabam por ampliar a noção de adaptação vital. Por outro lado, é axiomático que, se as categorias da razão estão, em certo sentido, pré-formadas no funcionamento biológico, não estão aí contidas, de maneira alguma, a título de estruturas conscientes ou mesmo inconscientes. Se a adaptação biológica é uma espécie de conhecimento material do meio ambiente, torna-se necessária, entretanto, toda uma série de estruturações ulteriores para que desse mecanismo puramente ativo saia uma representação consciente e gnóstica. Como já dissemos, é no final e não no início da evolução intelectual que, por conseguinte, devemos esperar descobrir as noções racionais que exprimem, realmente, o funcionamento como tal, em contraste com as estruturas iniciais que permanecem à superfície, por assim dizer, do organismo e do meio ambiente, exprimindo somente as relações superficiais e mútuas desses dois termos. Mas, para facilitar a análise dessas fases inferiores, que vamos tentar no presente volume, pode-se mostrar como as invariantes biológicas citadas há

Introdução XXXI

pouco dão lugar, uma vez refletidas e elaboradas pela consciência, no decorrer das grandes fases do desenvolvimento mental, a uma espécie de *a priori* funcional da razão.

Eis, segundo nos parece, o quadro que assim se obtém:

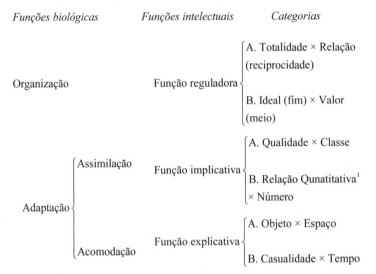

As categorias relativas à função de organização constituem o que se pode chamar, segundo Hoeffding, as "categorias fundamentais" ou reguladoras; quer dizer, elas se combinam com todas as outras e encontramo-las em toda e qualquer operação física. Essas categorias, parece-nos, podem ser definidas, do ponto de vista estático, pelas noções de *totalidade* e de *relação*; e, do ponto de vista dinâmico, pelas de *ideal* e de *valor*.

---

[1] Distinguimos neste quadro as "relações" na acepção mais genérica da palavra e as "relações quantitativas" que correspondem ao que, no plano do pensamento, se chama a "lógica das relações". As relações previstas nesta última, em contraste com a lógica das classes, são, com efeito, sempre quantitativas, quer traduzam o "mais" e o "menos" como nas comparações (por exemplo, "mais ou menos profunda" etc.), quer impliquem simplesmente as ideias de ordem ou de série (por exemplo, as relações de parentesco, como "irmão de" etc.), que já pressupõem em si mesmas a quantidade. Pelo contrário, as relações que acompanham a ideia de totalidade excedem o quantitativo e apenas implicam uma relatividade geral, no sentido mais lato do termo (reciprocidade entre os elementos de uma totalidade).

XXXII O Nascimento da Inteligência na Criança

A noção de *totalidade* exprime a interdependência inerente a toda organização, quer inteligente, quer biológica. Mesmo que os comportamentos e a consciência pareçam surgir da maneira mais incoordenada, durante as primeiras semanas de existência, eles prolongam uma organização fisiológica preexistente e se cristalizam desde logo em sistemas cuja coerência se define gradualmente. O que é, por exemplo, a noção de "grupos de deslocamentos", essencial na constituição do espaço, senão a ideia de totalidade organizada manifestando-se nos movimentos? Do mesmo modo, os esquemas próprios da inteligência sensório-motora, em geral, são logo regidos pela lei da totalidade, em si mesmos e entre si. Analogamente, toda a relação causal transforma um dado incoerente em meio organizado etc.

O correlativo da ideia de totalidade é, como o demonstrou muito bem Hoeffding, a ideia de *relação*. Com efeito, a relação também é uma categoria fundamental, na medida em que é imanente a toda atividade psíquica e se combina com todas as outras noções. A razão disso é que toda e qualquer totalidade consiste num sistema de relações, assim como uma relação é um segmento da totalidade. Desse modo, a relação manifesta-se desde as atividades propriamente fisiológicas e vamos reencontrá-la em todos os níveis. As percepções mais elementares (como Koehler nos mostrou a respeito da percepção das cores nas galinhas) são, simultaneamente, estruturadas em totalidades orgânicas e relativas umas às outras. É inútil insistir, por certo, nos fatos análogos que se descobrem no pensamento refletido.

As categorias de *ideal* e de *valor* exprimem o mesmo funcionamento, mas sob o seu aspecto dinâmico. Designaremos por "ideal" todo o sistema de valores na medida em que constitua um todo; portanto, todo e qualquer objetivo final das ações e "valores", os valores particulares relativos a esse todo ou os meios que permitam alcançar esse objetivo. As relações entre o ideal e o valor são, por conseguinte, as mesmas que existem entre a totalidade e a relação. Ora, os ideais ou valores de qualquer ordem são apenas totalidades em via de constituição, não sendo o valor mais do que a expressão da desejabilidade em todos os níveis. Com efeito, a desejabilidade é o indício de uma ruptura de equilíbrio ou de uma totalidade inacabada, à qual falta algum elemento para constituir-se e que tende para esse elemento a fim de realizar o seu equilíbrio. As relações entre o ideal e os valores são, pois, da mesma ordem que as da totalidade e das relações e isso é óbvio, visto que o ideal é tão só a forma ainda não atingida de equilíbrio das totalidades reais e os valores não são outra coisa senão as relações entre os meios e os fins, subordinadas a esse sistema. Assim, a finalidade deve ser concebida não como uma categoria especial, mas como a tradução subjetiva de um processo de equilíbrio, o qual não implica em si mesmo a finalidade, mas simplesmente a distinção geral entre os equilíbrios reais e o equilíbrio ideal. Um bom exemplo é o das normas de coerência e de unidade, próprias do pensamento lógico, que traduzem esse esforço perpétuo de equilíbrio das totalidades intelectuais, que definem, portanto, o equilíbrio ideal jamais atingido pela inteligência e regem os valores particulares do juízo. Por isso chamamos "função reguladora" às operações relativas à totalidade e aos valores, em contraste com as funções explicativa e implicativa.[2]

Como conceber, agora, as categorias vinculadas à adaptação, isto é, à assimilação e à acomodação? Entre as categorias do pensamento, há, segundo a expressão de Hoeffding, as mais "reais" (as que implicam, além da atividade da razão, um *hic* e um *nunc* inerentes à experiência, como a causalidade, a substância ou objeto, o espaço e o tempo, cada um dos quais opera uma síntese indissociável de "dado" e dedução) e as mais "formais" (as que, sem que por isso estejam menos adaptadas, podem dar lugar, entretanto, a uma elaboração dedutiva indefinida, como as relações lógicas e matemáticas). Logo, são as primeiras que exprimem melhor o processo centrífugo da explicação e da acomodação, e as segundas as que possibilitam a assimilação das coisas à organização intelectual e à construção das implicações.

A função implicativa comporta, por seu turno, duas invariantes funcionais que encontramos em todas as fases, correspondendo uma delas à síntese de *qualidades,* isto é, às *classes* (conceitos ou esquemas), e a outra à síntese das *relações quantitativas ou numéricas.* Com efeito, esses instrumentos elementares da inteligência revelam sua dependência mútua desde os esquemas sensório-motores. Quanto à função explicativa, diz respeito ao conjunto de operações que permitem deduzir o real, em outras palavras, conferir-lhe certa permanência sem deixar

---

[2] Em *A linguagem e o pensamento na criança*, chamamos "função mista" a essa síntese da implicação e da explicação, que hoje ligamos à ideia de organização. Mas isso vem a dar no mesmo, dado que esta supõe uma síntese da assimilação e da acomodação.

de fornecer a razão de suas transformações. Desse ponto de vista, dois aspectos complementares podem-se distinguir em toda a explicação, um deles relativo à elaboração dos *objetos,* o outro relativo à *causalidade,* sendo aqueles, simultaneamente, o produto desta e a condição do seu desenvolvimento. Daí o círculo objeto x espaço e causalidade x tempo, em que a interdependência das funções se complica com uma relação recíproca entre matéria e forma.

Percebe-se, desse modo, como as categorias funcionais do conhecimento constituem um todo real que se amolda ao sistema de funções da inteligência. Essa correlação revela-se ainda mais claramente na análise das relações mantidas entre a organização e a adaptação, por um lado, a assimilação e a acomodação, por outro.

Vimos, com efeito, que a organização é o aspecto interno da adaptação quando se considera não o processo adaptativo em curso, mas a interdependência dos elementos já adaptados. Por outro lado, a adaptação consiste, simplesmente, no choque da organização com as ações do meio. Ora, essa dependência mútua é reencontrada, no plano da inteligência, não só na interação da atividade racional (organização) e da experiência (adaptação), que toda a história do pensamento científico mostra serem inseparáveis, mas também na correlação das categorias funcionais; com efeito, nenhuma estrutura espaço-temporal objetiva e causal é possível sem uma dedução lógico-matemática, constituindo-se assim essas duas espécies de realidades em sistemas solidários de totalidades e de relações. Quanto ao círculo da acomodação e da assimilação, isto é, da explicação e da implicação, o problema suscitado por Hume a propósito da causalidade ilustra-o claramente. Como é que a noção de causa pode ser ao mesmo tempo racional e experimental? Se reduzirmos a causalidade a uma pura categoria formal, o real escapa-lhe (como E. Meyerson o demonstrou admiravelmente); e, se a reduzirmos ao plano de simples sequência empírica, então a sua necessidade dissipa-se. Daí a solução kantiana retomada por Brunschvicg, segundo a qual a causalidade é uma "analogia da experiência", isto é, uma interação irredutível entre a relação de implicação e o dado espaço-temporal. O mesmo se pode dizer das outras categorias "reais": todas supõem a implicação, embora constituam outras tantas acomodações ao dado exterior. Inversamente, as classes e os números não poderiam ser construídos sem conexão com as séries espaço-temporais inerentes aos objetos e às suas relações causais.

Resta-nos, para terminar, notarmos que, assim como todos os órgãos de um corpo vivo estão organizados em si próprios, também todos os elementos de uma organização intelectual constituem uma organização *per se*. Logo, as categorias funcionais da inteligência, conquanto se especializem nas suas grandes linhas, em relação aos mecanismos essenciais da organização, da assimilação e da acomodação, podem comportar em si próprias aspectos que correspondem a essas três funções, tanto mais que estas são certamente supletivas entre si e mudam, pois, incessantemente, de ponto de aplicação. Quanto ao modo como as funções, que assim caracterizam as principais categorias do espírito, criam seus órgãos próprios e cristalizam-se em estruturas, trata-se de outra questão que não abordaremos nesta introdução, pois todo o presente volume é consagrado ao estudo dos primórdios dessa construção.[3] Convém, simplesmente, a fim de preparar essa análise, dizer ainda algumas palavras sobre as estruturas hereditárias que possibilitam essa estruturação mental.

§ 3. *AS ESTRUTURAS HEREDITÁRIAS E AS TEORIAS DA ADAPTAÇÃO* – Como vimos, existem duas espécies de realidades hereditárias que afetam o desenvolvimento da razão humana: as invariantes funcionais, vinculadas à hereditariedade geral da substância viva, e certos órgãos ou caracteres estruturais, vinculados à hereditariedade especial do homem e que servem de instrumentos elementares à adaptação intelectual. Por conseguinte, convém examinar agora como as estruturas hereditárias preparam essa adaptação e até que ponto as teorias biológicas da adaptação são suscetíveis de esclarecer a teoria da inteligência.

Os reflexos e a própria morfologia dos órgãos a que estão ligados constituem uma espécie de conhecimento antecipado do meio exterior, conhecimento inconsciente e inteiramente material, é claro, mas indispensável ao desenvolvimento ulterior do conhecimento efetivo. Como é possível tal adaptação das estruturas hereditárias?

Esse problema biológico é atualmente insolúvel, mas uma revisão breve das discussões a que deu e continua dando origem parece-nos útil, pois as diferentes soluções fornecidas são paralelas às diversas

---

[3] Ver o volume *A gênese das estruturas lógicas elementares*, que traduzimos para esta mesma coleção. (N. do T.)

XXXVi   O Nascimento da Inteligência na Criança

teorias da inteligência e podem, assim, esclarecer estas últimas mediante uma formulação da generalidade do seu mecanismo. Existem, com efeito, cinco pontos de vista principais sobre a adaptação e cada um deles corresponde, *mutatis mutandis*, a uma das interpretações da inteligência como tal. Isso não quer dizer, naturalmente, que determinado autor, ao escolher uma das cinco doutrinas características que se podem distinguir em Biologia, esteja por isso mesmo obrigado a adotar a atitude correspondente em Psicologia; mas, sejam quais forem as combinações possíveis quanto às opiniões dos próprios autores, existem inegáveis "mecanismos comuns" entre as explicações biológicas e as explicações psicológicas da adaptação geral e intelectual.

A primeira solução é a do *lamarckismo*, segundo o qual o organismo é amoldado de fora para dentro pelo meio ambiente, o qual, por suas pressões e imposições, acarreta a formação de hábitos ou acomodações individuais que, ao se fixarem hereditariamente, amoldam os órgãos. Ora, essa hipótese biológica do primado do hábito corresponde em Psicologia ao *associacionismo*, para o qual o conhecimento resulta também de hábitos adquiridos sem que nenhuma atividade interna – a qual constituiria a inteligência como tal – condicione essas aquisições.

O *vitalismo*, pelo contrário, interpreta a adaptação atribuindo ao ser vivo um poder especial de construir órgãos úteis. Analogamente, o *intelectualismo* explica a inteligência por si mesma, emprestando-lhe uma faculdade inata de conhecer e considerando a sua atividade um fato primordial, do qual tudo deriva no plano psíquico.

Para o *pré-formismo*, as estruturas têm uma origem puramente endógena, atualizando-se as variações virtuais, simplesmente, no contato permanente com o meio, que assim exerce apenas um papel de "detector". É raciocinando da mesma maneira que as diversas doutrinas epistemológicas e psicológicas que poderemos agrupar sob o rótulo de *apriorismo* consideram as estruturas mentais anteriores à experiência, fornecendo-lhes esta, simplesmente, uma ocasião de se manifestarem sem explicá-las. Que as estruturas sejam concebidas, com os inatistas clássicos, como psicologicamente inatas ou então como psicologicamente eternas, "subsistindo" num mundo inteligível em que a razão participa, pouco importa o detalhe: elas estão, em todo caso, pré-formadas no sujeito e não são por este elaboradas em função da sua experiência. Os excessos mais paralelos que se possa

Introdução **XXXVII**

imaginar foram cometidos, a tal respeito, na Biologia e na Lógica; assim como se formulou a hipótese de uma pré-formação de todos os "genes" que se manifestaram no decorrer da evolução – incluindo os genes nocivos à espécie – também Russel acabou por supor que todas as ideias que germinam no cérebro humano existiam por toda a eternidade, incluindo as falsas ideias!

Poder-se-ia reservar um lugar à parte para a doutrina biológica da "emergência", segundo a qual as estruturas se apresentam como sínteses irredutíveis que se sucedem umas às outras por uma espécie de criação contínua, e colocá-la em paralelo com a teoria das "formas" ou *Gestalt,* em Psicologia. Mas trata-se apenas, de fato, de um apriorismo mais dinâmico de intenção e que, nas suas explicações particulares, equivale ao apriorismo propriamente dito, na medida em que não se orienta francamente para a quinta solução.

O quarto ponto de vista, para o qual reservaremos o nome de *mutacionismo,* é o dos biólogos que, sem serem pré-formistas, também pensam que as estruturas aparecem por via puramente endógena, mas consideram-nas como se surgissem ao acaso de transformações internas e só posteriormente se adaptassem ao meio, graças a uma seleção. Ora, se transpusermos para o plano das adaptações não hereditárias esse modo de interpretação, verificaremos que é paralelo ao esquema de "ensaio e erro", próprio do *pragmatismo* ou do *convencionalismo*; segundo esse esquema, o ajustamento dos comportamentos explica-se também pela seleção posterior dos comportamentos que, em relação ao meio exterior, surgiram de maneira fortuita. Por exemplo, segundo o convencionalismo, o espaço euclidiano a três dimensões, que nos parece mais "verdadeiro" do que os outros por causa da estrutura dos nossos órgãos da percepção, é simplesmente mais "cômodo", porque permite um melhor ajustamento desses órgãos aos dados do mundo exterior.

Enfim, segundo uma quinta solução, o organismo e o meio constituem um todo indissociável; isso significa que, a par das mutações fortuitas, é preciso levar em conta as variações adaptativas que implicam, ao mesmo tempo, uma estruturação própria do organismo e uma ação do meio, sendo os dois termos inseparáveis um do outro. Do ponto de vista do conhecimento, isso significa que a atividade do sujeito é relativa à constituição do objeto, do

XXXVIII O Nascimento da Inteligência na Criança

mesmo modo que esta implica aquela: é a afirmação de uma inter-dependência irredutível entre a experiência e a razão. O *relativismo* biológico prolonga-se, destarte, na doutrina da interdependência do sujeito e do objeto, da assimilação do objeto pelo sujeito e da acomodação deste àquele.

Assim esboçado o paralelo entre as teorias da adaptação e as da inteligência, competirá naturalmente ao estudo do desenvolvimento intelectivo determinar a escolha que convém fazer entre essas diferentes hipóteses possíveis. Entretanto, a fim de preparar essa opção e, sobre-tudo, para ampliar a nossa noção de adaptação, dadas a continuidade dos processos biológicos e a analogia das soluções que procuramos fornecer nos diversos planos em que o problema se encontra, anali-samos, no plano da morfologia hereditária do organismo, um caso de "cinetogênese" apropriado para ilustrar as diferentes interpretações que acabamos de catalogar.[4]

Em quase todos os pântanos da Europa e da Ásia existe um molus-co aquático, a *Limnaea stagnalis,* cuja forma é tipicamente alongada. Ora, nos grandes lagos da Suíça, da Suécia etc., essa espécie apresenta uma variedade lacustre (*Limnaea lacustris*), contraída e globulosa, cuja formação se explica facilmente pela acomodação motora do animal, durante todo o seu crescimento, às ondas e à agitação das águas. Depois de verificarmos experimentalmente essa explicação, conseguimos estabelecer, graças a numerosas culturas em aquário, que essa variedade contraída, cuja história geológica pode ser acom-panhada desde o paleolítico até nossos dias, tornou-se hereditária e perfeitamente estável (esses genótipos obedecem, em particular, às leis da segregação mendeliana) nos meios mais expostos aos ventos dos lagos de Neuchâtel e Genebra.

Parece, pois, à primeira vista, que a solução lamarckiana impõe-se em tal caso: os hábitos de contração adquiridos sob a influência das ondas teriam acabado por transmitir-se hereditariamente num conjunto morfológico-reflexo, constituindo uma nova raça. Em outras palavras,

---

[4] Ver, para uma exposição detalhada dos fatos, os nossos dois artigos: 1) Les races lacustres de la "Limnaea stagnalis" – recherches sur les rapports de l'adaptation héréditaire avec le milieu (*Bulletin Biologique de la France et de la Belgique*, v. LXIII, p. 424-455, 1929); e 2) L'adaptation de la *Limnaea stagnalis* aux millieux lacustres de la Suisse romande (*Revue Suisse de Zoologie*, v. 36, p. 263-531, pl. 3-6.).

o fenótipo transformar-se-ia, insensivelmente, em genótipo, pela ação duradoura do meio. Infelizmente, no caso das limneias, como em todos os outros, a experiência em laboratório (em que a cultura em água mecanicamente agitada produz uma contração experimental) não revela qualquer vestígio de transmissão hereditária dos caracteres adquiridos. Por outro lado, os lagos de dimensões médias não apresentam todos as variedades contraídas. Se há influência do meio na constituição da contração hereditária, essa influência está sujeita, pois, a diversos limiares (de intensidade, de duração etc.) e o organismo, longe de sofrê-la passivamente, reage ativamente por uma adaptação que supera os simples hábitos impostos.

Quanto à segunda solução, o vitalismo seria incapaz de explicar o detalhe de qualquer adaptação. Por que a inteligência inconsciente da espécie, se existe, não intervirá sempre que for útil? Por que a contração levou séculos a aparecer, desde o povoamento pós-glacial dos lagos, e não existe ainda em todas as toalhas lacustres?

As mesmas objeções cercam a solução pré-formista do problema.

Pelo contrário, a quarta solução apresenta uma posição aparentemente inatacável. Segundo o mutacionismo, com efeito, as estruturas contraídas hereditárias seriam devidas a variações endógenas fortuitas (isto é, sem relação com o meio nem com as adaptações individuais fenotípicas) e seria posteriormente que essas formas, melhor pré-adaptadas do que outras às zonas agitadas dos lagos, multiplicar-se-iam nos próprios locais onde as formas alongadas seriam excluídas por seleção natural. O acaso e a seleção *a posteriori* explicariam, portanto, a adaptação sem ação misteriosa do meio sobre a transmissão hereditária, ao passo que a adaptação das variações individuais não hereditárias se conservaria ligada à ação ambiente. Mas, no caso das nossas limneias, duas objeções muito fortes podem ser feitas a essa interpretação. Em primeiro lugar, se as formas alongadas da espécie não poderiam subsistir como tais nas regiões lacustres onde a água está permanentemente mais agitada, pelo contrário, os genótipos contraídos podem viver em todos os meios onde a espécie está representada, e nós aclimatamo-los, durante anos, num pântano do planalto suíço. Portanto, se se tratasse de mutações fortuitas, esses genótipos deveriam estar indiferentemente espalhados em toda parte; ora, de fato, só apareceram nos meios lacustres e, ainda mais, só nos que estão mais expostos ao vento, justamente onde a adaptação individual ou fenotípica às ondas é mais evidente! Em segundo lugar, a seleção *a posteriori* é, no caso das limneias, inútil e impossível, pois as formas alongadas podem dar lugar, elas próprias, a variações contraídas não – ou ainda não – hereditárias. Por conseguinte, não se pode falar de mutações fortuitas nem de seleção *a posteriori* para explicar tal adaptação.

Resta-nos uma quinta e última solução: admitir a possibilidade de adaptações hereditárias que pressupõem, simultaneamente, uma ação do meio e uma reação do organismo, distinta da simples fixação de hábitos. Já no plano morfológico-reflexo, existem assim interações tais do meio e do organismo que este, sem sofrer passivamente a influência daquele nem limitar-se a manifestar, ao contato com ele, estruturas pré-formadas, reagirá por uma diferenciação ativa dos reflexos (no caso particular das limneias, por um desenvolvimento dos reflexos de aderência pedicular e de contração) e por uma correlativa morfogênese. Em outras palavras, a fixação hereditária dos fenótipos ou adaptações individuais não é devida à simples repetição dos hábitos que lhes deram origem, mas a um mecanismo *sui generis* que, por recorrência ou antecipação, provoca o mesmo resultado no plano morfológico-reflexo.

No que diz respeito ao problema da inteligência, as lições de tal exemplo parecem-nos ser as seguintes. Desde os seus primórdios, a inteligência está integrada, em virtude das adaptações hereditárias do organismo, numa rede de relações entre este e o meio. Não se manifesta, pois, como uma potência de reflexão independente da situação particular que o organismo ocupa no universo, pois está vinculada, desde o começo, pelos *a priori* biológicos: a inteligência nada tem de absoluto independente, é uma relação entre outras, entre o organismo e as coisas. Ora, se a inteligência prolonga assim uma adaptação orgânica que lhe é anterior, o progresso da razão consiste, sem dúvida, numa conscientização cada vez mais profunda da atividade organizadora inerente à própria vida; e as fases primitivas do desenvolvimento psicológico constituem, tão só, os níveis de conscientização mais superficiais desse trabalho de organização. *A fortiori*, as estruturas morfológico-reflexas de que o corpo vivo é testemunho, e a assimilação biológica que está no ponto de partida das formas elementares da assimilação psíquica, seriam apenas o esboço mais externo e mais material da adaptação, da qual as formas superiores da atividade intelectual exprimiriam cada vez melhor a natureza mais profunda. Pode-se conceber, portanto, que a atividade intelectual, partindo de uma relação de interdependência entre o organismo e o meio, ou de indiferenciação entre o sujeito e o objeto, progride simultaneamente na conquista das coisas e na reflexão sobre si própria, sendo correlativos esses dois processos de direção inversa. Desse ponto de vista, a organização fisiológica e anatômica manifesta-se, pouco a pouco, à consciência como algo exterior a ela e a atividade inteligente apresenta-se, pelas mesmas razões, como a própria essência da nossa existência de sujeitos. Daí a inversão que se opera nas perspectivas, à medida que se processa o desenvolvimento mental, e que explica por que a razão, prolongando os mecanismos biológicos mais centrais, acaba por ultrapassá-los, simultaneamente, em exterioridade e em interioridade complementares.

PRIMEIRA PARTE

As Adaptações Sensório-Motoras Elementares

2 O Nascimento da Inteligência na Criança

A inteligência não aparece, de modo algum, num determinado momento do desenvolvimento mental, como um mecanismo inteiramente montado, e radicalmente distinto dos que o precederam. Pelo contrário, apresenta uma notável continuidade com os processos adquiridos ou mesmo inatos, provenientes da associação habitual e do reflexo, processos esses em que a inteligência se baseia, ao mesmo tempo que os utiliza. Portanto, antes de analisarmos a inteligência como tal, convém averiguar como o nascimento dos hábitos e o exercício dos reflexos preparam o advento daquela. É o que vamos fazer nesta primeira parte, atribuindo um capítulo ao reflexo e às questões psicológicas que ele suscita e reservando um segundo capítulo para as diferentes associações adquiridas ou hábitos elementares.

CAPÍTULO I

A Primeira Fase:
o Exercício dos Reflexos

Embora, para preparar a análise dos primeiros atos de inteligência, seja necessário remontarmos às reações orgânicas hereditárias, o nosso esforço deve consistir não em estudar por si mesmas as diferentes formas, mas simplesmente em caracterizar, de maneira global, como essas formas repercutem no comportamento do indivíduo. Portanto, convém que procuremos agora, inicialmente, dissociar o problema psicológico dos reflexos do problema propriamente biológico.

Biologicamente, os comportamentos que se observam durante as primeiras semanas da vida do indivíduo são de enorme complexidade. Em primeiro lugar, existem reflexos de ordens muito diferentes, afetando a medula, o bulbo, as camadas ópticas, o próprio córtex; por outro lado, do reflexo ao instinto há apenas uma diferença de grau. Ao lado dos reflexos do sistema nervoso central, há os do sistema autônomo e todas as reações devidas à sensibilidade "protopática". Há, sobretudo, o conjunto de reações posturais, de que H. Wallon assinalou a importância para os começos da evolução mental. Enfim, é difícil conceber a organização de tais mecanismos sem a participação dos processos endócrinos, cujo papel foi invocado a propósito de tantas reações, instrutivas ou emocionais. Na verdade, a Psicologia fisiológica defronta-se atualmente com uma multidão de problemas que consiste em determinar os efeitos, no comportamento dos indivíduos, de cada um dos mecanismos assim dissociados. É em particular uma das mais importantes dessas questões que H. Wallon analisa no seu excelente livro *L'enfant turbulent*: "Existirá uma fase da emoção, ou fase de reações posturais e extrapiramidais, anterior à fase sensório-motora ou fase cortical?". Ninguém poderia mostrar-nos melhor do que Wallon, em seu exame tão meticuloso do problema, no decorrer do qual um

4 O Nascimento da Inteligência na Criança

material patológico de grande riqueza vem apoiar incessantemente a análise genética, a complexidade dos comportamentos elementares e a necessidade de distinguir as sucessivas fases nos sistemas fisiológicos concomitantes.

Contudo, por sedutores que sejam os resultados assim obtidos, parece-nos difícil ultrapassar hoje a descrição global, quando se trata de compreender a continuidade entre os primeiros comportamentos do bebê e as futuras condutas intelectuais. É por isso que, embora simpatizando inteiramente com o esforço de Wallon para identificar os mecanismos psíquicos com os da própria vida, acreditamos ter de limitarmo-nos a sublinhar a identidade funcional, sem sair do ponto de vista do simples comportamento exterior.

A esse respeito, o problema que se nos põe, a propósito das reações das primeiras semanas, é simplesmente o seguinte: como é que as reações sensório-motoras, posturais etc., dadas no equipamento hereditário do recém-nascido, preparam o indivíduo para adaptar-se ao meio externo e para adquirir os comportamentos ulteriores, caracterizados precisamente pela utilização progressiva da experiência?

O problema psicológico começa, pois, a existir logo que os reflexos, posturas etc. são encarados não mais em suas relações com o mecanismo interno do organismo vivo, mas nas suas relações com o meio exterior, tal como se apresenta à atividade do indivíduo. Examinemos, desse ponto de vista, algumas reações fundamentais das primeiras semanas: os reflexos de sucção e de preensão, os gritos e fonações,[1] os gestos e atitudes dos braços, da cabeça ou do tronco etc.

O que impressiona, a tal respeito, é que, desde o seu funcionamento mais primitivo, tais atividades dão lugar, cada uma em si mesma e umas em relação às outras, a uma sistematização que ultrapassa o seu automatismo. Quase desde o nascimento há, pois, uma "conduta", no sentido da reação total do indivíduo, e não apenas um jogo de automatismos particulares ou locais interligados somente por dentro. Em outras palavras, as manifestações sucessivas de um reflexo, como o da sucção, não são comparáveis ao funcionamento periódico de um motor que se ponha em marcha de tantas em tantas horas para deixá-lo repousar nos intervalos: constituem, antes, um desenvolvimento

---

[1] Retornaremos à preensão, visão e fonação no cap. II.

histórico de natureza tal que cada episódio depende dos precedentes e condiciona os seguintes, numa evolução realmente orgânica; com efeito, seja qual for o mecanismo intenso desse processo histórico, podemos acompanhar-lhe as peripécias desde fora e descrever as coisas como se toda a reação particular determinasse as outras sem intermediários. É nisso que dizemos haver uma reação total, isto é, o início da Psicologia.

§ 1. *OS REFLEXOS DE SUCÇÃO*. – Tomemos como exemplo os reflexos ou o ato instintivo da sucção, reflexos aliás complicados, que envolvem um grande número de fibras centrípetas do trigêmeo e do glossofaríngeo, assim como as fibras centrífugas do facial, do hipoglosso e do mastigador, tendo tudo por centro o bulbo raquiano. Vejamos, em primeiro lugar, alguns fatos:

Obs. 1. – Desde o nascimento, observa-se um esboço de sucção em vazio; movimentos impulsivos dos lábios, fazendo-se acompanhar da sua protrusão e de deslocamentos da língua, enquanto os braços se entregam a gestos desordenados mais ou menos rítmicos, a cabeça agita-se lateralmente etc.

Assim que as mãos roçam acidentalmente pelos lábios, o reflexo de sucção deflagra *incontinenti*. A criança chupa, por exemplo, os dedos durante um instante, mas não sabe, naturalmente, mantê-los na boca nem segui-los com os lábios. Lucienne, um quarto de hora, e Laurent, meia hora depois de nascerem, já tinham chupado as mãos. No caso de Lucienne, tendo a mão ficado imóvel por causa da posição, a sucção dos dedos durou mais de dez minutos.

Algumas horas depois de nascerem, a primeira mamada de colostro. Sabe-se como os bebês diferem uns dos outros, do ponto de vista da adaptação à sua primeira refeição. Para uns, como Lucienne e Laurent, bastou o contato dos lábios e, sem dúvida, da língua com o mamilo para que se iniciassem a sucção e a deglutição consequente. Para outros, como Jacqueline, a coordenação é mais lenta: a criança larga o seio a todo instante, sem o recuperar de moto próprio nem aplicar-se com o mesmo vigor quando lhe repõem o mamilo na boca. Há, finalmente, o caso daqueles em que se torna necessário forçar a mamada: segurar a cabeça, meter à força o mamilo entre os lábios e em contato com a língua etc.

6 O Nascimento da Inteligência na Criança

Obs. 2. – No dia seguinte ao de seu nascimento, Laurent apanhou o mamilo com os lábios, sem que houvesse necessidade de mantê-lo na boca. Busca-o imediatamente, quando o seio lhe escapa depois de qualquer movimento.

Durante o segundo dia, Laurent também recomeça a esboçar uma sucção em vazio, entre as refeições, repetindo assim os seus movimentos impulsivos do primeiro dia: os lábios entreabrem-se e voltam a fechar-se como se se tratasse de uma verdadeira mamada, mas sem objetivo. Esse comportamento tornou-se depois cada vez mais frequente e não voltaremos a descrevê-lo.

No mesmo dia, observa-se em Laurent o começo de uma espécie de busca reflexa, a qual se desenvolverá nos dias seguintes e que constitui, sem dúvida, o equivalente funcional das tentativas características das fases ulteriores (aquisição dos hábitos e inteligência empírica). Deitado de costas, Laurent tem a boca aberta, os lábios e a língua remexendo ligeiramente, num esboço do esquema de sucção; a cabeça move-se para a esquerda e para a direita, como se procurasse um objeto. Esses gestos ora são silenciosos, ora entrecortados de resmungos, com mímica de impaciência e de fome.

Obs. 3. – No terceiro dia, Laurent faz novos progressos na sua adaptação ao seio: basta-lhe tocar com os lábios no mamilo ou nos tegumentos circundantes para iniciar as tentativas, de boca aberta, até conseguir. Mas tanto procura do mau como do bom lado, isto é, do lado em que o contato foi estabelecido.

Obs. 4. – Laurent, ao 0; 0 (9), está deitado numa cama e procura mamar, oscilando a cabeça para a esquerda e para a direita. Roça diversas vezes os lábios pela mão, chupando-a prontamente. Encontra um lençol, depois um cobertor de lã: de cada vez chupa o objeto para largá-lo instantes depois e voltar a chorar. Quando é a mão que ele chupa, não se desvia, como parece fazer com as roupas, mas a própria mão escapa-lhe por falta de coordenação; recomeça imediatamente a busca.

Obs. 5. – Assim que a sua bochecha entra em contato com o seio, Laurent, ao 0; 0 (12), põe-se a procurar até encontrar onde beber. A sua busca orienta-se imediatamente, desta vez, para o lado bom, isto é, o lado onde ele sentiu o contato.

Ao 0; 0 (20), morde o seio que lhe é apresentado com o mamilo a 5 cm de distância. Chupa um instante a pele, depois larga-a, para deslocar a boca uns 2 cm aproximadamente. Recomeça a chupar para logo suspender a ação. Numa de suas tentativas, toca acidentalmente no mamilo com a parte externa dos lábios e não o reconhece. Mas, em sua busca, é levado seguidamente a tocar por acaso no mamilo com a mucosa do lábio superior (tinha a boca escancarada); ajusta imediatamente os lábios e põe-se a mamar.

No mesmo dia, a mesma experiência: após ter chupado a pele por alguns segundos, renuncia e põe-se a chorar. Depois recomeça, renuncia outra vez, mas sem chorar, e apanha de novo a pele do seio um centímetro mais adiante; assim prosseguiu até à descoberta do mamilo.

Obs. 6. – No mesmo dia, apresento a Laurent, que chora de fome (mas intermitentemente e sem violência), o meu dedo indicador dobrado em gancho. Chupa-o imediatamente, mas rejeita-o alguns segundos depois, começando a chorar. Segunda experiência: a mesma reação. Terceira experiência: chupa o dedo, desta vez demoradamente e de maneira vigorosa, e sou eu que o retiro, alguns minutos depois.

Obs. 7. – Laurent, ao 0; 0 (21), está deitado sobre a direita, os braços apertados contra o corpo, as mãos entrelaçadas, e chupa o polegar direito, demoradamente e conservando-se perfeitamente imóvel. A mesma observação foi feita na véspera pela enfermeira. Retiro essa mão direita e a criança começa imediatamente a procurá-la, voltando a cabeça para a esquerda e para a direita. Como, graças à sua posição, as mãos tinham permanecido imóveis, Laurent reencontra assim o seu polegar três vezes seguidas: uma sucção prolongada recomeça de cada vez. Mas, quando deitado de costas, não sabe coordenar o movimento dos braços com o da boca e suas mãos retiram-se, mesmo quando os lábios as procuram.

Ao 0; 0 (24), a mesma observação: quando Laurent chupa o polegar, conserva-se inteiramente imóvel (dir-se-ia uma mamada: sucção completa, ofego etc.). Quando a mão apenas aflora a boca, nenhuma coordenação.

Obs. 8. – Ao 0; 0 (21), coloco várias vezes as costas do meu indicador contra suas bochechas. Laurent volta-se sempre para o lado bom, abrindo a boca. As mesmas reações com o mamilo.

Depois, recomeço as mesmas experiências da obs. 5. Ao 0; 0 (21), Laurent começa por chupar os tegumentos com que entra em contato. Larga-os instantes depois, mas prossegue a busca, de boca aberta, quase

8 O Nascimento da Inteligência na Criança

roçando seus lábios na pele. Agarra o mamilo assim que lhe toca com a mucosa do lábio inferior.

À tarde, a mesma experiência, mas realizada a meio da mamada, que se interrompeu para esse efeito. Laurent já está meio adormecido: os braços caem e as mãos abrem-se (no início da refeição, os braços estão dobrados contra o peito e as mãos fechadas). Aplica-se-lhe a boca contra a pele do seio, a 5 cm do mamilo. Chupa *incontinenti*, sem reabrir os olhos, mas, instantes depois, o insucesso desperta-o: arregala os olhos, os braços contraídos, e chupa com rapidez. Depois renuncia, para procurar um pouco mais longe, do lado esquerdo, que por acaso é o lado bom. Nada encontrando ainda, continua a deslocar-se para a esquerda, mas o movimento de rotação que ele imprime assim à cabeça tem por efeito fazê-lo largar o seio e perder pela tangente o contato. Durante esse movimento tangencial, acaba por chocar a comissura esquerda dos lábios contra o mamilo e tudo se passa como se a criança o reconhecesse no mesmo instante: em vez de tatear ao acaso, passa a concentrar sua busca na vizinhança imediata do mamilo. Porém, como os seus movimentos laterais da cabeça levaram-na a descrever uma curva tangencial, cuja curvatura é oposta à do seio e não paralela, a criança oscila no espaço sem outro guia além dos contatos fortuitos e muito ligeiros com o mamilo. Mais um momento decorreu até que, por fim, as suas tentativas, cada vez mais bem localizadas, são coroadas de êxito. Esta última fase de exploração foi notável pela rapidez com que cada afloramento do mamilo deu lugar a uma tentativa de introdução, os lábios se abrindo e fechando com o máximo de vigor, e pelo ajustamento progressivo dos movimentos tangenciais em torno dos pontos de contato.

Ao 0; 0 (23), nova experiência. Laurent está a 10 cm do seio, procurando-o à esquerda e à direita. Enquanto busca à sua esquerda, toca-se-lhe com o mamilo na face direita: vira-se no mesmo instante e procura à direita. Afasta-se então o mamilo uns 5 cm. Continua procurando do lado bom. Aproxima-se-lhe de novo, assim que Laurent apanha a pele do seio; ele tateia e acaba achando o mamilo.

A mesma experiência e o mesmo resultado na tarde do mesmo dia. Mas, após alguns tragos, retira-se-lhe o mamilo de novo. Laurent continua orientado na boa direção.

Ao 0; 0 (24); Laurent, no decurso das mesmas experiências, parece muito mais rápido. Basta-lhe, em especial, ter batido no mamilo com

A Primeira Fase: o Exercício dos Reflexos **9**

a parte exterior dos lábios (e já não apenas com a mucosa) para localizar de pronto a sua busca. Além disso, logo que localiza o mamilo, os seus movimentos laterais da cabeça tornam-se mais precisos (de menor amplitude) e num ritmo muito mais acelerado. Finalmente, parece que, além dos movimentos laterais, a criança é doravante capaz de erguer a cabeça assim que toca no mamilo com o lábio superior.

Obs. 9. – Ao 0; 0 (22), Laurent está acordado, uma hora após a refeição, e só choraminga intermitentemente. Coloco sua mão direita contra a sua boca, mas retiro-a antes de ele começar a chupar. Ele executa então sete vezes seguidas o ato completo de sucção em falso, abrindo e fechando a boca, mexendo a língua etc.

Obs. 10. – Eis alguns fatos que mostram as diferenças de adaptação, segundo a necessidade de alimentação seja fraca ou forte. Ao 0; 0 (25), Laurent está deitado de costas, sem grande apetite (ainda não chorou desde a sua última refeição), e estabelecemos o contato entre o mamilo e sua face direita. Ele se volta para o lado bom, mas retira-se-lhe o seio para 5-10 cm de distância. Desloca-se por alguns segundos na boa direção, mas renuncia. Após alguns instantes (continua deitado de costas, o rosto voltado para o teto), a boca volta a mexer, mas fracamente, depois a cabeça oscila para a esquerda e para a direita, para orientar-se finalmente na direção errada. Breve exploração desse lado, depois mímica de choro (comissuras dos lábios pendentes etc.) e nova pausa. Instantes depois, nova exploração do lado errado. Toca--se-lhe no meio da bochecha direita: nenhuma reação. Só quando o mamilo lhe toca no rosto a cerca de 1 cm de seus lábios é que ele se volta e o agarra.

Portanto, ao ler essa descrição, poderia parecer que todo o exercício das últimas semanas foi em vão. Talvez pareça, sobretudo, que a zona de excitação do reflexo termina a 1 cm dos lábios, mais ou menos, sendo as próprias bochechas carentes de toda e qualquer sensibilidade. Mas, no dia seguinte, a mesma experiência produziu resultados totalmente inversos, como se vai ver.

Ao 0; 0 (26), Laurent está deitado de costas, manifestando sintomas de grande apetite. Toco-lhe no meio das bochechas com o meu indicador em gancho, ora à direita, ora à esquerda: volta-se prontamente para o lado bom, todas as vezes. Depois, sempre deitado de costas, sente o contato do mamilo na bochecha direita. Mas, quando a criança tenta

10　O Nascimento da Inteligência na Criança

agarrá-lo, afasta-se-lho para uma distância de 10 cm. Então estende a cabeça, sempre do lado bom, e procura manifestamente o mamilo. Cansado dessa "guerra", repousa por instantes, o rosto voltado para o teto; depois, a boca reinicia a busca e a cabeça orienta-se imediatamente para o lado direito. Avança, desta vez, até tocar o mamilo, primeiro com o nariz, depois com a região intermédia entre as narinas e a comissura dos lábios. Repete então, por duas vezes, com grande nitidez, o gesto registrado ao 0; 0 (24) (ver a obs. 8): ergue a cabeça para abocanhar o mamilo. Da primeira vez, só agarrou o mamilo com o canto dos lábios e largou-o logo. Um segundo ou dois após, ergue vigorosamente a cabeça e alcança plenamente seu objetivo.

A notar ainda a maneira como ele identifica o mamilo, ao 0; 0 (29): explora-o a toda a volta com os lábios entreabertos e imóveis, antes de agarrá-lo.

A importância teórica de tais observações parece-nos tão grande quanto a sua banalidade.[2] Com efeito, permitem compreender em que medida um sistema de puros reflexos pode constituir-se em comportamento psicológico, a partir da sistematização do seu funcionamento. Procuremos analisar esse processo, abordando-o sucessivamente como adaptação e como organização progressiva.

§ 2. *O EXERCÍCIO DOS REFLEXOS.* – No que diz respeito à sua *adaptação*, é interessante notar que o reflexo, por muito bem montado que esteja como mecanismo fisiológico hereditário e por muito bem fixado que pareça em seu automatismo imutável, nem por isso necessita menos de certo exercício para adaptar-se verdadeiramente, tampouco é menos suscetível de acomodação gradual à realidade exterior.

Insistamos primeiro nesse elemento de *acomodação*. O reflexo de sucção é uma montagem hereditária que funciona desde o nascimento, quer sob a influência de movimentos impulsivos difusos, quer sob a

---

[2] Satisfaz-nos particularmente assinalar a convergência dessas observações com as de R. RIPIN e H. HETZER: Frühestes Lernen des Säuglings in der Ernährungssituation, *Zeitschrift für Psychologie*, v. 118, p. 82-127, 1930. As observações realizadas com os nossos filhos, há muitos anos, foram independentes destas últimas, o que torna real e válida a convergência.

A Primeira Fase: o Exercício dos Reflexos **11**

influência de um excitante externo (obs. 1); tal é o ponto de partida. Para que essa montagem dê lugar a um funcionamento útil, isto é, para que conduza à deglutição, basta muitas vezes colocar o mamilo na boca do recém-nascido, mas, como se sabe (obs. 1), também acontece de a criança não se adaptar logo: nesse caso, só o exercício acarretará o funcionamento normal. Aí está um primeiro aspecto da acomodação: o contato com o objeto modifica, num sentido, a atividade do reflexo e, mesmo que essa atividade esteja hereditariamente orientada para tal contato, este não deixa de ser necessário à consolidação daquela. Assim é que certos instintos se perdem ou certos reflexos cessam de funcionar normalmente, por falta de um meio apropriado.[3] Mas há mais: o contato com o meio não tem somente por resultado desenvolver os reflexos, visto que também os coordena, de algum modo. As obs. 2, 3, 5 e 8 mostram, com efeito, como a criança, só sabendo inicialmente chupar o mamilo quando lho metem na boca, vai gradualmente adquirindo a capacidade de agarrá-lo e mesmo de descobri-lo, primeiro mediante uma simples abordagem direta; depois, mediante o contato com qualquer região vizinha.[4]

Como explicar tais acomodações? Parece-nos difícil invocar desde o nascimento o mecanismo das associações adquiridas, na acepção restrita do termo, ou dos "reflexos condicionados", dado que ambos supõem um adestramento sistemático. Pelo contrário, o exame desses

---

[3] Assim, LARGUIER DES BANCELS (*Introduction à la psychologie*, 1921, p. 178), depois de recordar as famosas experiências de Spalding sobre a extinção dos instintos de pintos recém-saídos da casca, acrescenta: "O instinto de sucção é passageiro. Um bezerro, separado da mãe e alimentado um dia ou dois à mão, recusa-se quase sempre a mamar, quando o conduzem a outra vaca. A criança comporta-se quase de maneira idêntica. Se o alimentarem inicialmente com colher, terá grande dificuldade em retomar em seguida o seio materno".

[4] Ver PREYER, *L'âme de l'enfant*, trad. de Varigny, 1887, p. 218-217, especialmente estes trechos: "Sem dúvida, a sucção não é tão frutuosa no primeiro quanto no segundo dia e vi frequentemente em recém-nascidos normais (1869) que os esforços de sucção, durante as primeiras horas, eram inteiramente infrutíferos: quando fazia a experiência de introduzir na boca do bebê um lápis de marfim, esses esforços ainda eram incoordenados" (p. 215), e estes: "Já é sabido que os bebês recém-nascidos não encontram o mamilo sem serem ajudados, colocando-lhes a boca contra o seio; só alguns dias mais tarde conseguem encontrá-lo por si próprios (num caso, isso só aconteceu no oitavo dia), isto é, mais tarde do que os animais" (p. 251-256); e finalmente: "Acontece muitas vezes de o mamilo não penetrar na boca, quando se oferece o seio ao bebê, e este chupa a pele circundante, o que se observa ainda na terceira semana..." (p. 216).

12 O Nascimento da Inteligência na Criança

comportamentos logo nos revela em que é que diferem das associações adquiridas: enquanto nestas últimas, incluindo os reflexos condicionados, a associação estabelece-se entre uma percepção qualquer, estranha ao domínio do reflexo, e o próprio reflexo (por exemplo, entre um som, uma percepção visual etc. e o reflexo salivar), nas nossas observações, pelo contrário, é simplesmente a sensibilidade própria do reflexo (contato dos lábios com um corpo estranho) que se generaliza, isto é, acarreta o exercício do reflexo por ocasião de situações cada vez mais numerosas. No caso das obs. 2, 3, 5 e 8, por exemplo, a acomodação consiste, essencialmente, num progresso na continuidade da busca: no início (obs. 2 e 3), o contato com um ponto qualquer do seio deflagra simplesmente uma sucção momentânea nessa mesma região, seguida imediatamente de pranto ou de uma busca desordenada, ao passo que, dias depois (obs. 5), o mesmo contato deflagra uma exploração durante a qual as tentativas da criança a encaminham para o êxito. No segundo caso, é muito interessante ver como o reflexo, excitado por cada contato com o seio, suspende o seu funcionamento logo que a criança se apercebe de que a sucção não é acompanhada de qualquer satisfação, como a absorção de alimento (ver obs. 5 e 8), e como a busca prossegue até o início da deglutição. A esse respeito, as obs. 2, 3, 4 e 5-8 testemunham uma grande variedade de tipos de acomodação: a sucção do edredão, do lençol etc., conduzem à rejeição do objeto, a sucção do seio à aceitação; a sucção de uma epiderme (a mão da criança etc.) conduz à aceitação se se tratar, simplesmente, de chupar por chupar, mas leva à rejeição (por exemplo, se se trata de outro local do seio que não o mamilo) quando a fome é grande; o indicador paterno (obs. 6) é rejeitado quando a criança está empenhada em encontrar o seio, depois aceito a título de calmante etc. Em todos os comportamentos, parece-nos evidente uma aprendizagem em função do meio.

Sem dúvida, todos esses fatos comportam uma explicação fisiológica e uma explicação que em nada nos faz sair do domínio do reflexo. As "irradiações", as "comoções prolongadas", as "somações" de excitações e as coordenações mútuas dos reflexos explicam, certamente, por que a busca da criança se torna cada vez mais sistemática, por que tal contato, que não é suficiente para deflagrar o funcionamento contínuo, nos primeiros momentos, já é suficiente alguns dias depois etc. Não se trata, pois, necessariamente, de mecanismos que se superpõem ao reflexo, como acontecerá mais tarde com o hábito

A Primeira Fase: o Exercício dos Reflexos **13**

ou a compreensão inteligente. Mas isso não significa que o meio não seja indispensável a esse funcionamento, em outras palavras, que a adaptação reflexa não comporte uma parcela de acomodação: sem o contato prévio com o mamilo e a experiência de absorção do leite, é muito provável que o lençol, a manta de lã, o edredão ou o indicador paterno não tivessem sido rejeitados tão vivamente por Laurent, depois de deflagrado o reflexo de sucção.[5]

Contudo, se, na adaptação reflexa, há uma parte de acomodação, essa acomodação é indissociável de uma *assimilação* progressiva, inerente ao próprio exercício do reflexo. De modo geral, pode-se afirmar que o reflexo se consolida e se reforça em virtude do seu próprio funcionamento. Ora, semelhante fato constitui a expressão mais direta do mecanismo da assimilação. Esta se manifesta, em primeiro lugar, por uma necessidade crescente de repetição, caracterizando o exercício do reflexo (assimilação funcional); e, em segundo lugar, por essa espécie de reconhecimento inteiramente prático ou sensório-motor que permite à criança adaptar-se aos diferentes objetos com que os seus lábios entram em contato (assimilações recognitivas e generalizadoras).

A necessidade de repetição é, por si só, muito significativa: trata-se, com efeito, de um comportamento que apresenta uma história e que vem complicar os simples estímulos ligados ao estado do organismo, considerado num momento dado do tempo. O primeiro estímulo suscetível de pôr em ação o reflexo é o contato com um objeto externo; assim foi que Preyer desencadeou os movimentos de sucção, tocando nos lábios de um recém-nascido, e a obs. 1 mostra-nos crianças chupando suas próprias mãos um quarto de hora ou meia hora depois de nascerem. Em segundo lugar, há estímulos internos, vinculados aos estados somático-efetivos: movimentos impulsivos difusos (obs. 1) ou excitações devidas à fome. Mas a esses excitantes, ligados a momentos particulares da vida do organismo, soma-se, segundo nos parece, essa circunstância essencial: a própria repetição dos movimentos reflexos constitui, por si, uma dinamogenia. Por que, por exemplo, Lucienne chupa os dedos, dez minutos seguidos, logo após ter nascido? Não pode ser por causa da fome, visto que o cordão umbilical acabava

---

[5] Entre os animais, toda a montagem reflexa um pouco complicada dá lugar a reações da mesma ordem. Os primórdios da copulação entre as limneias, por exemplo, dão lugar às tentativas exploratórias mais estranhas, antes que o ato seja adaptado.

14 O Nascimento da Inteligência na Criança

de ser-lhe cortado há instantes apenas. Há certamente um excitante exterior, a partir do momento em que os seus lábios tocam a mão. Mas por que é que a excitação perdura, em tal caso, uma vez que não conduz a qualquer resultado, a não ser o próprio exercício do reflexo? Parece, portanto, que, a partir desse mecanismo primitivo, uma espécie de processo circular acompanha o funcionamento, sendo a atividade do reflexo reforçada pelo seu próprio exercício. Ainda que essa interpretação possa continuar duvidosa, no que diz respeito ao ponto de partida, ela se impõe, pelo contrário, cada vez mais, no que respeita aos comportamentos seguintes. Após as primeiras mamadas, observa--se, com efeito, em Laurent (obs. 2), um esboço de funcionamento em falso da sucção, no que é difícil não ver uma espécie de autoexcitação. Além disso, o progresso na busca do seio, nas obs. 2, 3, 4, 5 e 8, parece igualmente mostrar-nos como o próprio funcionamento reforçou a tendência para chupar. A contraprova consiste, como vimos, na extinção progressiva dos mecanismos reflexos não utilizados. Como interpretar esses fatos? É evidente que não se pode tratar ainda de uma "reação circular", no sentido de Baldwin, isto é, da repetição de um comportamento adquirido ou prestes a ser adquirido, nem de um comportamento dirigido pelo objeto visado por tal conduta; trata-se, no caso em estudo, de meros movimentos reflexos e não adquiridos, e de uma sensibilidade vinculada ao próprio reflexo e não ao objetivo externo. Entretanto, o mecanismo é-lhe comparável do ponto de vista puramente funcional. Assim, na obs. 9, é nítido que a mais ligeira excitação pode deflagrar não apenas uma reação reflexa, mas uma sucessão de sete reações. Sem formular hipótese alguma sobre o modo de conservação dessa excitação, nem querer, *a fortiori*, transformar essa repetição num comportamento intencional ou mnemônico, somos forçados a afirmar que, em tal caso, há uma tendência efetiva para a repetição ou, em termos objetivos, uma repetição cumulativa.

Ora, essa necessidade de repetição é apenas um dos aspectos de um processo mais geral, que podemos classificar de assimilação: sendo a tendência do reflexo reproduzir-se, incorpora nele todo e qualquer objeto suscetível de desempenhar o papel de excitante. Convém mencionar, neste ponto, dois fenômenos distintos, mas tão significativos um quanto o outro desse ponto de vista particular.

O primeiro é o que podemos chamar "assimilação generalizadora", isto é, a incorporação de objetos cada vez mais variados ao esquema do reflexo. Quando, por exemplo, a criança tem fome, mas não o bastante para ceder à cólera e aos gritos de protesto, e seus lábios foram excitados por qualquer contato fortuito, assiste-se à formação de tal comportamento, tão importante pelos seus próprios desenvolvimentos futuros como pelos inúmeros casos análogos que serão observados a propósito de outros esquemas. Assim é que, segundo o acaso dos encontros, a criança chupa, a partir das duas primeiras semanas, os seus próprios dedos, os dedos que se lhe oferecem, o travesseiro, o cobertor, os lençóis etc.; portanto, assimilou esses objetos à atividade do reflexo.

Bem entendido, não pretendemos sugerir, em absoluto, ao falar de assimilação "generalizadora", que o recém-nascido comece por distinguir um determinado objeto (o seio materno) para estender depois a outros objetos o que descobriu naquele. Em outras palavras, não atribuímos ao bebê lactente uma generalização consciente e intencional, mediante uma passagem do singular ao geral, tanto mais que a generalização, sendo em si mesma uma atividade inteligente, jamais se inicia por tal passagem, visto que também evoluiu sempre do esquema indiferenciado para o individual e o geral combinados e complementares. Sustentamos, simplesmente, que o recém-nascido, sem consciência alguma dos objetos individuais nem das regras gerais, incorpora logo ao esquema global da sucção um número de objetos cada vez mais variados, o que explica a rapidez generalizadora desse processo de assimilação. Mas não será um jogo de palavras traduzirmos um fato tão simples para a linguagem da assimilação? Não seria bastante dizer "deflagração de um reflexo por uma classe de excitantes análogos"? E, se nos ativermos ao termo de assimilação, será preciso então concluir que os excitantes inabituais de um reflexo qualquer (por exemplo, o conjunto de objetos suscetíveis de desencadearem o reflexo palpebral, quando se aproximam do olho) dão todos lugar a um fenômeno idêntico de assimilação generalizadora? Nada disso. O que cria um problema particular e propriamente psicológico, no caso do reflexo de sucção, é que a assimilação dos objetos à sua atividade vai generalizar-se insensivelmente, até dar origem, na fase das reações circulares adquiridas e mesmo na fase dos movimentos intencionais, a um esquema muito complexo e muito resistente; com efeito, a partir do fim do segundo mês, a criança chupará sistematicamente o seu polegar (com coordenação adquirida e já não por acaso); depois, por

16 O Nascimento da Inteligência na Criança

volta dos cinco meses, as suas mãos levarão à boca todos os objetos; e, finalmente, servir-se-á desses comportamentos para reconhecer os corpos e até para constituir a primeira forma de espaço (o "espaço bucal" de Stern). Assim, é certo que as primeiras assimilações relativas à sucção, mesmo quando testemunham uma indiferenciação entre o contato com o seio e o contato com os outros objetos, não são simples confusões destinadas a desaparecer com o progresso da nutrição, mas, pelo contrário, constituem o ponto de partida de assimilações cada vez mais complexas.

Dito isso, como interpretar essa assimilação generalizadora? É possível conceber o reflexo de sucção como um esquema global de movimentos coordenados, o qual, se for acompanhado de consciência, não dará certamente lugar a uma percepção de objetos ou mesmo de quadros sensoriais definidos, mas, simplesmente, a uma consciência de atitudes que, na melhor das hipóteses, envolverá certa integração sensório-motora, ligada à sensibilidade dos lábios e da boca. Ora, esse esquema, pelo fato de prestar-se a repetições e a um exercício cumulativo, não se limita a funcionar sob a pressão de um excitante determinado, interno ou externo, mas funciona, de algum modo, por si mesmo. Em outras palavras, não é apenas para comer que a criança chupa; é também para iludir a sua fome, para prolongar a excitação da refeição etc., e, finalmente, chupa por chupar, pura e simplesmente. É nesse sentido que o objeto incorporado ao esquema da sucção é, na realidade, assimilado à atividade desse esquema: o objeto chupado não é concebido como um alimento para o organismo, em geral, mas como um alimento, se assim podemos exprimir-nos, para a própria atividade de sucção, segundo as suas diversas formas. Do ponto de vista da consciência, se acaso existe aí consciência, semelhante assimilação é, portanto, em primeiro lugar, indiferenciação, e não, logo de entrada, uma verdadeira generalização; mas, do ponto de vista da ação, trata-se de uma extensão generalizadora do esquema, a qual anuncia já (como vimos há pouco) generalizações ulteriores muito mais consideráveis.

Contudo, além dessa assimilação generalizadora, convém ainda distinguir, desde as duas primeiras semanas, outra assimilação a que podemos chamar "assimilação recognitiva". Esta segunda forma parece ser contraditória, em relação à precedente; na realidade, assinala um simples progresso sobre essa última, por tênue que seja. O que acabamos de dizer sobre a indiferenciação que caracteriza a assimilação

A Primeira Fase: o Exercício dos Reflexos **17**

generalizadora só é válido, com efeito, nos estados de fraco apetite ou de saturação. Mas basta que a criança tenha muita fome para que procure comer e distinga logo o mamilo em relação a tudo o mais. Essa busca e essa discriminação implicam, segundo nos parece, um começo de diferenciação no esquema global da sucção e, por consequência, um início de reconhecimento – um reconhecimento inteiramente prático e motor, é claro, mas suficiente para que se possa já falar de assimilação recognitiva. Examine-se, desse ponto de vista, a maneira como a criança descobre o mamilo. A partir do terceiro dia (obs. 3), Laurent parece distinguir o mamilo dos tegumentos circundantes: procura mamar, não apenas chupar. A partir do décimo dia, em todo caso (obs. 4), observa-se com que rapidez rejeita o cobertor ou o lençol que começara a chupar, a fim de procurar alguma coisa mais substancial. Do mesmo modo, a sua reação a respeito do dedo indicador de seu pai (obs. 6) não podia ser mais clara: decepção e choro. Enfim, as tentativas de exploração no próprio seio (obs. 5 e 8) igualmente demonstram a existência de uma discriminação. Como explicar, pois, essa espécie de reconhecimento?

Naturalmente, não pode estar em causa, tal como não estava a propósito da assimilação generalizadora, o reconhecimento de um "objeto", pela evidente razão de nada existir nos estados de consciência do recém-nascido que lhe permita opor um universo externo a um universo interno. Mesmo supondo que a criança esteja dotada, simultaneamente, de sensações visuais (simples visão de luzes, sem formas nem profundidade), de sensações acústicas e de uma sensibilidade tátil-gustativa e cinestésica ligada ao reflexo de sucção, é evidente que semelhante complexo não bastaria para constituir uma consciência dos objetos: esta supõe, como veremos em *A construção do real na criança*, a existência de operações propriamente intelectuais, necessárias para garantir a permanência da forma e da substância. Tampouco é possível que se trate de um reconhecimento simplesmente perceptivo (ou reconhecimento dos quadros sensoriais oferecidos pelo mundo exterior), se bem que essa recognição preceda em muito a elaboração de objetos (reconhecer uma pessoa, um brinquedo ou uma peça de vestuário, simplesmente, a título de "apresentação" e antes de se converterem em substâncias permanentes). Com efeito, se, para o observador, o seio que o bebê vai agarrar é exterior à criança e constitui uma imagem distinta dele, para o recém-nascido, pelo contrário, só podem existir

18 O Nascimento da Inteligência na Criança

consciências de atitudes, de emoções, de impressões de fome e de satisfação. A visão e a audição tampouco dão ainda lugar a percepções independentes dessas reações globais. Como H. Wallon muito bem demonstrou, as influências exteriores só se revestem de significado em relação às atitudes que suscitam. Quando o bebê distingue o mamilo, em relação ao resto do seio, aos dedos ou a quaisquer objetos, ele não distingue, portanto, um objeto ou um quadro sensorial; o bebê descobre, simplesmente, um complexo sensório-motor e postural específico (sucção e deglutição combinadas), entre os complexos análogos que constituem o seu universo e são testemunho de uma indiferenciação total entre o sujeito e o objeto. Em outras palavras, esse reconhecimento elementar consiste, na mais estrita acepção da palavra, numa "assimilação" do conjunto de dados presentes numa organização definida, tendo já funcionado e só dando lugar a uma discriminação atual graças ao seu funcionamento passado. Mas isso basta para explicar em que medida a repetição do reflexo leva, por si mesma, a uma assimilação recognitiva que, por muito prática que seja, constitui o início do conhecimento.[6] Mais precisamente, a repetição do reflexo conduz a uma assimilação geral e generalizadora das coisas à sua atividade, mas, tendo em conta as variedades que, pouco a pouco, vão sendo introduzidas nessa atividade (chupar por chupar, para iludir a fome, para comer etc.), o esquema de assimilação diferencia-se e, nos casos diferenciados mais importantes, a assimilação torna-se recognitiva.

Em conclusão, a assimilação característica da adaptação reflexa apresenta-se sob três formas: repetição cumulativa, generalização da atividade com incorporação de novos objetos nesse funcionamento e, finalmente, o reconhecimento motor. Mas, em última análise, essas três formas constituem uma só: o reflexo deve ser concebido como uma totalidade organizada cuja característica própria é conservar-se

---

[6] Não pretendemos, repita-se, definir quais os estados de consciência que acompanham essa assimilação. Que esses estados sejam puramente emocionais ou afetivos, que estejam ligados ou não às posturas que acompanham a sucção, ou que exista desde o início uma discriminação sensorial e cinestésica consciente, é uma questão que nos parece impossível de decidir pelo exame do comportamento das duas ou três primeiras semanas de vida. O que esse comportamento assinala, simplesmente, é a exploração por tentativas e a discriminação que caracterizam o exercício do reflexo; e são esses dois fatos fundamentais que nos autorizam a falar de uma assimilação psicológica, a partir dessa fase primitiva.

A Primeira Fase: o Exercício dos Reflexos **19**

em funcionamento, por consequência, funcionar mais cedo ou mais tarde por si mesmo (repetição), incorporando os objetos favoráveis a esse funcionamento (assimilação generalizadora) e discriminando as situações necessárias a certos modos especiais de sua atividade (reconhecimento motor). Veremos em seguida – e é essa a única finalidade da presente análise – que esses mesmos processos são reencontrados, com a defasagem que a progressiva complexidade das estruturas explica, nas fases das reações circulares adquiridas, dos primeiros esquemas intencionais e dos comportamentos propriamente inteligentes.

A adaptação progressiva dos esquemas reflexos pressupõe, portanto, a *organização* deles. Essa verdade é banal em Fisiologia. Não só o arco reflexo supõe como tal uma organização, mas, no animal não sujeito às operações de laboratório, todo o sistema de reflexos constitui por si mesmo uma totalidade organizada; segundo as concepções de Graham Brown, o reflexo simples deve ser considerado, de fato, um produto de diferenciação. Do ponto de vista psicológico, pelo contrário, há uma propensão acentuada para representar um reflexo, ou mesmo um ato instintivo complexo, como o da sucção, como uma soma de movimentos a que, eventualmente, se junta uma sucessão de estados de consciência justapostos – e não uma verdadeira totalidade. Ora, duas circunstâncias essenciais nos impelem a considerar que o ato da sucção já constitui uma organização psíquica: o fato de esse ato apresentar, mais cedo ou mais tarde, uma significação e o fato de fazer-se acompanhar de uma busca dirigida.

No que diz respeito às significações, já vimos como os atos de sucção se diferenciam segundo o recém-nascido tem fome e procura mamar, chupa para se acalmar ou, ainda, chupa por mero jogo. Parece, pois, que tais atos se revestem de um significado para o próprio bebê. A calma progressiva, que sucede à tempestade de gritos e choros, assim que a criança fica em posição de comer e procura o mamilo, demonstra que, se ela tem consciência, esta só pode ser, inicialmente, uma consciência de significação. Ora, uma significação é necessariamente relativa a outras, mesmo no plano elementar dos simples reconhecimentos motores.

Por outro lado, a existência de uma organização é atestada pelas buscas orientadas. Com efeito, é uma coisa notável, seja qual for a sua banalidade, a exploração precoce de que o bebê dá mostras quando

20 O Nascimento da Inteligência na Criança

posto em contato com o seio. Essa busca, que constitui o princípio da acomodação e da assimilação, deve ser concebida, do ponto de vista da organização, como a primeira manifestação de um dualismo entre o desejo e a satisfação, portanto, entre o valor e o real, entre a totalidade que se completa e a totalidade incompleta, dualismo esse que reaparecerá em todos os planos da atividade futura e cuja redução será tentada ao longo de toda a evolução mental, embora esteja destinado a acentuar-se incessantemente.

Tais são, do ponto de vista duplo da adaptação e da organização, as primeiras expressões da vida psicológica, vinculadas aos mecanismos fisiológicos hereditários. Esse exame, por muito esquemático que seja, basta para assinalar, segundo nos parece, em que é que o psiquismo prolonga a organização puramente reflexa, sem que deixe de depender dela. O que a fisiologia do organismo fornece é uma montagem hereditária inteiramente organizada e virtualmente adaptada, mas que nunca funcionou. A Psicologia começa com o exercício desse mecanismo. Esse exercício, ainda em nada transforma o próprio mecanismo, contrariamente ao que se observará no decorrer das fases ulteriores (aquisição de hábitos, compreensão etc.); limita-se, por enquanto, a consolidá-lo e a fazê-lo funcionar, sem integrá-lo nas novas organizações que o superam. Mas, nos limites desse funcionamento, há lugar para um desenvolvimento histórico, que define, justamente, o início da vida psicológica. Esse desenvolvimento comporta, sem dúvida, uma explicação fisiológica: se o mecanismo reflexo se consolida pelo uso ou se extingue por falta de uso, isso se deve, com certeza, a que as coordenações se fazem ou se desfazem em virtude das próprias leis da atividade reflexa. Mas tal explicação fisiológica em nada exclui o ponto de vista psicológico em que nos colocamos. Com efeito, se, como é provável, certos estados de consciência acompanham um mecanismo reflexo tão complicado quanto o do instinto de sucção, esses estados de consciência possuem uma história interna. O mesmo estado de consciência não poderia reproduzir-se duas vezes idêntico a si próprio: se ele se reproduz, então é porque adquire mais alguma qualidade nova de *déjà vu* etc., portanto, alguma significação. Mas se, por acaso, nenhum estado de consciência intervém ainda, poder-se-á mesmo assim falar já de comportamentos ou condutas, tendo em atenção, por um lado, o caráter *sui generis* do seu desenvolvimento e, por outro lado, sua continuidade em relação às fases seguintes. É o que vamos explicar mais detalhadamente, a título de conclusão.

O caráter próprio desses comportamentos consiste em implicar uma utilização individual da experiência. O reflexo, na medida em que é uma montagem hereditária, constitui talvez uma utilização racial da experiência: trata-se de um problema de ordem biológica de que já falamos (Introdução, § 3) e que, embora interesse no mais alto grau à Psicologia, não pode ser resolvido pelos seus métodos próprios. Mas, na medida em que é um mecanismo causador de um exercício e, por consequência, de uma espécie de aprendizagem, o reflexo de sucção pressupõe, além da hereditariedade, uma utilização individual da experiência. É esse o fato capital que permite incorporar tal comportamento ao domínio psicológico, ao passo que um reflexo simples, não submetido à necessidade de exercício ou de aprendizagem em função do meio (o espirro, por exemplo), de nenhum interesse se reveste para nós. Em que consiste essa aprendizagem? Podemos tentar defini-la, sem subordinar essa análise a qualquer hipótese relativa ao gênero de estados de consciência que acompanham, eventualmente, tal processo. A aprendizagem vinculada ao mecanismo reflexo ou instintivo apresenta o seguinte de particular, em contraste com as aquisições devidas aos hábitos ou às aquisições inteligentes: ela nada retém que seja exterior ao próprio mecanismo. Um hábito, como o do bebê de dois a três meses, que abre a boca ao ver um objeto, supõe uma fixação mnemônica relativa a esse objeto: formou-se um esquema tátil-motor em função do objeto e somente esse esquema explica a uniformidade da reação. Do mesmo modo, a aprendizagem de uma operação intelectual (a numeração, por exemplo) implica uma recordação dos próprios objetos ou de experiências feitas com os objetos. Há, portanto, nos dois casos, a retenção de algo exterior ao mecanismo inicial do ato em questão. Pelo contrário, o bebê que aprende a chupar nada retém de extrínseco ao próprio ato de chupar; sem dúvida, não conserva indício algum dos objetos nem dos quadros sensoriais sobre que incidem as sucessivas experiências. Ele registra, simplesmente, a sequência dessas tentativas, ou experiências, como puros atos que se condicionam mutuamente. Quando o bebê reconhece o mamilo, não se trata do reconhecimento de uma coisa ou de uma imagem, mas da assimilação de um complexo sensório-motor e postural a outro. Se essa aprendizagem da sucção supõe o meio e a

22   O Nascimento da Inteligência na Criança

experiência, visto nenhum exercício funcional ser possível fora de um contato com o meio, trata-se, entretanto, de uma aprendizagem muito especial, de autoaprendizagem, e não de uma aquisição propriamente dita. É por isso que, se esses primeiros comportamentos psicológicos suplantam o nível fisiológico puro – tal como o exercício individual de um mecanismo hereditário suplanta a hereditariedade – também dele dependem no mais elevado grau.

Mas a grande lição psicológica desses primórdios do comportamento é que, encerrada nos limites que acabamos de definir, a aprendizagem de um mecanismo reflexo já envolve o jogo mais complicado das acomodações, assimilações e organizações individuais. Há acomodação porque, mesmo sem nada reter do meio como tal, o mecanismo reflexo tem necessidade desse meio. Há assimilação porque, pelo seu próprio exercício, nele incorpora todo e qualquer objeto suscetível de alimentá-lo, e distingue até esses objetos, graças à identidade das atitudes diferenciais que provocam. Finalmente, há organização, na medida em que esta é o aspecto interno dessa adaptação progressiva: os sucessivos exercícios do mecanismo reflexo constituem totalidades organizadas e as tentativas e explorações visíveis, desde os primórdios dessa aprendizagem, estão orientadas pela própria estrutura dessas totalidades.

Ora, se esses comportamentos só suplantam o nível fisiológico puro na tênue medida em que o exercício individual tem uma história independente da montagem predeterminada pela hereditariedade (a ponto de poder parecer quase metafórico tratá-los como "comportamentos", como temos feito aqui), parece-nos que, não obstante, se revestem de uma importância capital para a continuidade futura do desenvolvimento mental. Com efeito, as funções de acomodação, assimilação e organização que acabamos de descrever, a propósito do exercício de um mecanismo reflexo, serão reencontradas no decurso das fases ulteriores e adquirirão uma importância progressiva. Em certo sentido, veremos até que, quanto mais as estruturas intelectuais se complicarem e apurarem, tanto mais esse núcleo funcional constituirá o essencial dessas mesmas estruturas.

§ 3. *A ASSIMILAÇÃO, PRIMEIRO FATO DA VIDA PSÍQUICA.* – Acabamos de verificar, ao estudarmos o exercício dos reflexos, a existência de uma tendência fundamental cujas manifestações reencontraremos em cada nova fase do desenvolvimento intelectual: a tendência para a repetição de comportamentos e para a utilização de objetos externos, em vista dessa repetição. Essa assimilação simultaneamente reprodutora, generalizadora e recognitiva constitui o princípio do exercício funcional que descrevemos a propósito da sucção. É indispensável, portanto, à acomodação própria do reflexo. Por outro lado, é a expressão dinâmica do fato estático da organização. Desse duplo ponto de vista, a assimilação impõe-se como um fato primordial, cuja análise psicológica deve revelar e pôr em destaque as consequências genéticas.

Três circunstâncias nos impelem, assim, a considerar a assimilação como o dado fundamental do desenvolvimento psíquico.

A primeira é que a assimilação constitui um processo comum à vida orgânica e à atividade mental, logo, uma noção comum à Fisiologia e à Psicologia. Com efeito, seja qual for o mecanismo íntimo da assimilação biológica, é um fato experimentalmente provado que um órgão se desenvolve funcionando (mediante certo equilíbrio entre o exercício útil e a fadiga). Ora, quando o órgão em questão influi no comportamento externo do sujeito, esse fenômeno de assimilação funcional apresenta um aspecto fisiológico e um aspecto psicológico indissociáveis: os seus detalhes são de ordem fisiológica, ao passo que a reação global pode ser considerada psíquica. Tomemos por exemplo o olho, que se desenvolve sob a influência dos exercícios de visão (percepção luminosa, de formas etc.). Do ponto de vista fisiológico, pode-se afirmar, sem dúvida, que a luz é um alimento para o olho (em particular, nos casos primitivos de sensibilidade cutânea dos invertebrados inferiores, nos quais o olho se reduz a uma acumulação do pigmento, dependente das fontes luminosas ambientes): a luz é absorvida e assimilada por tecidos sensíveis e esse funcionamento acarreta um desenvolvimento correlativo dos órgãos interessados. É inegável que semelhante processo supõe um conjunto de mecanismos cujo ponto de partida poderá ser bastante complexo. Mas, se nos limitarmos a uma descrição global – que é a do comportamento e, por consequência, a psicológica –, as coisas vistas constituem o alimento essencial do olho, pois são elas que impõem o exercício contínuo a que os órgãos devem seu desenvolvimento: o olho tem necessidade de imagens luminosas, tal como o corpo todo necessita de alimento químico, energético

24 O Nascimento da Inteligência na Criança

etc. Entre todas as realidades exteriores que o organismo assimila, existem, pois, as que são incorporadas ao detalhe dos mecanismos físico-químicos, enquanto outras servem apenas de alimentos funcionais e globais. No primeiro caso, há uma assimilação fisiológica, enquanto, no segundo, pode-se falar de assimilação psicológica. Mas em ambos os casos o fenômeno é o mesmo: o universo é englobado na atividade do sujeito.

Em segundo lugar, a assimilação explica um fato primitivo que é geralmente admitido como o mais elementar da vida psíquica: a repetição. Como explicar, de fato, que o indivíduo, por muito alto que se suba na escala do comportamento, procure sempre reproduzir toda a sua experiência vivida? O fenômeno só é compreensível se a conduta repetida apresentar uma significação funcional, isto é, se se revestir de um determinado valor para o próprio indivíduo. Mas de onde vem esse valor? Do funcionamento como tal. Ainda nesse caso a assimilação funcional se apresenta como o fato primordial.

Em terceiro lugar, a noção de assimilação engloba desde o começo no mecanismo da repetição um elemento essencial pelo qual a atividade se distingue do hábito passivo: esse elemento é a coordenação entre o novo e o antigo, que anuncia o início do processo de julgamento. Com efeito, a reprodução própria do ato de assimilação implica sempre a incorporação de um dado atual a um determinado esquema, sendo esse esquema constituído pela própria repetição. É nisso que a assimilação está prenhe de todos os mecanismos intelectuais e constitui, uma vez mais, em relação a eles, o fato realmente primordial.

Mas não seria possível simplificar essa descrição poupando uma noção que está tão carregada de significação e que pode, talvez, parecer equívoca? Em seus notáveis ensaios de psicologia funcional,[7] Claparède escolheu simplesmente como ponto de partida de toda a atividade mental a própria necessidade. Como explicar que certos comportamentos deem lugar a uma repetição espontânea? Qual a causa de os atos úteis se reproduzirem por si próprios? Diz Claparède: é porque eles correspondem a uma necessidade. Assim, as necessidades marcam a transição entre a vida orgânica, da qual emanam, e a vida psíquica, de que constituem o motor.

---

[7] Ver *L'éducation fonctionnelle*, Delachaux et Niestlé.

A grande vantagem dessa linguagem é ser muito mais simples do que a da assimilação. Também seria muito difícil não estar de acordo com Claparède naquilo que ele fundamentalmente sustenta. Sendo a necessidade expressão tangível do processo a que chamamos assimilação, não poderíamos pôr em dúvida o bem fundado dessa concepção, à qual muito devemos pessoalmente. Mas a questão consiste em saber se, justamente por causa da sua simplicidade, essa concepção não suscitará problemas iniciais que a noção de assimilação permite remeter ao estudo biológico. Essas dificuldades parecem-nos ser em número de duas.

Em primeiro lugar, se a necessidade como tal é o motor de toda a atividade, como orienta os movimentos necessários à sua satisfação? Com uma admirável acuidade de análise, o próprio Claparède levantou a questão. Não só, disse ele, não se compreende por que a busca de uma finalidade coordena os gestos úteis, mas, além disso, não se percebe como, quando um meio fracassa, logo se experimentam outros. Acontece, de fato, sobretudo quando aos reflexos se superpõem as associações adquiridas, uma necessidade desencadear uma sucessão de diferentes comportamentos, mas sempre orientados para o mesmo fim. Qual é o agente dessa seleção e dessa coordenação de reações favoráveis?

É evidente que seria inútil tentar resolver agora esses problemas fundamentais. Mas a questão não decorrerá do fato de se começar por dissociar a necessidade do ato, em sua totalidade? As primeiras necessidades não existem, com efeito, anteriormente aos ciclos motores que permitem saciá-las. Pelo contrário, surgem durante o próprio funcionamento. Portanto, não se pode afirmar que precedam a repetição: também dela resultam, num círculo sem fim. Por exemplo, a sucção em vazio, ou todos os exercícios análogos, tanto constituem um treino que aumenta a necessidade como o inverso. Logo, do ponto de vista psicológico, não se pode conceber a necessidade independentemente de um funcionamento global, do qual ela é tão só um indício. Por outro lado, do ponto de vista fisiológico, a necessidade supõe uma organização em "equilíbrio móvel", do qual ela traduz, simplesmente, o desequilíbrio passageiro. Em ambas as linguagens, a necessidade é, assim, a expressão de uma totalidade momentaneamente inacabada e que tende a reconstituir-se, isto é, aquilo que denominamos, precisamente, um ciclo ou um esquema de assimilação: a necessidade é a

26 O Nascimento da Inteligência na Criança

manifestação de que o organismo ou um órgão qualquer reclamam a utilização de um dado exterior, com vista ao seu contínuo funcionamento. Portanto, o primeiro fato não é a necessidade, mas os esquemas de assimilação, de que aquela constitui o aspecto introspectivo. Logo, talvez seja um pseudoproblema indagar como a necessidade orientará os movimentos úteis: é porque esses movimentos já estão orientados que a necessidade os deflagra. Em outras palavras, os movimentos organizados, prontos para a sua repetição, e a própria necessidade, constituem um todo único. É verdade que essa concepção, muito nítida no que diz respeito ao reflexo ou a toda organização inata, deixa de sê-lo quando se passa às associações adquiridas. Porém, a dificuldade talvez decorra do fato de se tomar à letra o termo "associações", quando a assimilação permite, justamente, explicar como todo novo esquema resulta de uma diferenciação e de uma complicação dos esquemas anteriores e não de uma associação entre elementos dados em estado de isolamento. Essa hipótese nos leva mesmo a conceber como uma única necessidade pode deflagrar uma série de tentativas sucessivas: por um lado, toda a assimilação é generalizadora, e, por outro lado, os esquemas são suscetíveis de coordenarem-se entre si por assimilação recíproca, tanto quanto de funcionar sozinhos (ver, a esse respeito, as fases IV-VI).

Parece-nos que uma segunda dificuldade se apresenta quando se considera a necessidade como fato primeiro da vida psíquica. Considera-se, nesse caso, que as necessidades asseguram a transição entre o organismo e o psiquismo: constituem, de algum modo, o motor fisiológico da atividade mental. Porém, se determinadas necessidades corporais desempenham, com efeito, um papel em grande número de comportamentos inferiores (como a busca de alimento na Psicologia animal), acontece que na criança pequena as principais necessidades são de ordem funcional: a atividade dos órgãos engendra, pois, por sua própria existência, uma necessidade psíquica *sui generis* ou, melhor ainda, uma série de necessidades supletivas cuja complexidade excede, desde o princípio, a simples satisfação orgânica. Além disso, quanto mais a inteligência se desenvolve e se afirma, mais a assimilação do real ao funcionamento do indivíduo se transforma em compreensão real, convertendo-se assim o motor principal da atividade intelectual em necessidade de incorporar as coisas aos esquemas próprios do sujeito. Esse caráter supletivo das necessidades, que se transcendem incessantemente para ultrapassar o plano puramente orgânico, parece-nos mostrar também que o fato primordial não é a necessidade como tal, mas outrossim o ato de assimilação que engloba num todo a necessidade funcional, a repetição e essa coordenação entre o sujeito e o objeto que anuncia a implicação e o julgamento.

Certamente, o recurso à noção de assimilação em nada constitui uma explicação da própria assimilação. A Psicologia só pode começar pela descrição de um fato primeiro, sem poder explicá-lo ela própria. O ideal de uma dedução absoluta só poderá conduzir a uma explicação verbal. Renunciar a essa tentação é escolher, a título de princípio, um dado elementar suscetível de tratamento biológico e, ao mesmo tempo, de análise psicológica. A assimilação está nesse caso. A explicação desse dado compete à Biologia: a existência de uma totalidade organizada, que se conserva assimilando o mundo exterior, suscita, de fato, toda a problemática da própria vida. Mas, como não é possível reduzir sem mais nem menos o superior ao inferior, a Biologia não conseguirá elucidar a questão da assimilação sem levar em conta o seu aspecto psicológico: em certa profundidade, a organização vital e a organização mental constituem, com efeito, uma só e mesma coisa.

CAPÍTULO II

A Segunda Fase: as Primeiras Adaptações Adquiridas e a Reação Circular Primária

Às adaptações hereditárias somam-se, num dado momento, as adaptações não inatas a que as primeiras se subordinam pouco a pouco. Em outras palavras, os processos reflexos integram-se progressivamente nas atividades corticais. Essas novas adaptações constituem aquilo que vulgarmente se designa pelo nome de "associações adquiridas", de hábitos ou mesmo reflexos condicionados, sem falar nos movimentos intencionais que consideramos característicos de uma terceira fase. A intencionalidade, embora seja, sem dúvida, imanente nos níveis mais primitivos da assimilação psicológica, não poderia tomar consciência de si mesma e, de fato, diferenciar assim o comportamento, antes da assimilação por esquemas "secundários", isto é, antes dos comportamentos gerados pelo exercício da preensão e contemporâneos das primeiras ações exercidas sobre as coisas. Logo, podemos fixar como limite superior da presente fase os movimentos intencionais e como seu limite inferior as primeiras adaptações não hereditárias.

Na verdade, é extremamente difícil estabelecer quando começa, efetivamente, a adaptação adquirida, em contraste com a adaptação hereditária. De um ponto de vista teórico, é possível adotar o seguinte critério: em toda e qualquer conduta, cuja adaptação é hereditariamente determinada, a assimilação e a acomodação constituem um todo único e indiferenciado, ao passo que com a adaptação, elas começam a dissociar-se. Em outras palavras, a adaptação hereditária nenhuma aprendizagem comporta fora do seu próprio exercício, enquanto a adaptação adquirida implica uma aprendizagem relativa aos novos

30 O Nascimento da Inteligência na Criança

dados do meio externo, assim como uma incorporação dos objetos aos esquemas que assim foram diferenciados. Mas, se passarmos da teoria à interpretação de fatos particulares, logo surgem grandes dificuldades para distinguir a aquisição real da simples coordenação pré-formada.

Com efeito, como assimilar o momento a partir do qual passa a haver uma retenção de qualquer dado exterior ao próprio mecanismo reflexo? No exercício do reflexo, como já vimos, só há fixação do mecanismo como tal e é nisso que a acomodação de um esquema hereditário, embora supondo a experiência e o contato com o meio, é solidária com a assimilação, isto é, com o exercício funcional desse esquema. Num momento dado, pelo contrário, a atividade da criança retém algo de exterior a ela, quer dizer, transforma-se em função da experiência: é então que se diz haver uma acomodação adquirida. Por exemplo, quando a criança chupa sistematicamente o polegar, já não ao acaso dos encontros, mas agora por coordenação entre a mão e a boca, pode-se falar de acomodação adquirida: os reflexos da boca e da mão não preveem hereditariamente tal coordenação (não existe um instinto de chupar o dedo!) e só a experiência explica a sua formação. Mas se a coisa está clara, no que diz respeito a tal comportamento, em quantos outros casos é impossível indicar a fronteira nítida entre o reflexo puro e a utilização da experiência? Os múltiplos aspectos da acomodação visual, por exemplo, comportam um amálgama inextricável de exercícios reflexos e verdadeiras aquisições.

Do ponto de vista da assimilação, a dificuldade é idêntica. A assimilação psicológica própria do reflexo consiste, como já vimos, numa repetição cumulativa, com progressiva incorporação de objetos no ciclo assim reproduzido. Mas nada implica ainda, em semelhante conduta, que ela seja dirigida pelos novos resultados a que chegou. Certo, no ato de sucção, verifica-se logo uma busca orientada e, no caso de fome, só o êxito imprime um significado à série de tentativas. Mas o resultado procurado nada apresenta de novo em relação ao campo sensório-motor primitivo do próprio reflexo. Pelo contrário, no domínio da adaptação adquirida, é um novo resultado (novo quer pelo caráter dos quadros sensoriais que o definam, quer pelos métodos empregados para o obter) que orienta a repetição. Enquanto, no reflexo, a assimilação era uma só coisa com a acomodação, doravante a reprodução do ato novo, ou a assimilação de objetos ao esquema desse ato, constituem um processo distinto da sua própria acomodação. Tal processo poderá ser muito pouco diferenciado, quando a adaptação adquirida se limita a prolongar a adaptação reflexa, mas será tanto mais distinto da acomodação quanto mais complexo for o ato novo. Assim é que, na aquisição da preensão, uma coisa é repetir indefinidamente uma manobra que teve êxito, e outra coisa é tentar apanhar um objeto numa nova situação. A repetição do ciclo realmente adquirido ou em curso de aquisição é aquilo a que J. M. Baldwin chamou de "reação circular". Esse comportamento constituirá, para nós, o princípio da assimilação *sui generis* que é próprio dessa segunda fase. Mas se, teoricamente, tal distinção é clara entre a simples repetição do reflexo e a "reação circular", também é óbvio que as maiores dificuldades servirão ainda aqui de obstáculo a uma análise concreta.

Dito isso, passemos ao exame dos fatos, agrupando-os primeiro por domínios distintos de atividade.

§ 1. *OS HÁBITOS ADQUIRIDOS RELATIVOS À SUCÇÃO.* – Aos comportamentos reflexos que descrevemos no decorrer do cap. I superpõem-se, a partir do segundo e do terceiro meses, certas formas de sucção incontestavelmente novas. Vamos começar por descrever a aquisição das duas principais reações circulares: a protrusão sistemática da língua (com, mais tarde, os movimentos salivares, labiais etc.) e a sucção do polegar. Essas duas atividades vão fornecer-nos o tipo do que é o hábito adquirido espontâneo, com assimilação e acomodação ativas. Após o que discutiremos alguns casos de acomodação, que se designam vulgarmente pelo nome de "transferências associativas" ou de "associações sensório-motoras" (deflagração da sucção por diversos sinais: posição, ruídos, sinais ópticos etc.) e veremos que essas acomodações parciais, por muito mecânicas e passivas que pareçam, constituem, na realidade, simples elos isolados dos ciclos inerentes à reação circular. Finalmente, falaremos de certas coordenações entre a sucção e a visão.

Eis os exemplos do primeiro grupo de fatos (reações circulares):

Obs. 11. – Laurent, ao 0; 0 (30), está acordado sem chorar, olhando para a frente, de olhos arregalados. Chupa em falso quase continuamente, abrindo e fechando a boca em ritmo lento, com a língua em incessante movimento. Em determinados momentos, a língua, em vez de conservar-se do lado de dentro dos lábios, vem lamber o lábio inferior: a sucção recomeça então com maior intensidade ainda.

32 O Nascimento da Inteligência na Criança

Duas interpretações são possíveis. Ou se registra, em tais instantes, uma busca de alimento e, nesse caso, a protrusão da língua não passa de um reflexo inerente aos mecanismos de sucção e deglutição; ou então verifica-se um começo da reação circular: um resultado interessante conservado pela repetição. No momento, parece que ambas as coisas são de admitir. Ora a protrusão da língua é acompanhada de gestos desordenados dos braços e redunda em impaciência e cólera, caso em que existe, manifestamente, uma busca de sucção, propriamente dita, e concomitante decepção; ora, pelo contrário, a protrusão da língua é acompanhada de gestos lentos e rítmicos dos braços e mímica de contentamento, caso em que o movimento da língua é consequência de uma reação circular.

Obs. 12. – Ao 0; 1 (3), Laurent põe de novo a língua de fora, muitas vezes seguidas. Está bem acordado, imóvel, mexe levemente os braços e não apresenta qualquer sucção em falso digna de registro; tem simplesmente a boca entreaberta e passa e repassa a língua pelo lábio inferior. – Ao 0; 1 (5), Laurent, começa por chupar em falso, depois a sucção é, pouco a pouco, substituída pelo comportamento precedente. – Ao 0; 1 (6), brinca manifestamente com a língua, ora lambendo o lábio inferior, ora fazendo-a deslizar entre os lábios e as gengivas. – Nos dias seguintes, esse comportamento repete-se com frequência e sempre com a mesma mímica de satisfação.

Obs. 13. – Ao 0; 1 (24), Lucienne brinca com a língua, passando-a sobre o lábio inferior e lambendo-o continuamente. A observação denota a existência de um hábito já adquirido há alguns dias. O comportamento prolonga-se até à sucção do polegar e mais além.

Obs. 14. – Durante a segunda metade do mês, isto é, depois de ter chupado o polegar, Laurent continua brincando com a língua e fazendo movimentos de sucção, mas intermitentes. Em contrapartida, a sua habilidade aumenta. Assim, ao 0; 1 (20), observo as caretas que ele faz ao introduzir a língua entre as gengivas e os lábios e, ao estufar estes, a mesma espécie de estalo que ele produz ao fechar de novo a boca, rapidamente, após esses exercícios.

Obs. 15. – Durante o terceiro mês, somam-se à protrusão da língua e à sucção dos dedos novas reações circulares relativas aos movimentos da boca. Assim, a partir dos 0; 2 (18), Laurent brinca com a saliva, deixando-a acumular-se no interior dos lábios entreabertos e depois

A Segunda Fase: as Primeiras Adaptações Adquiridas e a Reação Circular Primária 33

engolindo-a bruscamente. Na mesma época, chupa em vazio, com ou sem protrusão da língua, modificando de diversas maneiras a posição dos lábios: estende e contrai o lábio inferior etc. – Esses exercícios tornam-se cada vez mais variados com a continuação e deixam de merecer um exame pormenorizado, do ponto de vista em que nos colocamos neste estudo.

A sucção dos dedos dá igualmente lugar a aquisições evidentes:

Obs. 16. – Ao 0; 1 (1), Laurent é mantido pela sua babá, um pouco antes da refeição, numa posição quase vertical. Está com muita fome e procura mamar, a boca aberta, com rotações contínuas da cabeça. Seus braços descrevem grandes movimentos rápidos e vêm bater incessantemente em seu rosto. Por duas vezes, tendo sua mão batido rapidamente na face direita, Laurent voltou a cabeça e procurou apanhar os dedos com a boca. Fracassa na primeira vez e tem êxito na segunda. Mas os movimentos do braço não estão coordenados com os da cabeça: a mão escapa-se, enquanto a boca se esforça por manter o contato. Na continuação, porém, Laurent consegue apanhar o polegar; então o corpo todo se imobiliza no mesmo instante, a mão direita agarra por acaso o braço esquerdo e a mão esquerda aplica-se contra a boca. Segue-se então uma longa pausa, durante a qual Laurent chupa o polegar esquerdo como se estivesse mamando, com gulodice e avidez (respiração ofegante etc.).

Portanto, temos aqui uma analogia completa com a obs. 7 do § 1. É somente mais certo que nada de exterior força a criança a conservar a mão na boca: os braços estão imobilizados pela posição deitada do sujeito, mas por uma manutenção espontânea. Entretanto, o fato observado continua sendo suscetível de duas interpretações: ou, como pode ser o caso nos primeiros dias consecutivos ao nascimento, o fato de chupar imobiliza o corpo todo e, por consequência, as mãos (os braços continuam apertados contra o tronco enquanto o recém-nascido mama e se admite que possa acontecer o mesmo quando chupa o polegar descoberto por acaso), ou então existe uma coordenação direta entre a sucção e os movimentos dos braços. A sequência das observações parece mostrar que o comportamento real anuncia essa coordenação.

34 O Nascimento da Inteligência na Criança

Obs. 17. – Ao 0; 1 (2), Laurent chora de fome no seu berço. Pegamos na criança, mantendo-a em posição quase vertical. O seu comportamento passa então por quatro fases sucessivas, que se distinguem com muita nitidez. Começa por acalmar-se e procura chupar, virando a cabeça da esquerda para a direita, enquanto os braços, em vez de descreverem movimentos de máxima amplitude, parecem acercar-se da boca. Por diversas vezes, uma ou outra mão afloram os lábios; a sua mão direita chega a aplicar-se contra a face e a beliscá-la por alguns instantes. Durante todas essas manobras, a boca está escancarada e procura incessantemente apanhar qualquer coisa. O polegar esquerdo é então agarrado e os dois braços imobilizam-se imediatamente; o braço direito aplicado contra o peito, debaixo do braço esquerdo, o qual está, portanto, retido pela boca. Durante uma terceira fase, os braços percorrem de novo o espaço ao acaso, tendo o polegar esquerdo saído da boca após alguns minutos. Entrementes, a criança encoleriza--se, a cabeça jogada para trás, e o choro alterna com as tentativas de sucção. Finalmente, inicia-se uma quarta fase, durante a qual as mãos se aproximam de novo da boca, procurando esta sempre agarrar os dedos que por ela roçam. As últimas tentativas não são coroadas de êxito e o choro recomeça definitivamente.

Poder-se-á falar, desta vez, em coordenação? Cada uma dessas fases encontra sua análoga no comportamento das semanas precedentes: desde os primeiros dias, observa-se que os bebês arranham o rosto com os dedos crispados, enquanto a boca parece querer apanhar alguma coisa. Não obstante, a sucessão das quatro fases parece assinalar um começo de ligação entre os movimentos dos braços e as tentativas de sucção.

Obs. 18. – Ao 0; 1 (3), Laurent (na mesma posição) parece não apresentar coordenação alguma entre as mãos e a boca, antes da mamada. Pelo contrário, após uma das refeições, quando está ainda bem desperto e procura continuar mamando, os seus braços, em vez de gesticularem ao acaso, dobram-se incessantemente na direção da boca. Mais precisamente, pareceu-me várias vezes que o contato fortuito da mão com a boca desencadeava uma orientação desta no sentido daquela e que então (mas só então) a mão tendia a retornar à boca. Efetivamente, Laurent conseguiu quatro vezes chupar os dedos, imobilizando-se prontamente a mão e o braço. Mas isso nunca durou mais de alguns segundos. – Na tarde do mesmo dia, Laurent, após a

A Segunda Fase: as Primeiras Adaptações Adquiridas e a Reação Circular Primária **35**

mamada, mantém-se desperto e ainda procura chupar, entrecortando suas tentativas, com gritos enérgicos. Agarro então o seu braço direito e levo-o até permitir que a boca comece a chupar a mão. Assim que seus lábios tocaram-lhe a mão, os braços deixaram de opor qualquer resistência e mantiveram-se quietos em seu lugar por alguns instantes. Esse fenômeno é claro depois que comecei a experiência – a partir do 0; 0 (15) – mas, habitualmente, a manutenção da posição não dura muito. Só quando há sucção do polegar é que a imobilidade se segue (ver a obs. 7 do § 1 e a obs. 16 deste §). Desta vez, pelo contrário, o braço ficou um instante imóvel, embora só as costas da mão ficassem em contato com os lábios: estes tentam, visivelmente, explorar toda a mão. Um momento depois, a mão perdeu o contato, mas reencontrou-o por si mesma; já não é apenas a boca que procura a mão, é também esta que se estende na direção da boca. Ora, durante 13 vezes seguidas, contando a partir desse primeiro retorno da mão aos lábios, pude observar que a mão era reintroduzida na boca. Portanto, a coordenação já não oferecia dúvida alguma: vimos, simultaneamente, a boca abrir e a mão dirigir-se para ela. As próprias falhas são significativas; assim, acontece que os dedos estendidos vinham algumas vezes esbarrar na bochecha, quando a boca aberta já estava preparada para acolhê-los.

Obs. 19. – Ao 0; 1 (4), após a refeição das 6 horas da tarde, Laurent está bem desperto (ao invés do que ocorreu nas refeições anteriores) e não inteiramente saciado. Chupa primeiro em vazio, com grande vigor, depois vemos a sua mão direita aproximar-se da boca, tocar o lábio inferior e, finalmente, deixar-se agarrar. Mas, como só foi agarrado o indicador, a mão volta a soltar-se. Então, de maneira perfeitamente visível, a mão só se afasta para retornar em seguida. Desta vez, é o polegar que penetra na boca, enquanto o indicador se coloca entre a gengiva e o lábio superior. Novo recuo da mão, que se distancia até 5 cm da boca para logo reentrar nela: o polegar é agora agarrado e os demais dedos ficam de fora. Laurent imobiliza-se no mesmo instante e chupa com vigor, babando-se, a tal ponto que se lhe retira a mão alguns momentos depois. Uma quarta vez a mão se aproxima: três dedos penetram na boca. A mão recua para reintroduzir-se uma quinta vez. Sendo o polegar apanhado de novo sozinho, a sucção prossegue sem tréguas. Retiro-lhe então a mão e abaixo-a até à altura da cintura. Por instantes, Laurent parece renunciar a chupar e fica olhando para a frente, extático e saciado. Mas os lábios retornam seu movimento,

36   O Nascimento da Inteligência na Criança

alguns minutos depois, e logo a mão se aproxima. Desta vez, uma série de derrotas: os dedos vão bater no queixo, no lábio inferior etc. O indicador, no entanto, penetra na boca duas vezes (portanto, o sexto e o sétimo êxitos). Na oitava vez que a mão entra na boca, só o polegar é retido, dando continuação, portanto, à sucção. Retiro-lhe uma vez mais a mão da boca. Nova postura sem movimentos dos lábios, depois novas tentativas, nono e décimo êxitos, após o que a experiência é interrompida.

Obs. 20. – Ao 0; 1 (5) e 0; 1 (6), Laurent procura manifestamente atingir o polegar, sempre que está acordado, mas não o consegue quando está deitado de costas. Bate no rosto com a mão, sem chegar a encontrar a boca. Quando está na vertical pelo contrário (seguro pela cintura, o torso e os braços livres), chega depressa aos lábios. – Ao 0; 1 (7), porém, encontro-o chupando o polegar, quando está estendido. Mas perde-o a todo instante, porque o polegar não penetra a fundo no interior da cavidade bucal e perde-se entre o lábio superior e a gengiva. Entretanto, há um progresso, visto que o polegar, sempre que sai da boca, aí volta uma série de vezes. Infelizmente, entre esses êxitos, Laurent bate no nariz, nas bochechas e nos olhos. Acaba por irritar-se após um desses fracassos. – Nos dias seguintes, pode-se considerar feita a coordenação. Ao 0; 1 (9), por exemplo, Laurent chupa o polegar, deitado de costas; retiro-lhe da boca e, por diversas vezes, ele repõe-no quase diretamente (depois de ter tateado, no máximo, entre o nariz e o queixo), agarrando apenas o polegar e deixando os outros dedos fora da boca.

Obs. 21. – No final do segundo mês, Laurent chupa tão bem o polegar esquerdo quanto o direito. Ao 0; 1 (21), por exemplo, deitado sobre o lado esquerdo, tenta chupar o polegar da mão esquerda. Não o conseguindo, em virtude da sua posição, ergue o braço direito. Como o polegar ainda fica fora de seu alcance, volta-se então progressivamente do lado direito, consegue ficar de costas e continua sua exploração. Quase alcança o polegar direito, mas, fracassando por acaso, volta-se para a mão esquerda e dirige-a para a boca. Fracassando uma vez mais, orienta-se de novo para a direita e, desta vez, consegue apanhar o polegar direito. – Este exemplo mostra-nos bem que Laurent está igualmente apto (ainda que um pouco inabilmente) a chupar um ou outro polegar. Mas depois habituou-se a chupar de preferência o polegar esquerdo, ao ponto de o macerar ligeiramente, obrigando-nos a fazer-lhe um curativo e prender-lhe a mão. Depois de alguns acessos de cólera e várias tentativas, Laurent voltou então a chupar o polegar direito, aos 0; 2 (7) e dias seguintes.

Obs. 22. – No decorrer do terceiro mês, a sucção do polegar diminuiu pouco a pouco de importância, em Laurent, sob a pressão de novos interesses, como os interesses visuais, fônicos etc. A partir dos 0; 2 (15), noto que Laurent já só chupa o polegar para apaziguar a fome e, sobretudo, para adormecer. Aí está um exemplo interessante de especialização do hábito, igualmente observado em Jacqueline. Basta que Laurent chore para que o polegar logo venha em socorro. Aos 0; 2 (19), observo até que ele fecha os olhos e volta-se para a direita, preparando-se para dormir assim que o seu polegar aderiu aos lábios. – Convém destacar igualmente, durante esse terceiro mês, a oposição do polegar no momento da sucção. Ainda no final do segundo mês, Laurent começava por chupar as costas da mão e dos dedos, ou vários dedos juntos, ou o polegar sozinho. Durante o terceiro mês, pelo contrário, o polegar passou a opor-se, pouco a pouco, aos outros dedos e Laurent chegou assim a abocanhá-lo logo na primeira tentativa, para chupá-lo sozinho.

Obs. 23. – Com Lucienne, que não passou por essa espécie de adestramento a que submeti Laurent, a coordenação entre os movimentos dos braços e a sucção só se tornou incontestável aos 0; 2 (2). Ao 0; 1 (25) e 0; 1 (26), as mãos afloram incessantemente a boca, mas observo ainda a incapacidade em que Lucienne se encontra de manter por muito tempo o polegar entre os lábios e, sobretudo, de reencontrá-lo uma vez saído da boca. Pelo contrário, aos 0; 2 (2), pude fazer as duas observações seguintes. Às 18 horas, após a refeição, as suas mãos vagueiam em redor da boca e ela chupa alternadamente os dedos (sobretudo o indicador), as costas da mão e o pulso. Quando a mão escapa à boca, tende a reaproximar-se e a coordenação é restabelecida. Às 20 horas, Lucienne está acordada e chupa de novo os dedos: a mão conserva-se imóvel por longos instantes e depois, quando desliza, vê-se simultaneamente a boca que procura agarrá-la e a mão que se aproxima. No dia seguinte, as mesmas observações: a coordenação é reencontrada durante toda a manhã e em alguns momentos da tarde. Notei, em particular, o fato seguinte: a mão tateia na boa direção, depois um movimento brusco dos dedos na boca, estando esta aberta e imóvel. A sequência das observações confirmou que se trata, efetivamente, de uma coordenação estável.

38 O Nascimento da Inteligência na Criança

Obs. 24. – Com Jacqueline, as primeiras indicações seguras datam de 0; 1 (28) e dias seguintes: leva a mão esquerda à boca, quando tem muita fome, alguns momentos antes da mamada. Após a refeição, ela reintroduz frequentemente os dedos na boca, para prolongar a sucção. A partir de 0; 4 (5), o hábito torna-se sistemático e ela precisa chupar o polegar para adormecer.

Note-se, além disso, que os objetos agarrados são levados à boca a partir dos 0; 3 (15).

A protrusão da língua e a sucção dos dedos constituem, assim, os dois primeiros exemplos de uma conduta que prolonga o exercício funcional próprio do reflexo (chupar em vazio etc.), mas com a aquisição de algum elemento exterior aos mecanismos hereditários. No que diz respeito à língua, a sua nova utilização parece superar a simples atividade reflexa concomitante da sucção. Quanto ao polegar, não existe, repetimos, qualquer instinto de chupar dedos e, mesmo que o ato de levar o alimento à boca constituísse um comportamento hereditário, é evidente que o caráter tardio do aparecimento desse ato indica a interdição de associações adquiridas, sobrepondo-se à eventual coordenação reflexa. Deve-se ainda notar, a fim de caracterizar essas aquisições, que elas implicam um elemento de atividade: não se trata, com efeito, de associações impostas pelo meio ambiente, mas de relações descobertas e mesmo criadas no decorrer da exploração levada a cabo pela própria criança. É esse duplo aspecto da aquisição e da atividade que caracteriza aquilo a que chamaremos doravante de "reações circulares", não no sentido mais lato de Baldwin, mas na acepção restrita de Wallon:[1] exercício funcional que culmina na manutenção ou redescoberta de um novo resultado interessante.

A par das reações circulares propriamente ditas, a sucção dá lugar, igualmente, a condutas em que predomina a acomodação. Trata-se daquelas associações adquiridas a que se dá frequentemente o nome de "transferências associativas", quando não se vai a ponto de falar até de "reflexos condicionados". Observemos, em primeiro lugar, que a reação circular, como tal, acarreta semelhantes transferências. Durante a coordenação progressiva entre a sucção e os movimentos da

---

[1] *L'enfant turbulent*, p. 85.

A Segunda Fase: as Primeiras Adaptações Adquiridas e a Reação Circular Primária **39**

mão e do braço, é evidente que se estabelecem associações, as quais orientam o polegar na direção da boca; o contato dos dedos com os cueiros, o rosto, os lábios etc., serve assim, mais cedo ou mais tarde, de sinalização para dirigir o trajeto da mão. Mas, fora dessas aquisições mnemônicas ou transferências, inerentes à reação circular, há outras que parecem resultar de um simples adestramento automático, sem que intervenha, aparentemente, o elemento de atividade própria das reações precedentes. Que se deve pensar?

Convém recordar aqui as interessantes observações devidas a duas colaboradoras da Sra. Bühler, as Sras. Hetzer e Ripin,[2] sobre o adestramento do lactente em função das circunstâncias da refeição (*Ernährungssituation*). Segundo essas autoras, distinguem-se três fases no comportamento da criança. O primeiro caracteriza a primeira semana: o bebê só procura chupar quando os seus lábios estão em contato com o seio ou a mamadeira. Foi o que vimos no cap. I (§§ 1 e 2). A segunda fase estende-se da segunda à oitava ou nona semana: o bebê empenha-se em procurar o seio, assim que se acha nas posições que precedem regularmente a refeição (a higiene corporal, a mudança de cueiros, a posição estendida etc.). A terceira fase, finalmente, começa entre 0; 3 e 0; 4 e reconhece-se pela intervenção dos sinais visuais: basta que a criança se aperceba da mamadeira ou dos objetos que lhe recordam a refeição para que abra a boca e grite. Examinemos separadamente o segundo e o terceiro desses comportamentos: um e outro fazem parte das associações adquiridas, mas por diferentes fatores.

As condutas características da segunda dessas fases parecem constituir o tipo de associação passiva (*Signalwirkung*). Em vez das transferências próprias da reação circular ativa, estas parecem ser devidas, portanto, à pressão de circunstâncias exteriores, sujeitas à repetição. Mas, como vamos ver, isso não passa de uma aparência e tais acomodações também supõem uma parte de atividade. Sobre a realidade dos fatos observados, estamos de acordo, evidentemente, com a Sra. Bühler e suas colaboradoras. Não há dúvida de que, num dado momento do desenvolvimento, estabelecem-se relações entre a posição da criança, os sinais táteis, acústicos etc. e a deflagração dos movimentos de sucção.

---

[2] H. HETZER e R. RIPIN, Frühestes Lernen des Säuglings in der Ernährungssituation, *Zeitschrift für Psychologie*, v. 118, p. 82, 1930; e C. BÜHLER, *Kindheit und Jugend*, 3. ed., 1931, p. 14 e ss.

40   O Nascimento da Inteligência na Criança

Em contrapartida, a data de aparecimento dessas condutas – assim como a sua interpretação – parece-nos sujeita à discussão. Vejamos, em primeiro lugar, duas observações que indicarão mais precisamente o sentido dos nossos comentários:

Obs. 25. – Procurei determinar com Laurent a partir de que data há associação entre a posição do bebê e a busca do seio. Ora, pareceu-me impossível afirmar a existência dessa associação antes do segundo mês. Ao 0; 0 (6) e dias seguintes, Laurent procura mamar, é certo, quando o colocam no prato da balança, na mesa de toilette ou na cama da mãe, enquanto nada procurava antes e gritava em seu berço. Ao 0; 0 (9), Laurent está semiadormecido em seu berço; nada procurou enquanto esteve ao colo, mas, assim que foi posto no leito, abre a boca e volta a cabeça para a esquerda e a direita, com movimentos mais agitados dos braços e tensão de todo o corpo. Ao 0; 0 (10), ele não procura no berço, mas busca assim que a babá o toma nos braços. Até o fim do primeiro mês, o seu comportamento manteve-se assim. Mas, tratar-se-ia de puras coincidências ou de uma associação real entre a posição e a sucção? É impossível decidirmos a tal respeito, pois esses fatos podem interpretar-se de um modo inteiramente diferente da existência de uma transferência associativa. Basta constatar, como fizemos no cap. I, como é precoce a sucção em vazio e o tenteio próprio do reflexo para compreender que a criança procurará mamar desde que não esteja em lágrimas, ou adormecida, nem distraída pelo movimento: em seu berço, ela não busca fazê-lo porque nada vem distraí-la de seus gritos de fome e porque os gritos se encadeiam uns nos outros por essa espécie de repetição reflexa de que já falamos; quando se tem a criança ao colo, ela nada busca também porque o balanço é suficiente para absorver--lhe a atenção; mas quando é colocada na balança, na mesa de toilette ou nos braços imóveis da babá ou da mãe, ou quando se lhe mudam as fraldas, ela procurará chupar antes de recomeçar o choro, pois que nem as lágrimas nem as excitações relativas ao movimento a impedirão. Quer isso dizer que existe uma relação entre a *Trinklage* e a sucção? Nada autoriza a negá-lo, tampouco vemos ainda o que autorize a afirmá-lo. Além disso, quando se conhece a dificuldade que há em fixar um reflexo condicionado nos animais e, sobretudo, a necessidade de "confirmá-lo" incessantemente para que se mantenha, não se pode deixar de ser prudente no recurso a tal mecanismo para explicar os comportamentos das primeiras semanas.[3]

Em contrapartida, desde o momento em que Laurent sabe encontrar o seu polegar (início do segundo mês), a busca pelo seio pode ser diferenciada das outras tendências e chega-se, desse modo, a estabelecer a existência de uma relação entre a *Trinklage* e essa busca. Antes da refeição, a criança só tende a chupar os dedos quando está no berço, quando não chora nem está adormecida; mas, assim que é colocada em posição de comer (nos braços da mãe, deitada numa cama etc.), as mãos perdem todo o interesse, distanciam-se da boca e é visível que a criança só procura o próprio seio, isto é, o contato com o alimento. Ao 0; 1 (4), por exemplo, não foi possível qualquer experiência sobre a sucção dos dedos, antes da refeição, pois Laurent voltava a cabeça para todos os lados assim que se via em posição de comer.

Durante o segundo mês, a coordenação entre a posição e a busca do seio fez numerosos progressos. Assim é que, desde o fim do mês, Laurent já só procura mamar nos braços de sua mãe e não mais na mesa de toilette.

Obs. 26. – Em correlação com essa acomodação progressiva à situação de conjunto, pareceu-nos que a acomodação ao próprio seio fizera alguns progressos durante o segundo mês e ultrapassava já a acomodação reflexa das primeiras semanas. Assim foi que notamos em Jacqueline, a partir de 0; 1 (14), e em Lucienne, desde 0; 1 (27), a aptidão para voltar a cabeça do lado bom quando se lhes mudava de seio: quando a rotação dada ao corpo das crianças devia dirigir-lhes a cabeça para fora, elas próprias a voltavam na direção do seio. Tal comportamento não implicava, naturalmente, uma orientação correta no espaço; indicava tão só que a criança sabe, doravante, utilizar os contatos com o braço da mãe como sinais que lhe permitem localizar

---

[3] Não pretendemos, aliás, negar que se possam constituir, desde o nascimento, certos reflexos condicionados, pois D. P. MARQUIS teria mesmo conseguido estabelecê-los em bebês de 3 a 10 dias, associando certos sons aos reflexos de sucção (*Journal of Genetic Psychology*, v. XXXIX, 1931, p. 479), e W. S. RAY provocá-los-ia inclusive em fetos (*Child Development*, v. III, 1932, p. 175). Afirmamos apenas que, dadas as dificuldades de que o problema do condicionamento se rodeia, o qual se complica dia a dia, a prudência obriga a recorrer, sempre que se possa, às explicações mais satisfatórias do que aquelas que se julgam, por vezes, ser possíveis extrair da existência do reflexo condicionado.

42 O Nascimento da Inteligência na Criança

a direção do alimento. Ora, sendo este o caso, há evidentemente uma associação adquirida, isto é, uma acomodação que ultrapassa a simples acomodação reflexa.

A partir do segundo mês, reencontramos, pois, a existência das correlações observadas pela Sra. Bühler e por suas colaboradoras. Mas será que essas correlações entre a situação de conjunto e a sucção supõem, necessariamente, a hipótese de "transferência associativa" (*Signalwirkung*)?

Estamos diante de um problema geral a que retornaremos no decorrer do § 5. Limitemo-nos, por agora, a sublinhar esta circunstância: a associação adquirida entre os sinais próprios da *Trinklage* e o reflexo de sucção não foi imposta à criança de um modo inteiramente mecânico. Logo, não há apenas o que poderíamos chamar de "um registro passivo". Por força da busca constante que caracteriza o instinto de sucção, é sempre por meio dos esforços e tentativas do próprio sujeito que a associação é adquirida. Também a esse respeito é conveniente precaver-nos contra uma comparação demasiado simplista com o reflexo condicionado. Em nosso entender, se se estabelece uma associação entre a *Trinklage* e a sucção, isso não se deve a um adestramento puro e simples, sem o que não seria possível entender por que os sinais ópticos não dariam lugar também a um adestramento do mesmo gênero, a partir do segundo mês. É que, simplesmente, o esquema de sucção, isto é, a totalidade organizada dos movimentos e atitudes próprios da sucção, engloba certas posturas que transcendem a esfera bucal. Ora, essas atitudes não são inteiramente passivas e implicam, mais cedo ou mais tarde, uma aquiescência de todo o corpo: os membros imobilizam-se, as mãos fecham-se etc., assim que o bebê adota a posição característica de mamar. Logo, a simples "mobilização" dessas atitudes é suficiente para deflagrar o ciclo total do ato de sucção, porque as sensações cinestésicas e a sensibilidade postural assim desencadeadas são imediatamente assimiladas ao esquema desse ato. Não há, portanto, associação entre um sinal independente e um dado esquema sensório-motor, nem coordenação entre dois grupos de esquemas independentes (como será o caso entre a visão e a sucção etc.), mas a constituição e ampliação progressiva de um esquema único de acomodação e assimilação combinadas. No máximo, poder-se-á dizer, em tal caso, que a acomodação predomina sobre a assimilação.

Abordemos agora as aquisições mais complexas, relativas à sucção (a terceira das fases propostas pelas Sras. Hetzer e Ripin): as associações entre a sucção e a visão. A partir dos terceiro e quarto meses, segundo Hetzer e Ripin, observa-se, de fato, que a criança se apresta para comer assim que enxerga a mamadeira ou qualquer outro objeto associado ao alimento. Portanto, não existe, em tal comportamento, uma simples associação mais ou menos passiva entre um sinal e um ato, mas pode-se falar de reconhecimento de um quadro externo e de significados atribuídos a esse quadro.

Pudemos realizar observações semelhantes:

Obs. 27. – Jacqueline, aos 0; 4 (27) e dias seguintes, abre a boca assim que se lhe mostra a mamadeira. Ora, ela só iniciou o aleitamento misto aos 0; 4 (12). Aos 0; 7 (13), noto que ela abre diferentemente a boca segundo se lhe estende a mamadeira ou uma colher.

Lucienne, aos 0; 3 (12), para de chorar assim que vê a mãe desabotoar a blusa para a mamada.

Laurent, entre 0; 3 (15) e 0; 4, também reage aos sinais visuais. Assim que, após sua toilette habitual e antes da refeição, o põem no meu colo em posição de mamar, ele olha para mim, procura de todos os lados, olha de novo etc., mas não esboça qualquer tentativa de mamar. Quando, em seguida, o passo para o colo da mãe, sem que toque no seu seio, Laurent olha-a e abre imediatamente a boca, chora, esperneia, enfim, apresenta uma reação inteiramente significativa. Portanto, é certamente a vista e já não apenas a posição o que lhe serve agora de sinal.

Tais comportamentos são, sem dúvida, superiores aos que eram somente regulados pela coordenação entre a posição e a sucção. Com efeito, implicam o reconhecimento propriamente dito de quadros visuais e a atribuição de um significado a esses quadros, por referência ao esquema da sucção. Quer isso dizer que a mamadeira etc. já constituem "objetos" para a criança, como o afirma a Sra. Bühler?[4] Não ousaríamos afirmar tanto, como se verá em outro volume (*A*

---

[4] C. BÜHLER, *Kindheit und Jugend*, 3. ed., 1931, p. 18.

44 O Nascimento da Inteligência na Criança

construção do real na criança): os quadros sensoriais podem ser reconhecidos e dotados de significações sem que por isso tenham adquirido as características de permanência substancial e espacial próprias dos objetos. Mas reconhecemos que tais quadros são, evidentemente, percebidos como "exteriores" pela criança, isto é, que são projetados num conjunto coerente de imagens e relações. Com efeito, pelo próprio fato de a mamadeira pertencer, para o bebê, a duas séries de esquemas que podem dar lugar a adaptações e funcionamentos independentes uns dos outros (a visão e a sucção), e ainda pelo fato de ele realizar a coordenação desses dois esquemas, está necessariamente dotado de certa exterioridade. Pelo contrário, a sucção do polegar não estabelece essa condição; embora tal sucção subentenda, para o observador, a existência de uma coordenação entre os movimentos da mão e os da boca, o polegar só é conhecido da criança, em primeiro lugar, na medida em que o chupa, e não existe coordenação entre dois esquemas independentes, para o próprio sujeito. Falaremos, pois, no caso do início da sucção provocada por sinais visuais, de um reconhecimento em função da coordenação de dois esquemas de assimilação (sucção e visão).

Em conclusão, as aquisições que caracterizam o mecanismo da sucção, passada a fase das adaptações puramente hereditárias, são em número de três. Em primeiro lugar, temos a "reação circular" propriamente dita: mexer a língua, chupar sistematicamente o polegar etc. Essa reação constitui um comportamento, essencialmente ativo, que prolonga o exercício reflexo descrito no cap. I, mas contando, além disso, com um elemento adquirido de acomodação aos dados da experiência. Em contrapartida, a passividade aumenta nas acomodações que se constituem mais ou menos automaticamente em função do meio exterior, mas essas acomodações também supõem, no seu ponto de partida, uma atividade do sujeito. Finalmente, o comportamento complica-se pela coordenação de esquemas heterogêneos, assim que se registra o reconhecimento dos sinais visuais da sucção.

Sem querer antecipar as conclusões teóricas que procuraremos aduzir de tais fatos no § 5, é possível, desde já, indagar o que esses três tipos de conduta representam, do ponto de vista dos mecanismos de adaptação. A reação circular deve ser concebida, certamente, como uma síntese ativa da assimilação e da acomodação. É assimilação na medida em que constitui um exercício funcional que prolonga

A Segunda Fase: as Primeiras Adaptações Adquiridas e a Reação Circular Primária **45**

a assimilação reflexa descrita no cap. I: chupar o dedo ou a língua é assimilar esses objetos à própria atividade de sucção. Mas a reação circular é também acomodação na medida em que realiza uma nova coordenação, não dada no mecanismo reflexo hereditário. Quanto à chamada "transferência associativa", ela é sobretudo acomodação, uma vez que supõe associações sugeridas pelo meio exterior. Mas também implica um elemento de assimilação, na medida em que procede por diferenciação das reações circulares anteriores. Entre a acomodação que lhe é própria e a da reação circular, existe, pois, uma diferença de grau: esta é mais ativa, aquela mais passiva. Enfim, a coordenação de esquemas, em que consiste o reconhecimento dos sinais visuais da sucção, é apenas uma complicação desses mesmos mecanismos: é assimilação em segundo grau, na medida em que há coordenação de dois esquemas de assimilação (visão e sucção), e é acomodação em segundo grau, uma vez que prolonga a cadeia de associações adquiridas.

§ 2. *A VISÃO.* – Não vamos estudar aqui as percepções e acomodações visuais em si mesmas; procuraremos, simplesmente, de acordo com a finalidade deste livro, distinguir nos comportamentos relativos à visão os diferentes aspectos que influem no desenvolvimento da inteligência. Retornaremos, aliás, ao estudo pormenorizado de certas acomodações visuais, quando abordarmos a constituição da noção de espaço.

Tal como a propósito da sucção, distinguiremos nos comportamentos dirigidos pela visão certo número de tipos, indo do reflexo puro à reação circular e desta às coordenações adquiridas entre os esquemas visuais e os das outras atividades.

Quanto aos reflexos, deveríamos ter falado deles no cap. I. Mas como estão longe de revestir-se para nós do interesse dos reflexos da sucção, podemos limitar-nos a mencioná-los aqui, a título de mero registro. Desde o nascimento, são dados a percepção da luz e, por conseguinte, os reflexos que asseguram a adaptação dessa percepção (reflexo pupilar e reflexo palpebral, ambos à claridade). Tudo o mais (percepção de formas, dimensões, posições, distâncias, relevo etc.) é adquirido pela combinação da atividade reflexa com as atividades superiores. Ora, os comportamentos relativos à percepção da luz implicam, tal como a sucção, mas em muito mais tênue grau, uma espécie de aprendizagem

46   O Nascimento da Inteligência na Criança

reflexa e de busca propriamente dita. Notei, por exemplo, desde o final da primeira semana, como Laurent mudava de expressão na presença de objetos luminosos e os procurava, quando se deslocavam, sem conseguir, naturalmente, acompanhá-los com o olhar: somente a cabeça seguia o movimento, por alguns instantes, mas sem coordenação contínua. Preyer[5] notou, nos primeiros dias, a expressão de satisfação da criança provocada por uma luz não intensa; a partir do sexto dia, o filho voltava a cabeça para a janela quando o afastavam dela. Parece que tais comportamentos se explicam de maneira idêntica às condutas relativas à sucção: a luz é um excitante (logo, um alimento funcional) para a atividade visual, daí resultando uma tendência para conservar a percepção luminosa (assimilação) e uma tentativa para reencontrá-la quando desaparece (acomodação). Mas, sem dúvida, nada de adquirido se superpõe ainda a essa adaptação reflexa e, se é lícito falar já de atividade nesse nível, dado que existe busca, essa atividade não implica, necessariamente, uma aprendizagem em função do meio exterior.

Em contrapartida, por volta do final do primeiro mês, a situação muda, em consequência dos progressos feitos na orientação do olhar. Sabe-se, com efeito, que existe participação do córtex desde a acomodação motora do olho ao deslocamento dos objetos. Do ponto de vista da observação psicológica, a fase assim atingida durante a quarta semana é extremamente significativa. Como escreveu Preyer, a criança começa a "olhar realmente, em vez de contemplar vagamente" e o rosto adquire "uma expressão certamente inteligente":[6] é o momento em que a criança deixa de chorar para passar longos minutos ininterruptos olhando para a frente, sem mesmo chupar em seco. Eis alguns exemplos:

Obs. 28. – Jacqueline, ao 0; 0 (16), ainda não segue com o olhar a chama de um fósforo que passa no seu campo visual a 20 cm. Muda apenas de expressão à vista da chama e mexe em seguida a cabeça, como se quisesse reencontrar essa fonte luminosa. Não o consegue, apesar da penumbra do quarto. Ao 0; 0 (24), pelo contrário, segue perfeitamente o fósforo, nas mesmas condições. Nos dias seguintes,

---

[5]   PREYER, *L'âme de l'enfant*, trad. de Varigny, 1887, p. 3.

[6]   PREYER, *L'âme de l'enfant*, trad. de Varigny, 1887, p. 85.

A Segunda Fase: as Primeiras Adaptações Adquiridas e a Reação Circular Primária **47**

acompanha com o olhar os movimentos da minha mão, um lenço que se desloca etc. A partir dessa data, acontece-lhe ficar acordada, sem chorar, meramente olhando adiante dela.

Obs. 29. – Lucienne também segue os objetos com o olhar, a partir da quarta semana. Durante a quarta semana, é capaz de reencontrar o objeto quando este lhe escapa à vista, desde que se prolongue o seu movimento até o reencontro; ela volta, pois, a alcançar o objeto aos repelões, isto é, desviando ligeiramente os olhos, depois perdendo o objeto de vista, depois reajustando a posição da cabeça, depois seguindo de novo o objeto só com os olhos etc.

Obs. 30. – Laurent, até o 0; 0 (21), é capaz de realizar apenas movimento mal coordenados da cabeça, notados há pouco a respeito da percepção de luzes, e testemunhando, simplesmente, uma busca para fazer perdurar a excitação. Ao 0; 0 (22), pelo contrário, segue pela primeira vez com o olhar um fósforo que se desloca a 20 cm dos seus olhos, na penumbra. – Ao 0; 0 (23), está deitado, a cabeça repousando sobre a face direita: mostro-lhe os meus dedos a 20 cm e segue-os até se voltar todo para a esquerda. – Ao 0; 0 (25), a mesma experiência com um lenço: faço a sua cabeça descrever um ângulo de 180°, num sentido e no seu inverso, enquanto ele acompanha atentamente o movimento do objeto.

Obs. 31. – Laurent, ao 0; 0 (24), olha as costas da minha mão imóvel com tanta atenção e com uma protrusão tão acentuada dos lábios que espero vê-lo começar a fazer movimentos de sucção. Mas trata-se apenas de um interesse visual e nada mais. – Ao 0; 0 (25), passa quase uma hora no berço sem chorar, os olhos arregalados. Ao 0; 0 (30), a mesma observação. Olha sem tréguas para um ponto da borda do berço, com pequenos movimentos contínuos de readaptação, como se a cabeça tivesse dificuldade em manter-se sem mudar de posição e o olhar a reconduzisse ao bom lugar. Enquanto assim olha, os braços conservam-se imóveis, ao passo que, quando a sucção em vazio predomina, os braços mexem-se de novo. – Ao 0; 1 (6), Laurent interrompe o choro quando coloco o meu lenço a 10 cm de seus olhos. Observa-o com atenção, depois segue-o com os olhos; mas quando o perde de vista, não consegue realcançá-lo com o olhar.

Obs. 32. – Laurent ao 0; 1 (7), começa a olhar os objetos imóveis, imprimindo uma direção ao seu olhar, sem grande coordenação,

48 O Nascimento da Inteligência na Criança

naturalmente. Mas, para isso, ainda é preciso que um movimento prévio excite a sua curiosidade. Por exemplo, está deitado no berço, olhando um ponto preciso da cobertura, à frente dele. Puxo então essa cobertura da outra ponta do berço, de modo que, em vez de ter por cima de sua cabeça o pano habitual, Laurent vê-se diante de um espaço vazio, limitado pela borda da cobertura repuxada. Laurent observa imediatamente essa borda, procurando à esquerda e à direita. Acompanha, assim, a linha desenhada por uma faixa branca que circunda a cobertura e acaba fixando o olhar num ponto particularmente visível dessa faixa. Ao 0; 1 (8), a mesma experiência e o mesmo resultado. Mas, ao olhar para a faixa, apercebe-se do meu rosto imóvel: eu me colocara nessa posição para poder observar os seus olhos de frente. Então, Laurent fixa alternadamente a faixa e a minha cabeça, dirigindo de modo próprio o seu olhar, sem que qualquer movimento exterior se imponha à sua atenção.

Como caracterizar tais comportamentos? Não está em causa, evidentemente, um interesse da criança pelos objetos que procura acompanhar com os olhos. Esses quadros sensoriais não têm, de fato, significação alguma, não estando coordenados com a sucção, nem com a preensão, nem com qualquer outra coisa que pudesse constituir uma necessidade para o sujeito. Por outro lado, tais quadros ainda não têm profundidade nem relevo (as primeiras acomodações à distância são, precisamente, contemporâneas dos primórdios da orientação visual); portanto, apenas constituem manchas que aparecem, agitam-se e desaparecem, nada tendo de sólido nem de volumoso. Em resumo, não são objetos, nem quadros independentes, nem mesmo imagens carregadas de significado extrínseco. Qual será, então, o motor da conduta da criança? Nada mais resta senão a própria necessidade de olhar como fator suscetível de desempenhar esse papel. Tal como, nos primeiros dias, o recém-nascido reage à luz e a busca, na medida em que o exercício reflexo concomitante dessa percepção faz dela uma necessidade, também o exercício do olhar, desde que esteja assegurada a visão necessária para acompanhar uma mancha móvel com os olhos, é bastante para conferir um valor funcional aos objetos suscetíveis de serem seguidos com o olhar. Em outras palavras, se a criança observa os objetos que se deslocam é simplesmente porque, no começo, eles constituem um alimento para a atividade do olhar. Mais tarde, quando

A Segunda Fase: as Primeiras Adaptações Adquiridas e a Reação Circular Primária **49**

as diversas acomodações à distância, ao relevo etc. enriquecem a percepção visual, os objetos seguidos com os olhos servirão de alimentos mais diferenciados a essas múltiplas operações. Ainda mais tarde, ou concorrentemente, os quadros visuais adquirirão significados relativos à audição, à preensão, ao tato, a todas as combinações sensório-motoras e intelectuais: alimentarão, assim, funcionamentos cada vez mais sutis. A assimilação rudimentar e inicial do objeto à própria atividade do olhar converter-se-á, pois, gradualmente, em reconhecimento e organização de imagens, projeção no espaço e, por assim dizer, visão "objetiva". Mas, antes de chegar a esse estado de solidificação, a percepção visual da criança lactente consiste apenas num exercício funcional: o objeto está, propriamente, assimilado à atividade do sujeito. A perseverança e a exploração que caracterizam o olhar, em seus primórdios, são da mesma ordem, pois, do exercício funcional próprio da atividade de sucção, para citarmos um exemplo já analisado. Puramente reflexo, no começo, esse exercício é acrescido de outro, este adquirido, que é a "reação circular". No nível que o segundo e o terceiro meses representam a intervenção da reação circular parece-nos certo que a direção do olhar depende, sem dúvida, de um jogo de reflexos; mas, sendo estes corticais, o seu exercício pode logo prolongar-se em reações adquiridas, quer dizer, registrar-se logo de início uma aprendizagem em função dos próprios objetos.

Dito isso, procuremos agora analisar as reações circulares. A reação circular é, pois, um exercício funcional adquirido, que prolonga o exercício reflexo e tem por efeito alimentar e fortificar não já um mecanismo inteiramente montado, apenas, mas todo um conjunto sensório-motor de novos resultados, os quais foram procurados com a finalidade, pura e simples, de obtê-los. Como adaptação, a reação circular implica, segundo a regra, um polo de acomodação e um polo de assimilação.

A *acomodação* é o conjunto de associações adquiridas no contato com os objetos, graças ao jogo cada vez mais complexo dos "reflexos de acomodação": acomodação do cristalino, reflexo pupilar à distância e convergência binocular. Sem dúvida, os instrumentos dessa acomodação são reflexos e já estavam contidos na estrutura hereditária do próprio olho. Mas esses instrumentos só recebem uma utilização efetiva no decurso de um exercício em que a própria experiência intervém. Em outras palavras, só ao exercitar-se na percepção de formas, relevo

50 O Nascimento da Inteligência na Criança

e profundidade, na avaliação de distâncias e ordenação de perspectivas, em resumo, ao fazer funcionar os seus reflexos de acomodação a propósito das coisas, a criança conseguirá manejar corretamente esses instrumentos. É inútil insistir aqui nos pormenores desses mecanismos, pois reencontraremos alguns deles ao estudarmos a noção de espaço (v. II). Limitemo-nos a uma única observação. É um fato comprovado que a criança da fase ora em consideração ainda não sabe avaliar as distâncias. Não só a acomodação pupilar e a convergência binocular ainda não estão estabilizadas, aos 4-5 meses, para todas as distâncias, mas a criança comete toda espécie de erros de cálculo, quando começa a querer agarrar os objetos.[7] Quer isso dizer que o sentido de profundidade é inteiramente devido à experiência adquirida? É evidente que não, pois a existência dos "reflexos de acomodação" demonstra que, mesmo se as primeiras avaliações do sujeito forem errôneas, ele será necessariamente levado, pela sua constituição hereditária, a atribuir uma profundidade ao espaço, mais cedo ou mais tarde. Quer isso dizer, então, que a acomodação à profundidade é um puro exercício reflexo, comparável ao exercício por meio do qual o recém-nascido aprendeu a chupar – uma aprendizagem pressupondo o meio exterior, porque todo o funcionamento é relativo ao meio, mas nada lhe devendo, porquanto nada retém dessas mesmas coisas? Seria uma hipótese sustentável se o espaço fosse independente dos objetos que contém. Mas é evidente que a profundidade nada significa independentemente das avaliações concretas das distâncias dos objetos: dizer que determinado sujeito possui o sentido de profundidade significa, necessariamente, que ele percebe tal ou tal objeto mais distanciado ou mais próximo de outro. Ora, é justamente na aquisição dessas percepções particulares que a experiência intervém: para que o bebê descubra que o varal de seu carrinho está mais distante, em profundidade, do que a borda do mesmo carrinho, não lhe basta possuir, hereditariamente, o sentido de profundidade; necessitará ordenar suas perspectivas, comparar suas percepções, em resumo, fazer experiências. Portanto, não se trata de uma acomodação reflexa à profundidade em si; só existem acomodações específicas aos diferentes objetos percebidos, as quais supõem, além da adaptação hereditária, "reações circulares" adquiridas. É nisso que o exercício funcional do olhar, exercício de que estamos

---

[7] Ver o v. II, cap. II, §§ 1 e 2.

A Segunda Fase: as Primeiras Adaptações Adquiridas e a Reação Circular Primária **51**

agora falando em termos gerais, implica uma parte de acomodação adquirida e não apenas um exercício reflexo.

Mas a reação circular própria do exercício visual também pressupõe um elemento de *assimilação*. Em primeiro lugar, como dissemos há pouco, há uma assimilação essencialmente reprodutora: se a criança olha incessantemente, e cada dia mais, para os objetos que a cercam, não é, no começo, porque se interesse neles como objetos, nem como sinais carregados de significação externa, mesmo (nos primeiros dias) como quadros sensoriais suscetíveis de reconhecimento; é, simplesmente, porque essas manchas móveis e luminosas constituem um alimento para o olhar e permitem-lhe desenvolver-se funcionando. Em primeiro lugar, portanto, os objetos são assimilados à própria atividade visual; o único interesse de que eles se revestem consiste em poder ser olhados.

Como explicar a passagem dessa assimilação puramente funcional (por repetição pura) à visão objetiva, isto é, a uma assimilação que supõe a adaptação precisa da estrutura do sujeito às coisas e reciprocamente? Três fases são de considerar neste ponto: a assimilação generalizadora, a assimilação recognitiva e a coordenação dos esquemas de assimilação visual com os outros esquemas de assimilação mental.

Podemos servir-nos da expressão "assimilação generalizadora" (no mesmo sentido do cap. I, a propósito do esquema da sucção) para designar esse fato tão importante quanto banal: a partir da quarta e da quinta semanas, a criança olha para um número crescente de coisas, mas progredindo em ondas concêntricas. No início, como se comprova pelas observações acima, o bebê limita-se quer a seguir com os olhos os objetos que se deslocam lentamente a 20-30 cm do seu rosto (obs. 30), quer a olhar fixamente adiante dele (obs. 31). Depois (obs. 32), empenha-se em dirigir ele próprio o olhar para certos objetos: é a partir desse momento que se torna possível avaliar, em suas grandes linhas, os interesses visuais espontâneos da criança. Percebe-se, então, que o sujeito não olha para o que é demasiadamente conhecido, porque já está de algum modo saturado disso, nem para o que é demasiadamente novo, porque isso não corresponde a nenhum dos seus esquemas (por exemplo, os objetos muito distantes que não permitem ainda a acomodação, os muito pequenos ou muito grandes, que não permitem ser analisados etc.). Em resumo, o olhar em geral e

52   O Nascimento da Inteligência na Criança

os diferentes tipos de acomodação visual, em particular, exercem-se progressivamente, a propósito de situações cada vez mais diversas. É nesse sentido que a assimilação dos objetos à atividade da visão se considera "generalizadora".

Vejamos alguns exemplos:

Obs. 33. – Após ter aprendido a dirigir por si o olhar (obs. 32), Laurent explora, pouco a pouco, o seu universo. Ao 0; 1 (9), por exemplo, logo que é posto verticalmente ao colo de sua babá, examina sucessivamente os diversos quadros que se lhe oferecem: percebe--me, primeiro, depois ergue os olhos e observa as paredes do quarto, depois volta-se na direção de uma pequena claraboia etc. Ao 0; 1 (15), explora sistematicamente o teto do seu berço, ao qual imprimi um ligeiro balanço: começa pela borda e depois, aos poucos, chega a observar, atrás de si, a parte mais funda da cobertura, embora esta já esteja imóvel há alguns instantes. Quatro dias mais tarde, Laurent reinicia essa exploração no sentido inverso: começa pelo fundo da própria cobertura, para examinar, em seguida, uma cortina que pende do teto do berço, protegendo-o de ambos os lados, o meu rosto, que ele descobre à sua frente e, finalmente, o espaço vazio. Em seguida, retorna incessantemente ao exame do berço, mas, durante o terceiro mês, já só olha para as argolas de guizos suspensas da armação da cobertura ou para esta, ainda, quando um movimento insólito excita a sua curiosidade ou quando acaba de descobrir algum novo ponto interessante (um pormenor das pregas do forro etc.).

Obs. 34. – O exame de pessoas também é claro, sobretudo depois de 0; 1 (15), isto é, depois dos seus primeiros sorrisos. Quando alguém se debruça para ele, como acontece durante a sua toilette, Laurent explora de um lado a outro o rosto que assim se lhe oferece: os cabelos, os olhos, o nariz, a boca, tudo serve de alimento à sua curiosidade visual. Ao 0; 1 (10), observa alternadamente sua babá e eu próprio: e, ao examinar-me, a direção de seus olhos oscila entre os meus cabelos e o meu rosto. Ao 0; 1 (21), segue com o olhar o vaivém da babá no quarto. Ao 0; 1 (25), observa sucessivamente sua babá, a mãe e eu próprio, com uma postura diferente para cada novo rosto e um deslocamento brusco e espontâneo dos olhos, de um rosto para outro.

A Segunda Fase: as Primeiras Adaptações Adquiridas e a Reação Circular Primária   **53**

Mas, de maneira bastante rápida, o interesse pelos rostos deixa de ser um interesse puramente visual: graças à coordenação com os esquemas auditivos, em particular, e com as situações globais de comer, da higiene pessoal etc., os rostos conhecidos são impregnados de significações. Saímos, assim, do domínio da assimilação simplesmente generalizadora. Esta reaparece, pelo contrário, desde que um traço insólito venha alterar o quadro visual das pessoas. Assim, aos 0; 2 (4), Laurent nota, sobre a figura de sua mãe, a existência de um colar de pérolas, cujo interesse sobrepuja o do rosto materno. Aos 0; 3 (13), é a minha boina que atrai a sua atenção. Aos 0; 2 (18), é o sabão de barbear que tenho no queixo, depois é o meu cachimbo. Nos dias seguintes, é a minha língua, que ponho de fora em virtude das experiências sobre imitação etc. Aos 0; 2 (29), vê-me comer com a mais profunda atenção: examina sucessivamente o pão que seguro na mão, depois o meu rosto, logo o meu copo e de novo o meu rosto. Acompanha com os olhos a minha mão, quando a levo à boca, fixa a minha boca etc.

Obs. 35. – Há assimilação generalizadora não só em relação aos sucessivos objetos que a criança descobre com o olhar, mas também em relação às sucessivas posições que o sujeito assume para olhar. Pode-se citar, desse ponto de vista, a aquisição do olhar "alternativo". Durante o segundo mês, acabamos de ver como Laurent olha, um de cada vez, os diversos objetos ou as diversas partes de um mesmo objeto, como, por exemplo (obs. 34), três pessoas imóveis ao lado do seu berço ou a cabeleira e o rosto de uma só pessoa. Mas, nesse caso, o olhar compara, por assim dizer, dois objetos distintos, examinando-os alternativamente. Por exemplo, aos 0; 2 (11), Laurent está olhando para uma argola presa ao teto do seu berço, quando suspendo um lenço paralelamente à argola: ele então observa alternadamente o lenço e a argola, e depois sorri. Aos 0; 2 (17), explora uma parte da cobertura do seu berço, quando lhe imprimo um movimento ligeiro: Laurent fixa então um ponto dessa cobertura, depois observa a argola que oscila, volta à cobertura, e assim procede seis vezes seguidas. Refaço a experiência instantes depois e, desta vez, conto nove olhares alternativos.[8] – Tal conduta constitui, certamente, o início da comparação, mas

---

[8] Ver igualmente, mais adiante (obs. 92), aos 0; 3 (13), o exemplo do estojo e da corrente.

54 O Nascimento da Inteligência na Criança

trata-se ainda, parece-nos, de uma comparação puramente visual e nada mais. Não é admissível que Laurent atribua já um significado causal à relação que observa entre o movimento do teto do berço e o da argola de guizos: compara, apenas, os dois espetáculos entre si.

Obs. 36. – Eis outro exemplo de generalização devida à posição do sujeito. Aos 0; 2 (21), durante a manhã, Laurent volta espontaneamente a cabeça para trás e observa, demoradamente, a cabeceira do seu berço, nessa posição. Depois sorri, retorna à posição normal e logo recomeça. Observei isso uma série de vezes. Logo que Laurent acorda, após os sonos breves que lhe são habituais, volta a fazer a mesma coisa. Às quatro horas da tarde, após um sono mais longo, mal acordou e já estava virando a cabeça para trás, dando gargalhadas. Tal comportamento apresenta, pois, todas as características de uma reação circular típica. Nos dias seguintes, a exploração prosseguiu e, uma semana depois, o interesse continua sendo quase tão grande como no início.

Vê-se, destarte, como o olhar espontâneo da criança desenvolve--se em virtude do seu próprio exercício. O teto do berço, depois de ter apenas engendrado um "olhar por olhar", se assim podemos exprimir-nos, suscita um interesse crescente pelos pormenores que desvenda, assim como pelas suas modificações sucessivas (os objetos suspensos). O interesse por certos rostos acarreta um interesse por todos os outros e por tudo o que vem complicar a aparência inicial dos primeiros. As novas perspectivas, devidas às posições descobertas por acaso, suscitam um interesse imediato por comparação com as perspectivas habituais etc. Em resumo, o exercício do olhar acarreta a generalização da sua atividade.

Mas, essa generalização crescente do esquema da visão não se efetua sem uma diferenciação complementar do esquema global em vários esquemas particulares, diferenciação essa que culminará no "reconhecimento". A assimilação puramente funcional do começo (olhar por olhar) transforma-se, assim, numa assimilação dos objetos a esquemas delimitados, o que equivale a dizer que a visão está em via de objetivação (olhar para ver). Por exemplo, entre as coisas que a criança contempla constantemente, há imóveis (o teto do berço), há coisas que por vezes se movem levemente (as franjas do forro do teto do berço), há as que mudam sem cessar de posição, que aparecem

A Segunda Fase: as Primeiras Adaptações Adquiridas e a Reação Circular Primária **55**

e desaparecem, que estacionam mesmo por algum tempo para logo desaparecer de súbito (os rostos humanos). Cada uma dessas classes de quadros visuais dá lugar a exercícios progressivos (generalização), mas, ao mesmo tempo, a diferenciações no funcionamento. De fato, cada uma delas supõe um exercício *sui generis* da visão, tal como o seio materno, o polegar, o travesseiro etc. exercitam a sucção de modos diferentes: assim conclui-se que a própria assimilação generalizadora acarreta a formação de esquemas particulares. Ora, a criança, ao assimilar a esses esquemas os objetos que se apresentam no seu campo visual, "reconhece-os" por isso mesmo. Esse reconhecimento é, pois, verossimilmente global, para começar. Não é um determinado rosto, como tal, que a criança reconhece, mas, em primeiro lugar, esse rosto em tal ou tal situação. Acontece, porém, que quanto mais a assimilação generalizadora permitir ao sujeito englobar o meio visual nos seus esquemas, tanto mais estes se dissociarão e permitirão um reconhecimento preciso.

Mas, se a assimilação simplesmente funcional e generalizadora pode ser observada graças ao comportamento da criança, como controlar o que acabamos de dizer sobre a assimilação recognitiva? Logo que o bebê se torna capaz de sorrir e diferenciar, assim, as suas mímicas e a expressão de suas emoções, a análise da recognição passa a ser possível sem grande risco de erros. Procuremos, desse ponto de vista, analisar os primeiros sorrisos que se manifestam diante de quadros visuais e apurar o que eles podem nos ensinar sobre os primórdios do reconhecimento.

O sorriso é, como se sabe, um mecanismo reflexo cuja associação com os estados de prazer permite fazer, mais cedo ou mais tarde, um sinal social que se reveste de significados diversos, mas sempre relativos ao contato com pessoas. Logo, deveremos admitir que o sorriso é um comportamento social hereditário e que constitui, desde o começo, como o sustenta a Sra. C. Bühler, uma "reação às pessoas"? Ou poder-se-á pensar que o sorriso só se especializa progressivamente em suas funções de sinal social e que, nos primeiros meses, consiste numa simples reação de prazer aos excitantes mais diversos, mesmo que comece com a voz ou os movimentos de um rosto humano? Esta segunda interpretação é que será a nossa e é por isso que o sorriso, segundo nos parece, constitui um bom índice da existência do reconhecimento em geral. A interpretação da Sra. Bühler não nos parece,

56 O Nascimento da Inteligência na Criança

com efeito, resistir ao exame dos fatos e, aliás, trata-se de um ponto de vista que C. W. Valentine já elucidou muito bem.[9] Numa nota um pouco categórica,[10] a Sra. Bühler respondeu-lhe, é certo, opondo as estatísticas em que se fundamentou às observações por ele compiladas. Acontece, porém, que uma observação bem-feita e, sobretudo, quando é devida a um observador tão bom quanto C. W. Valentine, supera todas as estatísticas. De nossa parte, o exame dos nossos três filhos não nos deixou dúvidas sobre este fato: o sorriso é, antes de tudo, uma reação aos quadros familiares, ao *déjà vu*, na medida em que os objetos conhecidos reaparecem bruscamente e deflagram, assim, a emoção; ou, ainda, na medida em que tal espetáculo dá lugar à repetição imediata. Só muito progressivamente as pessoas monopolizam o sorriso, por constituírem os objetos familiares, precisamente, os mais próprios a esse gênero de reaparições e repetições. Mas, no início, qualquer coisa pode dar lugar ao reconhecimento emotivo que provoca o sorriso.

Obs. 37. – Laurent sorriu pela primeira vez ao 0; 1 (15), às 6h10 e 11h30, olhando para a sua babá, que balançava a cabeça e cantava. Trata-se, evidentemente, de uma impressão global em que participam o reconhecimento visual, a percepção de um movimento visual, a percepção de um movimento rítmico e o ouvido. Nos dias seguintes, a voz continua sendo necessária para provocar o sorriso, mas, ao 0; 1 (25), a mera visão de sua babá já lhe basta. A mesma observação ao 0; 1 (30). Pelo contrário, só aos 0; 2 (2) sorri para os pais sem que estes produzam qualquer som. Aos 0; 2 (3), recusa-se a sorrir para a avó e uma tia, apesar de todos os seus esforços, mas acaba por sorrir à tia quando esta retira o chapéu. Aos 0; 2 (4), sorri abundantemente para a mãe (a qual se conserva silenciosa), mas recusa-se a fazê-lo, alguns instantes depois, para uma senhora da mesma idade. Não consigo, durante esse terceiro mês, fazê-lo sorrir à minha simples vista, se me conservar imóvel (sem movimentos da cabeça) ou se apareço à distância (a 1 m ou mais dele). Pelo contrário, durante o quarto mês, essas condições já não constituem uma restrição. Aos 0; 2 (26), Laurent não me reconhece, de manhã, antes de eu estar penteado: encara-me com

---

[9] C. W. VALENTINE, *The foundations of child psychology*, British Association, 1930.

[10] C. BUHLER, *Kindheit und Jugend*, p. 27, nota 1.

A Segunda Fase: as Primeiras Adaptações Adquiridas e a Reação Circular Primária 57

um ar assustado e a boca pendente, depois reencontra-me, de súbito, e sorri. O aparecimento de suas irmãs não despertou em Laurent o sorriso tão precocemente quanto o aparecimento dos pais, mas a reação tornou-se idêntica a partir de meados do terceiro mês. Durante o quarto mês, parece mesmo preferir as crianças aos adultos, quando umas e outros são pouco conhecidos; assim, aos 0; 3 (7), Laurent tem medo de um vizinho, mas dá provas de grande interesse, com os olhos sorridentes, pelo seu filho de 12 anos (um menino louro de ar muito juvenil, que pode ser assimilado às irmãs de Laurent).

Obs. 38. – Quanto aos objetos inanimados, Laurent manifesta desde o início do terceiro mês um grande interesse pelas argolas suspensas do forro do teto do berço, tanto as de pano como as de celuloide. Assim, aos 0; 2 (5), observa-as, sem sorrir ainda, mas emitindo periodicamente o som *aaa* com um ar deliciado. Aos 0; 3 (11), sorri amplamente quando vê as argolas balançarem; ora, ele não viu nem ouviu pessoa alguma antes ou durante esse espetáculo, pois agito as argolas de longe com uma vara. Além disso, as argolas não têm qualquer aparência humana: são pequenos aros de pano ou de celuloide. O som das argolas, que poderia ter influído nesse primeiro sorriso, não desempenha papel algum subsequentemente: por cinco vezes, no mesmo dia, Laurent sorriu às argolas imóveis. Na tarde do mesmo dia, suspendi um lenço ao lado das argolas: Laurent compara (ver acima, obs. 35) e sorri (não me viu nem ouviu). Nos dias seguintes, a reação é igualmente clara e frequente. Aos 0; 2 (15), registro sete sorrisos dirigidos a coisas (às argolas imóveis, à cobertura imóvel do berço, aos movimentos do berço, quando o deslocamos sem emitir sons nem mostrarmo-nos a Laurent etc.), contra três pessoas (à sua mãe). Aos 0; 2 (18), sorri cinco vezes seguidas, sozinho, olhando para a cortina de tule que o protege de insetos (observo-o através do teto do berço). No mesmo dia, ri e chilreia com grande excitação, olhando para a argola. Quando o despem, ri às gargalhadas durante seu banho de sol, sozinho e gesticulando, enquanto observa os objetos que o rodeiam, incluindo a parede da varanda. Aos 0; 2 (19), não sorriu uma só vez, durante o dia, na presença de pessoas: em compensação, sorriu a todos os objetos familiares. Em especial, sorri pela primeira vez (cinco vezes, durante o dia) para a sua própria mão esquerda, que acompanha com o olhar há já 15 dias (ver, adiante, a obs. 62). Aos 0; 2 (21), chega a sorrir antecipadamente, enquanto sua mão se

58 O Nascimento da Inteligência na Criança

dirige para o rosto. A partir do mesmo dia, também já sabe olhar para trás (como vimos durante a obs. 36), sorrindo quase sempre em face dessa nova perspectiva. A partir de 0; 2 (25), ri no decurso das suas experiências de preensão: agitando uma argola etc. Aos 0; 3 (6 e 7), por exemplo, manifesta certa surpresa e mesmo inquietação na presença de objetos novos que gostaria de agarrar (papel de lustro, papel de estanho, tubos de remédios etc.), mas sorri (ou sorri apenas com os olhos) ao agarrar os objetos seus conhecidos (argolas de pano, de celuloide, caixa de tabaco etc.).

Obs. 39. – Lucienne também exprime por sorrisos certos reconhecimentos claros, tanto a respeito de coisas como de pessoas. Começa igualmente por sorrir a uma pessoa – ao 0; 1 (24) – após movimentos da cabeça e sons repetidos. Depois sorri para a mãe, bastando apenas tê-la visto, ao 0; 1 (27), antes de conceder seus sorrisos ao pai. Então, a partir dos 0; 2 (2), passa a sorrir para os objetos familiares pendurados do berço ou mesmo para a cobertura deste. Aos 0; 2 (13), por exemplo, sorri para o teto do berço: observa atentamente um determinado ponto, depois sorri, contorcendo-se toda, e volta ao mesmo ponto etc. Aos 0; 2 (19), é uma fita habitualmente suspensa dessa cobertura que provoca a sua hilaridade; encara-a, ri contorcendo-se, olha de novo etc. Aos 0; 2 (27), as mesmas reações, somando-se, porém, largos sorrisos dirigidos às argolas que balançam. Aos 0; 3 (0), sorriso para a cobertura, que foi reposta em sua posição habitual (sem que Lucienne veja ou escute alguém).

Vê-se, pois, como os sorrisos testemunham reconhecimentos de diversos matizes. As reações são diferentes de uma pessoa para outra e, a respeito de uma só pessoa, de uma situação para outra (segundo as distâncias, os movimentos etc.); portanto, se o reconhecimento primitivo é "global", isto é, relativo às diversas situações e aos diferentes tipos de olhar que se diferenciam em função da assimilação generalizadora e da acomodação combinadas, esse reconhecimento torna-se, entretanto, cada vez mais preciso. A reação é exatamente a mesma a respeito das coisas.

Em conclusão, a reação visual circular ou adaptação adquirida, no domínio da visão, comporta, como toda e qualquer adaptação, uma parte de acomodação da função ao objeto e uma parte de assimilação do objeto à função. Essa assimilação, no princípio simplesmente funcional e reprodutora (repetição, ou reação circular pura), torna-se simultaneamente generalizadora e recognitiva. É quando atinge certo nível de recognição que a percepção visual pode ser então considerada uma percepção de quadros distintos uns dos outros, e não apenas um simples exercício em que a imagem sensório-motora constitui o alimento sem excitar interesse em si mesma.

Mas esse processo está longe de ser suficiente para explicar a crescente objetivação da adaptação visual. Não basta, com efeito, que um quadro sensorial seja reconhecido, quando reaparece, para que constitua por si mesmo um objeto exterior. Não importa qual possa ser o estado subjetivo reconhecido, sem ser atribuído à ação de objetos independentes do eu: o recém-nascido que mama reconhece o mamilo pela combinação dos reflexos de sucção e deglutição, sem que por isso faça do mamilo uma coisa. Do mesmo modo, uma criança de um mês pode reconhecer certos quadros visuais sem que por tal motivo os exteriorize realmente. Qual será, pois, a próxima condição para que tais quadros comecem a consolidar-se? É preciso, segundo nos parece, que os esquemas visuais estejam coordenados com outros esquemas de assimilação, como os da preensão, da audição ou da sucção. É necessário, em outras palavras, que estejam organizados num universo: é a sua inserção numa totalidade que lhes conferirá um começo de objetividade.

Isso nos leva ao terceiro aspecto das reações circulares próprias da visão: a sua *organização*. Pode-se afirmar, com efeito, que os quadros visuais a que a criança se adapta são, por força da própria adaptação, coordenados entre si e coordenados em relação a esquemas de outra espécie. A organização dos quadros visuais entre si pode, ela própria, dar lugar a uma distinção. Em primeiro lugar, há coordenações de posição, distância, dimensão etc. que constituem o espaço visual e das quais não falaremos aqui porque a questão merece um exame especial (ver o v. II). Em seguida, temos as coordenações qualitativas (relações de cor, luz etc., bem como as relações sensório-motoras), cujo jogo se exprime, precisamente, na assimilação generalizadora e recognitiva. Pode-se dizer, assim, que, independentemente de toda coordenação entre a visão e os demais esquemas (preensão, tato etc.), os esquemas visuais estão mutuamente organizados e constituem totalidades melhor ou pior coordenadas. Mas o essencial, para a questão formulada há pouco, é a coordenação dos esquemas visuais, não entre eles, mas com os outros esquemas. A observação mostra-nos, com efeito, que muito cedo se pode mesmo afirmar que, desde os primórdios da orientação do olhar, existem coordenações entre a visão e a audição (ver, mais adiante, as obs. 44-49). Subsequentemente, aparecem as relações entre a visão e a sucção (ver a obs. 27), depois entre a visão e a preensão, o tato, as impressões cinestésicas etc. São essas coordenações intersensoriais – essa organização dos esquemas heterogêneos – que darão aos quadros visuais significações cada vez mais ricas e farão da assimilação própria da vista não mais um fim em si, mas um instrumento ao serviço de assimilações mais vastas. Quando, por volta dos sete a oito meses de idade, a criança olha pela primeira vez para objetos desconhecidos, antes de agarrá-los para os balançar, atirar e agarrar de novo etc., já não procura olhá-los por olhar (assimilação visual pura, na qual o objeto é um simples alimento para o olhar) nem mesmo olhá-los para ver (assimilação visual generalizadora ou recognitiva, na qual o objeto é incorporado, sem mais, aos esquemas visuais já elaborados), mas olha-os agora para agir, quer dizer, para assimilar o objeto novo aos esquemas de balanço, de fricção, de queda etc. Portanto, já não há apenas organização no interior dos esquemas visuais, mas entre estes e todos os outros. É essa organização progressiva que confere aos quadros visuais seus significados e os consolida, inserindo-os num universo total.

Do ponto de vista das categorias funcionais do pensamento, que correspondem às invariantes biológicas do desenvolvimento mental, é interessante notar como este elemento de organização é, aqui como alhures, uma fonte de totalidades e de valores. Enquanto a organização dos esquemas visuais forma uma totalidade mais ou menos fechada, a visão constitui um valor em si e a assimilação das coisas é uma assimilação à própria visão. Pelo contrário, na medida em que o universo visual se coordena com outros universos, quer dizer, em que existe organização e adaptação recíproca entre os esquemas visuais e os outros, a assimilação visual torna-se um simples meio ao serviço de fins superiores e, por consequência, um valor derivado em relação aos valores principais (sendo estes constituídos pelas totalidades próprias ao ouvido, à preensão, e às atividades que dela procedem). É o que vamos ver nas páginas seguintes.

§ 3. *A FONAÇÃO E A AUDIÇÃO.* – Tal como a sucção e a visão, a fonação e a audição também dão lugar a adaptações adquiridas que se superpõem às adaptações hereditárias e, ainda neste caso, as primeiras adaptações adquiridas consistem igualmente em reações circulares, no seio das quais é possível distinguir processos de acomodação, de assimilação e de organização.

A fonação manifesta-se desde o nascimento pelo grito do recém--nascido e pelos vagidos das primeiras semanas. Que esse comportamento reflexo seja imediatamente suscetível de algumas complicações, análogas às que notamos a propósito da visão e, sobretudo, da sucção, não é de todo impossível se levarmos em consideração as duas observações seguintes, se bem que uma e outra estejam, infelizmente, sujeitas a algumas reservas. A primeira observação diz respeito àquela espécie de ritmo que desde muito cedo é introduzido nos gritos da criança: Laurent quase nunca chorou durante a noite, durante as três primeiras semanas, mas quase todos os dias entre as 4 e 6 horas da tarde; Lucienne chorava sobretudo de manhã etc. A segunda observação é sobre a possibilidade de um contágio dos gritos a partir da primeira semana: quando um bebê chora no quarto comum dos recém-nascidos, numa maternidade, vários parecem secundá-lo; além disso, pareceu--me que a minha voz (eu fazia *aha, aha, aha)* despertava o choro em Laurent, desde 0; 0 (4 e 5). Porém, o ritmo de que falei há pouco pode ser devido a um ritmo orgânico (em especial, digestivo), sem qualquer implicação reflexa, e o pretenso contágio do choro pode ser devido a uma coincidência ou ao simples fato de a voz dos outros despertar a criança, e um recém-nascido despertado chora quase imediatamente. Não vamos, pois, concluir coisa alguma.

Em contrapartida, à fonação reflexa superpõe a reação circular desde que, por volta de 1-2 meses, o ligeiro vagido que anuncia os gritos passa a alimentar-se a si próprio e, pouco a pouco, dá lugar a modulações. É a partir desse momento que analisaremos a fonação como adaptação adquirida.

Quanto ao ouvido, observa-se quase desde os primeiros dias um grande interesse pelos sons. A partir do final da segunda semana, por exemplo, Laurent parava de chorar, por alguns instantes, a fim de escutar um som emitido junto de sua orelha. Mas só se pode falar de adaptação adquirida durante o segundo mês, a partir do momento em que o som ouvido provoca uma parada, mesmo pouco duradoura, da ação em curso e uma busca propriamente dita.

62 O Nascimento da Inteligência na Criança

Ora, se estudarmos simultaneamente a fonação e a audição é porque, desde a fase em que a reação circular prolonga, nesses dois domínios, a adaptação hereditária, percebe-se que o ouvido e a voz estão ligados para a criança: não só a criança normal regula, antes de tudo, a sua própria fonação pelos efeitos acústicos de que se apercebe, mas, além disso, a voz das outras pessoas parece agir diretamente sobre a emissão da sua. Tal ligação entre o ouvido e a fonação será em parte hereditária e consolidada pela adaptação adquirida, ou será exclusivamente adquirida? É bastante difícil decidir. Se verdadeiramente os gritos fossem imitados desde o nascimento, haveria com certeza uma ligação hereditária. Mas, como acabamos de ver, se o próprio fato do contágio dos gritos ficasse estabelecido, não haveria outro modo de explicá-lo senão por imitação. Não façamos, pois, hipóteses sobre a hereditariedade das relações entre a fonação e o ouvido, e limitemo-nos a estudar os comportamentos relativos a essas funções, a partir do momento em que há uma adaptação adquirida.

Vejamos, em primeiro lugar, algumas observações relativas à fonação:

*Obs. 40. – Jacqueline, até meados do se*gundo mês, só usou a voz para fazer ouvir os vagidos cotidianos e alguns gritos mais violentos de desejo e cólera quando a fome se torna impertinente. Por volta de 0; 1 (4), parece que o grito deixa de exprimir simplesmente a fome ou o mal-estar físico (as dores intestinais, em particular) para diferenciar-se um pouco. Os gritos cessam, por exemplo, quando se retira a criança do berço, para recomeçarem ainda com maior vee-mência quando a deixamos imóvel por instantes, antes da refeição. Ou então observam-se verdadeiros gritos de raiva se se lhe inter-rompe a mamada. Parece evidente, nestes dois exemplos, que o grito está ligado a condutas de expectativa e de decepção que implicam uma adaptação adquirida. Essa diferenciação dos estados mentais concomitantes da fonação faz-se acompanhar, muito depressa, de uma diferenciação nos próprios sons emitidos pela criança: ora o grito é imperioso e enraivecido, ora é queixoso e doce. É então que se observam nitidamente as primeiras "reações circulares" relativas à fonação. Acontece, por exemplo, que os gemidos anunciando ou prolongando os gritos são autoalimentados por aqueles, a fim de se manterem como sons interessantes: 0; 1 (22). Ocorre também que o grito de raiva é rematado por um grito agudo, distraindo a criança de sua dor e prolongando-se então numa espécie de trinado muito curto: 0; 2 (2). O sorriso, por sua vez, pode ser acompanhado de sons indistintos: 0; 1 (26). Finalmente, os sons assim produzidos como prolongamento de gritos ou de sorrisos são redescobertos diretamente e como tais alimentados: aos 0; 2 (12), Jacqueline chilreia por instantes, sem sorrir nem gemer. Aos 0; 2 (13), ela emite uma espécie de trinado. Aos 0; 2 (15), o choro converte-se em jogos de voz, "aaah", "aaai" etc. Aos 0; 2 (16), chega mesmo a interromper a sua refeição para entregar-se a tal chilreada. A partir de 0; 2 (18), enfim, os jogos vocais tornam-se correntes quando ela está acordada.

É de notar, como veremos a propósito da imitação, que essas primeiras reações circulares fazem-se acompanhar quase instantaneamente de contágio vocal e, mais tarde, a partir de 0; 2, de nítida imitação.

Obs. 41. – Até 0; 1 (8), nada registrei em Laurent que pudesse assemelhar-se a uma reação circular vocal. A fonação consiste apenas em gritos de fome e dor, ou em gemidos que precedem ou prolongam os gritos. Ao 0; 0 (9), é certo, Laurent emitiu um som vizinho do *aaah,* sem gritos, mas somente uma vez; habitualmente, esse som precede os gritos. A partir do 0; 1 (8), porém, observo alguns vagos exercícios da voz, mas pode tratar-se de um começo de gemido interrompido por um interesse visual ou auditivo. Ao 0; 1 (9), em contrapartida, o gemido é autoalimentado durante alguns segundos e antes dos gritos. Assim que se segue o primeiro grito, imito, com efeito, o gemido de Laurent: ele para então de chorar para voltar a gemer. Essa primeira imitação vocal parece-me garantir a existência da reação circular: se há a imitação de outrem, tem de haver, de fato, e *a fortiori,* imitação de si mesmo, isto é, uma "reação circular". Ao 0; 1 (15), noto uma espécie de *arr* ou *rrra* fugidio, e ao 0; 1 (20) um som semelhante a *uuu,* assinalando o contentamento, entre as sucções em seco a que ele se entrega, sozinho e bem acordado. Esse último som reaparece, de forma intermitente, ao 0; 1 (22) e 0; 1 (26), na mesma situação, ao passo que os sons *aaah* ou *rrra* que emito diante de Laurent para copiar suas produções fônicas deflagram sons análogos, após um sorriso, ao 0; 1 (22). Ao 0; 1 (28), registra-se um começo de reação circular, com os sons *aaah, uuu* etc., e a partir do

64 O Nascimento da Inteligência na Criança

terceiro mês aparecem as vocalizações: aos 0; 2 (7), Laurent chilreia tarde afora, na penumbra; e, desde 0; 2 (16), fá-lo ao despertar, muito cedo, frequentemente por meia hora seguida.

Obs. 42. – Observa-se, em certos casos privilegiados, a tendência para repetir, por reações circulares, os sons descobertos por mero acaso. Assim, Lucienne, aos 0; 2 (12), depois de ter tossido, recomeça repetidas vezes por prazer e sorri. Laurent faz o mesmo aos 0; 3 (5). Aos 0; 2 (11), Laurent sopra, produzindo um vago ruído da boca. Aos 0; 2 (26), reproduz os ruídos vocais que acompanham habitualmente seu riso, mas sem rir e por simples interesse fonético. Aos 0; 2 (15), Lucienne emite sons guturais em circunstâncias análogas etc.

É inútil prosseguir esta descrição, pois a fonação não nos interessa em si mesma e somente na medida em que constitui uma ocasião para adaptações de forma geral. A esse respeito, é fácil reencontrar nas reações circulares vocais, de que acabamos de falar, os processos de acomodação, assimilação e organização a que a sucção e a visão já nos habituaram. Acomodação, em primeiro lugar, porque a reação circular é um esforço para reencontrar o novo som descoberto por acaso; assim, há uma acomodação perpétua dos órgãos vocais à realidade fônica percebida pelo ouvido (ver, por exemplo, a obs. 42), embora essa realidade seja o produto da sua própria atividade. Também muito cedo a acomodação vocal consistirá na imitação de novos sons propostos por outrem, mas podemos remeter o exame dessa questão para o volume sobre a "imitação". O exercício da voz é, em seguida, assimilação no triplo sentido da palavra. Há assimilação por repetição, na medida em que cada esquema vocal se consolida funcionando. Há assimilação generalizadora, na medida em que a reação circular diversifica, progressivamente, a matéria fônica em combinações indefinidas que os autores notaram em pormenores. Há assimilação recognitiva na medida em que a reação circular e a imitação nascente implicam a discriminação de determinado som em relação a outro. Enfim, a fonação está organizada em dois sentidos complementares: primeiro, na medida em que o conjunto de sons produzidos constitui um sistema de articulações interdependentes, e, depois, na medida em que a fonação se coordena imediatamente com outros esquemas e, sobretudo, com os esquemas auditivos.

A Segunda Fase: as Primeiras Adaptações Adquiridas e a Reação Circular Primária   65

Isso nos conduz ao ouvido. As primeiras adaptações adquiridas, relativas ao ouvido, datam do segundo mês, a partir do momento em que se estabelecem duas coordenações essenciais: coordenação com a fonação e coordenação com a visão. Até então, a única reação que se observa é o interesse da criança pela voz. Mas como essa reação não se faz acompanhar de qualquer acomodação visível, além do sorriso e das coordenações de que acabamos de falar, é muito difícil fixar o limite da adaptação reflexa e da adaptação adquirida:

Obs. 43. – Jacqueline, ao 0; 1 (0), limita-se ainda a interromper seus gritos quando ouve uma voz ou um som agradável, mas não procura localizar o som. Ao 0; 1 (6 e 13), a mesma reação. A partir de 0; 1 (10), pelo contrário, começa a sorrir à voz. Desde esse momento, conseguem-se distinguir, em suas linhas gerais, os sons que ela reconhece e que provocam o seu sorriso (vocalizações, tons cantantes etc., semelhantes às suas próprias fonações) dos sons que a espantam, a inquietam ou lhe interessam. – O mesmo acontece com Lucienne a partir de 0; 1 (13). O som *rrra,* que é uma cópia de suas próprias vocalizações, fá-la quase sempre sorrir a partir da 0; 1 (25), durante três ou quatro semanas, e provoca uma vaga imitação a partir de 0; 1 (26). – Laurent só sorri à voz desde 0; 1 (20), mas já desde 0; 0 (12) a voz bastava para interromper seus gritos e esse interesse pelo som deu lugar a buscas de localização a partir de 0; 1 (8). De modo geral, são os sons altos, de entoação infantil, que o fazem sorrir; os sons graves espantam-no e inquietam-no. O som *bzzz* fá-lo sorrir, com toda a certeza, durante o terceiro mês (antes de ele próprio o emitir), na condição de ser cantado num registro suficientemente alto. Ao 0; 1 (22), Laurent reconhece muito bem o som do miolo metálico das bolas de celuloide e olha imediatamente para o local certo, assim que as ouve serem sacolejadas.

Esses dados bastam para verificarmos que a criança se comporta a respeito dos sons tal como em relação à visão. Por um lado, acomoda--se progressivamente a eles. Por outro lado, assimila-os. Essa assimilação é, inicialmente, um simples prazer de escutar (reação circular ao som ou assimilação por repetição). Depois, na medida em que há discriminação dos sons ouvidos, verifica-se simultaneamente uma

66 O Nascimento da Inteligência na Criança

assimilação generalizadora (isto é, interesse por sons cada vez mais variados) e o reconhecimento de certos sons (os sons *rrra, bzzz* etc.).

Passemos agora às coordenações entre o som e a vista:

Obs. 44. – Jacqueline, aos 0; 2 (12), volta a cabeça para o lado onde se produziu o som. Ao ouvir, por exemplo, uma voz atrás dela, orienta-se na boa direção. Aos 0; 2 (26), localiza a fonte sonora com grande exatidão. Parece ficar procurando até ver a pessoa que fala, mas, naturalmente, é difícil dizer se ela identifica a fonte sonora e a imagem visual, ou se há, simplesmente, uma acomodação ao som.

Obs. 45. – Lucienne, ao 0; 1 (26), tem a cabeça orientada para a esquerda quando a chamo do lado direito; volta imediatamente a cabeça e busca com o olhar. Ao 0; 1 (27), levam-na para debaixo da minha janela, donde a chamo: Lucienne volta a cabeça para a esquerda e a direita, e, finalmente, para cima, numa direção 45° à esquerda de onde estou, mas testemunhando uma regulação manifesta. Neste último exemplo, é evidente que ela procura ver o que produziu o som e não apenas acomodar-se-lhe. Também aos 0; 2 (12) volta a cabeça quando a chamo e busca com o olhar até ver-me, mesmo que eu me conserve imóvel.

Obs. 46. – Laurent, ao 0; 1 (8), dá provas de um começo de localização do som. Está deitado de costas, sem ver-me, e olha para o teto do seu berço, enquanto move a boca e os braços. Chamo-o então, baixinho, fazendo *"aah, aah"*: muda prontamente de expressão, escuta imóvel e parece buscar com a vista. Com efeito, a sua cabeça oscila ligeiramente para a esquerda e a direita, sem se voltar ainda para o bom lado; e o olhar, em vez de permanecer fixo, como antes, também vagueia, em tentativas exploratórias. Nos dias seguintes, Laurent orienta melhor a cabeça do lado do som e, naturalmente, o olhar é encaminhado então no bom sentido; mas é impossível decidir se a criança procura ver a fonte sonora ou se o olhar acompanha, simplesmente, uma pura acomodação auditiva.

Obs. 47. – Ao 0; 1 (15), pelo contrário, já nos parece que, ao ouvir uma voz, Laurent procura ver o rosto correspondente, mas com duas condições que procuraremos definir. Com efeito, na manhã desse dia, Laurent sorriu pela primeira vez, por três vezes seguidas; e, como já vimos, é provável que o sorriso tenha sido despertado por uma impressão global, tanto auditiva como visual. Na tarde desse mesmo dia, coloco-me à esquerda de Laurent, quando ele está deitado em seu berço e olha para a sua direita. Chamo: *aah, aah*. Então, Laurent volta lentamente a cabeça para a esquerda e vê-me de súbito, depois de eu já ter parado de chamá-lo. Olha-me demoradamente. Passo então para a direita (sem que ele possa seguir-me com o olhar) e volto a chamá-lo: Laurent orienta-se de novo na minha direção e parece buscar-me com os olhos. Vê-me e fica olhando, mas, dessa vez, sem expressão de compreensão (estou, de fato, imóvel nesse momento). Desloco-me outra vez para a esquerda, chamo-o e Laurent volta-se. A título de contraprova, refaço a experiência, mas tamborilando nas vidraças com os dedos (o berço está colocado entre os dois batentes de uma janela de sacada). Laurent volta-se sempre para o lado certo e busca com o olhar na direção mais do som do que da imagem, embora vislumbre o meu rosto de passagem. Parece, pois, que associa o som da voz com a imagem visual do rosto humano, e que procura ver mais alguma coisa ao escutar um novo som. – Mas a sequência da observação revela que duas condições ainda são necessárias para que Laurent fixe o olhar num rosto, quando ouve uma voz: é preciso que ele tenha visto esse rosto um pouco antes e que esteja em movimento. Ao 0; 1 (20), por exemplo, entro no quarto sem que Laurent me tenha visto e faço *aaah*: ele procura com o olhar, atentamente (os movimentos dos braços cessam por completo), mas limitando-se a explorar o campo visual proporcionado pela sua posição inicial (examina o teto do seu berço, o teto do quarto etc.). Um momento depois, mostro-me a Laurent (diante dele), depois desapareço e chamo-o ora à esquerda, ora à direita do berço: doravante, ele me procura sempre na direção certa. No dia seguinte, a mesma experiência e o mesmo resultado; além disso, verifico que, se me conservar imóvel, ele olha para mim sem interesse e sem parecer mesmo que me reconheceu, ao passo que se me mexer, Laurent fixa o olhar em mim e sua busca termina, como se soubesse muito bem ser eu quem falou. Ao 0; 1 (22), ele também procura à toa, embora manifestando sintomas de grande atenção à minha voz; depois, apercebe-me, quando estou imóvel, e prossegue a sua busca sem atribuir grande importância à minha imagem visual; então, sacudo a cabeça e, daí em diante, ele se orienta todas as vezes para o meu lado, quando o chamo, e parece satisfeito assim que descobre. Nos dias seguintes, o mesmo fenômeno.

68 O Nascimento da Inteligência na Criança

Obs. 48. – A partir de 0; 1 (26), pelo contrário, Laurent orienta-se na boa direção assim que ouve a minha voz (mesmo que não me tenha visto um pouco antes) e parece satisfeito quando descobre o meu rosto, mesmo imóvel. Ao 0; 1 (27), olha sucessivamente para o pai, a mãe e de novo para o pai, depois de ter escutado a minha voz: portanto, parece atribuir já essa voz a um rosto visualmente conhecido. Aos 0; 2 (14), localiza Jacqueline a 1,90-2 m, pelo som da voz; a mesma observação aos 0; 2 (21). Aos 0; 3 (1), coloco-me agachado diante dele, quando Laurent está no colo da mãe, e faço *bzzz* (som de que ele gosta muito): procura à sua esquerda, depois à sua direita, depois à frente e, por fim, embaixo dele: percebe então os meus cabelos e baixa os olhos até ver o meu rosto imóvel. E sorri, finalmente. Pode-se considerar que esta última observação assinala, sem dúvida alguma, a identificação da voz e da imagem visual da pessoa.

Obs. 49. – No que diz respeito ao ruído das coisas, parece que Laurent adquiriu a sua coordenação auditivo-visual quase na mesma data que a propósito das pessoas. Ao 0; 1 (22), por exemplo, volta-se prontamente na direção de uma bola de celuloide na qual ressoa o miolo de metal. É verdade que o objeto está em movimento, mas, em 0; 1 (26), Laurent reencontra-a mesmo quando a bola está imóvel. – Aos 0; 2 (6), observa uma panela elétrica assim que produzo um som por meio da sua tampa. Aos 0; 2 (11), está chupando o polegar e olha para a sua direita quando agito uma argola de celuloide suspensa do teto do berço há poucos dias (há duas semanas, no máximo): solta imediatamente o polegar para olhar para cima, no local certo, e demonstra assim que sabia de onde provinha o som de chocalho. Na tarde desse mesmo dia, a mesma reação e muito rápida, embora nessa altura ele estivesse meio adormecido, após um longo sono. Nos dias seguintes: *idem*. Aos 0; 2 (14), Laurent localiza, a 1 m de distância, o meu cachimbo, que bato de leve contra um tabique de madeira; tira os olhos do local do choque, assim que o som se extingue, e reencontra-o *incontinenti*, quando recomeço as batidas. A mesma reação aos 0; 2 (15), com uma bengala (a 1,50-2 m), depois reencontra a bengala em diversos lugares, quando eu mudo o ponto de contato.

É lícito, portanto, considerar como certa a existência de uma coordenação entre a vista e o ouvido desde o terceiro mês, enquanto os fatos observados durante o segundo mês podem resultar de uma simples acomodação da cabeça à direção do som. Estes dados convergem, pois, com os resultados obtidos por B. Löwenfeld.[11]

Essa coordenação do som e da visão cria um problema interessante. As coordenações que encontramos até agora oscilam entre dois tipos extremos. De uma parte, temos a associação mais ou menos passiva e imposta pelo meio: assim é que a posição especial da refeição acarreta, no bebê de 1-2 meses, a busca do seio. É verdade que tais associações, segundo nos parece, só podem constituir-se por ocasião de acomodações e buscas que impliquem certa atividade. Mas, admitido esse elemento de acomodação ativa, é preciso reconhecer que ele se encontra reduzido à sua expressão mais simples e que o meio impõe o conteúdo dessas acomodações antes de a criança estar apta a assimilar, realmente, o pormenor (por reconhecimento etc.). No outro extremo, temos o reconhecimento ativo de um indício carregado de significação: assim é que o bebê de 3-4 meses reconhece a sua mamadeira, pela percepção visual, e sabe que ela anuncia uma refeição iminente. Ora, no que diz respeito à coordenação do ouvido e da vista, eis-nos na presença de comportamentos contemporâneos das coordenações da posição e da sucção (primeiro tipo), mas que se assemelham mais às coordenações mais tardias da visão e da sucção (segundo tipo). Como interpretá-las, nesse caso? Deveremos admitir que o som da voz é um simples sinal que força o bebê a procurar com os olhos o rosto que corresponde a essa voz, à maneira do som e da sineta que provoca a salivação no cão, por reflexo condicionado, ou deveremos pensar, antes, que o som da voz constitui um indício carregado de significação e reconhecido pela criança como algo que está vinculado à percepção visual do rosto de outrem? Se admitirmos a existência, nas coordenações da posição e da sucção, de um elemento de acomodação ativa, por mínimo que seja, então é evidente que uma série de coordenações intermédias ligará um ao outro os dois tipos extremos (coordenações ativa e passiva) e que a coordenação entre a vista e o ouvido deverá ser situada algures a meio caminho entre esses extremos. Em outras palavras, a associação entre um som e uma percepção visual nunca é uma pura associação

---

[11] Berthold LÖWENFELD, Systematisches Studium der Reaktionen der Säuglinge auf Klänge und Geräusche, *Zeitschrift für Psychologie*, v. 104, p. 62-96, 1927.

70 O Nascimento da Inteligência na Criança

passiva, tampouco é, logo de início, uma relação de compreensão (reconhecimento de significações). Como explicar, pois, esse estado intermediário e o progresso da compreensão?

Pode-se aventar, em virtude de tudo o que vimos até aqui sobre a assimilação, que cada esquema assimilador tende a conquistar todo o universo, incluindo os domínios assimiláveis por meio de outros esquemas. Somente as resistências do meio ou as incompatibilidades devidas às condições da atividade do sujeito põem um freio a essa generalização. Assim é que a criança chupa tudo o que lhe aflorar à boca ou ao rosto e aprende a coordenar os movimentos das mãos com os da sucção, em função do prazer que tem em chupar o polegar. Assim que souber agarrar, chupará tudo o que tiver nas mãos. Quanto ao que vê ou ouve, se o bebê não procura logo chupar, talvez isso se deva menos ao fato de esses domínios não terem relação com a sucção (acontece frequentemente a criança chupar em seco quando um som a fere) do que por ser difícil à criança fazer duas coisas ao mesmo tempo (olhar com toda a atenção e chupar em vazio etc.). Mas, na falta de coordenação imediata entre a sucção e a visão, talvez seja válido pensar que existe, não obstante, a excitação do ciclo de sucção na presença de quadros visuais especialmente interessantes: a notável protrusão dos lábios, que se observa nos bebês mais novos (ver obs. 31) em estado de grande atenção, só poderá ser um esboço de sucção, se não se explicar por um mecanismo tônico ou postural puramente automático.[12] Do mesmo modo, no que diz respeito aos esquemas da visão, do ouvido, da preensão etc., a criança tentará, pouco a pouco, ver tudo, ouvir tudo, agarrar tudo etc. Como o disse muito bem a Sra. Bühler, a propósito das primeiras reações sensoriais, a reação a um excitante depende muito mais, durante os primeiros meses, das necessidades fundamentais do sujeito do que da natureza desse excitante.[13] Logo, é natural que, no decurso das suas primeiras adaptações auditivas, o bebê procure olhar ao mesmo tempo que vê, pelo menos, desde a época em que aprendeu a dirigir o movimento de seus olhos: 0;

---

[12] PREYER (L'âme de l'enfant, p. 251-252) interpreta essa protrusão dos lábios como uma associação hereditária entre a sucção e a vista (o filho apresentou-a no décimo dia, olhando para uma vela). Mas, naturalmente, ao se tratar de associação, esta poderá explicar-se pela assimilação reflexa, sem recorrer à hereditariedade.

[13] *Kindheit und Jugend*, 3. ed., p. 26.

1 (7), no caso de Laurent (ver a obs. 32). Esse começo de coordenação entre o ouvido e a vista, portanto, não supõe, necessariamente, uma associação passiva e pode ser explicado por uma assimilação ativa. É verdade que, voltando a cabeça para acomodar-se ao som, a criança acaba automaticamente, no caso da voz humana, por perceber um quadro visual interessante (o rosto correspondente): o elemento de associação passiva não deverá, pois, ser completamente excluído. Mas as associações simples jamais darão lugar a uma busca, propriamente dita, na coordenação entre a vista e o ouvido (procurar o rosto que corresponde à voz e, mais tarde, procurar os sons que correspondem aos objetos vistos) se os esquemas visuais e auditivos de assimilação não conseguirem digerir reciprocamente seus respectivos domínios, assimilando-os de maneira ativa.

Mais precisamente, se a criança se empenha, num dado momento, em averiguar sistematicamente a que quadros visuais correspondem os sons ouvidos, isso acontece, em primeiro lugar, porque ela se esforça por ver tudo: sem saber ainda que um som provém, necessariamente, de um objeto visível, a criança é excitada tanto visual como auditivamente pelo som. Assim é que, na obs. 46, o som *"aaah"* desperta em Laurent uma necessidade tanto de escutar como de ver; e isso não acontece, verossimilmente, pelo fato de Laurent já saber que esse som promana de um quadro visual preciso, mas simplesmente porque o excitante desperta todas as necessidades ao mesmo tempo; em outras palavras, porque a criança procura integrar a nova realidade em todos os esquemas de assimilação disponíveis. Em segundo lugar, a criança orienta a sua cabeça na direção da fonte sonora, por uma acomodação ao som comparável aos movimentos oculares que acompanham o trajeto de um objeto; logo, é óbvio que o olhar se dirige para o mesmo lado da cabeça, daí resultando a impressão, para o observador, de que o bebê procura ver o que ouve (ver o final da obs. 46), quando o que ele procura, sem dúvida, é ver ao mesmo tempo que ouve, simplesmente. Em terceiro lugar, o êxito confirma, em certos casos, essa busca. O som da voz de outras pessoas constitui, a esse respeito, um exemplo privilegiado: tal som dá quase sempre lugar a uma dupla assimilação auditiva e visual. Em outras palavras, a figura humana apresenta essa propriedade quase única, no universo da criança de 1-2 meses: a de prestar-se a uma totalidade de assimilações simultâneas. Essa figura é, ao mesmo tempo, reconhecível e móvel, excitando assim, no mais alto

72 O Nascimento da Inteligência na Criança

grau, os interesses visuais; é ela que o bebê contempla ou reencontra, quando fixa a sua atenção no som da voz: é ainda ela que ocupa o centro nos momentos mais interessantes da existência (sair do berço, higiene, refeição etc.). Portanto, poder-se-á falar, no caso da pessoa de terceiros, não de uma associação entre assimilações diversas, mas de uma assimilação global, e é esse fato, evidentemente, que explica por que o sorriso é mais frequente na presença de pessoas do que em face das coisas. No que respeita à coordenação entre o ouvido e a vista é evidente, pois, que a criança identifica muito cedo o rosto de outrem, como quadro visual, como esse mesmo rosto, como quadro sonoro. Como se realiza essa identificação? É evidente que, para a criança, a pessoa de outrem ainda não é concebida como causa da voz. Mas não se pode dizer, inversamente, que o som e a visão estejam simplesmente associados. É por isso que temos de admitir que os esquemas visuais e auditivos se assimilam reciprocamente: a criança procura, em certo sentido, ouvir o rosto e ver a voz. Essa assimilação recíproca é que constitui a identificação dos quadros visuais e dos quadros sonoros, anteriormente às solidificações mais complexas que darão origem ao objeto e à causalidade.[14] Em outros termos, o rosto humano é, em seu todo, um conjunto a olhar, a escutar etc., e é, nesse caso e em alguns outros exemplos privilegiados (argolas de guizos etc.), na coordenação do ouvido e da vista que a criança passa a procurar, sistematicamente e a propósito de tudo, as correspondências entre os sons e os quadros visuais.

Passemos, finalmente, à coordenação entre o ouvido e a fonação. Essa coordenação parece muito mais simples, pois que toda a fonação se faz logo acompanhar de uma percepção auditiva e por ela se rege. Portanto, parece não existir nesse caso uma coordenação intersensorial, mas uma pura reação circular; uma série de movimentos que leva a um efeito sensorial e é alimentada pelo interesse de tal resultado. Mas, se isso é verdade no tocante à fonação simples, observa-se também, por outro lado, o processo inverso, isto é, a ação do ouvido sobre a fonação. Com efeito, o contágio vocal, como já vimos (obs. 41), é quase tão precoce quanto as primeiras reações circulares na base de fonação: o gemido de outrem alimenta o da criança etc. Que dizer,

---

[14] É o que explica que a atribuição da voz a um rosto só se faça por etapas relativamente longas: cf. obs. 47 e 48.

pois, senão que os esquemas da fonação e do ouvido se assimilam reciprocamente e da mesma maneira que os do ouvido e da vista? Assim como a criança acaba por escutar o som de sua voz, em vez de gritar à toa, inaugurando assim as reações circulares adquiridas, também escuta a voz de outrem e, na medida em que os sons ouvidos são análogos aos sons que ela própria emite, só pode percebê-los mediante os esquemas audiovocais correspondentes. A imitação dos sons, nos seus primórdios, não é mais do que uma confusão da voz própria com a voz de outrem, proveniente do fato de a voz de outrem ser percebida ativamente, isto é, assimilada aos esquemas de fonação.

Em conclusão, a análise dos esquemas da fonação, do ouvido e da respectiva coordenação confirma, inteiramente, o que comprovamos a propósito da sucção e da visão. Cada uma dessas adaptações comporta uma parte de acomodação ao meio exterior: acomodação à direção dos sons, à sua variedade gradual etc. Mas cada uma implica também um elemento de assimilação. No começo, é assimilação por repetição pura: ouvir por ouvir, gritar ou gemer para ouvir esses sons etc. Em seguida, é assimilação generalizadora: escutar ao produzir sons cada vez mais diversos. Finalmente, é assimilação recognitiva: reencontrar um som preciso. Esses sons percebidos ou produzidos só apresentam, no início, uma organização interna: relativos entre eles, só se revestem de significado em relação ao sistema que eles próprios formam; é o sistema que a criança alimenta e exerce, ao qual assimila os diversos sons ouvidos e que acomoda, na medida do possível, aos novos sons percebidos. Depois, essa organização interna insere-se em outra organização mais vasta, a qual lhe confere novos significados: o som coordena-se com a visão etc. Mas essa coordenação nenhum processo novo implica; é por uma assimilação recíproca dos esquemas visuais e auditivos etc. que essa coordenação se constitui.

Embora este último processo continue sendo difícil de estudar em tão tenras idades como 1-2 meses, a análise da preensão fornecer-nos-á agora, porém, uma oportunidade de avançar na descrição do mecanismo das coordenações entre esquemas heterogêneos.

§ 4. *A PREENSÃO*. – Com a boca, o olho e o ouvido, a mão é um dos instrumentos mais essenciais de que a inteligência se servirá, uma vez constituída. Pode-se mesmo afirmar que a conquista definitiva

74 O Nascimento da Inteligência na Criança

dos mecanismos da preensão assinala o início dos comportamentos complexos a que daremos o nome de "assimilações por esquemas secundários" e que caracterizam as primeiras formas de ação intencional. Portanto, é importante analisar um pouco mais a fundo de que modo se opera essa descoberta da preensão; a esse propósito, ainda mais do que por ocasião dos esquemas precedentes, estaremos na presença de um traço de união indispensável entre a adaptação orgânica e a adaptação propriamente intelectual.

A presença é a atividade principal da mão. Mas, é claro, não se pode dissociar inteiramente essa função da tátil ou das coordenações entre a cinestesia e a visão etc. Abordaremos, pois, essas questões de passagem... mas só de passagem, já que a finalidade deste volume não é fazer um inventário dos comportamentos do primeiro ano de vida, e somente os exemplos úteis para a análise da inteligência nos reterão a atenção no momento.

É possível distinguir cinco etapas no progresso da preensão. Se, como nos mostrou o estudo dos nossos três filhos, essas etapas não correspondem a idades definidas, a sua sucessão, não obstante, parece necessária (salvo no que diz respeito, talvez, à terceira etapa). Examinemos, pois, os fatos – colocando-os em série de acordo com essa sucessão.

A primeira etapa é a dos movimentos impulsivos ou do reflexo puro. O recém-nascido fecha a mão assim que se exerce uma leve pressão na palma dela: Lucienne, poucas horas após o nascimento, fechou os dedos em torno do meu indicador, sem oposição do polegar. Mas, à primeira vista, parece que esse reflexo não se faz acompanhar de qualquer busca nem de algum exercício apreciável: a criança solta logo o que tinha agarrado. Somente no decorrer da mamada, quando as mãos se conservam fechadas e quase crispadas, antes do relaxamento geral do tono, o bebê é capaz de reter por alguns minutos um sólido qualquer (um lápis, por exemplo). Porém, seria imprudente concluir apressadamente pela existência de um automatismo puro, e, desse modo, opor o caso dos reflexos de preensão ao dos reflexos de sucção, sobre os quais já vimos até que ponto o seu exercício pressupunha uma acomodação e uma assimilação ativas. Com efeito, quando a criança fecha a mão sobre um objeto que lhe tocou na palma, manifesta certo interesse: Laurent, ao 0; 0 (12), para de gritar quando lhe ponho o meu dedo na mão, recomeçando logo depois. Assim, a preensão reflexa é comparável à visão ou ao ouvido das duas primeiras semanas e de modo nenhum aos reflexos do gênero do espirro, do bocejo etc., que em nada atraem a atenção do sujeito. É verdade que as coisas ficam muito tempo por aí e que a preensão não se presta logo a um exercício sistemático, como a sucção. Mas é lícito indagar se os movimentos impulsivos dos braços, mãos e dedos, que são quase contínuos durante as primeiras semanas (balançar os braços, abrir e fechar lentamente as mãos, remexer com os dedos etc.), não constituirão uma espécie de exercício funcional desses reflexos.

A segunda etapa é a das primeiras reações circulares relativas aos movimentos das mãos, anteriormente a toda e qualquer coordenação da preensão, propriamente dita, com a sucção e a visão. Agruparemos nesta fase o conjunto de reações circulares tendentes à preensão pela preensão (agarrar e manter na mão os objetos, sem vê-los nem procurar levá--los à boca), as reações táteis e cinestésicas (raspar um corpo qualquer, remeter os dedos, as mãos ou os braços etc.), as coordenações entre a sucção e os movimentos das mãos (chupar os dedos etc.) e, finalmente, a coordenação entre a visão e os mesmos movimentos gerais (olhar para as mãos e os dedos etc.). Mas excluímos desta fase a coordenação entre a sucção e a preensão propriamente dita (apanhar um objeto para levá-lo à boca), coordenação essa que caracteriza a terceira etapa e realiza um notável progresso no sentido da preensão sistemática, assim como as coordenações entre a visão e a preensão (agarrar para olhar, apanhar os objetos percebidos no campo visual), as quais se constituirão no decurso das quarta e quinta etapas e assinalam o êxito definitivo da preensão.

Assim definidas, as primeiras reações circulares relativas aos movimentos das mãos e a preensão começam pelas atividades autônomas das mãos ou dos dedos, as quais prolongam de maneira contínua os movimentos impulsivos e os reflexos da primeira etapa. Com efeito, verificamos que, desde o nascimento, certos movimentos impulsivos parecem constituir um exercício em falso do mecanismo da preensão. Ora, a partir do segundo mês, torna-se evidente que alguns desses movimentos se sistematizam até dar origem a verdadeiras reações circulares, suscetíveis de acomodação e assimilação graduais.

Obs. 50. – Laurent, ao 0; 1 (8), tem o braço estendido e quase imóvel, ao passo que a sua mão se abre, semicerra-se e volta a abrir-se etc.

76 O Nascimento da Inteligência na Criança

Quando a mão bate com a parte polpuda do cobertor, por exemplo, agarra, solta etc., num vaivém incessante. É difícil descrever esses vagos movimentos, mas também é difícil não reconhecer neles uma preensão pela preensão, ou mesmo uma preensão em falso, análogas aos fenômenos descritos a propósito da sucção, da visão etc. Mas ainda não existe, em tais condutas, uma verdadeira acomodação ao objeto nem mesmo qualquer espécie de continuidade.

Obs. 51. – Até 0; 1 (19), não observei em Laurent acomodação, ainda que momentânea, da mão ao objeto, fora da acomodação reflexa. Hoje, pelo contrário, parece que o contato da minha mão com o seu dedo auricular, ou de um lenço com a extremidade ou a face externa dos seus dedos, deflagra certa atividade brusca. A mão não se conserva no lugar, é certo, como acontecerá mais tarde: tentativas, idas e vindas, ela bate de cada vez nos meus dedos ou no lenço e parece mais apta a agarrar (a palma parece orientar-se para o objeto). Porém, é óbvio que a interpretação de tais movimentos continua sendo muito delicada. Ao 0; 1 (20), o contato da sua mão esquerda fechada com um lenço em bola, que eu próprio seguro, produz igualmente o seguinte resultado: a mão afasta-se, abrindo, depois volta aberta para bater no objeto, agarra-o molemente, distancia-se de novo para retornar e apanhá-lo outra vez etc.: parece haver aí, de fato, excitação da mão pelo contato com o objeto e um começo de acomodação. Mas a mão vai e vem, em lugar de manter-se imóvel e procurar verdadeiramente o objeto.

Obs. 52. – A partir de 0; 1 (22), pelo contrário, parece já haver maior continuidade nos movimentos de preensão. Assim é que, ao 0; 1 (22), Laurent conserva na mão, durante quatro minutos e meio, um lenço desdobrado que apanhou por acaso (seu braço ora está imóvel, ora em movimento lento). Ao 0; 1 (23), retém por cerca de dois minutos uma argola que possui na palma da sua mão. Quando está prestes a soltá-la, apanha-a de novo por iniciativa própria (duas vezes). Mas registra-se rapidamente um desinteresse total. A mesma observação ao 0; 1 (26) e 0; 1 (29). Ao 0; 1 (25), Laurent abre a mão e agarra o meu indicador, quando roço em seus dedos pelo lado de fora. Essa observação mantém-se duvidosa no começo, mas parece confirmar-se nos dias seguintes. Sobretudo, ao 0; 1 (30), Laurent remexe por alguns instantes no meu polegar, sem soltá-lo, depois de ter batido por acaso nas costas da minha mão.

Obs. 53. – A partir dos 0; 2 (3), manifesta-se em Laurent uma reação circular que irá definir-se e constituir o início da preensão sistemática: arranhar e tentar agarrar, soltar, arranhar e agarrar de novo etc. De 0; 2 (3) a 0; 2 (6), isso só se observa durante a mamada; Laurent arranha suavemente o ombro nu da mãe. Mas, depois de 0; 2 (7), o comportamento torna-se nítido no próprio berço: Laurent revolve o lençol dobrado, depois agarra-o e mantém-no seguro por alguns instantes, em seguida larga-o, revolve-o de novo e recomeça a manobra incessantemente. Aos 0; 2 (11), esse jogo prolonga-se por um bom quarto de hora, várias vezes durante o dia. Aos 0; 2 (12), arranha e agarra continuamente o meu pulso, que eu aplicara contra as costas de sua mão direita. Consegue mesmo discriminar tatilmente o meu dedo médio recurvado e agarrá-lo em separado, para mantê-lo seguro por alguns momentos. Aos 0; 2 (14) e 0; 2 (16), observo com que nitidez a preensão espontânea do lençol apresenta as características de uma reação circular: no início, Laurent apenas tateia o objeto, depois registra-se uma atividade rítmica regular (arranhar, agarrar, prender e largar) e, finalmente, desinteresse progressivo.

Mas, ao evoluir, essa conduta simplifica-se, no sentido de que Laurent cada vez menos arranha para, na realidade, agarrar logo, após uma breve exploração tátil. Assim é que, aos 0; 2 (11), Laurent já consegue apanhar e segurar demoradamente o seu lençol ou um lenço, abreviando sensivelmente a fase inicial de arranhadura. Do mesmo modo, aos 0; 2 (14), remexe com a mão direita num curativo que teve de ser-lhe aplicado na mão esquerda. Nos dias seguintes, o seu interesse tátil é quase inteiramente absorvido pela preensão recíproca das mãos e pela exploração tátil do rosto, a que retornaremos daqui a pouco. Quanto à preensão de objetos, Laurent (cuja precocidade foi observada a respeito da sucção do polegar) começa, no final do terceiro mês, a agarrar para chupar. Passa, assim, da segunda para a terceira fase.

Obs. 54. – Lucienne manifestou, até os dois meses e meio, as mesmas e vagas reações de Laurent (ver obs. 50-52). Aos 0; 2 (12), nota a agitação de suas mãos em contato com o cobertor: apanha e larga, arranha o tecido etc. As mesmas reações nos dias seguintes. Aos 0; 2 (16), remexe no travesseiro. Aos 0; 2 (20), abre e fecha as mãos vazias e revolve o cobertor. Aos 0; 2 (27), conserva por alguns instantes uma prega do cobertor na mão, depois uma ponta do lençol que apanhou

78 O Nascimento da Inteligência na Criança

por acaso, depois uma boneca que coloquei contra a palma da sua mão direita. Aos 0; 3 (3), bate no edredão com a mão direita: arranha-o, olhando com muita atenção para o que faz, depois solta-o, volta a apanhá-lo etc. Perde, em seguida, o contato, mas, assim que o sente outra vez, agarra logo o edredão sem as manobras preliminares da fase de arranhar. A mesma reação diversas vezes a fio. Portanto, há uma reação circular bastante sistemática, orientada pelo tato e não pela vista.

Não é difícil reencontrar nessas reações o equivalente das primeiras condutas relativas à visão ou ao ouvido: assimilação por mera repetição (agarrar por agarrar) e começo de acomodação (orientação das mãos e dos dedos, em função do objeto, quando eles estão em contato com esse objeto). Mas não é ainda o caso de acomodações mais sutis nem de assimilações recognitivas ou generalizadoras.

A partir dessas condutas primitivas, pelo contrário, observa-se uma coordenação cada vez mais acentuada entre os movimentos das mãos e os da sucção. Com efeito, nos nossos três filhos, a sucção sistemática dos dedos, se não antecedeu, pelo menos acompanhou as primeiras atividades adquiridas que envolviam apenas as mãos ou os dedos. Aliás, é possível destacar outras reações muito precoces dos dedos coordenados não só com a sucção, mas também com toda a sensibilidade tátil do rosto e das partes descobertas do corpo, como veremos a seguir:

Obs. 55. – Jacqueline, depois de aprender a chupar os dedos, o que conseguiu certamente a partir de 0; 1 (28), dedica-se a passear constantemente a mão pelo rosto, sem parecer que o explore de maneira sistemática, mas aprendendo, sem dúvida, a reconhecer certos contatos. Por exemplo, aos 0; 2 (7), ela leva a mão direita exatamente ao nariz, no momento em que o estavam limpando. Do mesmo modo, no decurso do terceiro mês, esfrega os olhos várias vezes seguidas, até irritá-los.

Obs. 56. – Lucienne, aos 0; 2 (17) e dias seguintes, coloca mais ou menos sistematicamente os dedos da mão direita contra o olho direito e adormece nessa posição. Talvez seja a irritação do olho, antes do sono, que tenha provocado essa reação repetida. Aos 0; 2 (25), esfrega o olho com as costas da mão e recomeça a cada instante, a ponto de provocar a vermelhidão em toda a arcada superciliar.

Obs. 57. – A partir dos 0; 2 (8), Laurent remexe constantemente no rosto, antes, durante e depois da sucção dos dedos. Essa conduta adquire, pouco a pouco, interesse por si mesma, dando assim origem a dois hábitos nítidos. O primeiro consiste em segurar o nariz. Assim, aos 0; 2 (17), Laurent chilreia e sorri sozinho, sem vontade de chupar, enquanto agarra o nariz com a mão direita. Recomeça aos 0; 2 (18), durante a sua sucção (segura o nariz com quatro dedos, enquanto chupa o polegar), depois prossegue. Aos 0; 2 (19), agarra o nariz ora com a mão esquerda, ora com a direita, esfregando o olho de passagem, mas voltando sempre ao nariz. À tarde, segura o nariz com ambas as mãos. Aos 0; 2 (22), parece dirigir a mão direita para o nariz quando o aperto levemente, com os dedos em pinça. Aos 0; 3 (24) e dias seguintes, novos toques no nariz.

Obs. 58. – O segundo hábito contraído por Laurent, na mesma época, consiste em esfregar os olhos ora com as costas da mão, ora com os próprios dedos. Isso foi observado ao despertar, enquanto ele se espreguiça, mas não deve tratar-se de um reflexo especial, dado que, se o espreguiçamento se manifesta desde o nascimento, a fricção dos olhos só agora começa a aparecer e de maneira ainda esporádica. Além disso, e sobretudo, Laurent esfrega os olhos a todo momento e independentemente do sono, como se tivesse feito a descoberta tátil dos seus olhos e a estes retornasse por reação circular. Aos 0; 2 (16), registro até que o olho se fecha antecipadamente, quando a mão direita para ele se dirige e ainda não é possível à criança vê-la. Aos 0; 2 (18), a mesma reação: os dois olhos fecham-se antecipadamente, embora Laurent só esfregue o direito. Aos 0; 2 (19), ele volta a cabeça para o lado esquerdo, no momento em que a mão esquerda se orienta na direção do olho. Em seguida, esfrega os dois olhos com as duas mãos, simultaneamente. Aos 0; 2 (20), cerra os punhos para esfregar os olhos, fecha de novo os olhos antecipadamente e sorri contente: não há qualquer relação com o espreguiçamento. Nos dias seguintes, as mesmas reações.

Obs. 59. – A atividade das mãos, em relação ao próprio corpo, não se limita ao nariz e aos olhos. Ora é o rosto todo que é coberto pelas mãos reunidas, ora (aos 0; 2 [24], em Laurent) é o peito que recebe grandes golpes regulares. Mas sobretudo são as mãos, se assim podemos dizer, que se descobrem uma à outra e se apalpam reciprocamente. A coisa apresentou uma importância especial em Laurent, não só porque

80 O Nascimento da Inteligência na Criança

deu lugar a um esquema habitual particularmente tenaz, mas também porque esse esquema desencadeou, subsequentemente, condutas muito precoces de preensão coordenada com a sucção e, sobretudo, com a visão. É preciso notar, em primeiro lugar, que durante a aquisição da sucção do polegar (obs. 6-21), Laurent já unia frequentemente as mãos, enquanto chupava os dedos de uma delas. Esse comportamento revelou-se esporádico até o final do segundo mês. Ora, a partir do terceiro mês, deu lugar a um hábito muito sistemático. Assim, noto aos 0; 2 (4) e 0; 2 (10) que ele parece apalpar suas mãos. Aos 0; 2 (14), remexe com a mão direita num curativo que tem na mão esquerda. Aos 0; 2 (17), retiro por meio de um cordão a mão esquerda (presa para impedir que Laurent chupe o polegar esquerdo); ele retoma uma série de vezes a fio essa mão, por meio da sua direita. A precisão com que ele desempenha essa função, enquanto a mão esquerda procura vencer a resistência do cordão e penetrar na boca, demonstra que se trata de um esquema já solidamente constituído. Aos 0; 3 (19), Laurent junta ambas as mãos diversas vezes e, já pela tarde, fá-lo quase inin-interruptamente: apalpa-as, chupa-as juntas, solta-as, volta a reuni-las etc. O interesse reside, sobretudo, na preensão e só em segundo lugar na sucção. Nos dias seguintes, essa conduta é cada vez mais frequente, mas temos de interromper aqui a descrição, porque a intervenção do olhar já começa a modificar esse "esquema de junção". A partir de 0; 2 (24), com efeito, observa-se que Laurent examina as mãos juntas com tamanha atenção que o movimento delas foi alterado, o que constitui já uma característica da terceira fase. E, sobretudo, a sistematização desse hábito de junção tem por resultado precipitar o momento em que Laurent agarrará com as duas mãos um objeto qualquer para mantê-lo na boca, o que é igualmente típico dessa terceira fase (é mesmo por essa última característica que julgamos conveniente definir a transição da segunda para a terceira fase da preensão).

Essas coordenações entre o movimento das mãos e o rosto (obs. 55-58) não suscitam qualquer problema especial. Não são, como no caso da coordenação entre a vista e o ouvido, por exemplo, assimilações recíprocas de esquemas independentes; com efeito, constituem apenas um prolongamento dos esquemas primitivos e puramente táteis da preensão (obs. 50-54). Pelo contrário, a junção das mãos é, em certo sentido, uma assimilação mútua, mas que tampouco sai do domínio da preensão tátil. Só que, até agora, a coordenação do polegar e da sucção, estudada mais acima (obs. 16-24), implicava um começo de assimilação recíproca entre esquemas independentes; mas se a boca chupa a mão e se a mão se dirige para a boca, a mão ainda não pode agarrar tudo o que a boca chupa.

Passemos agora às coordenações entre a visão e os movimentos da mão. Foi durante a 17ª semana que Preyer e Tournay observaram que a criança olhava pela primeira vez para as mãos de maneira sistemática. Wallon,[15] que relata essas citações, parece ver em tal concordância o indício de um fato geral.

Infelizmente, a observação dos nossos filhos não confirma as datas indicadas: parece antes mostrar que a coordenação entre a visão e os movimentos da mão é um processo contínuo, dependendo mais do exercício funcional do que de aquisições nitidamente localizáveis no tempo. A única data fácil de determinar é a do aparecimento da seguinte conduta: num dado momento, a criança apanha os objetos, assim que os percebe no mesmo campo visual da sua própria mão, e, antes de agarrá-los, olha alternadamente essa mão e os objetos. Ora, esse acontecimento (que é o citado por Preyer na 17ª semana) produziu-se com Jacqueline aos 0; 6 (1), com Lucienne aos 0; 4 (15) e com Laurent aos 0; 3 (6)! Caracteriza o que chamaremos a quarta fase da preensão. Mas, antes, pode-se observar toda espécie de coordenações entre a visão e os movimentos da mão, coordenações essas que começam na presente etapa para prosseguir durante a terceira. Eis as que notamos durante a segunda fase:

Obs. 60. – Lucienne, aos 0; 2 (3), isto é, no dia seguinte àquele em que começou a chupar sistematicamente o polegar, olhou por duas vezes para os dedos que saíam da boca (ver, acima, obs. 23). Foi um olhar furtivo, mas com acomodação do olho à distância. Aos 0; 2 (12), pelo contrário, e no dia seguinte, observou a mão com muito mais atenção. Aos 0; 2 (15), observo Lucienne enquanto ela está deitada sobre a direita e chupa o babadouro. As mãos movimentam-se diante dela (os dedos remexendo continuamente), agarram e largam os lençóis, arranham o cobertor e, a todo instante, a mão direita ou

---

[15] *L'enfant turbulent*, p. 97-98.

82 O Nascimento da Inteligência na Criança

as duas entram na boca. Ora, Lucienne parece acompanhar com os olhos os movimentos de suas mãos (o olhar desce e volta a erguer-se corretamente), mas as mãos não se dobram às exigências do campo visual. Portanto, a visão adapta-se aos movimentos da mão, mas a recíproca ainda não é verdadeira. – Aos 0; 2 (16), Lucienne está deitada sobre o lado esquerdo, com a mão direita remexendo no travesseiro: o olhar está fixado, atentamente, nessa mão. Aos 0; 2 (17), Lucienne está deitada de costas, a mão direita estendida e os dedos movendo--se levemente: ela olha para essa mão com a maior atenção e sorri. Um instante após, ela a perde de vista (pois a mão tombou): o olhar procura-a então, manifestamente, e quando a mão volta a subir os olhos seguem-na *incontinenti*. Aos 0; 2 (20), Lucienne continua olhando para as mãos, agora a esquerda também. As mãos estão, por exemplo, abrindo e fechando alternadamente: fazem-no ao mesmo tempo e, por vezes, fora do campo visual, o que bem revela tratar-se de uma reação circular totalmente motora e independente da visão. Mas, desde que o fenômeno se produza diante do rosto, Lucienne dirige logo o seu olhar para a mão e segue-a demoradamente. Examina também a mão direita, que está arranhando um pano. Aos 0; 2 (27) olha para a mão direita, que segura uma boneca, mas não sabe conservar esse espetáculo no seu campo visual. Olha também para as mãos vazias, para a esquerda quase tanto quanto para a direita, mas tampouco sem mantê-las no campo visual: o olhar procura as mãos, ao passo que estas não estão submetidas ao olhar. Aos 0; 3 (3), Lucienne contempla atentamente a sua mão direita, que revolve o cobertor, depois larga-o, retoma-o etc. Quando perde o contato da mão com o cobertor, fica olhando para este, mas sem coordenação com os movimentos da mão: é por acomodação tátil que a mão reencontra o cobertor e não por coordenação com a vista. Na tarde do mesmo dia, Lucienne vê sua mão abrir e fechar. Ainda não há qualquer coordenação precisa entre esses movimentos e a vista, a não ser que os dedos pareçam mexer mais quando Lucienne os observa. Aos 0; 3 (8 e 9), ela olha atentamente para as mãos juntas, enquanto chupa o indicador e as costas da mão direita. – Vamos ficar por aqui, nessa observação, porquanto a partir dessa data, Lucienne começa a levar à boca os objetos que apanha, o que já constitui o início da terceira etapa.

Obs. 61. – Jacqueline parece não ter olhado para as mãos antes dos 0; 2 (30). Mas, a partir dessa data, apercebe-se frequentemente dos

A Segunda Fase: as Primeiras Adaptações Adquiridas e a Reação Circular Primária **83**

dedos que se agitam e olha-os com atenção. Aos 0; 3 (13), apanha o seu cobertor com as duas mãos: quando estas entram no campo visual, Jacqueline observa-as fixamente, tal como contempla as pregas do cobertor quando elas se lhe apresentam; mas, se os olhos procuram ver as mãos, o movimento destas ainda em nada depende da visão. Do mesmo modo, aos 0; 3 (21), ela acompanha com os olhos a trajetória das mãos em movimento. Aos 0; 3 (22), segue com os olhos as mãos que se afastam uma da outra e parece muito espantada por vê-las reaparecer.

Obs. 62. – Laurent, aos 0; 2 (4), descobre por acaso o seu indicador direito e observa-o por breve instante. Aos 0; 2 (11), examina um momento sua mão direita aberta, fortuitamente apercebida. Aos 0; 2 (14), pelo contrário, olha três vezes seguidas para a mão esquerda e, sobretudo, o indicador espetado. Aos 0; 2 (17), segue por instantes a mão em seu movimento espontâneo, depois examina-a várias vezes, quando ela procura o nariz ou esfrega um olho. A mesma observação no dia seguinte. Aos 0; 2 (19), Laurent sorri para a mesma mão, depois de contemplá-la 11 vezes a fio (quando ela não está enfaixada); reponho então essa mão numa atadura; quando a desato (meia hora depois), a mão volta a cruzar o campo visual de Laurent, que sorri de novo. No mesmo dia, observa com grande atenção as duas mãos reunidas. Aos 0; 2 (21), estende para o ar os dois punhos fechados e contempla a mão esquerda, após o que a aproxima lentamente do rosto, esfrega-a no nariz e depois num olho. Um momento após, a mão esquerda reaproxima-se novamente do rosto: Laurent olha-a e apalpa o nariz. Recomeça e ri sozinho cinco a seis vezes seguidas, reaproximando de cada vez essa mão esquerda do rosto. Parece rir antecipadamente da mão, mas o olhar não exerce influência alguma no seu movimento. Ri, pois, antecipadamente, mas recomeça os sorrisos assim que vê, de fato, a mão. Depois esfrega o nariz e repete tudo. Num determinado momento, volta a cabeça na direção da mão esquerda, no instante exato em que ela tomba, mas o olhar continua sem exercer ação alguma sobre a direção. No dia seguinte, as mesmas reações. Aos 0; 2 (23), olha para a mão direita, depois (demoradamente) para ambas as mãos reunidas. Finalmente, aos 0; 2 (24), pode-se já afirmar que o olhar agiu sobre a direção das mãos, que tendem agora a permanecer dentro do campo visual. Atingimos, assim, a terceira etapa.

84 O Nascimento da Inteligência na Criança

Vê-se em que consistem essas coordenações entre a visão e as primeiras reações circulares da mão e dos dedos. Pode-se dizer que os esquemas visuais tendem a assimilar os esquemas manuais sem que a recíproca ainda seja verdadeira. Em outras palavras, o olhar procura seguir o que a mão faz, mas a mão de maneira nenhuma tende a realizar o que o olhar vê: ela não consegue sequer manter-se no campo visual! Mais tarde, pelo contrário, a mão regular-se-á pela visão, tal como esta pela mão: é isso que permitirá à criança agarrar os objetos vistos. Mas, no momento, a mão movimenta-se com inteira independência do olhar, sendo as poucas e muito vagas reações circulares a que ela dá lugar dirigidas unicamente pelo tato, pelas sensações cinestésicas ou pela sucção. As relações entre a vista e os movimentos da mão são, por conseguinte, diferentes das que existem entre a sucção e esses mesmos movimentos; no caso da sucção, são os esquemas exteriores aos movimentos da mão que comandam estes últimos e os englobam (a sucção acarreta uma reação circular dos braços e das mãos) ao passo que, no caso da visão, os movimentos das mãos são autônomos e o olhar limita-se a assimilá-los sem regê-los. Portanto, é evidente que a sucção, desse ponto de vista, está mais adiantada do que a visão: por isso veremos, desde a terceira etapa, as mãos agarrarem objetos para levá-los à boca e ainda não para olhá-los.

De modo geral, podemos concluir o seguinte no que diz respeito à segunda etapa. Durante esta fase, os movimentos da mão já não são mais comandados, unicamente, pelos mecanismos reflexos e impulsivos, dando lugar a algumas reações circulares adquiridas. As reações permanecem vagas, sem dúvida, e parece que, quanto às mais primitivas dentre elas (abrir e fechar as mãos, remexer com as pontas dos dedos, agarrar e soltar etc.), trata-se ainda de um simples automatismo impulsivo. Mas a questão consiste em saber se esses comportamentos são indeterminados porque ainda são inteiramente "impulsivos" ou se o são porque tão somente constituem ainda reações circulares em vazio, sem interesse pelo objeto agarrado. O caso da preensão é, com efeito, exatamente análogo ao da sucção, da visão ou da audição. Da mesma forma que existe uma sucção no vazio, uma sucção da língua etc., também o bebê pode balançar os braços, abrir e fechar as mãos, remexer os dedos etc., durante semanas a fio, executando todos esses movimentos em vazio e sem verdadeiro contato com uma realidade que resista. E tal como a visão passa por uma fase durante a qual os objetos são "alimentos" para o olhar, sem se revestirem de qualquer interesse como quadros exteriores, também os primeiros contatos da mão com as coisas que ela agarra ao acaso, que aflora ou arranha fortuitamente, revelam uma fase de assimilação puramente funcional (agarrar por agarrar), por repetição e ainda não por generalização e reconhecimento combinados. Com esta fase é que podemos relacionar as obs. 50-52. Em compensação, a obs. 53 e as obs. 55-58 comprovam a existência, além desse funcionamento primitivo, de uma assimilação generalizadora e de um começo de reconhecimento tátil. Por um lado, com efeito, assim que a criança aprende a arranhar e remexer nos objetos (obs. 53), ela amplia esse comportamento a tudo, incluindo o rosto e as próprias mãos (obs. 55-58). Por outro lado, em virtude dessa ampliação do esquema, este se diferencia e dá lugar a uma assimilação recognitiva. Assim é que a criança reconhece muito bem o seu nariz, seus olhos e suas mãos ao tocar-lhes, quando os procura. Em correlação com esse progresso da assimilação, há uma acomodação gradual aos objetos: a mão adota a forma da coisa agarrada, o polegar opõe-se, pouco a pouco, aos outros dedos, basta que, a partir do terceiro mês (ou mesmo um pouco antes), se roce a mão da criança pela parte de fora para que ela procure logo agarrar etc. Quanto às organizações coordenadoras, há, como vimos, um começo de coordenação com a sucção e a visão, mas sem assimilação recíproca dos esquemas em presença: a boca chupa as mãos, mas sem que as mãos procurem levar à boca tudo o que apanham, nem apanhar tudo o que a boca chupa; e os olhos observam as mãos, mas sem que estas tentem realizar ou agarrar o que os olhos veem. Essas duas coordenações essenciais realizar-se-ão no decorrer das três etapas seguintes. A coordenação entre a sucção e a preensão é mais precoce e caracteriza, assim, a terceira etapa. Mas não existe uma necessidade lógica nessa ordem de sucessão e poder-se-ia conceber a existência de uma inversão parcial em alguns sujeitos excepcionais.

No decurso de uma *terceira etapa* surge, portanto, um notável progresso: doravante, pode-se ter como certa a existência da *coordenação entre a preensão e a sucção*. Em outras palavras, a mão agarra os objetos que leva à boca e, reciprocamente, apodera-se dos objetos que a boca está chupando.

Façamos primeiro uma descrição dos fatos, passando em seguida à análise dos seus diversos aspectos.

86   O Nascimento da Inteligência na Criança

Obs. 63. – Lucienne, aos 0; 3 (8), apanha o cobertor com a mão direita e depois chupa-o. Coloco em seguida um lápis na sua mão: esboça então um ligeiro movimento na direção da boca, mas fica por aí. Ainda é impossível decidir entre o mero acaso e a coordenação. Mas, na tarde desse mesmo dia, coloco três vezes seguidas um colarinho mole na sua mão direita aberta sobre o cobertor e das três vezes a mão levou o colarinho à boca. Nenhuma tentativa para ver de que se trata. Aos 0; 3 (9), coloco na sua mão um objeto de madeira: aproxima-o da boca, mas larga-o em seguida. Aos 0; 3 (13), a mesma experiência: ela retém o objeto, leva-o à boca e lambe alternadamente o objeto e a mão, sem parecer dissociar esses dois corpos um do outro. Aos 0; 3 (24). Lucienne agarra de moto próprio peças da roupa do berço (lençóis, cobertor, edredão) ou o seu babadouro, para levar à boca. Aos 0; 4 (4), agarra por acaso uma argola (naturalmente, sem vê-la) e mantém-na solidamente segura por alguns instantes. Depois, um movimento súbito para pô--la na boca, sem procurar olhar. A mesma reação com uma ponta do cobertor. Ela ainda não dirige o próprio objeto, mas o conjunto "mão + objeto" e chupa o que chegar primeiro à boca. Há, pois, de algum modo, uma simples conjunção de dois esquemas: "agarrar e manter agarrado" *versus* "pôr a mão na boca" e ainda o ato único de levar o objeto à boca.

Obs. 64. – Aos 0; 4 (9), coloco-lhe uma argola diante dos olhos: nenhuma reação. Ponho-a depois nas mãos: mete-a prontamente na boca, chupa-a, depois passeia-a ao acaso, olhando para a argola. Parece que, desta vez, o ato de agarrar um corpo para chupá-lo forma um todo único e organizado. Isso foi confirmado pela reação seguinte. Na tarde do mesmo dia, mostro a Lucienne a sua argola habitual. Ela a olha fixamente, abre a boca, executa movimentos de sucção, abre de novo a boca etc., mas não agarra o objeto. A vista da argola desencadeou, portanto, os movimentos de sucção, mas não os de preensão. Mas basta tocar levemente com o cabo da argola na mão aberta para que se produzam os movimentos de preensão: sucessivas tentativas com os dedos, até que a oposição do polegar remata com êxito o movimento. A argola, assim que foi agarrada, foi prontamente levada à boca. Aos 0; 4 (10), a mesma reação; o objeto, assim que é apanhado, independentemente do campo visual, é *incontinenti* transportado até à boca. Se cair ao lado, Lucienne tateia até recuperá-lo.

Obs. 65. – Lucienne, aos 0; 4 (10), está deitada de costas. Coloco uma boneca diante da sua boca, com o cabo pousado no peito:

A Segunda Fase: as Primeiras Adaptações Adquiridas e a Reação Circular Primária 87

aproxima logo a mão e agarra. A experiência é repetida três vezes: as mesmas reações. Aos 0; 4 (15), quando a argola está encostada à boca, a mão encaminha-se nessa direção. Mas Lucienne não se revela perseverante. Em contrapartida, na tarde desse dia, ela agarra prontamente a argola colocada na posição anteriormente descrita. Essa conduta parece agora definitivamente adquirida e coordenada. Lucienne não olha para as mãos, ao executar o movimento: basta-lhe aflorar a argola para agarrá-la. Fá-lo com a mão esquerda ou a direita, embora menos vezes com esta. A partir dessa observação, Lucienne começa a coordenar os seus movimentos de preensão com a visão e passa, assim, para a quarta etapa.

Obs. 66. – Aos 0; 3 (21), Jacqueline leva à boca tudo o que apanhar por acaso, opondo o polegar aos outros dedos. Aos 0; 4 (8), leva igualmente à boca aa pontas do lençol, fitas, o babadouro etc.

Obs. 66 bis. – Aos 0; 2 (17), Laurent, depois de agarrar o lençol, já o chupa ao mesmo tempo que a mão; há, por conseguinte, uma ligação fortuita entre o esquema da preensão e o da sucção dos dedos. No dia seguinte, chupa o curativo da mão esquerda, segurando-a com a direita. Nos dias seguintes, as relações entre a preensão e a sucção conservam-se sujeitas ao acaso. Pelo contrário, aos 0; 2 (28), basta que eu coloque a argola livre na sua mão esquerda (fora do campo visual e com o braço estendido) para que Laurent introduza esse objeto na boca e o chupe. A experiência teve êxito uma série de vezes consecutivas, tanto com a mão direita como com a esquerda, e a sistematização da reação mostra que esse novo esquema já está constituído há alguns dias. O mesmo resultado nos dias seguintes. Aos 0; 3 (4), leva à boca fitas, franjas de cobertor, bonecas de pano etc.; e aos 0; 3 (5) faz o mesmo com objetos desconhecidos (caixa de tabaco, isqueiro, bolsa de tabaco etc.) que coloco diante do seu rosto e que Laurent apanha depois de os encontrar juntando as mãos. Do mesmo modo, basta que eu coloque na sua mão aberta, fora do campo visual, um objeto desconhecido (visual e tatilmente) como um prendedor de roupa, para que Laurent o leve imediatamente à boca e não aos olhos. Vê-se, pois, que a partir da segunda metade do terceiro mês já existe em Laurent a coordenação entre sucção e preensão, mas, como veremos adiante, esta terceira etapa foi nele abreviada, em virtude de certa precocidade da coordenação entre a visão e a sucção. Também foi por pouco que a sucessão da aquisição de coordenações não se inverteu nessa criança.

88   O Nascimento da Inteligência na Criança

Tais observações são interessantes na medida em que indicam como se adquire a preensão sistemática. Após as reações circulares da segunda etapa (assimilações puras, generalizadoras e recognitivas), a criança começa agora a interessar-se pelos próprios objetos com que a mão estabeleceu contato tátil. Produz-se aqui o mesmo fenômeno verificado a propósito da visão e da audição. Após ter olhado por olhar, a criança passa a interessar-se pelos objetos que vê, em virtude de a assimilação do real à visão completar-se pela coordenação entre a visão e os outros esquemas. Do mesmo modo, após ter exercido em falso os diversos movimentos da mão e o agarrar por agarrar, após ter exercido a sua preensão a propósito de todos os sólidos que encontra ao seu alcance e ter adquirido, assim, uma acomodação cada vez mais precisa aos vários objetos, concomitantes da assimilação generalizadora, após ter mesmo desenvolvido uma espécie de reconhecimento tátil-motor das coisas, a criança acaba também por interessar-se pelos objetos que apanha, na medida em que a preensão, assim tomada sistemática, coordena-se com um esquema já inteiramente constituído, como é o da sucção. Como explicar essa coordenação? No princípio (obs. 63), parece existir apenas uma coordenação parcial, isto é, simples conjunção de dois esquemas parcialmente independentes: a mão apodera-se dos objetos e a boca atrai a mão. Assim é que, aos 0; 4 (4), Lucienne ainda chupa indiferentemente a mão ou o objeto, quando a mão leva o objeto à boca. Num dado momento, porém, a coordenação torna-se total. Ora, tanto aqui como a propósito da vista e do ouvido, nota-se claramente que essa coordenação resulta de uma assimilação recíproca dos esquemas em presença: a boca procura chupar o que a mão apanha e a mão procura agarrar o que a boca chupa. Com efeito, na obs. 64 a boca está preparada para chupar antes de a mão ter descoberto o objeto, e, então, o que a criança agarrou é prontamente levado à boca. Inversamente, aos 0; 4 (10) (obs. 65), Lucienne tenta agarrar o objeto que a boca está chupando, quando esse objeto não passou previamente pela preensão manual. Vê-se, desse modo, uma vez mais, em que consiste a organização progressiva dos esquemas: uma adaptação mútua, com acomodação e assimilação recíprocas.

Isso conduz-nos às coordenações entre a visão e a preensão. Recordamos que, durante a segunda etapa, o olhar já acompanha os movimentos da mão, mas sem que esta obedeça àquele. Durante a quarta etapa, veremos daqui a pouco que a própria preensão se rege

A Segunda Fase: as Primeiras Adaptações Adquiridas e a Reação Circular Primária **89**

pela visão. Quanto à terceira etapa, de que atualmente nos ocupamos, pode-se dizer que a visão, sem reger ainda a preensão (a qual só depende ainda do tato e da sucção), já exerce uma influência assinalável sobre os movimentos da mão: o fato de olhar para a mão parece aumentar a atividade desta ou, pelo contrário, limitar os seus deslocamentos ao interior do campo visual:

Obs. 67. – Lucienne, aos 0; 3 (13), contempla demoradamente a mão direita (o braço está estendido), que abre e fecha. Depois, a mão transporta-se, de maneira bastante brusca, na direção da bochecha esquerda; ora, os olhos acompanham com precisão esse movimento, voltando-se a cabeça de modo contínuo, como se tivesse previsto o deslocamento manual. A mão retoma em seguida a sua posição anterior. Lucienne ainda a contempla e sorri largamente, agitando o corpo todo; no mesmo dia, recomeça tudo. Nos dias seguintes, o interesse visual torna-se contínuo pelos movimentos da mão ou pelo espetáculo da mão segurando um objeto, mas a visão não parece ter outra influência senão uma vaga dinamogenização desses movimentos.

Obs. 68. – Aos 0; 4 (9), Lucienne não faz gesto algum para agarrar uma argola que está contemplando. Mas, assim que, ao levar à boca a argola que apanhara independentemente da vista, se apercebe da mão que segura o objeto, a sua atenção visual tem por efeito imobilizar o movimento da mão; a boca, entretanto, já estava aberta para receber a argola situada a 1 cm dela. Após o que Lucienne chupa a argola, retira-a da boca, remira-a, chupa-a de novo e assim por diante. – No mesmo dia, nova experiência. Coloco um estojo na mão esquerda. Lucienne leva-o diretamente à boca, mas, no momento de introduzi-lo (com os lábios já entreabertos), vê o objeto, recua-o e mantém-no diante dos olhos, a cerca de 10 cm de distância. Observa-o com a maior atenção, mantendo-o quase imóvel durante mais de um minuto. Os seus lábios agitam-se durante esse tempo e chega a levar o objeto à boca para chupá-lo por alguns segundos, mas recua-o novamente para poder contemplá-lo. – No mesmo dia, Lucienne entrega-se ao mesmo jogo com o seu cobertor, mas não existe ainda qualquer coordenação entre a vista de um objeto ou da mão e a preensão como tal.

Obs. 69. – Aos 0; 4 (10), Lucienne olha para a argola, com as mesmas reações de desejo bucal: abre a boca, chupa em falso, ergue ligeiramente

90   O Nascimento da Inteligência na Criança

a cabeça etc., mas não estende as mãos para o objeto, se bem que elas manifestem um esboço de movimentos de preensão. Instantes depois, estando a mão direita aberta, coloco a argola ao lado dela: Lucienne olha alternadamente para a mão e a argola, seus dedos remexendo sem tréguas, mas não acerca a mão do objeto. Pelo contrário, assim que a argola toca na mão, esta a agarra com presteza.

Obs. 70. – Jacqueline, aos 0; 4 (1), olha com atenção para a mão direita, que parece manter no campo visual. Aos 0; 4 (8), chega a olhar para os objetos que leva à boca e a retê-los diante dos olhos, esquecendo-se de chupar. Mas ainda não há preensão dirigida pela vista nem adução coordenada dos objetos no campo visual: é quando a mão passa por acaso diante dos olhos que é imobilizada pelo olhar. – Acontece-lhe também contemplar atentamente as mãos que se uniram de maneira fortuita. – Aos 0; 5 (12), noto que ela observa constantemente as mãos e os dedos, mas sempre sem coordenação. Vê a mão mover-se: a mão aproxima-se do nariz e acaba por bater num olho. Movimentos de susto e recuo: a mão ainda não lhe pertence! Não obstante, a mão é mantida com maior ou menor sucesso no campo visual.

Obs. 71. – Aos 0; 3 (23), Lucienne tem o braço direito estendido, encontrando-se a mão fora do campo visual. Agarro-lhe essa mão. Ela se esforça por soltá-la, mas não olha em momento algum nessa direção. O mesmo resultado aos 0; 4 (9) etc. Só durante as fases seguintes Lucienne procurará com o olhar a mão que se lhe retém.

Obs. 72. – Jacqueline ainda reage da mesma maneira aos 0; 5 (12), isto é, durante a presente etapa. Está deitada de costas, e retenho-lhe alternadamente a mão direita e a mão esquerda, espalmadas sobre a colcha. Ela desenvolve esforços infrutíferos para soltar a mão, mas sem olhar para o lado certo, embora procure ver o que se passa. Num momento, Jacqueline, contorcendo-se, enxerga por acaso a minha mão que retém a mão direita dela. Observa atentamente essa imagem incomum, mas sem fazer esforço algum para libertar-se durante esse momento preciso. Depois, reinicia a luta, olhando à volta da sua cabeça e não na boa direção. O sentimento de esforço não está localizado, portanto, no quadro visual da mão, mas no absoluto. Aos 0; 5 (25), a mesma reação.

Obs. 73. – Laurent apresentou, no que diz respeito à coordenação da visão e dos movimentos da mão, uma precocidade notável, que se

A Segunda Fase: as Primeiras Adaptações Adquiridas e a Reação Circular Primária **91**

deve, parece-nos, atribuir ao desenvolvimento adquirido nele pelo esquema da junção das mãos (ver a obs. 59). Com efeito, à força de agarrar mutuamente as duas mãos, operação que tem, necessariamente, por campo o espaço fronteiro ao rosto, numa criança deitada, Laurent acabou por estudá-las atentamente com o olhar: ver a obs. 52, aos 0; 2 (19) e 0; 2 (23). Essa ligação regular, ainda que fortuita em suas causas, tem como efeito natural, por outro lado, conduzir a uma influência do olhar sobre o próprio movimento da mão. É assim que, aos 0; 2 (24); Laurent apalpa as mãos, a 5-10 cm da boca, sem sucção: afasta-as e reaproxima-as, pelo menos vinte vezes consecutivas, sem tirar os olhos delas. Em tal exemplo, parece que o prazer visual é a única causa da repetição do fenômeno. Uma hora depois, essa impressão é reforçada quando Laurent, tendo-se apoderado da mão direita com a esquerda e retirado a atadura (que fora reposta, entrementes, no polegar direito), mantém essa atadura no seu campo visual e observa-a curiosamente. Aos 0; 2 (25), Laurent olha para a mão esquerda imóvel, depois de ter esfregado um olho. Aos 0; 2 (26 e 28), observa uma argola que segura nas mãos e aos 0; 2 (28 e 29) olha constantemente para as mãos juntas diante dos olhos. Na tarde dos 0; 2 (29), observo uma nova combinação originada por diferenciação desse esquema de junção das mãos: Laurent juntas mãos pelas pontas dos dedos, apenas, e a 10-15 cm à frente dos olhos. Mantém-nas, manifestamente, no campo visual e não demonstra tendência alguma para chupar nem mesmo para agarrar uma com a outra, realmente, durante um bom quarto de hora; trata-se de um simples jogo dos dedos, descoberto tatilmente e agradável à vista. No dia seguinte, a mesma observação.

Obs. 74. – O interesse das condutas anteriores reside no fato de terem dado lugar, em Laurent, a uma reação muito curiosa que facilitou, singularmente, o acesso à coordenação definitiva que caracteriza as quarta e quinta etapas da preensão: desde 0; 3 (3), com efeito, Laurent pôs-se a agarrar a minha mão logo que a via diante do seu rosto, dado que a minha mão não era assimilada visualmente a uma das suas e, assim, provocava o esquema da junção das mãos.

Aos 0; 3 (9), com efeito, por volta das 2 horas da tarde, ponho a minha mão imóvel diante do seu rosto, a 10-15 cm da sua boca. Ele a observa e põe-se logo a chupar em seco, sem tirar os olhos da minha mão, como se a assimilasse à sua própria mão, que examina incessantemente antes ou depois da sucção. Mas olha para a minha mão sem

92 O Nascimento da Inteligência na Criança

tentar agarrá-la. Então, sem o deslocar, espalmo-a toda e chego mesmo a tocar levemente na sua mão esquerda com o meu dedo auricular: Laurent agarra prontamente esse dedo, sem vê-lo. Quando o retiro, Laurent busca-o até o reencontrar (o que constitui o primeiro exemplo de uma reação importante para o desenvolvimento da preensão: reaver o que escapou das mãos). Afinal de contas, esse exercício de preensão decorre no campo visual e Laurent observa-o com a maior atenção. Ora, no mesmo dia, às 6 horas da tarde, basta que eu mostre a minha mão, na mesma situação, para que Laurent dela se apodere! Toquei na dele (com o dedo auricular) uma só vez e, depois, ele vem agarrar a minha cinco vezes seguidas, sem que a tenha roçado pela dele previamente nem que Laurent a tenha visto ao mesmo tempo! No princípio, interpretei a coisa como um ato coordenado de preensão regida pela visão do objeto (logo, um ato característico da quinta etapa), mas a sequência da observação sugeriu-me uma interpretação mais simples: a vista da minha mão desencadeou, simplesmente, o ciclo habitual dos movimentos de aproximação das mãos (o esquema de junção) e, como a minha mão estava colocada na trajetória das suas, encontrou-a e apanhou-a.

No dia seguinte, aos 0; 3 (4), agarrou logo a minha mão, embora eu não tivesse, em momento nenhum, tocado na dele. Além disso, encontro a confirmação da interpretação antecedente nos três fatos seguintes. Em primeiro lugar, quando apresento a Laurent quaisquer objetos, em vez da minha mão, ele não procura agarrá-los e limita-se a olhá-los. Em segundo lugar, quando apresento a minha mão a certa distância (20-30 cm) e não logo à frente do seu rosto, Laurent contenta-se em agarrar as suas próprias mãos, sem tentar sequer atingir a minha. Em terceiro lugar, finalmente, quando afasto e junto as minhas mãos, a cerca de 50 cm de distância, Laurent imita-me, como veremos mais adiante. Esses três fatos reunidos parecem demonstrar que, se Laurent agarra minha mão quando está próxima do seu rosto, é porque assimila a minha mão ao esquema de junção das suas.

Aos 0; 3 (5), Laurent imita pior o meu movimento de junção das mãos quando estou distanciado. Quando acerco a minha mão do seu rosto ele junta as suas e, a uma distância conveniente, agarra-as. Quando afasto de novo as minhas, ele junta as suas. Na tarde do mesmo dia, apresento-lhe a minha mão imóvel: agarra-a e ri. Depois, coloco uma caixa de tabaco, um isqueiro e, finalmente, a minha bolsa de cachimbo, no lugar da minha mão: agarra os três objetos sucessivamente! Por intermédio da minha mão e do esquema de junção, Laurent chega, assim, ao início da quarta etapa.

Obs. 75. – Aos 0; 3 (5), isto é, no terceiro dia da observação precedente, imobilizei as mãos de Laurent fora do seu campo visual: ele não olha (cf. obs. 71 e 72).

Obs. 76. – Eis, finalmente, um exemplo de conjunção dos esquemas da visão, da preensão e da sucção reunidos. Mostro a Lucienne, aos 0; 4 (4), a minha mão imóvel: ela a olha atentamente, depois sorri, abre a boca toda e, finalmente, coloca seus próprios dedos dentro da boca. A mesma reação inúmeras vezes. Parece que Lucienne assimila a minha mão à sua e que, assim, a vista dos meus dedos faz que introduza os seus na boca. Assinalemos que, um pouco depois, contemplou o seu próprio indicador, chupou-o e olhou-o de novo etc. Do mesmo modo, Laurent, aos 0; 3 (6), observando a minha mão nessa mesma posição, escancara a boca. Depois, agarra a minha mão e puxa-a para a sua boca aberta, sem deixar de olhar fixamente para os meus dedos.

Vê-se em que consistem essas coordenações entre a visão e os movimentos das mãos. Não se pode ainda falar de coordenação entre a visão e a preensão, pois a criança não sabe agarrar aquilo que vê (só apanha o que toca ou o que chupa) nem aceitar diante dos olhos o que apanhou (leva as coisas à boca e não diante dos olhos), nem sequer olha para a sua própria mão quando esta é retida pela mão de outrem (obs. 71, 72 e 75). Em contrapartida, tampouco se pode dizer que a criança se limita a olhar para as suas mãos sem que estas reajam ao olhar. Quando a mão penetra, por acaso, no campo visual, tende a permanecer nele. Acontece mesmo de a criança retardar a sucção do objeto agarrado, por puro interesse visual (obs. 68 e 70). Em resumo, pode-se afirmar que existe um começo de verdadeira coordenação, isto é, um início de adaptação recíproca: a mão tende a conservar e repetir aqueles movimentos que o olho observa, assim como o olho tende a observar tudo o que a mão faz. Em outras palavras, a mão tende a assimilar aos seus esquemas o domínio visual e o olho a assimilar aos seus o domínio manual: doravante, basta que a criança perceba certos quadros visuais (que veja os dedos moverem-se, a mão reter um objeto etc.) para que a sua mão tenda a conservá-los por assimilação reprodutora, na medida em que esses quadros são assimilados aos esquemas manuais.

Como explicar essa assimilação recíproca? Compreende-se perfeitamente o que significa a assimilação do domínio motor pelos esquemas visuais, pois que a mão e os seus movimentos podem ser vistos e seguidos pelo olhar. Mas o que significa a assimilação do visual pelo manual? Posteriormente, isso equivale simplesmente a dizer que a mão procura agarrar tudo o que os olhos veem. Mas essa coordenação só se produzirá mais tarde, precisamente no decorrer das quarta e quinta etapas. No momento, os esquemas manuais só assimilam o domínio visual na medida em que a mão conserva e reproduz o que os olhos veem dela. Ora, como é isso possível? O associacionismo responde, simplesmente: a imagem visual da mão, à força de ser associada aos movimentos dessa mão, adquire por transferência o valor de um sinal e comanda, mais cedo ou mais tarde, esses mesmos movimentos. Quanto a essa transferência associativa, é um fato em que todos, naturalmente, estamos de acordo: toda a acomodação implica o relacionamento de dados impostos pela experiência e a criança descobre a relação da imagem visual das mãos com os seus movimentos muito antes de atribuir essa imagem, e as impressões cinestésicas correspondentes, a um "objeto" único e substancial. Mas a questão consiste em saber se essa relação entre o visual e o motor se estabelece por "associação". Nós, por nossa parte, opomos à noção passiva de associação a noção ativa de assimilação. O que é fundamental, aquilo sem o que não se estabelecerá relação entre a vista e os movimentos da mão, é que a atividade da mão constitui esquemas que tendem a conservar-se e a reproduzir-se (fechar e abrir, apanhar os corpos e segurá-los etc.). Ora, por força dessa mesma tendência para a conservação, tal atividade incorpora toda a realidade suscetível de alimentá-la: por isso é que a mão agarra tudo o que encontra etc. Chegou agora o momento em que a criança passa a olhar a mão que age: por um lado, é levada, por interesse visual, a fazer durar o espetáculo, isto é, a não tirar os olhos da mão; por outro lado, é levada, por interesse cinestésico e motor, a fazer durar essa atividade manual. É então que se opera a coordenação dos dois esquemas, não por associação, mas por assimilação recíproca: a criança descobre que, mexendo a mão de certa maneira (mais lentamente etc.), conserva na vista o quadro interessante. Assim como ela assimila ao seu olhar o movimento de suas mãos, também assimila à sua atividade manual o quadro visual correspondente: movimenta com as mãos a imagem que contempla, tal como observa com os olhos o movimento produzido. Ao passo que, até aqui, só os objetos táteis serviam de alimento aos esquemas manuais, os quadros visuais tornam-se, pois, doravante, matéria para os exercícios das mãos. É nesse sentido que podemos considerá-los "assimilados" à atividade sensório-motora dos braços e das mãos. Essa assimilação ainda não é uma identificação: a mão visual ainda não é a mão tátil-motora. Mas a identificação substancial resultará da assimilação como o ponto geométrico da interferência de várias linhas: o entrecruzamento das atividades assimiladoras definirá o objeto, à medida que essas atividades, aplicando-se ao mundo exterior, forem constituindo a causalidade.

Uma esplêndida ilustração desse processo foi-nos fornecida pelas obs. 73 e 74. Depois de ter visto, durante vários dias, suas mãos juntarem-se, Laurent consegue, aos 0; 3 (3), apanhar um objeto privilegiado, que é constituído pela minha mão. Como explicar essa preensão precoce, senão, precisamente, pelo fato de esse quadro visual da minha mão estar assimilado ao quadro visual das suas e este último quadro já se encontrar incorporado ao esquema da junção de mãos?[16] Vemos aqui em ação, da maneira mais nítida, o jogo de assimilação, sob a sua dupla natureza reprodutora e recognitiva. Se a coordenação da visão e da preensão dependesse do puro amadurecimento fisiológico do sistema nervoso, seriam incompreensíveis as diferenças de data das

---

[16] Pode parecer estranho o fato de admitirmos, sem mais nem menos, a propósito da obs. 74, que Laurent, aos 0; 3 (3), chega a assimilar a minha mão à sua, apesar das diferenças de tamanho e de posição. Mas uma boa razão nos impele a essa interpretação. Com efeito, a partir dos 0; 3 (4), pude estabelecer a existência de uma imitação, por Laurent, do movimento das minhas mãos: ele afasta e depois une as mãos, em resposta às minhas sugestões. Essa reação imitativa reproduziu-se aos 0; 3 (5), 0; 3 (6), 0; 3 (8), 0; 3 (23) etc. Ora, se existe imitação de tal movimento, com exclusão de muitos outros, é evidentemente porque existe assimilação. Que tal assimilação é inteiramente sincrética, sem identificação objetiva, é evidente: ela não implica ainda a distinção do corpo de outrem e do corpo próprio, nem a noção de objetos permanentes e comparáveis agrupados em classes, e assenta mesmo, sem dúvida, mais numa confusão do que numa comparação, propriamente dita. Mas não é preciso mais do que isso para que se possa falar de assimilação: a assimilação, que é a origem da imitação e da recognição, constitui um mecanismo anterior à comparação objetiva e, nesse sentido, não há dificuldade alguma em admitir que uma criança de três meses possa assimilar a mão de outrem à sua.

96 O Nascimento da Inteligência na Criança

aquisições que opõem umas às outras três crianças normais, como Jacqueline, Lucienne e Laurent. Pelo contrário, se acompanharmos em pormenores as assimilações psicomotoras de Laurent (o exercício do ciclo à junção das mãos, a assimilação a esse esquema do quadro visual das suas mãos e, finalmente, a assimilação da minha mão às suas), será fácil compreender a razão dessa precocidade.

O mesmo se pode dizer a respeito do exemplo ainda mais complexo de assimilação do visual ao manual, fornecido pela obs. 76: aos 0; 4 (4), Lucienne pôs-se a chupar a sua mão enquanto olhava para a minha. Até esse momento, Lucienne já coordenara a preensão dos objetos com os movimentos de sucção: leva à boca tudo o que apanha, independentemente do campo visual. Além disso, ela reconhece visualmente os objetos que chupa ou vai chupar, estabelecendo-se desse modo uma coordenação entre a visão e a sucção, como já analisamos a propósito desta última atividade. Ora, entre esses objetos, a mão desempenha um papel central, pois Lucienne conhece-a, visualmente, há cerca de dois meses, sabe chupá-la ainda há mais tempo e também sabe levá-la à boca depois de tê-la observado. Portanto, no que diz respeito à mão, existe uma conjunção de, pelo menos, três esquemas: sucção, visão e atividade motora, com exclusão da preensão, propriamente dita. Temos, assim, Lucienne olhando para a minha mão: a sua reação é, imediatamente, a de chupá-la e talvez pô-la em movimento. Mas, ou ela a confunde de entrada com a sua e chupa então esta, ou, o que é mais provável, tem a impressão, graças a uma assimilação global, de um objeto que pode ser levado à boca mais facilmente do que outros e, não sabendo ainda agarrar aquilo que vê, é a sua mão que Lucienne leva aos lábios. Neste segundo caso, haveria apenas uma semiconfusão; mas, nos dois casos, a imagem visual da minha mão é assimilada ao esquema simultaneamente visual, motor e bucal da mão dela.

Seja como for que se queiram interpretar estes últimos exemplos, um fato é inegável: as coordenações entre a visão e os movimentos da mão só envolvem estes últimos com exclusão da própria preensão. Em outras palavras, salvo nas obs. 74 e 76, a criança somente agarra ainda os objetos em que toca por acaso e, se olha para as suas mãos quando elas já seguram o objeto, a visão ainda não intervém, contudo, no próprio ato de agarrar. Durante as quarta e quinta etapas, a coordenação entre a visão e os movimentos manuais vai ampliar-se até o domínio da preensão, propriamente dita.

A *quarta etapa* é aquela em que *existe preensão, desde que a criança perceba simultaneamente a sua mão e o objeto desejado.* Pude notar, com efeito, da maneira mais nítida possível, nos meus três filhos, que a preensão dos objetos simplesmente olhados só começa a tornar-se sistemática nos casos em que o objeto e a mão são percebidos no mesmo campo visual:

Obs. 77. – Jacqueline, aos 0; 6 (0), olha para o meu relógio, a 10 cm dos seus olhos. Demonstra um vivo interesse e suas mãos agitam-se, como se fosse apanhar, sem descobrir, entretanto, a posição correta. Coloco então o relógio na sua mão direita, sem que ela possa ver como (ela está com o braço estendido). Depois, reponho o relógio diante dos seus olhos. As duas mãos, evidentemente excitadas pelo contato sentido há instantes, passam então a percorrer o espaço, aproximando-se com violência uma da outra, para se afastarem em seguida. A mão direita bate por acaso no relógio; Jaqueline empenha-se *incontinenti* em ajustar a mão ao relógio e consegue assim agarrá-lo. A experiência é repetida mais três vezes: sempre que a mão é percebida ao mesmo tempo que o relógio, as tentativas tornam-se sistemáticas. – No dia seguinte, aos 0; 6 (1), recomeço a experiência. Quando o relógio está diante de seus olhos, Jacqueline não procura agarrá-lo, embora dê provas de vivo interesse, por esse objeto. Quando o relógio está perto da mão e ela lhe toca por acaso, ou o relógio é visto ao mesmo tempo que a mão, registra-se então a busca intensa, dirigida pelo olhar. Perto dos olhos e longe das mãos, o relógio é novamente contemplado, pura e simplesmente: as mãos agitam-se um pouco, mas não se aproximam. Volto a pôr o objeto perto da mão; busca imediata e novo êxito. Reponho o relógio uma terceira vez a alguns centímetros dos olhos e longe das mãos: estas se agitam em todos os sentidos, mas sem se aproximarem. Em resumo, ainda existem dois mundos para Jacqueline, um cinestésico e outro visual: só quando o objeto é visto ao lado da mão é que esta se dirige para ele e consegue apanhá-lo. – Na tarde do mesmo dia, as mesmas experiências com diversos sólidos. De novo e muito regularmente, quando Jacqueline vê o objeto à sua frente, sem se aperceber de suas mãos, nada acontece, ao passo que a vista simultânea do objeto e da mão (direita ou esquerda) provoca a preensão. Note-se, por fim, que nesse dia Jacqueline ainda olhou com grande interesse para a sua

98 O Nascimento da Inteligência na Criança

mão vazia, quando esta cruzou o seu campo visual: a mão ainda não é sentida permanentemente como algo que lhe pertence.

Obs. 78. – Lucienne, aos 0; 4 (12), olha atentamente para a mão da mãe, enquanto esta lhe dá de mamar. Agita então a sua própria mão, sem deixar de contemplar a outra. Depois, percebe a sua mão. O seu olhar oscila agora entre uma e outra mão. Acaba por agarrar a da mãe. – No mesmo dia, na mesma situação, Lucienne vê de novo a mão da mãe. Solta então o seio para fixar os olhos nessa mão, enquanto remexe os lábios e a língua. Depois, avança a sua própria mão na direção da mão materna e, de súbito, coloca a sua entre os lábios, chupa-a por instantes e retira-a sem despregar os olhos da mão da mãe. Produziu-se, portanto, uma reação análoga à da obs. 65: tal como oito dias antes, Lucienne chupa a sua própria mão por simples confusão com aquela que está vendo. Mas, desta vez, a confusão não dura muito: após retirar sua mão dos lábios, passeia-a à toa, toca fortuitamente na mão da mãe e agarra-a *incontinenti*. Depois, apreciando esse espetáculo com a maior atenção, solta a mão que estava segurando, olha alternadamente para a sua mão e a outra, mete de novo a sua na boca, retira-a em seguida, contemplando sempre a mão materna, e, finalmente, agarra esta última, retendo-a na sua por um longo momento.

Obs. 79. – Lucienne, aos 0; 4 (15), olha para uma argola com mímica de desejo, mas sem estender a mão. Coloco a argola perto da sua mão direita. Assim que Lucienne percebe o conjunto argola--mão, aproxima esta daquela e acaba por apanhar o objeto. Um momento depois, está absorvida na contemplação da sua mão e eu lhe coloco a argola ao lado: Lucienne olha-a, depois dirige o olhar para a sua mão, de novo para a argola, após o que desloca lentamente a mão na direção da argola. Assim que lhe toca, esforça-se por agarrá-la e acaba conseguindo. – Após o que retiro a argola. Lucienne olha para a mão vazia. Reponho a argola ao seu lado. Ela olha alternadamente para a argola e a mão, acabando por deslocar esta última que, por mero acaso, sai do seu campo visual. Lucienne apanha então uma ponta do cobertor e aproxima-a da boca. Após o que a mão se desloca no acaso. Assim que a mão reaparece no campo visual, Lucienne fixa nela os olhos e observa logo em seguida a argola, que se conservou imóvel no mesmo lugar onde estava. Alternadamente, olha a mão e a argola. Finalmente, a mão acerca-se do objeto e agarra-o.

Obs. 80. – No mesmo dia, registra-se um progresso em seguimento dos fatos descritos na obs. 65 (agarrar a argola e encostá-la à boca). Coloco a argola acima do rosto de Lucienne. A reação imediata consiste em tentar chupá-la: abre a boca, chupa em falso, põe a língua de fora, ofega de desejo. Então, as mãos acercam-se da boca e parecem tender na direção do objeto. Assim que a mão direita é captada pelo olhar, dirige-se para a argola e apanha-a. Portanto, foi o desejo de chupar o objeto que provocou o movimento da mão: isso constitui um encaminhamento para a quinta etapa. – Coloco em seguida a argola numa posição mais alta. A mesma mímica de desejo bucal. A mão tenta agarrar no vazio. Logo que Lucienne percebe a mão (assim que esta penetra no seu campo visual), fica olhando alternadamente para a argola e essa mão, depois procura agarrá-la, o que consegue após algumas tentativas. Aos 0; 4 (19), as mesmas reações com o meu dedo: chupa em seco enquanto o observa, depois acerca a sua mão da boca e quando vê essa mão agarra-a sem demora.

Obs. 81. – Aos 0; 3 (6), isto é, a seguir às obs. 73 e 74, Laurent olha para o relógio que seguro, não em frente do seu rosto, mas à sua direita: esse espetáculo desencadeia a atividade das duas mãos, mas não um movimento de junção. A mão direita permanece na zona do relógio, como se o procurasse. Assim que Laurent vê o relógio e a mão em conjunto, agarra-o! A mão estava bem orientada, aberta e com o polegar em oposição. Um momento depois, apresento-lhe uma boneca à esquerda. A reação é a mesma: Laurent contempla a boneca, depois percebe a sua mão esquerda, olha-a e em seguida volta a observar a boneca. Então apanha-a, leva-a à boca e chupa-a.

Na tarde do mesmo dia, uma observação essencial. Laurent tem as mãos abertas e olha para a frente, bem desperto. Apresento-lhe os objetos habituais (argola, boneca de pano, caixa de tabaco etc.): ele nada agarra e olha para todos como se ignorasse tudo sobre a preensão. Após o que coloco a minha mão imóvel diante do rosto dele, no mesmo lugar onde lhe apresentara os objetos: apanhou-a imediatamente; mal a minha mão fora colocada nesse lugar, as suas precipitaram-se e vieram num ápice agarrar a minha pelo pulso. – Parece que, sem ver uma mão, Laurent não teve ideia de agarrar os objetos apresentados em primeiro lugar; e que a vista da minha mão (como mão e não como objeto) excitou *incontinenti* o seu esquema de preensão.

100 O Nascimento da Inteligência na Criança

Um pouco mais tarde, apresento a Laurent uma boneca de pano (à sua esquerda): olha-a atentamente, sem mexer a mão (apenas alguns movimentos vagos). Mas, assim que vê a sua mão (vigio esse olhar através da cobertura do berço), agarra-a. A mesma experiência com a série habitual de objetos e as mesmas reações.

Obs. 82. – Aos 0; 3 (7), no dia seguinte, portanto, Laurent está imóvel, as mãos abertas e entretém-se palrando, quando dou início à primeira experiência do dia: apresento-lhe (sem que me mostre) um rolo de papel prateado (objeto que ele desconhece), do seu lado esquerdo. Sucedem-se então três reações nítidas. Em primeiro lugar, as suas mãos agitam-se, abrem-se e tendem a aproximar-se uma da outra. Entrementes, Laurent observa o objeto insólito, sem olhar para as mãos. A sua mão esquerda passa muito perto do rolo, lentamente; mas, em vez de bifurcar na direção do objeto, prossegue em sua trajetória para a outra mão, que vem ao seu encontro. As mãos juntam-se então, enquanto Laurent continua olhando sempre para o objeto. A vista do rolo de papel desencadeou, portanto, o ciclo da função das mãos, sem modificações. Em segundo lugar, enquanto Laurent tem as mãos juntas, coloco o rolo de papel prateado diante dele. Olha-o, mas não reage. Em terceiro lugar, coloco o rolo no mesmo campo visual das suas mãos juntas. Encara então as mãos, tirando os olhos por instantes do objeto; separa então as suas mãos e dirige-as para o objeto, de que finalmente se apodera. A visão simultânea das mãos e do objeto ainda é necessária, portanto, à preensão.

No dia seguinte, as mesmas observações durante a manhã. Pela tarde, apresento a Laurent uma de suas argolas: assim que a argola se encontra na trajetória das mãos, agarra-a imediatamente. No caso contrário, olha alternadamente para a mão e o objeto. Em particular, quando coloco a argola sobre o seu edredão, diante do seu rosto, a 10 cm aproximadamente, Laurent olha demoradamente para a mão e a argola, antes de tentar agarrá-la: a sua mão fica, assim, a menos de 5 cm da argola. Finalmente, nova tentativa, coroada de êxito.

A mesma reação durante mais dois dias e depois Laurent passa à quinta fase.

Obs. 83. – Durante esta quarta fase, pude notar em Laurent um começo de relação recíproca entre a visão e a preensão, propriamente dita. Mas não é mais do que um começo. Aos 0; 3 (7), quando conseguiu apanhar o rolo de papel prateado, Laurent solta-o pouco depois (da mão esquerda). Volta então a cabeça para olhar a mão vazia. A mesma observação um instante depois. Retenho-lhe então as duas mãos, sucessivamente, fora do seu campo visual, para ver se Laurent é capaz de localizar a posição. Em sete ensaios, Laurent conseguiu-o duas vezes, sobre a esquerda, mas nenhuma sobre a direita. Depois, coloco-lhe um objeto na mão direita (papel prateado). Leva-o *incontinenti* à boca. Mas, antes de introduzi-lo entre os lábios, ele o vê e o conserva então no seu campo visual.

Aos 0; 3 (8), após a experiência com a argola (obs. 82), perde-a do seu lado direito (mas soltou-a da mão esquerda, quando sacudia a argola para a esquerda e a direita). Laurent olha então quatro ou cinco vezes seguidas para a mão esquerda vazia. Sacode mesmo a sua mão, em gestos nítidos, num dado momento, como se essa sacudidela pudesse desencadear o som dos guizos de sua argola! Seja qual for a interpretação a dar a este último ponto, Laurent localizou, em todo caso, a posição da sua mão, servindo-se do olhar.

Percebe-se a importância dessa quarta etapa. Doravante, a criança apanha os objetos que vê e não só aqueles que chupa ou em que toca. É, portanto, o começo da coordenação essencial que favorecerá a preensão. A única limitação que ainda existe e que opõe, assim, a quarta à quinta etapa, é a de a criança só procurar agarrar os objetos vistos na medida em que percebe sua própria mão no mesmo campo visual. Como se depreende claramente do exame dos fatos, é mesmo a visão simultânea da mão e do objeto que impele a criança a agarrar: a vista isolada do objeto e a vista isolada da mão não conduzem a esse resultado. Parece que se deve fazer uma exceção para a obs. 80: Lucienne procura agarrar a argola ou o dedo que deseja chupar. Mas a exceção é apenas aparente. Ou, de fato, Lucienne leva simplesmente a sua mão à boca e é ao vê-la que tende para agarrar o objeto, ou então é logo para agarrar que ela prolonga, simplesmente, as condutas descritas na obs. 65 (agarrar os objetos colocados contra a boca) e que se apresentaram alguns minutos antes da obs. 80 em questão.

Como explicar, pois, essa tendência para agarrar os objetos quando são percebidos no mesmo campo visual da própria mão? Pode-se hesitar entre duas soluções extremas: a transferência associativa ou

102 O Nascimento da Inteligência na Criança

a *Gestalt*. Para o associacionismo, tendo a vista da mão que segura o objeto sido associada certo número de vezes ao ato de preensão, bastará, num momento dado, a percepção visual da mão e do objeto separados, mas percebidos simultaneamente, para que essa percepção precipite logo a preensão. Acontece, porém, como já vimos a propósito da terceira etapa, que tal explicação menospreza o elemento de atividade próprio de tais relações. A imagem visual da mão não é somente um sinal que deflagra a preensão: constitui, com os movimentos de preensão, um esquema total, da mesma maneira que, no decorrer da terceira etapa, os esquemas visuais da mão coordenaram-se com os esquemas motores, salvo a preensão. Devemos então falar de *Gestalt* e dizer que a visão simultânea das mãos e do objeto suscita o aparecimento de uma "estrutura" que nem a vista das mãos nem a do objeto são suficientes para fazer nascer? Sobre o fato em si, estamos certamente de acordo e pode-se comparar as obs. 77-83 às de W. Köhler, segundo as quais o macaco se serve da vara quando a percebe ao mesmo tempo que os objetos que ele tem de puxar para si, e não porque a vara tenha sido vista fora do mesmo campo visual. Convém acentuar, porém, que essa "estrutura" não apareceu de súbito, mas em relação com toda uma série de pesquisas anteriores e de coordenações entre a visão e os movimentos da mão. Só depois de a criança aprender, durante a terceira etapa, a conservar e reproduzir, mediante os movimentos da mão, aquilo que os olhos puderam observar desses mesmos movimentos, é que ela fica habilitada a agarrar sob a influência do olhar. Em outras palavras, o importante aqui não é tanto a nova "estrutura" quanto o processo que culmina nessa estrutura. É por isso que falamos de assimilação ativa.

Com efeito, uma vez assimilados os esquemas visuais e os esquemas sensório-motores da mão, durante a terceira etapa (o olho vê a mão tal como esta reproduz aqueles movimentos que o olho vê), semelhante coordenação aplicar-se-á, mais cedo ou mais tarde, ao próprio ato de preensão: olhando para a mão que apanha um objeto, a criança procura, com a mão, manter o espetáculo que os olhos contemplam e consegue-o tão bem que ela continua, com os olhos, vendo aquilo que a mão faz. Uma vez constituído esse duplo esquema, é evidente que a criança procurará agarrar um objeto logo que vir, ao mesmo tempo, a sua mão, ao passo que ainda não

A Segunda Fase: as Primeiras Adaptações Adquiridas e a Reação Circular Primária 103

é capaz de tal conduta enquanto não vir a mão. Portanto, agarrar o objeto quando vê, simultaneamente, o objeto e a mão, é, muito simplesmente, para a criança, assimilar a visão da mão ao esquema visual e motor do ato que consiste em "ver agarrar".

A prova de que esse ato de "ver agarrar" constitui, tão só, um duplo esquema de assimilação e não uma "estrutura" independente do esforço e da atividade progressiva do sujeito, está em que esse ato se apresentou aos 0; 3 (6) em Laurent, aos 0; 4 (12 a 15) em Lucienne, e aos 0; 6 (0-1) em Jacqueline, isto é, quase três meses de distância entre os extremos. Ora, essa diferença de uma criança à outra explica-se por toda a história de suas respectivas coordenações óculo-manuais. Lucienne olha para os seus dedos a partir de 0; 2 (3), Laurent de 0; 2 (4), ao passo que Jacqueline teve de esperar até 0; 2 (30) e 0; 3 (0). Entretanto, nada permite considerar Jacqueline atrasada em relação a Lucienne. A explicação é muito simples: Jacqueline, nascida a 9 de janeiro e tendo passado seus dias numa varanda ao ar livre, foi muito menos ativa, no princípio, do que Lucienne e Laurent, nascidos em junho e maio. Além disso, e por esse mesmo fato, realizei muito menos experiências com ela, durante os primeiros meses, ao passo que me ocupei incessantemente de Laurent. Quanto a este último, a sua precocidade explica-se, como vimos, em primeiro lugar porque chupou o dedo muito mais cedo do que as suas irmãs (em parte, por causa das minhas experiências) e, sobretudo, porque essa sucção dos dedos deu origem a um esquema muito resistente, o da junção de mãos (obs. 59). Unindo constantemente as mãos, entreteve-se vendo-as agir (obs. 73). Uma vez habituado a esse espetáculo, agarrou precocemente as minhas mãos, por assimilação às suas (obs. 74) e assim acabou, muito naturalmente, por agarrar também os objetos (ver ainda a obs. 81: ele não agarra os objetos, num dado momento, senão depois de ter visto e agarrado a minha mão). Por conseguinte, parece-nos que o aparecimento das coordenações essenciais entre a visão e a preensão depende de toda a história psicológica do sujeito, e não de estruturas determinadas por um desenvolvimento fisiológico inevitável. Assim, é a história, o próprio processo assimilador que constitui o fator essencial e não a "estrutura" isolada dessa história. Parece mesmo que certo acaso intervém nas descobertas da criança e que a atividade assimiladora que utiliza essas descobertas pode, segundo os casos, ser mais ou menos retardada ou acelerada.

104   O Nascimento da Inteligência na Criança

No decurso da *quinta etapa*, finalmente, *a criança agarra o que vê*, sem limitações relativas à posição da mão.[17] Eis, em primeiro lugar, os fatos:

Obs. 84. – Aos 0; 6 (3), isto é, três dias depois do início da quarta etapa, Jacqueline agarrou prontamente os lápis, dedos, gravatas, relógios etc., que lhe apresento a cerca de 10 cm dos seus olhos, quer suas mãos estejam ou não visíveis.

Obs. 85. – No mesmo dia, Jacqueline leva diante dos olhos os objetos que lhe ponho na mão, fora do seu campo visual (lápis etc.). Esta reação é nova e não se apresentara nos dias precedentes.

Obs. 86. – Enfim, ainda no mesmo dia, Jacqueline olha instantaneamente na boa direção quando lhe retenho a mão nas minhas, fora do seu campo visual. Isso também é novo (ver a obs. 72). Esses três comportamentos, que se manifestaram simultaneamente (agarrar o que vê, levar os objetos perto dos olhos e olhar para a mão direita), mantiveram-se e foram consolidados nos dias seguintes.

Obs. 87. – Lucienne, aos 0; 4 (20), olha para o meu dedo e abre a boca para chupar. Entrementes, a sua mão direita toca na minha, apalpa-a e sobe, pouco a pouco, na direção de um dedo, enquanto seu olhar desce e procura a mão. Essa coordenação da direção do olhar com um gesto da mão esboçado fora do campo visual é nova em relação à quarta etapa e anuncia a quinta. – Do mesmo modo, um momento depois, Lucienne observa uma argola situada acima do seu rosto. Sem ver a sua mão, ergue-a na direção da argola. Assim que viu a mão, segue-se imediatamente a preensão (com a mão esquerda). Quando a argola está mais alta, Lucienne hesita entre pôr as mãos na boca ou agarrar o objeto. A vista da mão estimula a preensão. Aos 0; 4 (21), na mesma situação, Lucienne coloca prontamente a mão no seu campo visual, olha alternadamente para essa mão e a argola, e agarra-a. Quando ponho a argola mais alta, porém, Lucienne gesticula sem aproximar a mão e precisou vê-la para tentar agarrar o objeto. Quando a argola está mais baixa, a mão é transportada em seguida

---

[17] Ver, a esse respeito, H. HETZER, H. H. BEAUMONT e E. WIEHEMEYER, Das Schauen und Greifen des Kindes, *Zeitschrift für Psychologie*, v. 113, p. 239 (em particular, p. 257 e 262-263), 1929.

A Segunda Fase: as Primeiras Adaptações Adquiridas e a Reação Circular Primária **105**

para dentro do campo visual e, então, a vista simultânea da mão e do objeto impele-a a agarrar. Do mesmo modo, quando a argola está mais alta, mas Lucienne lhe toca (sem ver), procura alcançá-la dirigindo a mão no bom sentido. – Todos esses fatos indicam, portanto, uma conduta intermediária entre a quarta e a quinta etapas: a vista da mão continua sendo um auxiliar da preensão, mas a vista do objeto é suficiente para levar a mão para o campo visual.

Obs. 88. – A partir dos 0; 4 (26), pelo contrário, parece que a vista do objeto desencadeia logo a preensão, em Lucienne: todas as provas realizadas durante o dia são positivas. Aos 0; 4 (28), parece, no começo, ter regredido: a vista simultânea da mão e do objeto é necessária, no começo do dia; mas, nessa mesma tarde, ela procura logo apanhar o que vê. Por exemplo, ponho a minha régua de cálculo acima de seus olhos: Lucienne encara por momentos esse objeto desconhecido e, depois, as duas mãos dirigem-se, simultaneamente, para ele. A partir de 0; 5 (1), já não há mais hesitações: Lucienne procura agarrar tudo o que vê.

Obs. 89. – Aos 0; 5 (1), Lucienne leva igualmente aos olhos o objeto que apanhou, independentemente do campo visual ou de que o ponham em suas mãos. Chupa em seguida o objeto, mas nem sempre. Apenas 3 vezes em 10, chupou antes de olhar. Além disso, no momento em que ela transporta o objeto na direção do campo visual, espera ver alguma coisa e procura com o olhar, mesmo antes de ver.

Obs. 90. – Aos 0; 5 (1), Lucienne olha na direção da mão que lhe prendemos. Por exemplo, aperto-lhe a mão direita quando Lucienne olha para a esquerda: ela se volta imediatamente para o lado correto. Esta experiência dava lugar, até aqui, a resultados negativos. – Um momento depois, ponho-lhe na mão esquerda (fora do campo visual) um objeto volumoso (um cantil), que ela procura logo apanhar, mas que eu retenho; Lucienne busca, então, de maneira clara, essa mão com o olhar, embora o seu braço esteja estendido ao longo do corpo e, assim, a mão se encontre em posição difícil de ver.

Lucienne, aos 0; 5 (18), confirma estas últimas aquisições: agarra o que vê, leva o objeto defronte dos olhos, quando ele foi agarrado fora do campo visual, e olha na direção da mão retida.

Obs. 91. – Aos 0; 3 (11), Laurent está entretido puxando para si os lençóis e cobertores do berço para chupá-los (entrega-se a esse

106 O Nascimento da Inteligência na Criança

exercício durante uma parte do dia, depois que sabe agarrar as coisas), quando lhe apresento diante do rosto uma bolsa de fumo: agarra-a imediatamente, sem olhar para a mão. A mesma reação com uma borracha. Aos 0; 3 (12), agarra nas mesmas condições a minha corrente de relógio, à sua esquerda e fora da trajetória da junção das mãos. À tarde, a mesma reação com essa corrente e com um rolo de cartão. Aos 0; 3 (13), agarra logo um estojo que lhe estendo. Não olha para as suas mãos nem tenta juntá-las, mas dirige sem hesitar a mão direita para o estojo. Quando o agarrou, não fez menção de chupar e contenta-se em examinar o objeto.

Obs. 92. – Aos 0; 3 (12), quando lhe ponho uma chave na mão, fora do seu campo visual, Laurent ainda a leva à boca e não aos olhos. Mas ele está com muita fome (acaba de passar cinco horas sem comer). À tarde, a mesma reação com o estojo, que ele conhece, mas, quando lhe ponho a minha corrente de relógio na mão, Laurent examina-a antes de tentar chupá-la.

No dia seguinte, ele faz balançar uma corrente suspensa para agitar a argola de guizos (ver, mais adiante, a obs. 98). Apanhou-a sem olhá-la, mas, por duas vezes, contempla a sua mão enquanto ela segura a corrente. Do mesmo modo, faz uma bola do seu lençol antes de chupar e observa, de tempo a tempo, o que faz (com as duas mãos).

Aos 0; 3 (13), igualmente, enquanto conserva na sua mão esquerda o estojo que apanhou (ver a obs. 91) e olha para mim, de frente, faço escorregar, sem que ele perceba, a corrente de relógio, enrolada em novelo, para a sua mão direita (que Laurent tem espalmada a seu lado). Depois afasto-me e observo através do teto do berço. Ora, ele leva imediatamente a corrente à frente dos olhos (e não à boca); e, como continua com o estojo na mão esquerda, olha alternadamente para o estojo e a corrente. – Num dado momento, perde o estojo. Procura-o (sem olhar e sempre com a mão esquerda), depois toca-o, sem conseguir desvencilhá-lo das pregas do cobertor. Esforço demorado. Quando, finalmente, consegue de novo agarrá-lo, leva-o diante dos olhos!

Obs. 93. – Aos 0; 3 (12), Laurent tem a mão esquerda aberta. Retenho-a então fora do campo visual: ele olha imediatamente. A experiência fracassa com a mão direita, mas Laurent parece enervado. À tarde, quando lhe retenho a mão direita, ele olha imediatamente, desta vez.

Vê-se em que consistem as aquisições próprias da quinta etapa e que assinalam o triunfo definitivo da preensão. A coordenação entre a visão e a preensão é agora suficiente para que todo e qualquer objeto que impressione à vista dê lugar a um movimento de preensão, ainda que a mão não seja percebida no mesmo campo visual que o objeto.

Como explicar esta última coordenação? Poder-se-á concebê-la como o simples desfecho de assimilação recíproca de que os esquemas visuais e os esquemas manuais foram, até aqui, o testemunho. Já no decorrer da segunda etapa o olhar procura seguir (logo, a assimilar) tudo o que a mão faz. Durante a terceira etapa, a mão procura, por seu turno, reproduzir aqueles de seus movimentos que os olhos veem, isto é, como já vimos, esforça-se por assimilar aos esquemas manuais o domínio visual. No decurso da quarta etapa, essa assimilação do visual ao manual estende-se à própria preensão, quando a mão aparece no mesmo campo de observação do objeto a agarrar: a mão apodera-se, assim, daquilo que o olho vê, assim como o olho tende a contemplar o que a mão agarra. Finalmente, durante a quinta etapa, a assimilação recíproca é completa: tudo o que é para ver também é para agarrar e tudo o que é para agarrar também é para ver. É natural que a mão procure agarrar tudo o que o olho vê, pois as condutas características da quarta etapa ensinaram à criança que isso era possível quando a mão é percebida ao mesmo tempo que o objeto: o comportamento próprio da quinta etapa nada mais é, a tal respeito, que uma generalização das coordenações próprias da quarta. No que concerne à conduta de olhar tudo o que é agarrado, é importante ressaltar que essa tendência aparece, precisamente, ao mesmo tempo que a tendência complementar. As obs. 85 e 89 mostram-nos que Jacqueline, aos 0; 6 (3), e Lucienne, aos 0; 5 (1), levam aos olhos o que apanham, na mesma data em que começam a agarrar sistematicamente tudo o que veem. No mesmo dia, ambas as crianças tendem, além disso, a contemplar a mão quando esta é retida fora do campo visual (obs. 86 e 90). Tais fatos mostram bem como a coordenação da visão e da preensão é um caso de assimilação recíproca e não de transferência associativa, simples e irreversível.

Em conclusão, a conquista da preensão, embora sendo muito mais complexa do que a da sucção e de outras adaptações elementares adquiridas, confirma tudo o que vimos a propósito das últimas. Toda a adaptação é, em última análise, o estabelecimento de um equilíbrio entre

108 O Nascimento da Inteligência na Criança

a acomodação e a assimilação complementares, estando ela própria correlacionada com as organizações interna e externa dos esquemas adaptativos. No domínio da preensão, a *acomodação* da mão ao objeto foi o que reteve sobretudo a atenção dos autores: reflexo puro, nos seus primórdios, implica seguidamente uma aprendizagem, durante a qual a realização de movimentos da mão e a oposição do polegar acompanham, paralelamente, a coordenação desses movimentos em função da sucção e em função das características táteis e visuais do objeto. Esse aspecto da questão é importante, especialmente no que se refere à elaboração da noção de espaço. Quanto à *assimilação* do real aos esquemas da preensão, ela se desenvolve de maneira análoga à que vimos nos outros domínios. A criança começa por mexer a mão por mexer; a agarrar por agarrar e a segurar por segurar, sem interesse algum pelos próprios objetos. Essa assimilação puramente funcional ou reprodutora (assimilação por repetição simples) observa--se durante a fase reflexa e a segunda etapa. Como vai o sujeito passar desse interesse puramente funcional (que denuncia uma assimilação elementar do real à atividade própria do sujeito) a um interesse pelos objetos agarrados? Por um duplo processo de complicação da assimilação e de coordenação entre os esquemas sensório-motores. Quanto à própria assimilação, ela se complica por generalização. No começo, o bebê limita-se a apanhar os objetos imóveis, de certa consistência e que entram em contato com a palma da mão ou a parte interna dos dedos; depois, pela própria repetição do ato de preensão, ele aplica os mesmos esquemas aos objetos de consistências diversas, animados de movimentos diversos e que a mão aborda de modos variados. Portanto, há uma assimilação "generalizadora", e, por isso mesmo, constituem-se então esquemas diferenciados – isto é, uma assimilação "recogniti-va". Mas as manifestações desta última são menos claras no domínio da preensão do que nos da visão, audição etc., porque a preensão é rapidamente subordinada a fins exteriores a ela, como a sucção ou a visão. Não obstante, existe um reconhecimento tátil cuja existência é evidente ao observar-se como a criança se conduz diferentemente para agarrar, por exemplo, um lenço ou um lápis: desde os primeiros contatos, a acomodação é distinta. Essa diversificação dos esquemas, durante a qual a assimilação generalizadora e recognitiva evolui pa-ralelamente aos progressos da acomodação, explica em parte como o interesse pelos objetos agarrados sucede ao interesse puramente

A Segunda Fase: as Primeiras Adaptações Adquiridas e a Reação Circular Primária **109**

funcional. Mas é, sobretudo, a coordenação da preensão com a sucção e a visão que explica a objetivação progressiva do universo nas suas relações com a atividade das mãos.

Chegamos agora à *organização* dos esquemas da preensão. Esses esquemas organizam-se entre si pelo fato de se adaptarem ao mundo exterior. Assim é que todo o ato de preensão supõe uma totalidade organizada em que intervêm sensações táteis e cinestésicas, movimentos dos braços, das mãos e dos dedos. Tais esquemas constituem, portanto, "estruturas" globais, embora tenham sido elaboradas por meio de uma lenta evolução e de numerosas experiências, tentativas e correções. Mas, sobretudo, esses esquemas organizam-se em coordenação com esquemas de outra natureza, sendo os principais, dentre estes, a sucção e a visão. Vimos em que consistia essa organização: é uma adaptação recíproca dos esquemas em presença, com acomodação mútua, naturalmente, mas também com assimilação colateral. Tudo o que é olhado ou que é chupado tende a ser agarrado e tudo o que é agarrado tende a ser chupado e, depois, a ser olhado. Ora, essa coordenação, que culmina na aquisição da preensão, assinala igualmente um progresso essencial na objetivação: assim que um objeto pode ser simultaneamente agarrado e chupado ou, ainda, agarrado, olhado e chupado ao mesmo tempo, exterioriza-se, em relação ao sujeito, de um modo totalmente diferente do que se servisse apenas para ser agarrado. Neste último caso, o objeto não é mais do que um alimento para a própria função e o sujeito só procura agarrá-lo pela necessidade de agarrar. Pelo contrário, logo que existe coordenação, o objeto tende a ser assimilado simultaneamente a múltiplos esquemas, adquirindo assim um conjunto de significações e, por conseguinte, uma consistência que o revestem de um interesse intrínseco.

§ 5. *AS PRIMEIRAS ADAPTAÇÕES ADQUIRIDAS: CONCLU-SÕES.* – Analisadas em pormenores as primeiras adaptações que se superpõem às adaptações reflexas, convém agora tirar uma conclusão geral que nos possa guiar, em seguida, no nosso estudo da inteligência, propriamente dita. Com efeito, os comportamentos que descrevemos nos parágrafos precedentes representam a transição entre o orgânico e o intelectual. Não podemos classificá-los ainda de condutas inteligentes, porque lhes falta para isso a intencionalidade (a diferenciação entre os

110   O Nascimento da Inteligência na Criança

meios e os fins) e a mobilidade que permitem uma adaptação contínua às novas circunstâncias. Mas certas coordenações intersensoriais, como as da preensão com a visão, não estão longe da conexão inteligente e já não podemos classificar essas adaptações como puramente orgânicas, visto que adicionam ao simples reflexo um elemento de acomodação e de assimilação relativo à experiência do sujeito. Importa, pois, compreender em que é que os comportamentos dessa segunda fase preparam a inteligência.

Expresso em linguagem corrente, o problema com que nos deparamos é o da associação adquirida ou do hábito, assim como o da função desses mecanismos na gênese da inteligência. Chupar o polegar ou a língua, seguir com os olhos os objetos que se deslocam, descobrir de onde vêm os sons, agarrar os sólidos para chupá-los ou observá-los etc. são os primeiros hábitos que se manifestam no ser humano. Descrevemos pormenorizadamente o seu aparecimento, mas pode-se perguntar, de modo geral, em que consiste o hábito sensório-motor e como se constitui. Ainda mais, e foi com essa única finalidade que estudamos as primeiras adaptações adquiridas: poder-se-á indagar em que medida a associação habitual prepara a inteligência e quais são as relações entre esses dois tipos de comportamentos. Comecemos por este último ponto.

Em Psicologia, é de longa data a tendência para reduzir as operações ativas da inteligência a mecanismos passivos decorrentes da associação ou do hábito. Reduzir o vínculo causal a um costume, a generalização característica do conceito à aplicação progressiva de esquemas habituais, o julgamento a uma associação etc., tais são os lugares-comuns de certa Psicologia que data dos tempos de Hume e de Bain. A noção do reflexo condicionado, de que hoje talvez se abuse, renovou, sem dúvida, os termos do problema; mas a sua aplicação à Psicologia mantém-se, certamente, no prolongamento daquela tradição. – Igualmente, o hábito sempre é concebido, por alguns, como o oposto da inteligência. Onde esta é considerada uma invenção ativa, o primeiro é tido como repetição passiva; onde a segunda é consciência do problema e esforço de compreensão, o primeiro permanece maculado de inconsciência e de inércia etc. A solução que daremos à questão da inteligência dependerá, pois, em parte, da que escolhermos para o domínio do hábito.

A Segunda Fase: as Primeiras Adaptações Adquiridas e a Reação Circular Primária **111**

Ora, correndo o risco de sacrificar a precisão ao gosto pela simetria, cremos que as soluções entre que se pode hesitar, no tocante às relações entre o hábito e a inteligência, são em número de cinco principais e são paralelas às cinco soluções distinguidas na nossa Introdução, a propósito da gênese das estruturas morfológico-reflexas e de suas relações com a inteligência. Examinemos, pois, essas diversas soluções.

A primeira consiste em admitir que o hábito é um fato primordial, do qual derivaria, por complicação progressiva, a própria inteligência. É a solução associacionista e a doutrina dos reflexos condicionados, na medida em que esta última pretende ser um instrumento de explicação geral em Fisiologia. Vimos (Introdução, § 3) a que atitude lamarckiana corresponde esta primeira solução em Biologia, propriamente dita.

A segunda solução, paralela ao vitalismo na Biologia e à doutrina da "inteligência-faculdade" em Psicologia, consiste em considerar o hábito como uma derivação, por automatização, das operações superiores que envolvem a própria inteligência. Assim é que, para Buytendijk, a formação dos hábitos, na Psicologia animal, supõe uma coisa muito diferente da associação: "Não só os fenômenos são muito mais complicados, mas vemos aparecer aqui, no domínio sensitivo- -motor, fenômenos que apresentam grande analogia com o processo superior do pensamento".[18] Essa analogia repousa, segundo esse autor, no fato de o "centro donde emanam todas as funções anímicas" ser "uma causa imaterial, tanto das atividades sensoriais quanto das (atividades) motoras do psiquismo animal".[19]

Uma terceira e uma quarta soluções, as quais correspondem ao pré-formismo e ao mutacionismo, em Biologia, ao apriorismo e ao pragmatismo, em Psicologia, equivalem a dizer que o hábito é absoluta ou relativamente independente da inteligência e que, em certos aspectos, constitui até o seu oposto. Sem que tal ponto de vista tenha sido sistematicamente defendido, no que diz respeito à teoria do hábito, propriamente dito, dele encontramos numerosas indicações, a propósito da inteligência, naqueles autores cuja principal preocupação comum é sublinhar a originalidade do ato intelectual. Assim é que a *Gestalttheorie* (terceira solução) opõe radicalmente as estruturações

---

[18] BUYTENDIJK, *Psychologie des animaux*, trad. de Bredo, Payot, p. 205.

[19] BUYTENDIJK, *Psychologie des animaux*, trad. de Bredo, Payot, p. 290-291.

112 O Nascimento da Inteligência na Criança

próprias da compreensão ao simples automatismo devido ao hábito. Entre os psicólogos franceses, H. Delacroix é, igualmente, de uma grande clareza: "Longe de depender necessariamente do hábito, parece-nos, pelo contrário, que ela (a generalização) está vinculada ao poder de superá-lo. Assim, mesmo admitindo a importância do hábito, como meio de agrupamento, toda a generalização permanece irredutível àquele".[20] Do mesmo modo, quando Claparède (quarta solução) nos descreve a inteligência como uma pesquisa que surge por ocasião dos fracassos do instinto e do hábito, está parcialmente opondo estes à primeira.[21]

Finalmente, é concebível uma quinta solução: é lícito considerar a formação dos hábitos como sendo devida a uma atividade cujas analogias com a inteligência tenham um caráter puramente funcional, mas que se encontraria no ponto de partida das operações intelectuais, assim que as estruturas adequadas lhe permitam ultrapassar a sua estrutura inicial. Por muito que compreendamos a tão importante obra de J. M. Baldwin, parece-nos que a noção de "reação circular" é destinada, precisamente, a exprimir a existência desse fator ativo, princípio do hábito e, ao mesmo tempo, origem de uma atividade adaptadora que a inteligência prolongará por meio de novas técnicas. Foi inspirado em tal tradição que, de nossa parte, interpretamos a gênese dos primeiros hábitos do bebê em termos de assimilação e acomodação ativas. Não quer isso dizer que essa atividade de adaptação, de que o hábito é tão só uma automatização, já seja inteligência; falta-lhe, para isso, as características estruturais (intencionalidade, esquemas móveis etc.) cujo aparecimento descreveremos na fase seguinte. Mas ela apresenta já todas as características funcionais da inteligência e esta nascerá da adaptação ativa mediante um progresso reflexivo e uma diferenciação das relações entre o sujeito e o objeto, mais do que de uma simples oposição aos hábitos adquiridos.

Assim distinguidas as cinco soluções, procuremos examiná-las à luz dos fatos anteriormente estabelecidos. Será, para nós, a ocasião de definirmos o sentido dos conceitos gerais de reflexo condicionado, de transferência associativa, de hábito e de reação circular, a que fizemos

---

[20] H. DELACROIX, em DUMAS, *Traité de psychologie*, v. II, p. 135.

[21] CLAPARÈDE, *L'éducation fonctionnelle*, p. 137-161.

A Segunda Fase: as Primeiras Adaptações Adquiridas e a Reação Circular Primária **113**

alusão, sem criticá-los suficientemente; e, finalmente, de elaborarmos mais a fundo as noções de acomodação, assimilação e organização que nos servirão, em seguida, para analisar a própria inteligência.

A *primeira solução* equivale a explicar a formação dos hábitos mediante a hipótese de adestramento ou de associação passiva. Os fatos que analisamos nos §§ 1-4 do presente capítulo serão favoráveis a tal interpretação? Não o cremos. Tanto a noção fisiológica de "reflexo condicionado", transposto sem mais nem menos para a Psicologia, como a noção de "transferência associativa", não nos parecem suficientes para explicar a formação dos primeiros hábitos que descrevemos.

Quanto ao reflexo condicionado, está fora de dúvida que essa noção corresponde a fatos bem estabelecidos no domínio da Fisiologia. Mas terão esses fatos uma importância suficiente, nesse mesmo terreno, para suportarem por si sós todo o peso da Psicologia, como alguns o pretendem hoje? Em segundo lugar, supondo-se que os utilizávamos em Psicologia, será então preciso traduzi-los em linguagem de associação, como quer o neoassociacionismo nascido da reflexologia, ou terá de se lhes dar outro significado muito diferente? À primeira destas perguntas responderemos que o reflexo condicionado é, essencialmente, frágil e instável se não for constantemente "confirmado" pelo meio exterior. E à segunda responderemos que, na medida em que o reflexo condicionado é "confirmado", ele deixa de ser uma simples associação para inserir-se no esquema muito mais complexo das relações entre a necessidade e a satisfação, logo, das relações de assimilação. Que o reflexo condicionado é frágil, isto é, que os resultados do adestramento se perdem rapidamente se novos adestramentos não os confirmarem incessantemente, é a conclusão a que os fisiologistas claramente chegaram. Assim, eles se mostraram muito mais prudentes do que os psicólogos no emprego dessa noção. Para que um reflexo condicionado se estabilize, é necessário, com efeito, que ele deixe de ser condicionado e se fixe hereditariamente ou então que seja "confirmado" pela própria experiência. Ora, a fixação hereditária dos reflexos condicionados, sustentada em primeiro lugar por Pavlov, que em seguida retirou a sua afirmação, e depois por MacDougal, impõe-se-nos como improvável e já vimos por que na nossa Introdução. Resta, pois, a estabilização pelo próprio meio, e isso nos leva de volta à Psicologia.

114   O Nascimento da Inteligência na Criança

Um reflexo condicionado pode ser estabilizado pela experiência quando o sinal que deflagra o reflexo é seguido de uma confirmação, isto é, de uma situação na qual o reflexo tem oportunidade de funcionar efetivamente. Assim, para confirmar a associação entre um som e o reflexo salivar, dá-se periodicamente ao animal um alimento real que inculca ao sinal a sua significação básica. Do mesmo modo, poder-se-iam interpretar muitas das nossas observações em termos de reflexos condicionados e confirmados pela experiência. Quando o bebê se apresta a mamar, assim que se acha nos braços da mãe, ele realmente encontra em seguida o seio; quando o bebê volta a cabeça para acompanhar com os olhos um objeto em movimento e efetivamente o reencontra; quando procura com os olhos a pessoa cuja voz ouviu e consegue localizar-lhe o rosto; quando a vista de um objeto excita os seus movimentos de preensão e consegue em seguida agarrá-lo etc., poder-se-ia dizer que os reflexos de sucção, de acomodação visual e auditiva, de preensão foram condicionados pelos sinais de ordem postural, visual etc., e que esses reflexos condicionados se estabilizaram porque foram incessantemente confirmados, graças à própria experiência. Mas tal maneira de falar furtar-se-ia à pergunta principal: como é que a experiência confirma uma associação, isto é, em outras palavras, quais são as condições psicológicas necessárias para que o êxito consolide uma determinada conduta? É para responder a essa interrogação que invocamos a assimilação e a acomodação combinadas e é por isso que a linguagem do puro reflexo condicionado nos parece insuficiente.

Com efeito, quando um reflexo condicionado é confirmado pela experiência, ingressa por isso mesmo num esquema de conjunto, quer dizer, deixa de estar isolado para converter-se numa parte integrante de uma totalidade real. Não é mais do que um simples termo na série de atos que conduz à satisfação, e essa satisfação é que se torna essencial. De fato, uma série de movimentos que culmina na saciedade de uma determinada necessidade não pode ser interpretada como uma justaposição de elementos associados: ela constitui um todo, quer dizer, os termos que a compõem só se revestem de significado relativamente ao ato que os ordena e ao êxito desse ato. Justamente porque os objetos percebidos pela criança são assimilados, desse modo, ao ato de agarrar, isto é, porque desencadearam a necessidade de agarrar e permitiram saciá-la, é que a mão se dirige para os olhos e não porque se tenha

A Segunda Fase: as Primeiras Adaptações Adquiridas e a Reação Circular Primária **115**

estabelecido uma associação entre uma imagem visual e o reflexo de preensão. Esta última associação, enquanto reflexo condicionado, não é mais do que uma abstração, que um momento artificialmente amputado da própria série, a qual supõe igualmente uma necessidade inicial e uma satisfação final. Já foi explicada há muito tempo a capacidade de julgamento como o produto da associação de imagens e sensações; sabe-se hoje que a associação mais simples já pressupõe alguma atividade em que o julgamento participa. Do mesmo modo, pode-se explicar o ato de agarrar os objetos visualmente percebidos mediante uma série de reflexos condicionados; mas os vários elos da cadeia jamais se coordenarão se um ato único de assimilação não conferir ao objeto visto o significado de um objeto a agarrar.

O que dizemos dos reflexos condicionados é tanto mais aceitável se pensarmos que isso já é válido também a respeito dos reflexos simples. Sabe-se até que ponto o estudo dos reflexos foi renovado pelos admiráveis trabalhos de Sherrington. Ficou explicado que o arco reflexo clássico é mais uma abstração do que uma realidade. No ser vivo, os reflexos formam totalidades organizadas e não mecanismos justapostos. Segundo Graham Brown, um ritmo de conjunto precede sempre a diferenciação em reflexos: "O reflexo não explica o ritmo. Para compreender o reflexo, é ao próprio ritmo que se deve primeiramente recorrer". Herrick e Coghill, ao estudarem o desenvolvimento embriológico dos reflexos locomotores nos batráquios, falam de uma reação locomotora "total", que em seguida se dissocia em determinados reflexos.[22] Se tudo isso é exato sobre os próprios reflexos, com muito mais fortes razões deve ser admitido a respeito dos reflexos condicionados. Evitemos, pois, fazer do reflexo condicionado um novo elemento psicológico, por cujas combinações reconstruiríamos os atos complexos, e aguardemos que os biólogos tenham definido com rigor o seu significado real, em vez de usá-lo imoderadamente para explicar o que há de mais elementar e, por consequência, de mais obscuro nos fenômenos mentais.

Em resumo, naqueles domínios em que se poderia falar de reflexos condicionados, estabilizando-se sob o efeito da experiência, descobre-se

---

[22] Sobre todos estes pontos, ver LARGUIER DES BANCELS, *Introduction à la psychologie*, p. 126-138.

116 O Nascimento da Inteligência na Criança

sempre que um esquema de conjunto organiza, afinal, o pormenor das associações. Se o bebê procura o seio quando está em posição de mamar, segue com os olhos os objetos em movimento, tende a olhar para as pessoas cuja voz ouviu, agarrar os objetos que vê etc., é porque os esquemas de sucção, visão e preensão foram assimilados a realidades cada vez mais numerosas, conferindo-lhes por isso mesmo significações. A acomodação e a assimilação combinadas, próprias de cada esquema, garantem a sua utilidade e os coordenam com outros; e é o ato global de assimilação e acomodação complementares que explica por que as relações de detalhe, pressupostas no esquema, são confirmadas pela experiência.[23]

Mas não será isso uma explicação inteiramente verbal e as coisas não ficariam mais bem elucidadas se as noções de assimilação e de acomodação fossem substituídas pela de "transferência associativa", aparentemente muito mais clara? A noção de transferência associativa é mais genérica do que a de reflexo condicionado: trata-se da associação já não entre um sinal e um reflexo, somente, mas entre um sinal e um movimento qualquer. Assim, a vista de degraus basta para desencadear os movimentos apropriados das pernas e dos pés no sujeito habituado a subir uma escada etc. A transferência associativa é considerada, pois, pela primeira das cinco soluções acima enumeradas, o princípio do hábito. Segundo essa hipótese, os nossos esquemas de assimilação seriam meros conjuntos de transferências associativas, ao passo que, em nosso entender, toda e qualquer transferência associativa pressupõe um esquema de assimilação para que se constitua. Convém, portanto, examinar mais de perto este ponto: só esse exame poderá fazer compreender a verdadeira natureza da assimilação e da acomodação sensório-motoras.

Vamos distinguir, em primeiro lugar, os dois casos principais em que parece intervir a transferência associativa: as associações que se constituem dentro de um esquema e as associações entre esquemas heterogêneos. O critério dessa distinção é o seguinte. Quando os

---

[23] Essa subordinação contínua dos reflexos condicionados às totalidades organizadas ou esquemas globais de assimilação está experimentalmente demonstrada, no domínio dos comportamentos condicionais motores, por uma série de pesquisas que André Rey, chefe de trabalhos do nosso Instituto, realiza atualmente e que darão lugar a próximas publicações.

movimentos e os elementos sensoriais estão associados e ainda não se apresentam, por outro lado, em estado isolado, diremos que se está em presença de um esquema único. Pelo contrário, diremos que há uma coordenação entre esquemas quando estes podem funcionar isoladamente em outras situações. Por exemplo, meter o polegar na boca constitui um esquema único e não uma coordenação entre o esquema da sucção e os esquemas manuais, porque, na idade em que a criança aprende a chupar o polegar, ela sabe, é certo, chupar outras coisas, além do polegar, mas não sabe realizar em outras circunstâncias, por meio da sua mão, a ação que executa ao metê-la na boca (nem mesmo se poderá ainda considerar, indiscutivelmente, como esquemas independentes alguns movimentos espontâneos da mão que notamos por volta de 1-2 meses de idade, pois não é certo que já constituam reações circulares distintas dos movimentos impulsivos). Em contrapartida, pode-se citar como exemplo de coordenação entre esquemas heterogêneos o comportamento que consiste em agarrar os objetos vistos (4-5 meses), pois agarrar os objetos independentemente da vista constitui, já aos 4 meses, um esquema autônomo, e olhar para os objetos independentemente da preensão é caso corrente a partir de 1-2 meses. Vê-se, desse modo, em que é que os dois casos são diferentes: no primeiro, a associação manifesta-se como elemento constitutivo do próprio esquema, ao passo que, no segundo, ela se superpõe a esquemas já existentes. Por conseguinte, convém examinar separadamente a noção de transferência associativa num e noutro caso.

Quanto ao primeiro caso, a doutrina da transferência associativa equivale a dizer que cada um dos nossos esquemas foi constituído graças a uma sucessão de associações independentes. Por exemplo, se a criança contraiu o hábito de chupar a língua, depois o polegar, de procurar depois o seio quando está em posição de mamar, tudo isso seria devido às razões seguintes: certas sensações dos lábios e da língua são regularmente precedidas pelos movimentos da última e, tendo esses movimentos acarretado sensações agradáveis de sucção, as primeiras sensações (contato da língua com os lábios etc.) ter-se-iam convertido numa espécie de sinal que deflagra automaticamente os movimentos da língua e leva ao resultado desejável. Do mesmo modo, tendo certas sensações de sucção em seco precedido um número suficiente de vezes a introdução do polegar na boca e sendo essa introdução acompanhada pelas sensações agradáveis de sucção do polegar, bastará que a criança chupe a seco ou tenha acabado a sua refeição para que os elementos sensoriais próprios dessa situação sirvam de sinal e provoquem, por associação, a adução do polegar na boca. Finalmente, se as sensações próprias da situação de mamar provocam a busca do seio, é porque elas estariam associadas a esses movimentos, a título de sinal que os precede regularmente. No domínio da visão, analogamente, se o olhar segue os objetos é porque, tendo a percepção dos deslocamentos iniciais precedido os movimentos dos músculos oculares que permitem ao olho reencontrar o objeto deslocado, essa percepção ter-se-ia convertido num sinal que comanda os movimentos do próprio olho; assim, haveria no ato de seguir com o olhar uma cadeia de transferências associativas. Desse modo, tal interpretação aplica-se a tudo: não há um só esquema, entre os que por nós foram distinguidos, que não possa ser concebido como uma combinação de transferências associativas.

Contudo, tal maneira de falar parece-nos mais cômoda do que precisa. De fato, podemos endereçar à explicação associacionista assim renovada as mesmas críticas feitas à generalização do reflexo condicionado. O essencial em todo comportamento que parece resultar de uma transferência associativa não é a associação, em si mesma; é o fato de a associação acarretar um resultado favorável ou desfavorável: sem a relação *sui generis* existente entre esse resultado e o próprio sujeito, a associação nunca se consolidará em qualquer dos seus aspectos. Quando do a mão se retira na presença de fogo ou o pé se ergue na presença do degrau de uma escada, a precisão das acomodações sensório-motoras que constituem essas condutas depende inteiramente do significado que o sujeito atribui à chama ou à escada; é essa relação ativa entre o sujeito e os objetos carregados de significações que gera a associação, e não a associação que cria essa relação. Do mesmo modo, quando a criança chupa a língua ou o polegar, busca o seio em posição de mamar, segue com os olhos os objetos em movimento etc. é evidente que tais hábitos supõem associações reguladas entre os elementos sensoriais e os movimentos; mas essas transferências associativas só puderam constituir e consolidar-se graças a uma relação fundamental entre a atividade do sujeito (sucção, visão etc.) e o objeto sensorial dotado de significações, por causa dessa mesma atividade. Portanto, pode-se afirmar, de modo geral, que, se a associação de ideias supõe o julgamento, em lugar de constituí-lo, do mesmo modo a transferência associativa supõe uma relação *sui generis* entre o ato e o seu resultado, em vez de constituí-la.

No que consiste, pois, essa relação entre o ato e o seu objetivo? É nesse ponto que intervêm as noções de assimilação, acomodação e organização, fora das quais a transferência associativa não nos parece fazer sentido algum. O ponto de partida de toda a atividade individual consiste, de fato, na existência de um ou de vários reflexos já organizados hereditariamente; não existem hábitos elementares que não se enxertem em reflexos, isto é, numa organização preexistente, mas que é suscetível de acomodação ao meio e de assimilação do meio para o seu próprio funcionamento. Ora, onde se inicia um hábito, ou seja, onde começam a constituir-se as transferências associativas, observa-se sempre essa relação de assimilação e acomodação combinadas entre a atividade reflexa do sujeito e o novo resultado que o hábito nascente tende a alcançar e consolidar. Com efeito, só a relação entre o ato e o seu resultado permite o estabelecimento de transferências associativas. Ora, semelhante relação implica assimilação, pois o que confere interesse ou significado ao novo resultado atingido pelo sujeito é, justamente, poder ser assimilado à atividade reflexa em que se enxerta o hábito em formação; assim, a língua e o polegar são chupados porque servem de alimentos à sucção, os objetos são seguidos pelos olhos porque servem de alimento à visão etc. Em resumo, o resultado dos atos, que é o que exclusivamente lhes confere sua direção e "confirma", assim, as transferências associativas, mantém com os esquemas reflexos iniciais uma relação funcional de satisfação de uma necessidade, logo, de assimilação. Além disso, e pela mesma razão, a assimilação de objetos novos aos esquemas pré-formados pelos reflexos pressupõe uma acomodação desses esquemas à situação de novidade. Assim é que, para chupar a língua ou o polegar, a criança é obrigada a incorporar aos movimentos que constituem o seu esquema hereditário de sucção os movimentos novos, descobertos no decorrer da experiência individual: pôr a língua de fora, levar a mão à boca etc. É precisamente a essa incorporação de movimentos e de elementos sensoriais nos esquemas já constituídos que, na linguagem associacionista, se dá o nome de "reflexo condicionado" ou "transferência associativa". Porém, essa acomodação é inseparável da assimilação e é nisso que ela significa muito mais do que uma associação: é uma inserção de novos elementos sensório-motores numa totalidade já organizada, totalidade

120 O Nascimento da Inteligência na Criança

essa que constitui, precisamente, o esquema de assimilação. Assim, quando chupa a língua ou os dedos, a criança incorpora as novas sensações que está experimentando às da sucção anterior (sucção do seio etc.) – nisso existe uma assimilação – e, ao mesmo tempo, insere os movimentos de protrusão da língua ou de adução do polegar na totalidade já organizada dos movimentos de sucção – e é isso o que constitui a acomodação. É essa ampliação progressiva do esquema total, que se enriquece sem deixar de permanecer sempre organizado, que forma a acomodação. Não há, portanto, uma "associação", mas uma diferenciação progressiva. Assim, quando a criança busca o seio, uma vez colocada em posição de mamar, não se pode afirmar, simplesmente, que as atitudes próprias dessa posição estejam doravante associadas à sucção; é preciso dizer que o esquema global dos movimentos de sucção incorporou essas atitudes e que estas formam, desde esse instante, um todo com o próprio esquema. Em resumo, a transferência associativa é apenas um momento artificialmente singularizado no ato de acomodação, o qual evolui por diferenciação de um esquema anterior e por incorporação de elementos novos a esse esquema – e não por associação; mais ainda, essa acomodação é inseparável da assimilação, dado que supõe um esquema total e esse esquema só funciona assimilando a si novas realidades. Essa assimilação é o único fator que pode explicar a satisfação a que o ato conduz e que determina as chamadas "transferências associativas".

Quanto às associações que se produzem no interior de um mesmo esquema, é ilusório falar-se, pois, de transferência associativa. Somente o resultado de um ato determina a sua contextura, o que equivale a dizer, em linguagem associacionista, que a sanção é necessária para consolidar o adestramento e estabilizar as associações. A relação entre uma atividade e o seu objeto é uma relação indissociável de assimilação do resultado objetivo a essa atividade e de acomodação da atividade a esse resultado. Sendo assim, segue-se necessariamente que a atividade evolui mediante esquemas globais de organização e não por associações: não só, com efeito, a assimilação pressupõe tais esquemas como também reconstitui, incessantemente, a unidade deles.

Se passarmos agora ao segundo caso possível, isto é, à coordenação entre dois esquemas distintos, ainda menos encontraremos transferências associativas em estado puro. Quando a criança coordena a sua audição com a sua visão (e procura ver o que ouve), ou a sua preensão

A Segunda Fase: as Primeiras Adaptações Adquiridas e a Reação Circular Primária **121**

com a sucção e a visão etc., não se pode dizer que tenha havido uma simples associação entre um sinal sensorial (acústico, visual ou tátil) e os movimentos dos olhos, da boca ou das mãos. Na verdade, todas as razões invocadas anteriormente, a propósito dos esquemas únicos, são aplicáveis aqui. A única diferença é que, no caso presente, não existe relação de assimilação e acomodação simples entre a atividade do sujeito e o objeto dessa atividade, mas assimilação e acomodação recíprocas entre dois esquemas já constituídos. Entre a coordenação dos esquemas e sua constituição interna só existe, portanto, uma diferença de grau e não de qualidade.

Em conclusão, a primeira solução não pode explicar os fatos que analisamos neste capítulo, e isso por razões muito análogas às que impedem o lamarckismo simples de explicar as variações morfológico--reflexas hereditárias e o associacionismo de aprofundar a própria inteligência. Nestes três domínios – reflexo, aquisições sensório-motoras e inteligência – o primado do hábito ou da associação passiva leva a negligenciar o fator de organização, portanto de assimilação e acomodação combinadas, que não se pode reduzir ao automatismo. O hábito, como tal, é apenas uma automatização, sem dúvida, mas supõe, para que se constitua, uma atividade que excede a simples associação.

Devemos então adotar a *segunda solução* e considerar, de acordo com o vitalismo ou intelectualismo espiritualista, que todo o hábito deriva da própria inteligência? Os comentários precedentes sobre as relações de assimilação e acomodação complementares que unem o ato ao seu resultado podem recordar os argumentos de Buytendijk sobre a finalidade inteligente que é inerente a toda e qualquer atividade que dê origem a hábitos, inclusive no animal. Deveremos concluir que o hábito subentende a inteligência? De nossa parte, evitaríamos chegar a esse ponto. Com efeito, parece incontestável que a forma-ção de hábitos precede toda a atividade propriamente inteligente. É funcionalmente, e não do ponto de vista da estrutura, que se podem comparar os comportamentos descritos neste capítulo aos que analisa-remos subsequentemente, ao caracterizarmos os começos da própria inteligência. Além disso, as operações de assimilação e de acomodação não necessitam, segundo nos parece, recorrer ao finalismo ou às ati-vidades "imateriais". É cedendo a um realismo inútil para a Psicologia que se deduz do fato de uma organização psicológica a hipótese de uma força especial de organização, ou que se projeta na atividade

122   O Nascimento da Inteligência na Criança

assimiladora a estrutura de uma inteligência implícita. O realismo pseudopsicológico de que se é assim vítima promana, simplesmente, da dupla ilusão do senso comum filosófico, segundo a qual podemos aprender em nós próprios a nossa atividade intelectual, a título de dado da experiência interna (daí as ideias de "razão" sintética, de energia espiritual etc., que prolongam o *Geist* ou a própria "alma"), e segundo a qual, também, essa atividade dada está estruturalmente pré-formada desde as fases mais primitivas (daí as ideias de força vital, de razão *a priori* etc.). Outra é a significação que pretendemos atribuir às noções de organização, assimilação e acomodação. Quanto a nós, trata-se de processos funcionais e não de forças. Em outras palavras, esses funcionamentos cristalizam-se em estruturas sucessivas e jamais dão lugar a uma estrutura *a priori* que o sujeito descobriria diretamente em si mesmo. A esse respeito, nada é mais instrutivo do que a comparação do quadro das primeiras atividades infantis com as célebres análises de Maine de Biran. Nenhum ator, sem dúvida, percebeu melhor do que Maine de Biran a oposição da atividade e das associações passivas nas aquisições elementares do indivíduo. A propósito do ouvido e da voz, da visão, do tato e da preensão, assim como de outras funções primordiais, Maine de Biran retorna constantemente aos fatores de esforço e de motricidade ativa, os quais se opõem à passividade da "sensibilidade afetiva", para concluir pela impossibilidade de uma explicação associacionista. A esse respeito, as noções de assimilação e de acomodação de que nos servimos poderiam ser concebidas como hipóteses que prolongam, simplesmente, a doutrina biraniana da atividade. Mas uma dificuldade subsiste, que nos parece ser a seguinte: o "esforço" biraniano, que se encontra em todos os níveis da atividade psicológica, e tanto explica a "inteligência viva" do adulto refletido como a constituição dos primeiros hábitos, é a emanação de um "eu" que se apreende diretamente como substância: é, pois, uma "força", conservando-se idêntica a si mesma ao longo de sua história e opondo-se às forças do meio, que ela aprende a conhecer e a avaliar pela resistência que elas lhe oferecem. Muito diferente é a adaptação ativa, tal como a análise da assimilação e da acomodação nos obriga a conceber. A assimilação e a acomodação não são "forças" que se apresentam inteiras à consciência e que fornecem, a título de dados imediatos, a experiência de um "eu" e a de um mundo exterior. Muito pelo contrário, pelo próprio fato de a assimilação e a acomodação progredirem sempre em conjunto e paralelamente, o mundo exterior e o "eu" jamais são conhecidos independentemente um do outro: o meio é assimilado à atividade do sujeito, ao mesmo tempo que esta se acomoda àquele. Em outras palavras, é por uma construção progressiva que as noções do mundo físico e do "eu interior" serão elaboradas em função uma da outra, e os processos de assimilação e de acomodação apenas são os instrumentos dessa construção, sem que representem jamais o próprio resultado de tal elaboração. Quanto a esse resultado, é sempre relativo à construção como tal, pelo que nunca existe, em nível algum, uma experiência direta do "eu" nem do meio externo: há, tão somente, experiências "interpretadas" e isso graças, precisamente, a esse jogo duplo de assimilação e acomodação correlativas. Em resumo, a organização própria do devir intelectual não é uma faculdade que constituiria a própria inteligência nem uma força que constituiria o "eu": é apenas um funcionamento, cujas sucessivas cristalizações estruturais jamais realizam a inteligência como tal. Com mais fortes motivos é pouco provável que as aquisições mais elementares, ou seja, os primeiros hábitos a cujo respeito discorríamos há pouco, derivem de processos intelectuais superiores, como quer o espiritualismo.

Mas se o hábito não deriva, sem mais nem menos, da inteligência, tampouco se pode afirmar, como propõem a *terceira* e a *quarta soluções,* que ele não tenha relação alguma (ou quase) com a atividade intelectual. Considerando a associação e o hábito não sob a forma automatizada, mas na medida em que se organizam, no nível em que os consideramos na análise dos fatos, parece incontestável que apresentam estreitas analogias com a inteligência. Pode-se dizer o mesmo, com efeito, do hábito como da imitação: a sua forma automática não é a forma primitiva, e a sua forma primitiva supõe uma atividade mais complexa que as formas evoluídas. No caso do hábito, essa atividade elementar é a das organizações sensório-motoras, cujos esquemas funcionam à maneira da própria inteligência, isto é, mediante assimilações e acomodações complementares. Que existem todas as transições entre esses esquemas e os da inteligência é o que veremos em seguida. Também é muito cedo para mostrarmos agora em que é que a *Gestalttheorie* exagerou a oposição entre as estruturas superiores e o comportamento mais flutuante das fases elementares, e em que medida o esquema de assimilação deve ser concebido como um sistema de relações menos rígido do que uma *Gestalt,* implicando

124   O Nascimento da Inteligência na Criança

uma atividade organizadora de que é a expressão. Limitemo-nos a recordar que esquemas tais como o da sucção do polegar e da língua, a preensão de objetos vistos, a coordenação do ouvido e da vista etc. jamais surgem *ex abrupto,* mas constituem, outrossim, o ponto de chegada de um longo esforço de assimilação e acomodação graduais. É esse esforço que anuncia a própria inteligência. Também, quando Delacroix nos diz que a generalização intelectual é, em certo sentido, o contrário do hábito, isso é verdade quanto ao hábito constituído que degenera em passividade, mas não é certo a respeito da assimilação que se encontra no ponto de partida desse hábito: como vimos, existe uma assimilação generalizadora que trabalha à maneira da própria inteligência, por meio de uma sucessão de opções e correções. As próprias tentativas, que Claparède considera características da inteligência nascente, não são excluídas, portanto, da formação de hábitos, o que não significa que estes já sejam inteligentes, mas, efetivamente, que existe uma atividade organizadora contínua, ligando a adaptação orgânica à adaptação intelectual por intermédio dos esquemas sensório-motores mais elementares.

Portanto, é à *quinta solução* que vamos nos ater: a associação e o hábito constituem a automatização de uma atividade que prepara funcionalmente a inteligência, embora diferindo ainda dela por uma estrutura mais elementar. Procuremos esclarecer essas afirmações e, para tanto, recordemos primeiro as características gerais da fase de que nos ocupamos, pondo-as em contraste com as da precedente e as da seguinte.

Pode-se afirmar, em linhas gerais, que os comportamentos estudados no decurso dos §§ 1-4 consistem em pesquisas que prolongam a atividade reflexa e são desprovidas ainda de intencionalidade, mas que conduzem a novos resultados de que só a descoberta é fortuita e cuja conservação é devida a um mecanismo adaptado de assimilação e acomodação sensório-motoras combinadas. Essas condutas prolongam, pois, as da primeira fase, na medida em que as necessidades ligadas ao reflexo (chupar, olhar, ouvir, gritar, agarrar etc.) continuam sendo o único motor do comportamento, sem que existam ainda necessidades ligadas a fins derivados e diferenciados (agarrar para lançar, para balançar etc.). Mas, distinta da pesquisa puramente reflexa, a pesquisa própria da presente fase desdobra-se em tentativas que conduzem a novos resultados. Em contraste com a fase ulterior, esses resultados não são obtidos intencionalmente. Logo, são produto do acaso, mas, à semelhança das condutas inteligentes, as condutas de que estamos falando agora tendem, assim que um resultado é obtido, a conservá-lo por assimilação e acomodação correlativas.

Essa conservação dos resultados interessantes, obtidos por acaso, é, portanto, aquilo a que Baldwin chamou de "reação circular". Essa noção, de que nos servimos para descrever os próprios fatos, parece definir exatamente a posição da presente fase: a reação circular implica a descoberta e a conservação da novidade e nisso difere do reflexo puro; mas é anterior à intencionalidade e nisso antecede a inteligência propriamente dita. Entretanto, é uma noção que exige ser interpretada. Se nos limitarmos, como se faz com frequência, a explicar a repetição pela "reação de excesso" e o trilhamento mecânico, retorna-se ao automatismo para explicar o que, pelo contrário, é uma pesquisa ativa por excelência. Se a criança tende a reencontrar um resultado interessante, não é porque seja esse o caminho do menor esforço; pelo contrário, é porque o resultado foi assimilado a um esquema anterior e é preciso acomodar esse esquema ao novo resultado. A "reação circular" nada mais é, pois, do que uma noção global, abrangendo realmente dois processos distintos. Tentemos, à guisa de conclusão, resumir o que sabemos sobre esses processos.

Temos, em primeiro lugar, a *acomodação*. A grande novidade da reação circular e do hábito, comparados ao reflexo, é que a acomodação começa a diferenciar-se da assimilação. No âmbito do reflexo, com efeito, a acomodação e a assimilação confundem-se: o exercício do reflexo é, simultaneamente, pura repetição (isto é, assimilação do objeto a um esquema inteiramente montado) e acomodação exata ao seu objeto. Pelo contrário, a partir do momento em que o esquema sensório-motor se aplica às novas situações e se amplia, destarte, para abranger um domínio mais vasto, a acomodação e a assimilação tendem a diferenciar-se. Vejamos, por exemplo, a sucção do polegar. Durante a fase reflexa, essa conduta consistia numa simples aplicação ocasional e movimentada do esquema de sucção a um novo objeto, mas sem que essa circunstância transformasse o esquema: o novo objeto era assimilado ao esquema antigo e essa assimilação generalizadora não tinha por outro efeito senão ativar o reflexo em geral; no máximo, permitia-lhe discriminar, daí em diante, a sucção do seio daquilo que ela não era. Na presente fase,

126 O Nascimento da Inteligência na Criança

pelo contrário, a aplicação do esquema de sucção a um novo objeto, como o polegar ou a língua, transforma o próprio esquema. Essa transformação constitui uma acomodação e esta é, portanto, distinta da pura assimilação. De modo geral, o contato de um esquema qualquer com uma nova realidade culmina, durante a presente fase, numa conduta especial, intermediária entre a do reflexo e a da inteligência: no reflexo, o novo é inteiramente assimilado ao antigo e a acomodação confunde-se, assim, com a assimilação; na inteligência, há interesse pelo novo como tal e, por conseguinte, a acomodação fica bem diferenciada da assimilação; nas condutas da fase intermediária, o novo só interessa ainda na medida em que pode ser assimilado ao antigo, mas já não cabe nos limites dos quadros antigos e obriga-os, assim, a uma acomodação que é parcialmente distinta da assimilação.

Como se opera, pois, essa acomodação? Já o vimos acima: não por associação, mas por diferenciação de um esquema existente e inserção de novos elementos sensório-motores entre os que já o constituem. Com efeito, com a atividade reflexa, é dada toda uma série de esquemas hereditariamente montados, e o seu funcionamento assimilador representa, assim, uma atividade em exercício desde os primórdios da existência e anterior a toda e qualquer associação. Logo que esses esquemas se diferenciam por acomodação, ou seja, em termos fisiológicos, quando uma ligação reflexa se subordina a uma ligação cortical e forma com ela uma nova totalidade, não se pode dizer, nesse caso, que uma dada reação se associou, simplesmente, a novos sinais ou novos movimentos: tem de se dizer que uma atividade já organizada, desde o princípio, foi aplicada às novas situações e que os elementos sensório-motores vinculados a essas novas situações foram englobados no esquema primitivo, assim o diferenciando. Não há subordinação do esquema reflexo às novas associações nem uma subordinação inversa: há continuidade de uma atividade única, com diferenciação e interpretação complementares.

Portanto, a acomodação supõe a *assimilação*, como, na inteligência refletida, a associação empírica supõe o julgamento. É este fator de assimilação funcional que constitui a atividade organizadora e totalizante com que se assegura a continuidade entre o esquema considerado antes da acomodação e o mesmo esquema após a inserção de elementos novos, devidos a essa acomodação. O que é, então, a assimilação?

A assimilação é, em primeiro lugar, assimilação puramente funcional, quer dizer, repetição cumulativa e assimilação do objeto à função: chupar por chupar, olhar por olhar etc. Como tal, a assimilação psicológica prolonga, sem mais, a assimilação funcional orgânica e não requer explicação especial. Depois, na medida em que a assimilação do objeto à função se estende a objetos cada vez mais diversos, a assimilação torna-se "generalizadora", isto é (no que concerne à presente fase), combina-se com múltiplas acomodações. Finalmente, e por força dessa diferenciação, a assimilação torna-se "recognitiva", quer dizer, percepção de objetos ou, mais precisamente, de quadros sensoriais, em função das múltiplas atividades desenhadas pela assimilação generalizadora. Registra-se aí um primeiro princípio de exteriorização, o qual se combina com a exteriorização devida às coordenações entre esquemas heterogêneos.

Para fazer uma descrição rigorosa dessa assimilação, podemos colocar-nos quer no ponto de vista da consciência, quer no do comportamento. Em que poderá consistir a consciência da criança no que diz respeito ao polegar que ela chupa, ao objeto que ela olha, ao que ela vai agarrar depois de ter visto, aos sons que emite etc.? Stern[24] admite que uma impressão só é individualizada quando está ligada a um movimento sentido como ativo ou, pelo menos, vinculado ao contexto da atividade própria. À primeira vista, poder-se-ia objetar a essa concepção citando a atenção do bebê de dois meses pelas coisas e pelas pessoas (Lucienne, ao 0; 1 (28), observa as árvores por cima dela, ri quando alguém se agita à sua frente etc.). Mas, para olhar, tem de haver acomodação dos olhos e da cabeça, e essa acomodação é, provavelmente, muito mais sentida pelo bebê do que por nós como uma atividade real: a mímica denota, incessantemente, o esforço, a tensão, a expectativa, a satisfação ou a decepção etc. Além disso, a percepção já se prolonga em imitação, como veremos mais adiante. Portanto, admitimos inteiramente a concepção de Stern.[25] Ora, daí resulta, segundo nos parece, o que se segue, do ponto de vista dos estados de consciência concomitantes à assimilação. As coisas, durante

---

[24] W. STERN, *Psychologie der frühen Kindheit*, 4. ed., cap. VI.

[25] BÜHLER (*Kindheit und Jugend*, 3. ed., p. 22) acrescenta que o interesse da criança por uma situação atinge o ponto culminante no momento em que a atividade própria começa a triunfar de suas dificuldades.

128 O Nascimento da Inteligência na Criança

as fases elementares da consciência, são muito menos aprendidas em si mesmas do que no caso do adulto ou da criança que fala. Não há um polegar, uma mão, um objeto que se vai agarrar. Há um conjunto de quadros táteis, visuais, gustativos etc., que não são contemplados, mas "atuados", isto é, produzidos e reproduzidos, impregnados, por assim dizer, da necessidade de mantê-los ou reproduzi-los. Daí resulta a consequência seguinte, que deve estar sempre presente no espírito para evitar que o erro associacionista reapareça a todo instante, sob a capa da lei da transferência: os novos objetos que se apresentam à consciência não possuem qualidades próprias e isoláveis – ou são logo assimilados a um esquema preexistente: coisa para chupar, para olhar, para agarrar etc., ou são vagos, nebulosos, porque inassimiláveis e, nesse caso, geram um mal-estar de que resultará, mais cedo ou mais tarde, uma nova diferenciação dos esquemas de assimilação.

Do ponto de vista do comportamento, a assimilação apresenta-se sob a forma de ciclos de movimentos ou de atos interligados, que se fecham sobre eles próprios. É este o caso evidente do reflexo, de que estudamos as diversas formas de exercício. É também verdadeiro para a reação circular: o ato executado deixa um vazio, o qual, para ser preenchido, acarreta a repetição do mesmo ato. Portanto, existe uma forma de conjunto ou ciclo de movimentos organizados, e isso na medida em que o ato sacia uma necessidade real. Cada atividade forma um todo. Certo, o conjunto não é logo perfeito: há tentativas na execução e é no decurso delas que se torna fácil dissociar os movimentos sucessivos para descrevê-los em termos de transferência associativa. Mas o pretenso sinal que determinaria os movimentos constitui muito mais um indício relativo a uma atividade que procura nos satisfazer do que o "clic" que deflagra os movimentos. A verdadeira causa do movimento é a necessidade, quer dizer, o ato total de assimilação. Isso não quer ainda dizer que o movimento seja intencional: no momento, a necessidade não é mais do que o vazio criado pela execução prece-dente do ato e, no começo, pela descoberta fortuita de um resultado interessante – e interessante porque diretamente assimilável.

Em resumo, a união da acomodação e da assimilação pressupõe uma *organização*. Há organização em cada esquema de assimilação, dado que (acabamos de recordá-lo) cada um deles constitui um todo real, conferindo a cada elemento uma significação relativa a essa totalidade. Mas há, sobretudo, organização total, isto é, coordenação

A Segunda Fase: as Primeiras Adaptações Adquiridas e a Reação Circular Primária **129**

entre os diversos esquemas de assimilação. Ora, como vimos, essa coordenação é constituída pelos próprios esquemas simples, com a única diferença de cada um deles englobar o outro, numa assimilação recíproca. No ponto de partida, estamos em presença de necessidades que se satisfazem separadamente: a criança olha por olhar, agarra por agarrar etc. Depois, temos uma coordenação fortuita entre um esquema e outro (a criança olha por acaso para a sua mão que agarra etc.); e, finalmente, a fixação. Como se opera a fixação? À primeira vista, parece ser por associação: o contato das mãos com um objeto ou entre um objeto e os lábios parece ser o sinal que deflagra o movimento do objeto até os lábios e a sucção. Mas o trajeto inverso também é possível: a necessidade de chupar deflagra o movimento da mão à boca etc. A possibilidade de duas ações complementares mostra suficientemente que não são mais do que uma só. A razão mais forte de que assim é reside na reciprocidade da coordenação dos esquemas, quando, por exemplo, a criança agarra o que vê e leva aos olhos o que agarra. Em resumo, a conjunção de dois ciclos ou de dois esquemas deve ser concebida como um novo conjunto fechado sobre si mesmo: não há associação entre dois grupos de imagens nem mesmo associação entre duas necessidades, mas a formação de uma nova necessidade e a organização das necessidades anteriores em função dessa nova unidade.

É então, vale recordar, que a assimilação se objetiva e a percepção se exterioriza: um quadro sensorial que está na encruzilhada de várias correntes de assimilação é, por isso mesmo, consolidado e projetado num universo em que principia a coerência.

Vê-se, em conclusão, como a atividade da presente fase, atividade de que promanam os primeiros hábitos sensório-motores, é idêntica, do ponto de vista funcional, à da inteligência, embora sejam inteiramente diferentes pela estrutura. Funcionalmente falando, a acomodação, a assimilação e a organização dos primeiros esquemas adquiridos são plenamente comparáveis às dos esquemas móveis de que a inteligência sensório-motora fará uso e mesmo às dos conceitos e relações empregados pela inteligência refletida. Mas, do ponto de vista estrutural, falta intencionalidade nas primeiras reações circulares. Enquanto a ação for inteiramente determinada pelos quadros sensoriais diretamente percebidos, a intencionalidade estará fora de questão. Mesmo quando a criança apanha um objeto para chupá-lo ou olhar para ele, não se pode concluir que exista consciência de uma finalidade: o ritmo da

130 O Nascimento da Inteligência na Criança

ação é uno com o seu ponto de partida, por força da própria unidade do esquema de coordenação. É com o aparecimento dos esquemas secundários e móveis e das reações diferenciadas que a finalidade da ação, ao deixar de ser, de algum modo, diretamente percebida, passa a supor uma continuidade na pesquisa e, por consequência, um princípio de intencionalidade. Mas, bem entendido, existe toda uma série de gradações entre essas formas evoluídas de atividade e as formas primitivas de que falamos até agora.

SEGUNDA PARTE

As Adaptações Sensório-Motoras Intencionais

132   O Nascimento da Inteligência na Criança

A coordenação da visão e da preensão, que estudamos no cap. II, inaugura uma nova série de comportamentos: as adaptações intencionais. Infelizmente, poucas coisas serão mais difíceis de definir do que a intencionalidade. Dir-se-á, como se faz frequentemente, que um ato é intencional quando é determinado pela representação, em contraste com as associações elementares em que o ato é regido por um estímulo externo? Mas, se tivermos de tomar na acepção mais estrita o termo "representação", então não haverá atos intencionais antes da linguagem, isto é, antes da faculdade de pensar o real mediante signos que substituem a ação. Ora, a inteligência precede a linguagem e todos os atos de inteligência sensório-motora supõem a intenção. Se, pelo contrário, estendermos o termo "representação" até nele englobar toda a consciência de significações, haverá intencionalidade a partir das associações mais simples e quase desde o exercício reflexo. Dir-se-á que a intencionalidade está vinculada à capacidade de evocar imagens e que a busca de um fruto, dentro de uma caixa fechada, por exemplo, é um ato intencional na medida em que está determinado pela representação do fruto dentro da caixa? Mas, como veremos, parece que, segundo todas as probabilidades, mesmo esse gênero de representações, por imagens e símbolos individuais, é de aparecimento tardio: a imagem mental é um produto da interiorização dos atos de inteligência e não um dado prévio em relação a esses atos. Logo, só vemos um meio de distinguir a adaptação intencional das simples reações circulares, próprias do hábito sensório-motor: é recorrer ao número de intermediários que se interpõem entre o estímulo do ato e o seu resultado. Quando um bebê de dois meses chupa o polegar, não se pode falar de ato intencional porque a coordenação da mão e da sucção é simples e direta: portanto, bastará à criança alimentar, por reação circular, os movimentos bem-sucedidos que satisfazem à sua necessidade para que esse comportamento se torne habitual. Pelo contrário, quando uma criança de oito meses afasta um obstáculo para atingir o objetivo, pode-se falar de intencionalidade porque a necessidade despertada pelo estímulo do ato (pelo objeto a agarrar) só é satisfeita depois de uma série mais ou menos extensa de atos intermediários (os obstáculos a afastar). Assim, a intencionalidade define-se pela consciência do desejo, ou da direção do ato, sendo essa consciência uma função do número de ações intermediárias requeridas para a realização do ato principal. Portanto, num sentido, há apenas uma diferença de grau entre as adaptações elementares e as adaptações intencionais: o ato intencional é, tão só, uma totalidade mais complexa, situando logicamente os valores secundários sob os valores essenciais e subordinando os movimentos intermediários ou *meios* às iniciativas principais que atribuem um *fim* à ação. Mas, em outro sentido, a intencionalidade implica uma inversão dos dados da consciência: a partir de agora, existe uma conscientização recorrente da direção inculcada à ação e já não, apenas, do resultado da ação. É que a consciência nasce da desadaptação e progride, assim, da periferia para o centro.

Na prática, podemos admitir, na condição de recordarmos que esse corte é artificial e que todas as transições interligam os atos da segunda fase com os da terceira, que a adaptação intencional começa logo que a criança ultrapassa o nível das atividades corporais simples (chupar, ouvir e emitir sons, olhar e agarrar) para agir, doravante, sobre as coisas e utilizar as relações mútuas dos objetos. Com efeito, enquanto o sujeito se limita a chupar, olhar, ouvir, agarrar etc., ele satisfaz de maneira mais ou menos direta necessidades imediatas e, se age sobre as coisas, é simplesmente para exercer suas próprias funções. Em tais casos, não se pode falar de fins e meios: os esquemas que servem de meios confundem-se com os que atribuem um fim à ação e não há lugar para aquela conscientização *sui generis* que define a intencionalidade. Pelo contrário, assim que o sujeito, na posse de esquemas coordenados de preensão, visão etc., utiliza-os para assimilar a si o conjunto do seu universo, as múltiplas combinações que então se oferecem (por assimilação generalizadora e acomodação combinadas) acarretam as hierarquias momentâneas de fins e meios, isto é, ocorre uma conscientização da direção do ato ou de sua intencionalidade.

Do ponto de vista teórico, a intencionalidade marca, portanto, a ampliação das totalidades e relações adquiridas durante a fase precedente, e, por força dessa ampliação, a sua dissociação mais esmerada em totalidades reais e totalidades ideais, em relações de fato e relações de valor. Com efeito, desde que haja intenção, haverá um fim a atingir e meios a empregar, logo, uma conscientização de valores (o valor ou

134 O Nascimento da Inteligência na Criança

interesse dos atos intermediários que servem de *meios* está subordinado ao do fim) e de ideal (o ato a realizar faz parte de uma totalidade ideal ou *fim*, em relação à totalidade real dos atos já organizados). Assim, vê-se que as categorias funcionais relativas à função de organização vão agora definir-se, a partir dos esquemas globais da fase precedente. Quanto às funções de assimilação e de acomodação, a adaptação intencional acarreta igualmente uma diferenciação mais profunda das suas respectivas categorias, a partir do estado relativamente indiferenciado das primeiras fases. A assimilação, após ter evoluído como até aqui, mediante esquemas quase rígidos (os esquemas sensório-motores da sucção, preensão etc.), vai doravante engendrar esquemas muito mais móveis, suscetíveis de implicações variadas e nos quais encontraremos o equivalente funcional dos conceitos qualitativos e das relações quantitativas próprias da inteligência refletida. Quanto à acomodação, estreitando mais de perto o universo exterior, ela explicitará as relações espaço-temporais, assim como as de substância e de causalidade, até aqui envolvidas na atividade psico-orgânica do sujeito.

Em outras palavras, é o problema da inteligência que abordamos agora, para darmos continuidade ao seu estudo a propósito das fases III a VI. Até aqui nos mantivemos aquém da inteligência, propriamente dita. Durante a primeira fase, isso era óbvio, porquanto se tratava de reflexos puros. Quanto à segunda fase, não se sabia, apesar das semelhanças funcionais, identificar o hábito e a adaptação inteligente, dado que, precisamente, a intencionalidade separa o primeiro da segunda. Não é este o lugar para definir com precisão essa diferença estrutural, que só a análise dos fatos nos permitirá aprofundar e a que retornaremos subsequentemente, na conclusão do presente volume. Digamos apenas que a sucessão das nossas fases corresponde, em suas grandes linhas, ao esquema traçado por Claparède num artigo notável sobre a inteligência, publicado em 1917.[1] Para Claparède, a inteligência é uma adaptação às novas situações, em contraste com os reflexos e as associações habituais, que também constituem adaptações, quer hereditárias, quer devidas à experiência pessoal, mas adaptações que se limitam às situações que se repetem. Ora, essas situações novas, a que a criança deverá adaptar-se, apresentam-se precisamente quando

---

[1] "L'intelligence", reeditado em *L'education fonctionnelle*.

os esquemas habituais, elaborados durante a segunda fase, se aplicam pela primeira vez ao meio exterior, em sua complexidade.

Ainda mais, entre os atos intencionais que constituem a inteligência, é possível distinguir dois tipos relativamente opostos, correspondendo em suas linhas gerais ao que Claparède chama de "inteligência empírica" e "inteligência sistemática". A primeira consiste em operações controladas pelas próprias coisas e não apenas pela dedução. A segunda consiste em operações interiormente controladas pela consciência das relações e marca, assim, o começo da dedução. Consideraremos o primeiro desses comportamentos como característico das fases III a V e faremos do aparecimento do segundo o critério de uma sexta fase.

Por outro lado, a noção de "inteligência empírica" permanece um pouco vaga enquanto não se praticar, na sucessão de fatos, alguns cortes destinados não a tornar descontínua uma continuidade por demais real, mas a permitir a análise da crescente complicação dos comportamentos. Por isso distinguiremos três fases entre os primórdios da ação sobre as coisas e os da inteligência sistemática: as fases III a V.

A terceira fase, que aparece com a preensão dos objetivos visuais, é caracterizada pelo surgimento de uma conduta que já é quase intencional, no sentido há pouco indicado, que anuncia igualmente a inteligência empírica, mas que, entretanto, permanece ainda intermediária entre a associação adquirida, própria da segunda fase, e o verdadeiro ato de inteligência. É a "reação circular secundária", quer dizer, o comportamento que consiste em reencontrar os gestos que, por acaso, exerceram uma ação interessante sobre as coisas. Com efeito, semelhante conduta ultrapassa a associação adquirida, na medida em que uma busca quase intencional é necessária para reproduzir os movimentos executados até então de maneira fortuita. Mas ainda não é um ato típico de inteligência, pois tal busca consiste, simplesmente, em reencontrar o que acaba de ser feito e não em inventar de novo ou em aplicar o conhecimento às novas circunstâncias: os "meios" não estão ainda diferenciados dos "fins" ou, pelo menos, só se diferenciam *a posteriori,* quando da repetição do ato.

Uma quarta fase tem começo por volta dos 8-9 meses e estende-se até o final do primeiro ano. É caracterizada pelo aparecimento de certas condutas que vêm superpor-se às precedentes e cuja essência é a "aplicação de meios conhecidos às novas situações". Tais condutas

136 O Nascimento da Inteligência na Criança

diferem das precedentes tanto por seu significado funcional como pelo mecanismo estrutural. Do ponto de vista funcional, elas satisfazem plenamente, pela primeira vez, à definição corrente de inteligência: a adaptação às circunstâncias novas. Na presença de um fim habitual, momentaneamente prejudicado por obstáculos imprevistos, trata-se, com efeito, de superar essas dificuldades. O método mais simples consiste em experimentar diferentes esquemas conhecidos e ajustá-los ao fim almejado: é nisso que consistem as presentes condutas. Do ponto de vista estrutural, elas constituem, portanto, uma combinação mútua dos esquemas, de tal sorte que uns fiquem subordinados aos outros a título de "meios". Daí resultam duas consequências: uma mobilidade muito maior dos esquemas e uma acomodação mais exata aos dados exteriores. Assim, se essa fase deve distinguir-se da precedente, no que diz respeito ao funcionamento da inteligência, ainda mais deve sê-lo em relação à estrutura dos objetos, do espaço e da causalidade: marca o início da permanência das coisas, dos "grupos" espaciais "objetivos", da causalidade espacial e objetivada.

No começo do segundo ano anuncia-se uma quinta fase, caracterizada pelas primeiras experiências reais. Daí a possibilidade de uma "descoberta de novos meios por experimentação ativa". É o momento culminante das condutas instrumentais e o apogeu da inteligência empírica.

Por fim, esse conjunto será coroado pelos comportamentos cuja aplicação define os primórdios da sexta fase: a "invenção de novos meios por combinação mental".

CAPÍTULO III

A Terceira Fase: as "Reações Circulares Secundárias" e os "Processos Destinados a Fazer Durar os Espetáculos Interessantes"

Do simples reflexo à inteligência mais sistemática, um mesmo funcionamento se prolonga, segundo nos parece, através de todas as fases, estabelecendo assim uma continuidade regular entre estruturas cada vez mais complexas. Mas essa continuidade funcional de modo nenhum exclui uma transformação das estruturas que acompanha até uma verdadeira inversão de perspectivas na consciência do sujeito. Com efeito, no início da evolução intelectual, o ato é desencadeado em bloco e mediante um estímulo exterior; a iniciativa do indivíduo consistia, simplesmente, em poder reproduzir a sua ação na presença de excitantes análogos ao estímulo normal ou por simples repetição em vazio. No final da evolução, pelo contrário, toda a ação implica uma organização móvel, com dissociações e reagrupamentos indefinidos, podendo o sujeito atribuir-se, desse modo, finalidades cada vez mais independentes da sugestão do meio imediato.

Como se opera tal inversão? Graças à complicação progressiva dos esquemas: renovando incessantemente os seus atos por assimilação reprodutora e generalizadora, a criança ultrapassa o simples exercício reflexo para descobrir a reação circular e constituir, assim, os seus primeiros hábitos. Tal processo é, evidentemente, suscetível de extensão ilimitada. Após tê-lo aplicado ao seu próprio corpo, o sujeito

138 O Nascimento da Inteligência na Criança

usá-lo-á, mais cedo ou mais tarde, para adaptar-se aos fenômenos imprevistos do mundo exterior, daí resultando os comportamentos de exploração, experimentação etc. Daí, seguidamente, surgirá também a possibilidade de decompor e recompor os mesmos esquemas: à medida que os esquemas se aplicam a situações exteriores cada vez mais variadas, o sujeito é levado, com efeito, a nelas dissociar os respectivos elementos e a considerá-los como meios ou como fins, para logo reagrupá-los das mais variadas maneiras. É essa distinção entre meios e fins que liberta a intencionalidade e inverte, assim, a direção do ato: em vez de estar voltado para o passado, isto é, para a repetição, o ato orienta-se doravante para as novas combinações e para a invenção, propriamente dita.

Ora, a fase cuja descrição vamos agora empreender constitui, exatamente, a transição entre as condutas do primeiro tipo e as do segundo. As "reações circulares secundárias" prolongam, efetivamente, as reações circulares observadas até aqui, ou seja, tendem essencialmente para a repetição: após ter reproduzido os resultados interessantes descobertos, por acaso, no seu próprio corpo, a criança procura, cedo ou tarde, conservar também aqueles que obtém quando a sua ação incide sobre o meio externo. É essa transição tão simples que define, de fato, o aparecimento das reações "secundárias"; vê-se perfeitamente, pois, em que grau estão aparentadas com as reações "primárias". Mas deve-se acrescentar desde já que, quanto mais o esforço de reprodução influir nos resultados distanciados dos da atividade reflexa, tanto mais a distinção entre meios e fins se acentua. Como montagem hereditária, o esquema reflexo constitui uma totalidade indissociável: a repetição própria do "exercício reflexo" só é capaz, portanto, de repor a máquina em andamento desde que a acione por inteiro, sem distinção entre os termos transitivos e os termos finais. No caso dos primeiros hábitos orgânicos (chupar o dedo, por exemplo), a complexidade do esquema aumenta, visto que um elemento adquirido foi introduzido entre os gestos reflexos: repetir o resultado interessante implicará, pois, uma coordenação entre termos que não estão necessariamente unidos entre si. Mas, como a sua união, ainda que adquirida, foi de algum modo imposta pela conformação do próprio corpo e viu-se sancionada por um reforço da atividade reflexa, ainda é fácil, para a criança, reencontrar, por simples repetição, o resultado anteriormente obtido, sem distinguir os termos transitivos e o termo final do ato. Pelo contrário,

A Terceira Fase: as "Reações Circulares Secundárias" **139**

desde que o resultado a reproduzir depende do meio externo, quer dizer, está na contingência de objetos independentes (mesmo que as suas relações mútuas e a sua permanência ainda sejam desconhecidas da criança), o esforço para reencontrar um gesto agradável levará o sujeito a distinguir posteriormente, na sua ação, os termos transitivos ou "meios" e um termo final ou "fim". É a partir desse momento que se poderá falar, realmente, de "intencionalidade" e de uma inversão na conscientização do ato. Mas essa inversão só será definitiva quando os diferentes termos estiverem suficientemente dissociados para poderem recombinar-se entre eles de diversas maneiras, ou seja, quando houver possibilidade de aplicar os meios conhecidos a novos fins ou, numa palavra, quando houver coordenação entre os esquemas (quarta fase). A "reação circular secundária" não atingiu ainda esse nível: a sua tendência consiste, simplesmente, em reproduzir todo e qualquer resultado interessante que tenha sido obtido em relação com o meio exterior, sem que a criança dissocie nem reagrupe ainda entre eles os esquemas assim obtidos. O fim não foi, portanto, antecipadamente estabelecido, sendo-o tão só no próprio momento da repetição do ato. – Por conseguinte, é nisso que a presente fase constitui a transição exata entre as operações pré-inteligentes e os atos realmente intencionais: os comportamentos que a caracterizam dependem ainda da repetição, embora lhe sejam superiores do ponto de vista da complexidade, e já dependem da coordenação inteligente, embora lhe sejam inferiores do ponto de vista da dissociação dos meios e fins.

Esse caráter intermediário reencontrar-se-á, como veremos no v. II, em todos os comportamentos próprios dessa mesma fase, quer se trate do conteúdo da inteligência ou das categorias reais (objeto e espaço, causalidade e tempo), quer se trate da sua forma (cuja análise faremos).

No que diz respeito ao objeto, por exemplo, a criança dessa fase atingiu uma conduta que é exatamente intermediária entre as da não permanência, próprias das fases inferiores, e os novos comportamentos relativos aos objetos desaparecidos. Por um lado, com efeito, a criança sabe doravante agarrar os objetos que vê, levar diante dos olhos aquilo em que toca etc., e essa coordenação entre a visão e a preensão assinala um notável progresso na consolidação do mundo exterior: agindo sobre as coisas, a criança considera-as resistentes e permanentes na medida em que elas prolongam a sua ação ou a dificultam. Pelo contrário, na medida em que os objetos

140 O Nascimento da Inteligência na Criança

saem do campo da percepção e, por consequência, da ação direta da criança, esta deixa de reagir e não se entrega, como acontecerá no decurso da fase seguinte, a pesquisas ativas para reencontrá-los. Se há permanência do objeto, ela ainda é relativa, portanto, à ação em curso e não intrinsecamente dada.

Quanto ao espaço, as ações exercidas sobre as coisas pela criança da terceira fase têm por efeito constituir uma percepção de "grupos", isto é, de sistemas de deslocamentos suscetíveis de reverter ao seu ponto de partida. Nesse sentido, as condutas dessa fase assinalam um importante progresso em relação às precedentes, garantindo a coordenação recíproca dos diversos espaços práticos (espaços visual, tátil, bucal etc.). Mas os "grupos" assim formados permanecem "subjetivos", porque, para além da ação imediata, a criança ainda não leva em conta as relações espaciais entre os objetos. A causalidade, por seu lado, ganha igualmente corpo na medida em que a criança age sobre o meio externo: ela une, doravante, certos fenômenos distintos aos atos que lhes correspondem. Mas, precisamente porque os esquemas próprios dessa fase ainda não se dissociam em seus elementos, a criança apenas consegue um sentimento confuso e global da ligação causal, não sabendo objetivar nem espacializar por enquanto a causalidade.

O mesmo sucede, *a fortiori*, com as séries temporais, que interligarão as diferentes fases do ato próprio, mas ainda não os diversos acontecimentos dados num meio independente do eu.

Em resumo, durante as duas primeiras fases, isto é, enquanto a atividade da criança consiste em simples repetições sem intencionalidade, o universo ainda não se encontra dissociado da ação própria e as categorias permanecem subjetivas. Assim que os esquemas se tornam, pelo contrário, suscetíveis de decomposições e de recombinações intencionais, ou seja, de uma atividade propriamente inteligente, a consciência das relações assim implicada pela distinção dos meios e dos fins acarretará, necessariamente, a elaboração de um mundo independente do eu. Desse ponto de vista do conteúdo da inteligência, a terceira fase também assinala, pois, um momento decisivo: as suas reações particulares conservam-se a meio caminho entre o universo solipsista do começo e o universo objetivo próprio da inteligência. Sem serem indispensáveis à descrição dos fatos, que vai seguir-se, tais considerações elucidam, não obstante, numerosos aspectos.

A Terceira Fase: as "Reações Circulares Secundárias" 141

§ 1. *AS "REAÇÕES CIRCULARES SECUNDÁRIAS": I. OS FATOS E A ASSIMILAÇÃO REPRODUTORA.* – Podemos chamar "primárias" as reações circulares da segunda fase. O seu caráter próprio consiste em movimentos simples dos órgãos (chupar, olhar, agarrar etc.), isto é, em movimentos centrados em si mesmos (com ou sem coordenação entre eles) e não destinados a manter um resultado dado no meio exterior. Assim é que a criança agarra por agarrar, para chupar ou para olhar, mas ainda não para balançar, esfregar ou reproduzir os sons ouvidos. Os objetos exteriores sobre os quais o sujeito age também estão ainda identificados com a sua ação e, sendo esta simples, os meios confundem-se com o próprio objetivo. Ao contrário, nas reações circulares a que chamamos "secundárias" e que caracterizam a presente fase, os movimentos estão centrados num resultado produzido no meio exterior e a ação tem por única finalidade manter esse resultado; sendo também mais complexa, os meios começam a diferenciar-se do fim, pelo menos a *posteriori*.

Evidentemente, aparecem todos os intermédios entre as ações circulares primárias e as reações circulares secundárias. É por convenção que escolhemos como critério do aparecimento das reações secundárias a ação exercida sobre o meio exterior. De fato, se, em suas linhas gerais, esse aparecimento tem lugar após a conquista definitiva da preensão, já é possível, não obstante, encontrar antes disso alguns exemplos desse fenômeno.

Vejamos, em primeiro lugar, alguns casos de reações circulares relativas aos movimentos que a criança imprime ao seu berço e aos objetos suspensos:

Obs. 94. – Lucienne, aos 0; 3 (5), sacode o seu carrinho de bebê imprimindo às pernas movimentos violentos (de flexão e distensão), o que faz balançar as bonecas de pano suspensas do teto do veículo. Lucienne olha-as sorrindo, para recomeçar logo a manobra. Esses movimentos são simples concomitantes da alegria: quando ela sente um grande prazer, Lucienne exterioriza-o numa reação total, incluindo o movimento das pernas. Como sorri frequentemente aos seus trapos, assim foi que provocou o balanço. Mas mantê-lo-á por uma reação circular conscientemente coordenada ou é o prazer incessantemente renovado que explica o seu comportamento?

142   O Nascimento da Inteligência na Criança

Na tarde do mesmo dia, quando Lucienne está tranquila, faço oscilar levemente suas bonecas. A reação da manhã é novamente deflagrada, mas as duas interpretações continuam sendo possíveis.

No dia seguinte, aos 0; 3 (6), apresento as bonecas: Lucienne agita-se *incontinenti*, incluindo o espernear, mas desta vez sem sorriso algum. O seu interesse é intenso e persistente, fazendo crer na existência de uma reação circular intencional.

Aos 0; 3 (8), encontro Lucienne empenhada em fazer balançar as suas bonecas. Uma hora depois, imprimo-lhes um leve movimento: Lucienne olha-as, sorri, agita-se um pouco e depois volta a concentrar sua atenção nas mãos, que estava contemplando um pouco antes. Um movimento fortuito agita as bonecas: Lucienne olha-as de novo, e desta vez sacode regularmente o corpo. Fixa as bonecas com o olhar, esboça um sorriso e imprime às pernas movimentos nervosos e decididos. É distraída a todo instante pelas suas mãos, que atravessam o campo visual: examina-as por momentos e logo retorna às bonecas. Há, desta vez, uma nítida reação circular.

Aos 0; 3 (13), Lucienne olha para sua mão com maior coordenação do que habitualmente (ver obs. 67). Na sua alegria de ver a mão ir e vir entre o travesseiro e seu rosto, ela se agita defronte dessa mão como se estivesse diante das bonecas. Ora, essa reação de agitação recorda-lhe as bonecas, para quem ela olha imediatamente depois, como se lhes previse o momento. Olha igualmente para a capota, que também se mexe. Em certos momentos, o seu olhar oscila entre a mão, a capota e as bonecas. Depois, a sua atenção prende-se às bonecas, que passa então a agitar com regularidade.

Aos 0; 3 (16), assim que penduro as bonecas, Lucienne abana-as imediatamente, sem sorrir, por sacudidas claras e ritmadas do corpo, com um bom intervalo entre cada sacudida, como se estudasse o fenômeno. O êxito conduz gradualmente ao sorriso. A reação circular é, desta vez, incontestável. *Idem,* aos 0; 3 (24). As mesmas observações nos meses seguintes e até 0; 6 (10) e 0; 7 (27), em face de um boneco articulado; 0; 6 (13), em face de um pássaro de celuloide etc.

Obs. 94 bis. – Aos 0; 3 (9), Lucienne está no seu berço, sem as bonecas de que falamos há pouco. Imprimo ao teto do berço duas ou três sacudidas, sem que ela me veja. Lucienne olha, muito séria e interessada, e recomeça várias vezes seguidas, com safanões bruscos

A Terceira Fase: as "Reações Circulares Secundárias" **143**

e nitidamente intencionais. – Na tarde do mesmo dia, encontro Lucienne empenhada em agitar o teto do berço, espontaneamente. Sorri sozinha diante do espetáculo.

Trata-se, pois, nesse caso, do esquema descrito na observação precedente, mas aplicado a um novo objeto. A mesma observação nos dias seguintes.

Aos 0; 4 (4), num novo carrinho de bebê, Lucienne dá grandes golpes de rins para sacudir a capota. Aos 0; 4 (13), esperneia com enorme rapidez, observando a guarnição de franjas da capota do carrinho, assim que as revê; depois de uma pausa, recomeça a manobra. A mesma reação a respeito da capota em geral. Aos 0; 4 (19), recomeça a examinar em pormenores cada região da capota. Aos 0; 4 (31), faz o mesmo no seu antigo carrinho: estuda com a maior atenção o resultado de suas sacudidas. As mesmas observações aos 0; 5 (5) etc., até 0; 7 (20) e além dessa data.

Obs. 95. – Lucienne, aos 0; 4 (27), está deitada no berço. Suspendo acima de seus pés uma boneca que provoca imediatamente o esquema de sacudidas (ver a observação precedente). Mas os pés atingem logo a boneca e imprimem-lhe um movimento violento que Lucienne observa extasiada. Depois, olha por instantes para o seu pé imóvel e recomeça. Não há controle visual do pé, pois os movimentos permanecem os mesmos quando Lucienne só olha para a boneca ou quando ponho esta por cima da sua cabeça. Pelo contrário, o controle tátil do pé é evidente: após as primeiras sacudidas, Lucienne descreve movimentos vagarosos do pé, como se quisesse agarrar e explorar. Por exemplo, quando procura dar um pontapé na boneca e falha o alvo, recomeça muito lentamente até conseguir (sem ver seus pés). Do mesmo modo, ponho o rosto de Lucienne sob um lençol ou distraio-a em outra direção: nem por isso ela para, um só instante, de bater na boneca e de regular os seus movimentos.

Aos 0; 4 (28), assim que Lucienne vê a boneca, começa a mexer com os pés. Quando desloco a boneca na direção do seu rosto, ela redobra os movimentos e chega, assim, aos comportamentos descritos nas observações precedentes. Aos 0; 5 (0), ela oscila igualmente entre a reação global e os movimentos específicos dos pés; mas, aos 0; 5 (1), retorna exclusivamente aos seus últimos movimentos e parece mesmo regulá-los (sem ver os pés), quando ergo um pouco mais a boneca.

144　O Nascimento da Inteligência na Criança

Um momento depois, ela tateia até sentir o contato entre o seu pé nu e a boneca: redobra então os movimentos. A mesma reação aos 0; 5 (7) e dias seguintes.

Aos 0; 5 (18), coloco a boneca em diferentes alturas, ora à esquerda, ora à direita: Lucienne procura primeiro atingi-la com os pés; depois, quando o consegue, fá-la balançar com suas sacudidas. Portanto, o esquema está definitivamente adquirido e começa a se diferenciar por acomodação às diversas situações.

Obs. 96. – Jacqueline, aos 0; 5 (8), olha para uma boneca presa a um cordão que está estendido entre o teto e o parapeito do berço. A boneca encontra-se mais ou menos à altura dos pés da criança. Jacqueline mexe os pés e acaba por atingir a boneca, cujos movimentos ela observa. Segue-se, então, uma reação circular, comparável à da observação precedente, mas menos coordenada, atendendo ao atraso de Jacqueline, que nasceu no inverno e está fisicamente menos exercitada do que Lucienne. Os pés agitam-se, primeiro sem coordenação consciente, depois, com certeza, por reação circular: a atividade dos pés é cada vez mais regular, de fato, enquanto Jacqueline mantém os olhos fixos da boneca. Por outro lado, quando retiro a boneca, Jacqueline ocupa-se de outras coisas muito diferentes; contudo, assim que a reponho, instantes depois, Jacqueline volta a espernear *incontinenti*. Mas, diferentemente de Lucienne, Jacqueline não compreende a necessidade de um contato entre os pés e a boneca. Limita-se a notar a ligação entre o movimento do objeto e a atividade total do seu próprio corpo. É por isso que, ao ver a boneca, coloca-se na situação de movimento total em que vê a boneca balançar: agita os braços, o torso e as pernas, numa reação global, sem prestar atenção especial aos pés. A contraprova é simples de fazer. Coloco a boneca acima do rosto de Jacqueline, fora de todo o contato possível: Jacqueline recomeça a esbracejar, agitando o torso e esperneando, tal qual como antes, sem tirar os olhos da boneca (e não olhando uma só vez para os pés). Portanto, Jacqueline estabeleceu uma ligação entre os seus movimentos em geral e os do objeto, e não entre os seus pés e a boneca. Tampouco observei qualquer controle tátil.

Poder-se-ia objetar, nesse caso, que Jacqueline não estabeleceu ligação alguma e limita-se a manifestar a sua alegria na presença dos movimentos da boneca, sem que os atribua à sua própria atividade. A agitação da criança seria, assim, uma atitude meramente concomitante

A Terceira Fase: as "Reações Circulares Secundárias" **145**

do prazer e não uma reação no sentido de um resultado objetivo. Mas, sem dispor de provas neste caso particular, podemos concluir pela existência de uma ligação intencional, por analogia com as observações precedentes e as seguintes, nas quais as reações da criança, muito mais precoces, nos permitiram afastar qualquer outra interpretação.

Obs. 97. – Laurent, a partir de meados do terceiro mês, apresentou reações globais de prazer ao olhar para as argolas de guizos suspensas do teto do seu berço, para o próprio teto etc.: chilreia, encaracola-se todo, esbraceja, esperneia etc. Sacode assim o berço e recomeça ainda com maior vigor. Mas não se pode falar ainda de reação circular: não há uma ligação consciente entre os movimentos do corpo e dos membros e o espetáculo presenciado, mas apenas uma atitude de alegria e de dispêndio físico. Aos 0; 2 (17), observo ainda que, quando os seus movimentos provocam os das argolas, para a fim de contemplá-los, longe de compreender que é ele quem os provoca; quando as argolas estão imóveis, Laurent recomeça, e assim por diante. Pelo contrário, aos 0; 2 (24), faço a seguinte experiência, que deflagrou um começo de reação circular secundária. Laurent batia no peito e agitava as mãos, que estavam enfaixadas e presas por cordões fixados às pegas do berço, para impedi-lo de chupar os dedos (as mãos só não podiam chegar à boca). Tive então a ideia de utilizar o dispositivo e prendi os cordões às bolas de celuloide suspensas do teto do berço. Laurent, é claro, agitou as bolas por acaso e logo fixou nelas os olhos (o recheio metálico das bolas ressoou). Repetindo-se a sacudida cada vez mais frequentemente, Laurent passou a contorcer-se, a agitar braços e pernas, em resumo, a manifestar um prazer crescente, ao mesmo tempo que, por isso mesmo, mantinha o resultado interessante. Mas nada nos permite ainda falar de reação circular secundária: poderá haver ainda, nesse caso, simples atitude de prazer e não uma ligação consciente.

No dia seguinte, aos 0; 2 (25), volto a prender a mão direita às bolas de celuloide, mas deixando o cordão um pouco frouxo, pelo fato de necessitar de movimentos mais amplos do braço direito e limitar, assim, o efeito do acaso. A mão esquerda está livre. No princípio, os movimentos dos braços são insuficientes e as bolas não mexem. Depois, os movimentos tornam-se mais amplos, mais regulares, e as bolas agitam-se periodicamente, fazendo ouvir seus guizos, ao passo que o olhar da criança está concentrado nesse espetáculo. Parece haver agora uma coordenação consciente, mas os dois braços agitam-se igualmente

146 O Nascimento da Inteligência na Criança

e não se pode decidir com segurança se estamos ou não na presença de uma simples reação de prazer. No dia seguinte, as mesmas reações.

Aos 0; 2 (27), pelo contrário, a coordenação consciente parece definir-se, pelas quatro razões seguintes. 1ª) Laurent ficou surpreendido e assustado pela primeira sacudida do brinquedo, que não esperava. Pelo contrário, depois da segunda ou terceira sacudida, passou a balançar regularmente o seu braço direito (o que estava ligado às bolas de celuloide), enquanto o braço esquerdo se conservava quase imóvel. Ora, o direito podia muito bem mover-se livremente sem sacudir o brinquedo, pois o cordão estava suficientemente folgado para que Laurent pudesse chupar o dedo, por exemplo, sem puxar as bolas; parece-nos, pois, que o balanço era intencional. 2ª) Laurent pisca os olhos antecipadamente, assim que sacode o braço e antes de as bolas se moverem, como se soubesse que iria obrigá-las a agitarem-se e a chocalhar. 3ª) Quando Laurent abandona provisoriamente o jogo e une as mãos, por instantes, a direita (ligada às bolas) reinicia sozinha o movimento, enquanto a esquerda permanece imóvel. 4ª) As sacudidas regulares que Laurent imprime ao brinquedo testemunham certa habilidade: o movimento é regular e a criança tem de esticar suficientemente o braço para trás, a fim de obrigar as bolas a ressoarem. – A reação é a mesma nos dias seguintes: o braço direito, ligado ao brinquedo, é sempre mais ativo do que o esquerdo. Além disso, o interesse é crescente e Laurent balança o braço direito assim que ouve as bolas chocalharem (enquanto as prendo no cordão), sem esperar que as tenha agitado por acaso.

Aos 0; 3 (0), prendo desta vez o cordão no braço esquerdo, após seis dias de experiências com o braço direito. A primeira sacudida é feita por acaso: susto, curiosidade etc. Depois, imediatamente, registra-se uma reação circular coordenada: desta vez é o braço direito que fica estendido e quase imóvel, enquanto o esquerdo balança. Ora, Laurent tem todo o espaço que quiser para fazer outras coisas com o seu braço esquerdo, em vez de sacudir as bolas, mas em momento nenhum procura livrar a mão presa ao cordão e tem o olhar voltado para o resultado. – Pode-se, pois, falar com segurança, desta vez, de uma reação circular secundária, embora Laurent só na semana seguinte tenha aprendido a coordenar a sua preensão com a visão. Isso é tanto mais certo porquanto, aos 0; 2 (29), observei o fato seguinte. Ao pôr o meu dedo médio na sua mão esquerda, imprimi ao braço de Laurent um

A Terceira Fase: as "Reações Circulares Secundárias" **147**

movimento de vaivém análogo ao de que ele necessita para provocar o movimento das bolas: quando me interrompia, Laurent continuava o vaivém e dirigia o meu dedo. Semelhante movimento é suscetível, portanto, de coordenação intencional a partir dessa idade.

Aos 0; 3 (10), finalmente, depois de Laurent ter aprendido a agarrar o que vê, ponho-lhe o cordão atado à argola diretamente na mão direita, enrolando-o simplesmente um pouco para que o agarre melhor. Durante um momento, nada se passa; mas, à primeira sacudida fortuita, causada pelos movimentos de sua mão, a reação foi instantânea: Laurent tem um sobressalto, ao ver e ouvir a argola, depois desfere violentos golpes no cordão só com a mão direita, como se tivesse sentido a resistência e pressentisse o efeito dos puxões. A operação dura um bom quarto de hora, durante o qual Laurent ri às gargalhadas. O fenômeno é tanto mais claro porquanto, estando o cordão com folga, a criança tem de esticar suficientemente o braço para retesá-lo e dosar o esforço.

Obs. 98. – Após os fatos precedentes, Laurent é submetido, aos 0; 3 (12), à experiência seguinte. Prendo na argola de guizos (suspensa do teto do berço) a minha corrente de relógio e deixo-a pender verticalmente diante do rosto da criança, para ver se ela a agarrará e, dessa maneira, fará agitar as bolas de celuloide. O resultado é inteiramente negativo; quando lhe coloco a corrente nas mãos e ele a sacode por acaso e ouve o ruído, Laurent agita imediatamente a mão (como na observação anterior), mas larga a corrente, sem compreender que deve agarrá-la para agitar a argola. No dia seguinte, pelo contrário, aos 0; 3 (13), ele descobre o processo. No início, quando lhe ponho a corrente na mão (faço-o apenas para precipitar o começo da experiência, pois esse ato de preensão produzir-se-ia de qualquer modo, mais cedo ou mais tarde, e fortuitamente), Laurent agita a mão, depois solta a corrente, sem tirar os olhos das bolas (da argola). Em seguida, dá grandes golpes ao acaso, o que sacode a corrente (e a argola), sem que, no entanto, a agarre. Depois, apanha, sem olhar, uma ponta do lençol à sua frente (sem dúvida para chupá-lo, como faz uma parte do dia) e agarra ao mesmo tempo a corrente, sem reconhecê-la. A corrente agita a argola e Laurent interessa-se de novo por esse espetáculo. Pouco a pouco, Laurent consegue, assim, discriminar tatilmente a própria corrente: busca-a com a mão e assim que a toca com a parte externa dos dedos, solta o lençol ou o cobertor para reter apenas a corrente. Agita *incontinenti* o braço, com os olhos postos na argola. Portanto,

148   O Nascimento da Inteligência na Criança

parece ter compreendido ser a corrente, e não os movimentos do seu corpo, em geral, que agita a argola. Num dado momento, olha para a mão que segura a corrente e, depois, percorre a corrente com a vista de alto a baixo.

Na tarde do mesmo dia, assim que ouviu o chocalhar da argola e viu a corrente pendurada, procurou logo agarrá-la, sem olhar para a sua mão nem para a extremidade inferior da corrente (olha apenas para a argola). A coisa passou-se exatamente da seguinte maneira: enquanto olhava para a argola, Laurent soltou a mão direita do lençol que estava chupando (mantém-no na boca com a mão esquerda) e pôs-se a procurar a corrente, com a mão direita espalmada e o polegar em oposição; assim que entrou em contato com a corrente, agarrou-a e abanou-a. Após alguns instantes desse exercício, voltou a chupar os dedos. Mas, tendo a corrente roçado pela mão, retira-a prontamente da boca e volta a agarrar a corrente, afasta-se devagar, olhando para a argola, e para, evidentemente, ouvir o ruído; alguns segundos depois, durante os quais continua afastando a corrente, muito devagar, dá--lhe um puxão mais forte e tem êxito. Ri então às gargalhadas, palra e balança a corrente a todo o vapor.

Aos 0; 3 (14), Laurent olha para a argola no momento em que penduro a corrente. Permanece imóvel por instantes. Depois, procura agarrar a corrente (sem olhar para ela), roça-lhe com as costas da mão, apanha-a, mas continua olhando para a argola sem mexer os braços. Depois agita levemente a corrente, observando o efeito produzido, após o que lhe dá puxões cada vez mais fortes. Sorriso e expressão de encantamento.

Contudo, um momento depois, Laurent larga sem querer a corrente. Conserva então a sua mão esquerda (a que segurava até aí a corrente) bem fechada, ao passo que a direita está aberta e imóvel. Continua sacudindo o braço esquerdo, como se ainda segurasse a corrente que escapuliu, e mantém os olhos postos na argola. Continua assim uns cinco minutos, pelo menos. – Esta última observação revela-nos que, embora Laurent saiba coordenar os seus movimentos de preensão e as sacudidas do braço com o movimento da argola, pouco compreende ainda do mecanismo dessas ligações.

Nos dias seguintes, Laurent agarra e sacode a corrente, assim que a penduro, e agita a argola, mas não olha para a corrente antes de

A Terceira Fase: as "Reações Circulares Secundárias" **149**

apanhá-la: limita-se a procurá-la com a mão (direita ou esquerda, segundo o caso) e agarra-a assim que a toca. Aos 0; 3 (18), pelo contrário, olha primeiro para a argola e depois para a corrente, agarrando-a depois de tê-la visto. Assim, a corrente adquiriu uma significação visual e não apenas tátil: Laurent sabe, doravante, que esse obstáculo visual é, ao mesmo tempo, uma coisa a agarrar e um meio para agitar a argola. Não obstante, essa coordenação tátil-visual relativa à corrente não implica que Laurent tenha compreendido os pormenores do mecanismo: há simplesmente uma ligação de eficácia entre a preensão da corrente, seguida da adaptação do braço, e os movimentos da argola. A sequência da observação (ver, mais adiante, a obs. 112) mostrar-nos-á, com efeito, como esse esquema continua sendo fenomenista: a corrente não é concebida como o prolongamento da argola; é, simplesmente, uma coisa a agarrar e sacudir, quando se deseja ver e ouvir a argola em movimento.

Obs. 99. – Após ter assim descoberto o uso da corrente pendurada da argola, Laurent generaliza essa conduta aplicando-a a tudo o que está suspenso do teto do seu berço.

Por exemplo, aos 0; 3 (23), apodera-se do cordão que prende ao teto uma boneca de borracha e sacode-o prontamente. Esse gesto, simples assimilação do cordão percebido ao esquema habitual, tem por efeito, naturalmente, balançar o teto e as argolas dele suspensas. Laurent, que não parecia esperar todo esse resultado, considera-o com um interesse crescente e redobra de vigor, desta vez, evidentemente, para fazer durar o espetáculo. Após uma interrupção, eu próprio abano o teto do berço (por trás): Laurent procura então com os olhos o cordão, agarra-o e sacode-o; chega mesmo a agarrar e sacudir a própria boneca.

Na tarde do mesmo dia: reações idênticas. Noto que Laurent, quando puxa o cordão, olha-o de alto a baixo: espera, portanto, o resultado do seu ato. Observa-o, igualmente, antes de agarrá-lo, mas isso não é sempre; nem tem necessidade de o fazer, pois conhece o significado visual desse objeto e sabe dirigir o seu braço por via cinestésica.

Aos 0; 4 (3), puxa à vontade a corrente do relógio ou o cordão para balançar a argola e reproduzir o chocalhar das bolas: a intencionalidade é evidente. Num dado momento, prendo um corta-papel à corrente e ao cordão. Laurent puxa e fica muito surpreendido por ver que também faz balançar assim o corta-papel. Recomeça com interesse.

150   O Nascimento da Inteligência na Criança

Aos 0; 4 (6), apodera-se da boneca assim que vê o corta-papel preso ao cordão. No mesmo dia, prendo um novo brinquedo à meia altura do cordão (em vez do corta-papel): Laurent começa por agitar-se olhando para a boneca de borracha, depois esbraceja e, finalmente, apodera-se da boneca, que agita enquanto olha para o novo brinquedo. A coordenação foi nitidamente intencional.

Aos 0; 4 (30), Laurent, vendo a boneca suspensa das argolas, dirige logo o seu olhar para estas e sacode em seguida a boneca, apenas; portanto, foi claramente para agitar as argolas que ele agarrou a boneca.

Aos 0; 5 (25), as mesmas reações ao ver o cordão. Por outro lado, basta que eu agite o teto do berço (por trás e sem ser visto) para que Laurent procure o cordão e o puxe, com a finalidade de manter esse movimento.

Obs. 100. – Aos 0; 7 (16), Jacqueline apresenta uma reação circular análoga à da obs. 99, mas com o atraso que se explica pelos três meses de diferença que a separam de Laurent, do ponto de vista da preensão dos objetos vistos. Ela se encontra na presença de uma boneca pendurada no cordão que liga o teto do berço à borda. Ao agarrar essa boneca, abana o teto do berço: registra *incontinenti* esse resultado e recomeça, pelo menos, vinte vezes seguidas, cada vez mais violentamente e olhando, a rir, o teto sacudido.

Aos 0; 7 (23), Jacqueline olha o teto do berço, ao qual imprimo algumas sacudidas sem me mostrar. Assim que terminei, ela agarra e puxa um atilho pendente do local onde se encontrava antes a boneca. O meu movimento recorda-lhe, pois, o esquema conhecido e ela puxa o cordão no lugar habitual, sem ter necessariamente compreendido o pormenor do mecanismo. A mesma reação, mas internamente espontânea, aos 0; 8 (8), 0; 8 (9), 0; 8 (13), 0; 8 (16) etc.

Obs. 100 bis. – Lucienne, do mesmo modo, aos 0; 6 (5), puxa uma boneca suspensa do teto, para sacudir este último; chega mesmo a olhar antecipadamente para o teto, ao agarrar a boneca, dando assim prova de sua previsão correta. A mesma observação aos 0; 6 (10), 0; 8 (10) etc.

Obs. 101. – Devemos, finalmente, citar dois outros métodos usados por Jacqueline, Lucienne e Laurent para sacudirem seus berços ou os objetos pendurados dos respectivos tetos. Aos 0; 7 (20), Lucienne olha para a cobertura do berço e para as fitas dela pendentes; tem os braços estendidos e ligeiramente levantados, a igual distância do seu rosto. Abre e fecha lentamente as mãos, depois cada vez mais depressa, com movimentos involuntários dos braços, que assim agitam muito levemente o teto. Lucienne repete, então, esse conjunto de movimentos com uma rapidez crescente. A mesma reação aos 0; 7 (27) etc. Observo ainda a mesma coisa aos 0; 10 (7): sacode o berço agitando as mãos.

Aos 0; 8 (5), Lucienne sacode a cabeça (lateralmente) para abanar o carrinho, a capota, as franjas etc.

Jacqueline também abana o seu berço aos 0; 8 (19), balançando os braços. Consegue mesmo diferenciar os seus movimentos para conservar certos resultados obtidos por acaso: agita o braço direito de certa maneira (obliquamente, em relação ao tronco) para fazer ranger o berço, sacudindo-o todo. No caso de fracasso, ela se corrige e tateia, coloca os braços perpendicularmente ao tronco, depois cada vez mais obliquamente, até conseguir êxito. Aos 0; 11 (16), ela balança à distância (aos pés do carrinho de bebê) um balão, sacudindo os braços.

Laurent descobriu, no fim do quarto mês, essas mesmas duas reações circulares, o que demonstra bem a sua generalidade. Assim é que, aos 0; 3 (23), encontro-o empenhado em sacudir a cabeça espontaneamente (movimento lateral), em frente às argolas suspensas, antes de agarrar o cordão que lhe permite agitá-las. Efetivamente, esse movimento da cabeça era suficiente para sacudir ligeiramente o berço todo.

Quanto aos movimentos do braço, resultam em parte das reações aprendidas que descrevemos nas obs. 97 e 98; mas, também em parte, dos movimentos de todo o corpo que a criança executa, por vezes, para sacudir o carrinho. Aos 0; 3 (25), por exemplo, e aos 0; 4 (6), começa por agitar-se todo na presença dos objetos suspensos; depois, agita no ar o seu braço direito. A reação generalizou-se nos dias seguintes.

Vejamos, agora, algumas observações de reações circulares secundárias relativas aos objetos, ordinariamente não pendurados, que a criança agarra para pôr em movimento – balançá-los, sacudi-los, esfregar uns contra outros, fazê-los chocalhar etc.

Obs. 102. – O exemplo mais simples é, sem dúvida, o dos objetos que a criança agita, simplesmente, assim que os agarra. Desse

152 O Nascimento da Inteligência na Criança

esquema elementar, que é quase "primário", logo deriva o seguinte: basta que os objetos agitados produzam um som para que a criança tente reproduzi-lo.

Aos 0; 2 (26), Laurent, em cuja mão direita coloquei o punho de um chocalho, sacode-o por acaso, ouve o ruído e ri do resultado. Mas não viu o chocalho e procura-o com a vista na direção do teto do berço, no lugar de onde habitualmente provém tal som. Quando, por fim, enxerga o chocalho, não entende que é esse o objeto que ressoa nem que foi ele próprio quem o pôs em movimento. Mas nem por isso abandona essa atividade.

Aos 0; 3 (6), ou seja, durante a quarta etapa da preensão, agarrou o chocalho depois de ver sua mão no mesmo campo visual e levou-o à boca. Mas o som assim provocado desperta o esquema do chocalho (argola) pendurado: Laurent agita-se todo, em particular o braço, e acaba por sacudir apenas esse membro, espantado e levemente inquieto com o barulho crescente.

A partir de 0; 3 (15), enfim, ou seja, a partir da presente fase, basta que Laurent agarre um objeto para que logo o agite no ar, e basta que enxergue o chocalho com punho para que dele se apodere e o agite adequadamente. Mas, subsequentemente, a reação complica-se pelo fato de Laurent procurar, de preferência, bater no chocalho com uma das mãos, enquanto o segura na outra, esfregá-lo contra a borda do berço etc. Retornaremos a essa observação, a propósito desses últimos esquemas.

Lucienne, aos 0; 4 (15), agarra o punho de um chocalho formado por uma bola de celuloide com miolo metálico para ressoar. Os movimentos que a mão faz para agarrar o chocalho têm por resultado sacolejá-lo e produzir um ruído súbito e violento. Imediatamente Lucienne agita o corpo todo e, sobretudo, os pés, a fim de prolongar esse barulho. Ela tem uma expressão atarantada, de medo e prazer juntos, mas continua. Até aqui, a reação é comparável à das obs. 94-94 *bis* e o movimento das mãos ainda não é alimentado por si mesmo, independentemente da reação do corpo inteiro. Essa reação dura alguns dias, mas, em seguida, Lucienne, assim que está na posse do chocalho, limita-se a sacolejá-lo com a mão que o segura. Porém, coisa curiosa, ainda aos 0; 5 (10) e 0; 5 (12), ela acompanha esse movimento das mãos com sacudidas dos pés análogas às que faz para abanar um objeto suspenso (ver a obs. 95).

A Terceira Fase: as "Reações Circulares Secundárias" **153**

Do mesmo modo, Jacqueline, aos 0; 9 (5), segura na mão e agita um papagaio de celuloide (que também chocalha), brinquedo que recentemente lhe foi dado. Ela sorri quando o movimento é leve, fica inquieta quando é muito forte e sabe muito bem graduar o fenômeno; Jacqueline aumenta o ruído progressivamente, até o instante em que fica com medo e diminui para os sons mais tênues. Além disso, quando o miolo metálico fica trancado numa das extremidades, ela sacoleja o papagaio, orientando-o em outra direção e assim restabelecendo o chocalhar.

Obs. 103. – Um segundo esquema clássico é o de "bater". Lucienne aos 0; 4 (28), procura agarrar o chocalho da obs. 102 quando este está preso no teto do berço e pende diante de seu rosto. Durante uma tentativa infeliz, bate nele violentamente. Susto, depois um esboço de sorriso. Então ergue de novo a mão, num gesto brusco e sem dúvida intencional: nova pancada no chocalho. A coisa torna-se então sistemática: Lucienne desfere, regularmente, uma série de tapas no brinquedo, um bom número de vezes.

Aos 0; 5 (0), faz o mesmo com as suas bonecas penduradas, em que bate com violência.

Aos 0; 6 (2), olha um Pierrô de madeira que pendurei defronte dela e com que só raramente brinca. Lucienne tenta primeiro agarrá-lo. Mas o movimento que fez ao estender a mão sacode o Pierrô antes que ela o tenha tocado: imediatamente Lucienne passa a sacudir, num ritmo regular e rápido, suas pernas e pés, para manter o balanço do objeto (cf. obs. 94). Depois agarra o Pierrô e puxa-o. O boneco escapa-lhe de novo e balança; Lucienne responde sacudindo outra vez as pernas. Por fim, reencontra o esquema de 0; 4 (28) e 0; 5 (0): bate no brinquedo cada vez com mais força, sem mais procurar agarrá-lo, e ri às gargalhadas com o espinotear do Pierrô. As mesmas reações aos 0; 6 (3). Aos 0; 6 (10) começa por bater no boneco articulado que prendo ao teto do berço e fá-lo assim balançar; depois, mantém o movimento mediante sacudidas das pernas. Aos 0; 6 (19), desfere tapas nas suas bonecas penduradas, para obrigá-las a balançar.

Jacqueline, do mesmo modo, bate em seus brinquedos desde os 0; 7 (15); aos 0; 7 (28) num pato, aos 0; 8 (5) numa boneca, aos 0; 9 (5) numa almofada, dos 0; 8 (5) aos 0; 9 (0) no seu papagaio de celuloide etc.

Em Laurent, o esquema de bater nasceu da seguinte maneira. Aos 0; 4 (7), Laurent observa um corta-papel preso nos cordões de uma

154 O Nascimento da Inteligência na Criança

boneca suspensa. Tenta agarrar a boneca ou o corta-papel, mas, a cada tentativa, a inépcia dos seus movimentos tem por efeito levá-lo a embater com esses objetos. Olha-os então com interesse e recomeça. No dia seguinte, aos 0; 4 (8), a mesma reação. Laurent ainda não bate intencionalmente, mas, ao tentar agarrar o corta-papel e verificando que fracassa todas as vezes, nada mais faz do que esboçar um gesto de preensão e limita-se, assim, a bater numa das extremidades do objeto.

Aos 0; 4 (9), ou seja, no dia seguinte, Laurent procura agarrar uma boneca pendurada diante dele; mas só consegue balançá-la, sem a reter. Agita então o corpo todo, esbracejando (ver, para este esquema, a obs. 101). Mas bate por acaso na boneca; então recomeça intencionalmente, uma série de vezes. Um quarto de hora depois, mal foi posto na presença da mesma boneca e nas mesmas circunstâncias, recomeça a bater-lhe.

Aos 0; 4 (15), diante de outra boneca pendurada, Laurent procura agarrá-la, depois agita-se todo para fazê-la balançar, bate-lhe fortuitamente e depois, sem mais, trata logo de bater-lhe. O esquema está, pois, quase diferenciado dos precedentes, mas ainda não constitui uma conduta básica e independente.

Aos 0; 4 (18), Laurent bate nas minhas mãos sem procurar agarrá-la, mas começou por agitar simplesmente os braços no vazio e só em seguida passou à ação de "bater".

Aos 0; 4 (19), enfim, Laurent bate diretamente numa boneca suspensa. Portanto, o esquema foi inteiramente diferenciado, por fim. Aos 0; 4 (21), bate igualmente nas argolas suspensas e balança-as com uma série de tapas vigorosos. A mesma reação nos dias seguintes.

A partir de 0; 5 (2), Laurent bate nos objetos com uma das mãos e segura-os com a outra. Assim é que segura uma boneca de borracha na mão esquerda e bate-lhe com a direita. Aos 0; 5 (6), agarra um chocalho pelo punho e bate-lhe *incontinenti*. Aos 0; 5 (7), apresento-lhe diversos objetos novos para ele (um pinguim de madeira etc.): mal lhes dedica uma olhada rápida, mas bate-lhes sistematicamente.

Vê-se, pois, como o esquema de bater nos objetos suspensos se diferenciou, pouco a pouco, a partir de esquemas mais simples e deu lugar ao esquema de bater nos objetos seguros na mão. Em contrapartida, assinale-se que, se a criança de 4-7 meses aprende assim a balançar os objetos suspensos batendo-lhes com toda a força possível, não procura,

A Terceira Fase: as "Reações Circulares Secundárias" **155**

entretanto, embora aí chegue muitas vezes por acaso, provocar simplesmente o balançar deles para observá-lo como fenômeno em si. Só aos 0; 8 (10) é que observo em Lucienne e Jacqueline essa última conduta, e aos 0; 8 (30) em Laurent. Ora, ela difere nitidamente da precedente, tanto do ponto de vista da causalidade como do mecanismo intelectual. A criança que bate para fazer balançar está, com efeito, ativa; ao passo que a criança que se limita a deflagrar o balanço transfere essa atividade para o objeto como tal. Portanto, já não se trata, nesse caso, de uma simples reação circular secundária, mas uma exploração e quase uma espécie de experimentação. É por isso que não falaremos aqui desse comportamento, reservando o seu estudo para a fase seguinte.

Obs. 104. – Um último exemplo interessante a notar é a conduta que consiste em esfregar os objetos contra superfícies duras, como as paredes de vime do berço. Lucienne, desde 0; 5 (12), e Jacqueline um pouco mais tarde, aos 0; 7 (20), serviram-se das argolas que tinham nas mãos para esfregá-las contra as paredes do berço. Laurent descobriu a coisa aos 0; 4 (6), em circunstâncias que vale a pena analisar.

Aos 0; 3 (29), Laurent agarrou um corta-papel que via pela primeira vez; olha-o por instantes, depois balança-o, segurando-o com a mão direita. Durante esses movimentos, o objeto roça por acaso no vime do berço: Laurent agita então o braço vigorosamente e procura, evidentemente, reproduzir o som ouvido, mas sem compreender a necessidade de um contato entre o corta-papel e a parede do berço, e, por consequência, sem realizar esse contato, a não ser por acaso.

Aos 0; 4 (3), as mesmas reações, mas Laurent contempla o objeto no momento em que este roça fortuitamente no vime do berço. O mesmo acontece ainda aos 0; 4 (5), mas com um ligeiro progresso no sentido da sistematização.

Aos 0; 4 (6), finalmente, o movimento torna-se intencional: assim que a criança tem o objeto na mão, esfrega-o com regularidade contra a parede do berço. Subsequentemente, faz o mesmo com as bonecas, as argolas (ver obs. 102) etc.

Esses exemplos de reações circulares secundárias constituem, assim, as primeiras condutas que implicam uma ação exercida sobre as coisas e não apenas uma utilização, de certo modo orgânica, da realidade. Tal questão suscita novamente toda a problemática da assimilação mental.

156 O Nascimento da Inteligência na Criança

Quando o bebê recebe o seio materno pela primeira vez e recomeça, logo depois, a chupar e a deglutir ou, mesmo antes, quando mexe impulsivamente os lábios e continua, em seguida, chupando em vazio, poder-se-ia supor que essa assimilação reprodutora, assim como os reconhecimentos e generalizações que a prolongam, estão sob a dependência de uma necessidade anterior ao seu condicionamento: a necessidade orgânica de se alimentar e de chupar. Analogamente, quando a criança aprende a olhar, ouvir e agarrar, poder-se-ia admitir que essa atividade funcional só é assimiladora porque constitui, previamente, uma satisfação de necessidades fisiológicas. Se fosse esse o caso, não seria possível entender como a atividade da criança pode concentrar-se, a partir dos 4-6 meses, em resultados tais como os das reações circulares secundárias, os quais não correspondem, em sua exterioridade, a qualquer necessidade interna, definida e específica.

Porém, como vimos no cap. I (§ 3), a repercussão de uma necessidade fisiológica na consciência não é um fato simples nem um dado imediato, e convém distinguir no ato mais humilde de repetição, pelo qual principia o exercício do reflexo ou a associação adquirida, duas séries distintas: a série orgânica e a série psíquica. Do ponto de vista fisiológico, é indubitável ser a necessidade que explica a repetição: é porque a sucção corresponde a uma necessidade que o bebê não para de chupar e é por causa da ligação que se estabelece entre a sucção do polegar e a satisfação dessa necessidade que a criança de 1-2 meses mete o polegar na boca, assim que é capaz dessa coordenação. Entretanto, convém assinalar que, mesmo do ponto de vista estritamente fisiológico, todas as necessidades dependem, de perto ou de longe, de uma necessidade fundamental que é a do desenvolvimento do organismo – isto é, precisamente, da assimilação: é graças à subordinação dos órgãos a essa tendência central – a qual define a própria vida – que o funcionamento de cada um dá origem a uma necessidade particular. Ora, do ponto de vista psicológico, acontece exatamente o mesmo. A necessidade desencadeia o ato e seu funcionamento, mas esse funcionamento engendra, por si mesmo, uma necessidade mais ampla, a qual transcende desde o princípio a pura satisfação da necessidade inicial. É inútil, pois, indagar se essa necessidade é que explica a repetição ou o inverso: constituem, em seu todo, uma unidade indissociável. O fato primordial não é, pois, a necessidade anterior ao ato nem a repetição, fonte de satisfação: é a relação total entre a necessidade e a satisfação. Do ponto de vista do comportamento, essa relação é, pura e simplesmente, a operação pela qual um mecanismo já organizado se consolida funcionando – e funciona utilizando um dado exterior a si: é, portanto, a assimilação funcional. Ora, do ponto de vista da consciência, essa relação é igualmente de natureza operatória e é por essa razão que não se pode procurar o dado primordial da Psicologia num estado de consciência simples nem numa tendência isolada. A necessidade e a satisfação são, com efeito, reciprocamente supletivas e oscilam entre o orgânico puro e o funcional: além disso, sentem-se relativamente uma à outra. Dependem, portanto, uma e outra, de uma operação fundamental – de que apenas são a conscientização móvel e aproximativa – pela qual o comportamento relaciona o seu próprio funcionamento com os dados do meio: a ligação da necessidade e da satisfação manifesta, assim, uma relação anterior de assimilação, segundo a qual o sujeito só apreende o objeto relativamente à sua própria atividade. Por consequência, tal como todas as necessidades fisiológicas dependem de uma tendência central – a do desenvolvimento do organismo por assimilação do meio ambiente – também todo o funcionamento psíquico elementar, por muito escravizado que pareça à satisfação de uma necessidade fisiológica precisa, implica uma atividade que integrará, pouco a pouco, a totalidade dos comportamentos: a assimilação do objeto ao sujeito, em geral.

Recordados esses princípios, é fácil compreender como as necessidades sobretudo orgânicas do princípio podem-se subordinar, pouco a pouco, às necessidades funcionais, e como estas podem dar lugar a operações respeitadas às relações das coisas entre elas e não apenas às relações das coisas com os órgãos do próprio corpo. Como se explica, por exemplo, que a criança, em vez de agarrar, pura e simplesmente, a boneca pendurada do teto do seu berço, dela se sirva para sacudir esse teto (obs. 100)? Ali então, com efeito, a boneca era o objeto para olhar, agarrar, chupar, ouvir etc., mas não uma coisa para produzir resultados extrínsecos, como sacudir o teto do berço. Deve ser explicada, portanto, a passagem do primeiro para o segundo estado. Quanto aos movimentos do teto, ou são percebidos pela primeira vez, e, então, é preciso compreender por que dão lugar, *incontinenti*, a um esforço de repetição, ou então já constituíam uma coisa a olhar, a ouvir etc., e será preciso compreender como se transformam num resultado a manter por novos meios.

158 O Nascimento da Inteligência na Criança

A questão simplifica-se desde que se entenda este fato essencial: entre os fenômenos desconhecidos que a criança observa só dão lugar a uma reação circular secundária aqueles que são sentidos como dependentes da atividade da própria criança. Ora, acentua-se, isso não é natural quanto pode parecer: pode-se perfeitamente conceber que a criança, na presença de qualquer espetáculo novo, mesmo independente dela do ponto de vista do observador, procure logo reproduzi-lo ou fazê-lo durar. É o que, precisamente, se apresenta em seguida, quando, habituada a repetir tudo por reação circular, a criança generaliza essa conduta e tenta descobrir os "processos para fazer durar os espetáculos interessantes" (ver obs. 112-118). Entretanto, a observação mostra-nos que se trata, nesse caso, de um comportamento derivado e que, no começo e antes de se exercitar na reação circular secundária, a criança, para assimilar os espetáculos novos, limita-se a utilizar as reações primárias: quando vê, por exemplo, as argolas suspensas balançarem, sem saber ainda que é ela quem as aciona, ou quando ouve o chocalho de punho sem se aperceber ainda de que é causa do efeito produzido, Laurent já se interessa por esses fenômenos, isto é, esforça-se por assimilá-los, mas só procura conservá-los vendo ou ouvindo, sem tentar ainda reproduzi-los mediante os movimentos da sua mão ou do seu braço. Isso não quer dizer, aliás, que tais fenômenos sejam concebidos por ele como "objetivos" e independentes da sua atividade genérica; pelo contrário, pode muito bem ser que, ao fixar os olhos num objeto ou ao voltar a cabeça para escutar etc., o sujeito tenha a impressão de participar na repetição ou na continuação do quadro sensorial. O que afirmamos, simplesmente, é que ele não compreende a relação entre esses quadros e a atividade especial das mãos. Ora, precisamente, é preciso que tal relação seja sentida para se iniciar o esforço de repetição que constitui a reação circular secundária.

Não se pode afirmar, portanto, que a presente conduta consista em repetir tudo o que surge ao acaso no campo de percepção da criança: a reação circular secundária só começa quando um efeito fortuito da ação do sujeito é entendido como resultado dessa atividade. Logo, é fácil entender a continuidade que existe entre as reações primárias e as reações secundárias: assim como, nas primeiras, o objetivo é alimento para a sucção, a visão ou a preensão, também, nas segundas, ele se converte em alimento para tal ou tal movimento resultante, por diferenciação, da preensão e dos gestos do antebraço. É verdade que

A Terceira Fase: as "Reações Circulares Secundárias" **159**

continua sendo grande a diferença entre o interesse, de certo modo centrípeto, que é próprio da sucção, ou mesmo da visão pela visão, e o interesse centrífugo do presente nível, interesse dirigido para o resultado exterior dos atos. Mas essa oposição atenua-se quando nos lembramos que um quadro sensorial é tanto mais objetivado e exteriorizado quanto mais esquemas coordenar em si e que existe toda uma série de intermediários entre as reações primárias e secundárias. Um objetivo visual, por exemplo, está muito mais próximo do "objeto", propriamente dito, se for simultaneamente uma coisa a ver, a ouvir e a tocar, do que se for uma simples imagem a contemplar. Por consequência, o movimento do teto do berço ou o ruído de uma vara contra a parede de vime do berço darão lugar a uma exteriorização tanto maior se forem, simultaneamente, para ver, ouvir e reproduzir, graças aos movimentos das mãos. Por um paradoxo análogo ao do desenvolvimento das ciências, verifica-se, pois, que o real será tanto mais objetivado quanto melhor elaborado for pelos esquemas do sujeito pensante e atuante, ao passo que o fenomenismo da percepção imediata nada mais é que subjetivismo. Ainda mais, ao englobar na sua atividade os resultados assim afastados dela, a criança introduz nas suas iniciativas uma série de atos intermediários. Por exemplo, quando sacoleja o teto do seu berço, ao agarrar uma boneca pendurada, a criança é obrigada, mesmo sem compreender as relações que existem entre esses dois termos, a ver no movimento do teto o prolongamento do ato de agarrar a boneca: a assimilação dos movimentos do teto ao esquema de preensão supõe, assim, uma relacionação desses movimentos com os da boneca. Tal processo explica o fato de toda a assimilação reprodutora de um espetáculo afastado acarretar uma elaboração ativa de relações: a ação deixa de ser simples para introduzir um começo de diferenciação entre meios e fins, e a assimilação das coisas ao eu converte-se em construção de relações entre as coisas.

A assimilação característica da reação circular secundária nada mais é, portanto, do que o desenvolvimento da assimilação em atividade nas reações primárias: assim como tudo, no universo primitivo da criança, é para chupar, ver, ouvir, tocar ou agarrar, tudo se torna, pouco a pouco, coisa para sacudir, balançar, sacolejar, friccionar etc., segundo as diferenciações dos esquemas manuais e visuais. Mas, antes de examinarmos o mecanismo por meio do qual essas acomodações progressivas se operam, falta explicar como um qualquer espetáculo

160 O Nascimento da Inteligência na Criança

distanciado pode ser assim concebido como produto pela ação do próprio indivíduo (o que é, como acabamos de assinalar, a condição de aparecimento de reação secundária). Pode-se responder em poucas palavras a essa questão: essa descoberta faz-se por assimilação recíproca dos esquemas em presença. Recordar-se-á, a esse respeito, como se estabelece tal coordenação entre a visão e a audição, por exemplo: ao procurar ver o que ouve e ouvir o que vê, a criança percebe, pouco a pouco, que um mesmo objeto determinado é, simultaneamente, fonte de sons e quadro visual. É de maneira análoga que se opera, em seguida, a coordenação da visão e da preensão. Após ter olhado para as suas próprias mãos e os objetos agarrados, a criança acaba por tentar mover o quadro visual que também vê; descobre então de que modo se pode agarrar o que se vê e ver o que se agarrou. Ora, no caso da reação circular secundária, nos seus primórdios, ocorre um fenômeno do mesmo gênero. Quando Laurent, por exemplo, desencadeia sem saber um movimento das argolas, puxando por uma corrente, ou esfrega sem saber um corta-papel contra o vime do berço, começa por olhar, ouvir etc. o efeito assim produzido, sem tentar conservá-lo por outros meios. Mas, como ele está precisamente empenhado em sacudir a corrente ou o corta-papel, enquanto olha ou ouve o resultado desses movimentos, as duas espécies de esquemas acabam, mais cedo ou mais tarde, por assimilar-se reciprocamente: a criança passa então a movimentar com a mão a imagem que vê, como antes fora conduzida a mover intencionalmente a imagem visual dos seus próprios membros. Isso ainda não significa que ela procure reproduzir o fenômeno objetivo como tal (o que constituirá a reação circular secundária), mas, simplesmente, que os seus esquemas visuais e manuais, estando simultaneamente em atividade, tendem, segundo uma lei geral, a assimilar-se mutuamente. Entretanto, logo que é esboçada essa assimilação recíproca, a criança compreende que o resultado exterior por ela percebido (movimentos das argolas ou ruído do corta-papel contra o vime) depende da sua atividade manual tanto quanto da visual ou da auditiva, e essa compreensão dá lugar, então, a um ato de assimilação reprodutora. Do ponto de vista da própria assimilação, a reação circular secundária prolonga, assim, a reação primária, e o interesse da criança só se exterioriza nas relações mútuas das coisas em função da coordenação crescente dos esquemas em presença (dos esquemas primários).

§ 2. *AS "REAÇÕES CIRCULARES SECUNDÁRIAS": II. A ACO-MODAÇÃO E A ORGANIZAÇÃO DOS ESQUEMAS.* – Até os comportamentos presentes, isto é, durante toda a fase das puras reações primárias, a acomodação mantinha-se relativamente subordinada à própria assimilação: chupar, olhar, agarrar consistiam simplesmente em incorporar os objetos percebidos nos correspondentes esquemas de assimilação, no que está subentendida a acomodação desses esquemas à diversidade das coisas. Assim é que os movimentos e posições das mãos, dos olhos, da boca, variam em função dos objetivos, numa acomodação contínua e concomitante, se bem que em direção contrária, da assimilação como tal. No outro extremo das condutas sensório-motoras, isto é, nas reações circulares terciárias, veremos que a acomodação precede, pelo contrário, a assimilação: na presença de novos objetos, a criança procura averiguar, intencionalmente, em que é que eles são novos e, assim, submete-os a experiências antes de assimilá-los a um esquema construído em efeito deles. Portanto, a acomodação evolui da simples diferenciação dos esquemas próprios das reações primárias até à pesquisa da novidade, própria das reações terciárias. Que acontece, pois, com a reação circular secundária?

No seu ponto de partida, não se registra outra acomodação além da das reações primárias: simples diferenciação de esquemas em função do objeto. Assim é que Laurent descobre a possibilidade de bater numa boneca de borracha pendurada simplesmente porque tentava agarrá-la (obs. 103); que Lucienne e Laurent aprendem a esfregar um chocalho contra a parede do berço, simplesmente porque o balançavam (obs. 104) etc. Mas, ao contrário do que acontece nas reações primárias, essa diferenciação inicial do esquema não resulta, sem mais nem menos, na sua aplicação aos objetos novos, dado que, precisamente, Laurent não consegue agarrar a boneca, nem mover o chocalho como o ouve, mas descobre um fenômeno imprevisto, graças a esse mesmo esquema: a boneca balança quando se lhe bate e o chocalho emite um som quando é esfregado contra o berço. É então que se produz a acomodação específica da reação circular secundária: a criança procura reencontrar os movimentos que levaram aos novos resultados observados. Como há pouco mostramos, a criança começa, de fato, por procurar assimilar esse resultado novo, limitando-se a olhar etc. (esquemas primários). Depois, assim que descobriu, por assimilação recíproca dos esquemas, depender esse resultado da sua atividade

162 O Nascimento da Inteligência na Criança

manual, tenta reproduzi-lo por assimilação a essa atividade. Porém, como é justamente diferenciando-a que o sujeito obtém, por acaso, o novo resultado, trata-se de fixar intencionalmente essa diferenciação e é nisso que consiste, em última análise, a acomodação própria das reações secundárias: reencontrar os movimentos que deram origem ao resultado observado. Essa acomodação, sem preceder a assimilação, como é o caso na reação terciária, nem duplicá-la, simplesmente, como é o caso da reação primária, consiste, portanto, em completá-la no momento em que se constitui o novo esquema; assim, a acomodação já não é uma diferenciação quase automática dos esquemas, mas tampouco é ainda uma busca intencional da novidade como tal: é uma fixação sistemática das diferenciações impostas pelas novas realidades que surgem ao acaso. Um exemplo concreto fará que se entenda melhor a coisa:

Obs. 105. – Laurent, desde 0; 4 (19), como já vimos (obs. 103), sabe bater intencionalmente com a mão nos objetos pendurados. Ora, aos 0; 4 (22), ele segura uma vara, com a qual não sabe o que fazer e vai passando, lentamente, de uma mão para a outra. No seu trajeto, a vara acaba por bater, ocasionalmente, numa argola suspensa do teto do berço; Laurent, imediatamente interessado por esse efeito inesperado, conserva ereta a vara na posição que acabara de ocupar, depois acerca-a visivelmente da argola. Bate-lhe, assim, uma segunda vez. Recua em seguida a vara, mas distanciando-a o menos possível, como se procurasse de novo mantê-la na posição favorável; depois, reaproxima-a da argola e assim por diante, cada vez mais rapidamente.

Compreende-se o caráter duplo dessa acomodação. Por um lado, o novo fenômeno aparece por simples inserção fortuita num esquema já constituído e, portanto, diferencia este último. Mas, por outro lado, a criança empenha-se, intencional e sistematicamente, em reencontrar as condições que a levaram a esse resultado inesperado.

É evidente que a utilização da vara descrita nesse exemplo foi meramente episódica: nada tem a ver com a "conduta da vara" que descreveremos a respeito da quinta fase.

Esta análise da acomodação própria das reações circulares secundárias permite compreender por que a atividade da criança, que

A Terceira Fase: as "Reações Circulares Secundárias" 163

se manifestou até agora como essencialmente conservadora, parece doravante diversificar-se indefinidamente.

Que na fase do reflexo a atividade seja conservadora é perfeitamente natural: os esquemas próprios dos reflexos já estão hereditariamente elaborados, pelo que a conduta reflexa consiste, simplesmente, em assimilar o dado a esses esquemas e em acomodá-los ao real por simples exercício, sem transformá-los. Quanto às reações circulares primárias e aos hábitos delas derivados, a situação é idêntica, no fundo, apesar das aquisições evidentes que são próprias desses comportamentos. Com efeito, quando a criança aprende a agarrar, olhar, ouvir, chupar por chupar (e já não apenas para comer), ela assimila sem mais aos seus esquemas reflexos um número crescente de realidades; e, embora haja uma acomodação adquirida a essas realidades, nem por isso elas deixam de ser simples alimentos para a conservação dos esquemas. Quanto às aquisições por coordenação de esquemas, trata-se apenas, como já vimos, de assimilação recíproca, isto é, ainda e sempre de conservação. Tal assimilação não exclui, portanto, o enriquecimento e tampouco se reduz, evidentemente, à identificação pura e simples; mas nada disso significa que ela seja essencialmente menos conservadora.

Como explicar, então, que o círculo da conservação pareça romper-se, num dado momento, e que a reprodução dos novos resultados prolongue a reação primária, criando assim relações múltiplas entre as próprias coisas? Será o real que, por si só, rompe os limites da assimilação, obrigando a atividade da criança a uma progressiva diversificação, ou poder-se-á considerar essa diversificação uma função da própria assimilação, apoiando-se sempre na conservação?

Com certeza há as duas coisas. Por um lado, o real força a criança a acomodações infinitas. Logo que a criança sabe agarrar o que vê, os objetos que ela manipula colocam-na brutalmente na presença das mais diversas experiências. As argolas que sacoleja provocando o movimento dos brinquedos suspensos, as caixas que resistem pelo seu peso e sua forma, as roupas do berço ou os cordões, retidos ou amarrados de maneira imprevisível, tudo serve de ocasião para novas experiências e o conteúdo dessas experiências não poderia dar lugar à assimilação sem uma acomodação contínua que, em certo sentido, a contraria.

Mas, por outro lado, essa acomodação nunca é pura e a reação circular secundária não seria explicável se a conduta da criança não se

164 O Nascimento da Inteligência na Criança

mantivesse, em seus primórdios, assimiladora e conservadora. Como vimos há pouco, cada uma das reações circulares secundárias que se manifestam na criança resulta, por diferenciação, de uma reação circular primária ou de uma reação secundária enxertada numa primária. Tudo se resume, assim, a movimentos das pernas ou dos pés, dos braços ou das mãos, e são os movimentos "circulares" da preensão que se diferenciam em movimentos para puxar, para sacudir, para balançar, para deslocar, para esfregar etc. Quando Lucienne, aos 3-4 meses, sacoleja o seu carrinho de bebê e as bonecas (obs. 94-95), limita-se a mexer os pés e as pernas, em conformidade com um esquema primário. Quando Laurent, aos 0; 2 (24)-0; 3 (0), agita um chocalho preso ao seu braço (obs. 97), antes de saber agarrar, apenas prolonga os movimentos circulares espontâneos desse braço. E quando, aos 0; 3 (3), ele aprendeu a sacolejar o chocalho por meio de uma corrente, é simplesmente porque exerce o seu esquema nascente de preensão (obs. 98). O mesmo se pode afirmar de todas as reações circulares secundárias: cada uma delas é o prolongamento de um esquema preexistente. Quanto aos "processos para fazer durar os espetáculos interessantes", de que falaremos daqui a pouco, eles prolongam, por seu turno, essas reações circulares. A única diferença entre as reações secundárias e as reações primárias é, por conseguinte, que o interesse está centrado, doravante, no resultado exterior e já não na atividade como tal, pura e simplesmente. Mas isso não contradiz o caráter conservador desse funcionamento; com efeito, o resultado exterior, surgindo de súbito no centro da atividade da criança, interessa-lhe simultaneamente em relação aos seus esquemas essenciais e como fator imprevisto e desorientador. Se fosse apenas uma novidade, não mereceria mais do que uma atenção momentânea; mas, pelo contrário, aparece ao sujeito como algo vinculado aos seus atos mais familiares ou aos seus esquemas em exercício prático e atual. Por outro lado, esse resultado inesperado foge a tudo o que esses esquemas habitualmente comportam. A atenção, portanto, é forçosamente centrada no exterior e não apenas, como antes, no funcionamento. Em resumo, as reações circulares secundárias são, essencialmente, conservadoras e assimiladoras, visto que prolongam, sem mais, as reações primárias e, se o interesse da criança se desloca e se exterioriza em função do resultado material dos atos, isso acontece, simplesmente, porque esse resultado é igualmente função de uma atividade assimiladora cada vez mais rica.

A Terceira Fase: as "Reações Circulares Secundárias" **165**

Ora, que significam essas aquisições, do ponto de vista da organização?

A organização, como se recorda, é o aspecto interior do funcionamento dos esquemas a que a assimilação tende a reduzir o meio externo. Portanto, se quisermos, é uma adaptação interna, de que a acomodação e a assimilação reunidas constituem a expressão externa. Com efeito, cada esquema, ou cada conjunto de esquemas, consiste numa "totalidade", independentemente da qual nenhuma assimilação seria possível e que repousa num feixe de elementos interdependentes (ver Introdução, § 2). Além disso, na medida em que essas totalidades não estão inteiramente realizadas, mas ainda em via de elaboração, elas implicam uma diferenciação entre "meios" e "fins" ou, se se preferir, entre os "valores" subordinados à constituição do todo e este todo inacabado, como totalidade "ideal". É este o mecanismo fundamental da organização que acompanha interiormente as manifestações exteriores da adaptação. Como funcionará, pois, esse mecanismo, durante a presente fase, e sob que forma se manifesta no comportamento da criança?

Não é difícil vermos, com efeito, que os esquemas secundários, uma vez elaborados por assimilação e acomodação complementares, consistem em sistemas organizados: como conceito prático em que o esquema constitui, assim, uma "totalidade", enquanto as "relações" em que ele assenta definem as relações recíprocas que constituem essa totalidade.

Quanto à organização recíproca dos esquemas, isto é, à coordenação dos esquemas secundários, só se manifesta na fase seguinte. Dela voltaremos a falar, portanto, a respeito da quarta fase. Mas, sem se coordenarem ainda entre si, em séries intencionais e conscientes de sua unidade, é evidente, porém, que os diferentes esquemas dessa fase já se equilibram mutuamente e constituem um sistema de termos inconscientemente interdependentes. Seria impossível, sem essa organização total subjacente, explicar como qualquer objeto apresentado à criança é imediatamente classificado, isto é, assimilado por um ato de assimilação ao mesmo tempo reprodutivo e recognitivo que é conveniente para esse objeto e não para outro.

Falta examinarmos as totalidades em via de constituição ou de reconstituição: uma totalidade original constitui-se, com efeito, cada

166 O Nascimento da Inteligência na Criança

vez que um esquema novo é elaborado em contato com as coisas; e essa totalidade reconstitui-se cada vez que o sujeito se encontra na presença dos objetos convenientes, assimilando-os ao esquema em questão. Ora, a organização dessas totalidades está mais adiantada do que a dos esquemas "primários" no sentido em que, pela primeira vez, e na medida em que se constituem as "relações" de que falaremos em seguida, os "meios" começam a se distinguir dos "fins"; por consequência, os gestos executados e os objetos utilizados revestem-se doravante de "valores" diferentes, subordinados a uma totalidade "ideal", quer dizer, ainda não realizada. Por exemplo, quando, na obs. 98, Laurent descobre que a corrente pendurada pode servir para agitar a argola a que está presa, não há dúvida de que a ação de puxar a corrente é concebida como um "meio", com o "fim" de reproduzir o resultado interessante, embora o meio tenha sido dado simultaneamente com o fim na ação inicial reproduzida por reação circular; é posteriormente, quando o sujeito averigua o resultado, que distingue por si mesmo o fim e os meios. Ora, tal distinção é certamente nova para a consciência da criança. Poder-se-ia, é certo, analisar da mesma maneira um esquema primário qualquer, como o de chupar o polegar: a ação de introduzir o polegar na boca poderia ser tida como um meio a serviço do fim que consiste em chupar. Mas é evidente que tal descrição em nada corresponde ao ponto de vista do próprio sujeito, dado que o polegar não é conhecido independentemente do ato que consiste em chupar; pelo contrário, a corrente que serve para agitar a argola foi percebida e manipulada antes de ser concebida como "meio" e nunca deixa de ser considerada uma coisa distinta da argola. Quanto às coordenações entre esquemas primários (agarrar para chupar etc.), elas anunciam, é verdade, a distinção presente de meios e fins, visto que, precisamente, a "reação circular secundária" só é possível por intermédio de tal coordenação (a da preensão e da visão e, nos casos elementares, a dos movimentos dos pés com a visão). Porém, como já vimos, tais coordenações consistem, meramente, em assimilações recíprocas, culminando na constituição de novos esquemas globais em que logo se dissipa, por consequência, a diferença de que falamos.

Mas, se a distinção de meios e fins só se afirma durante a elaboração dos esquemas secundários, convirá evitar a crença em que ela ficará assim concluída e identificá-la com aquilo em que se converterá durante a fase seguinte, isto é, quando se realizar a coordenação dos mesmos esquemas. Com efeito, acabamos de ver que, durante a presente fase, os esquemas secundários ainda não se coordenam mutuamente: cada um deles constitui uma totalidade mais ou menos fechada, em vez de se ordenar em séries análogas ao que, no pensamento refletido, é o raciocínio ou a implicação de conceitos. A partir da quarta fase, pelo contrário, esses esquemas coordenar-se-ão entre si, quando se tratar da sua adaptação a circunstâncias imprevistas, dando assim origem aos comportamentos que designaremos como "aplicação de esquemas conhecidos às novas situações". Ora, é somente nessa ocasião que os "meios" se dissociarão definitivamente dos "fins": podendo um mesmo esquema servir de "meio" para fins diferentes, assumirá, portanto, um valor instrumental muito mais distinto do que pode apresentar, na fase atual, um gesto (como puxar a corrente) constantemente vinculado ao mesmo fim (agitar a argola) e cuja função de "meio" foi descoberta por acaso.

Pode-se afirmar, em conclusão, que as reações circulares secundárias anunciam a adaptação inteligente, sem que por isso constituam já verdadeiros atos de inteligência. Se as compararmos com as reações circulares primárias, elas anunciam a inteligência porque elaboram um conjunto de relações quase intencionais entre as coisas e a atividade do sujeito. De fato, essas relações com o meio são desde o início complexas, pelo que dão lugar, como acabamos de ver, a um começo de diferenciação entre meios e fins e, por isso mesmo, a um rudimento de intencionalidade. Quando a criança puxa uma corrente para agitar um chocalho, executa um ato mais elevado do que agarrar, simplesmente, um objeto que vê.

Mas, por outro lado, as reações circulares secundárias ainda não constituem atos completos de inteligência e isso por duas razões. A primeira é que as relações utilizadas pela criança (agitar-se para sacolejar o berço, puxar uma corrente para balançar uma argola etc.) foram descobertas fortuitamente e não com o propósito de resolver um problema ou satisfazer uma necessidade: a necessidade nasceu da descoberta e não esta da própria necessidade. Pelo contrário, no verdadeiro ato de inteligência, há a determinação de um propósito, ou fim, e só depois a descoberta dos meios para o atingirem. A segunda razão, que está, aliás, intimamente ligada à precedente, é que a única necessidade em causa, nas reações circulares secundárias, é uma necessidade de repetição: para a criança, trata-se, muito simplesmente,

168 O Nascimento da Inteligência na Criança

de conservar e reproduzir o resultado interessante descoberto por acaso. É a necessidade que desencadeia o ato a cada nova rotação descrita pela reação circular e, certamente, poder-se-á dizer que, nesse sentido, a necessidade é anterior ao ato; em todo caso, é esse fato que permite falar de intencionalidade e de inteligência. Mas, não sendo essa necessidade mais do que um desejo de repetição, os meios postos em ação para reproduzir o resultado desejado já foram todos descobertos: estão inteiramente contidos na ação fortuita que se situa no ponto de partida do conjunto da reação e que se trata apenas de repetir. A parcela de inteligência implícita em tais comportamentos consiste, pois, simplesmente, em reencontrar a série de movimentos que deram lugar ao resultado interessante, e a intencionalidade desses comportamentos consiste em procurar reproduzir esse resultado. Portanto, há nisso – repitamos – um esboço de ato inteligente, mas não um ato completo. Com efeito, num verdadeiro ato de inteligência, a necessidade que serve de motor não consiste apenas em repetir, mas em adaptar, isto é, em assimilar uma situação nova aos esquemas antigos e em acomodar esses esquemas às novas circunstâncias. É a isso que a reação circular secundária conduzirá por extensão; mas, como tal, ela não existe ainda.

Com muito mais razão é impossível atribuir a tais comportamentos a capacidade de engendrar ou de utilizar representações. Não se pode falar, primeiramente, de uma representação dos meios empregados: a criança não sabe antecipadamente que vai executar tal ou tal movimento, pois tenta, simplesmente, reencontrar a combinação motora que teve êxito e, em seguida, limita-se a repetir os seus atos. Quanto ao fim, propriamente dito, a criança conservará, por exemplo, a recordação da argola sacudida, sob a forma de imagens visuais ou auditivas, e procurará reproduzir algo que esteja em conformidade com essa representação? Não é preciso um mecanismo tão complicado para explicar tais condutas. Basta que o espetáculo da argola tenha criado um interesse suficientemente poderoso para que esse interesse oriente a atividade na direção já seguida alguns momentos antes. Em outras palavras, quando a argola deixa de mexer, segue-se um hiato que a criança logo procura preencher e fá-lo utilizando os movimentos que acabaram de ser executados há instantes. Quando esses movimentos acarretam um resultado que se assemelha ao espetáculo anterior, há realmente recognição; mas o reconhecimento não supõe, de modo

A Terceira Fase: as "Reações Circulares Secundárias" **169**

algum, a existência de representação: a recognição exige, tão somente, que o novo resultado adote inteiramente a estrutura do esquema assimilador esboçado desde o início da reação circular. Certo, se esse mecanismo se repetir indefinidamente, poderá haver aí um começo de representação, mas, sem que se possa fixar com precisão quando ela aparece, é lícito afirmar que não é primitiva e que é inútil para a formação das condutas presentes.

Pelo contrário, os esquemas secundários constituem o primeiro esboço do que serão as "classes" ou os conceitos na inteligência refletida. Perceber um objeto como algo que é "para sacolejar", "para esfregar" etc., é o equivalente funcional, de fato, da operação de classificação própria do pensamento conceptual. Retornaremos a esse ponto ao tratar da quarta fase, quando os esquemas secundários se tornam mais "móveis", mas a observação impunha-se desde já.

Além disso, tal como a lógica das classes é correlativa da das "relações", também os esquemas secundários implicam uma relacionação consciente das coisas entre si. Aí está mesmo, como já vimos, a sua principal novidade em relação aos esquemas primários. Em que consistem essas relações? É evidente, pois, que se estabelecem dentro de um mesmo esquema e não graças a coordenações entre esquemas secundários distintos, que elas se mantêm essencialmente práticas e, por consequência, globais e fenomenistas, sem implicar ainda a elaboração de estruturas substanciais, espaciais ou causais realmente "objetivas". Quando, no exemplo já comentado, a criança puxa uma corrente para agitar uma argola, a relação que ela estabelece entre a corrente e a argola ainda não é uma relação espacial, causal e temporal entre dois "objetos": é uma simples relação prática entre o ato de puxar e o resultado observado. É durante a quarta fase, com a coordenação dos esquemas secundários e as implicações daí resultantes, que essas relações começarão a se objetivar, embora a objetivação real só venha a ter lugar na quinta fase.

Mas, por muito empíricas que essas relações se mantenham, nem por isso deixam de constituir, do ponto de vista formal, o começo de um sistema distinto do das "classes" e que, subsequentemente, se diferenciará cada vez mais. Além disso, tal elaboração elementar das relações conduz logo, como a "lógica das relações" própria da inteligência refletida, à descoberta de relações quantitativas distintas das simples comparações qualitativas inerentes à classificação como tal.

170 O Nascimento da Inteligência na Criança

Com efeito, sabe-se que, se os conceitos ou "classes" só estruturam a realidade em função das semelhanças ou diferenças qualitativas dos seres assim classificados, as "relações", pelo contrário, implicam a quantidade e levam à elaboração das séries matemáticas. Mesmo as relações de conteúdo qualitativo, tais como "mais escuro do que" ou "irmão de", constituem, de fato, uma seriação de um tipo diferente das relações de pertencimento ou de inerência, e supõem, assim, noções de "mais" e "menos" que são francamente quantitativas, ou uma discriminação e uma ordenação dos indivíduos envolvendo o número.

Ora, é precisamente o que acontece no plano sensorial, logo que se elaboram as primeiras relações. Por exemplo, a relação estabelecida pela criança entre o ato de puxar a corrente e os movimentos da argola (obs. 98) leva imediatamente o sujeito a descobrir uma relação quantitativa intrínseca: quanto mais puxar a corrente, tanto mais violentamente agitará as argolas:

Obs. 106. – Aos 0; 3 (13), à tarde, Laurent bate por acaso na corrente enquanto estava chupando os dedos (obs. 98): agarra e desloca-a lentamente, olhando para as argolas. Recomeça então, balançando-a devagar, o que produz um ligeiro movimento nas argolas suspensas e um ruído ainda tênue do seu miolo metálico. Então, Laurent gradua nitidamente os seus próprios movimentos: agita a corrente cada vez com mais força e ri às gargalhadas do resultado obtido. – É impossível, ao ver a mímica da criança, não considerar intencional essa graduação.

Aos 0; 4 (21), igualmente, quando bate com a mão nas argolas suspensas do teto (obs. 103), Laurent gradua visivelmente os seus movimentos em função do resultado: bate primeiro devagar para prosseguir cada vez com mais força.

Reencontramos essas graduações em quase todas as observações precedentes, assim como no emprego dos "processos para fazer durar os espetáculos interessantes" (ver, mais adiante, as obs. 112-118).

Vê-se, pois, como o esquema secundário constitui não só uma espécie de conceito ou de "classe" prática, mas também um sistema de relações que envolve a própria quantidade.

§ 3. *A ASSIMILAÇÃO RECOGNITIVA E O SISTEMA DE SIGNIFICAÇÕES.* – Os fatos estudados até aqui constituem, essencialmente,

A Terceira Fase: as "Reações Circulares Secundárias" **171**

fenômenos de assimilação reprodutora: reencontrar, por repetição, um resultado fortuito. Antes de vermos como esse comportamento se prolonga em assimilação generalizadora e dá, assim, origem aos "processos para fazer durar os espetáculos interessantes", vamos insistir ainda num grupo de fatos que já não constituem, propriamente, reações circulares, mas promanam da reação secundária e dela derivam a título de assimilações recognitivas. Com efeito, acontece que a criança, posta em presença de objetos ou espetáculos que provocam, habitualmente, as suas reações circulares secundárias, limita-se a esboçar os gestos usuais, em vez de executá-los realmente. Portanto, tudo se passa como se a criança se contentasse em reconhecer esses objetos ou esses espetáculos e em registrar esse reconhecimento, mas não pudesse reconhecê-los de outro modo senão executando o esquema que serve ao reconhecimento, em vez de pensá-lo. Ora, esse esquema é, afinal de contas, o da reação circular secundária correspondente ao objeto em questão.

Eis alguns exemplos:

Obs. 107. – Aos 0; 5 (3), Lucienne procura agarrar os carretéis pendurados acima dela por meio de elásticos. Serve-se habitualmente deles para chupá-los e é isso, precisamente, que ela tenta fazer agora, mas também lhe acontece balançá-los ao agitar-se na presença deles (ver obs. 94 e 94 *bis*). Ora, Lucienne consegue tocar-lhes, mas ainda não agarrá-los. Tendo-os sacolejado fortuitamente, interrompe-se então para agitar o corpo, por instantes, enquanto olha para os objetos (esperneia e sacode o torso); depois recomeça as suas tentativas de preensão.

Por que, então, Lucienne interrompeu essas tentativas, a fim de agitar o corpo durante alguns segundos? Não era para sacolejar os carretéis, visto que não perseverou e estava ocupada em outra coisa no momento em que executou esse gesto. Tampouco era para favorecer as suas tentativas de preensão. Seria um automatismo deflagrado pela visão do balanço fortuito dos carretéis? Assim parecia; mas a sequência da observação mostra-nos que esse comportamento foi renovado com demasiada frequência para ser automático; portanto, possui com certeza um sentido. Tampouco se trata de uma espécie de ritual análogo aos que estudaremos a propósito do nascimento

172 O Nascimento da Inteligência na Criança

do jogo de brincar, pois a criança, longe de parecer divertir-se, tinha um semblante de perfeita sisudez. Tudo se passa, portanto, como se o sujeito, dotado de um instante de reflexão e de linguagem interior, tivesse dito qualquer coisa deste gênero: "Sim, vejo muito bem que esse objeto pode ser balançado, mas não é isso que estou procurando fazer". Entretanto, por falta de linguagem, é realizando o esquema que Lucienne poderia pensar assim, antes de reiniciar as tentativas de preensão. Nessa hipótese, o breve intervalo de balanço equivaleria assim a uma espécie de reconhecimento motor.

Tal interpretação seria inteiramente aventurosa na presença de um único fato. Mas a sua verossimilhança aumenta com as observações seguintes. Aos 0; 5 (10), por exemplo, Lucienne repete essa conduta em termos exatamente idênticos, mas agora com uma argola. Aos 0; 6 (5), volta a agitar-se toda, por várias vezes, mas muito brevemente, de cada vez, assim que enxerga a sua própria mão (ao sair da boca ou ao passar, por acaso, no seu campo visual); só é possível entender o significado desse gesto como o esboço de alguma ação sugerida pela vista.

Aos 0; 6 (12), Lucienne vê de longe dois papagaios de celuloide, presos a um candeeiro, e que já teve algumas vezes no seu berço; assim que os enxerga, agita breve, mas nitidamente, as pernas, sem tentar agir à distância sobre os brinquedos: nesse caso, só se pode tratar de um reconhecimento motor. Do mesmo modo, aos 0; 6 (19), basta que ela veja de longe as suas bonecas para esboçar *incontinenti* o gesto de balançá-las com a mão.

A partir dos 0; 7 (27), certas situações por demais conhecidas já não provocam mais as reações circulares secundárias, mas simplesmente esboços de esquemas. Assim, ao ver uma boneca que ela realmente sacolejou inúmeras vezes, Lucienne limita-se a abrir e fechar as mãos, ou a espernear, mas muito brevemente e sem qualquer esforço real. Aos 0; 10 (28), ela está sentada no seu carrinho: aproximo a minha mão e imprimo uma leve sacudida no conjunto, tocando na haste do carrinho. Lucienne ri e responde agitando ligeiramente a mão, sem que haja aí uma tentativa de fazer-me prosseguir: trata-se apenas de uma espécie de aviso de recepção.

Obs. 107 bis. – Laurent, aos 0; 4 (21), tem um objeto na mão quando, para distraí-lo, sacolejo as argolas suspensas em que ele tem o costume de bater: olha então para as argolas, sem soltar o seu brinquedo, e esboça com a mão direita o gesto de dar um tapa. A partir de 0; 5, registro frequentemente tais esboços de atos, na presença de objetos conhecidos; são semelhantes aos de Lucienne.

Vê-se perfeitamente em que é que tais comportamentos constituem uma classe à parte. Com efeito, já não se trata de uma simples reação circular secundária, pois a criança não manifesta qualquer esforço para chegar a um resultado. Na verdade, seria possível tratar-se de uma simples automatização das reações anteriores. Mas, por sua parte, a mímica da criança não dá a impressão de que aja maquinalmente; e, por outro lado, não se percebe por que uma reprodução automática de gestos inúteis duraria tanto (de fato, escolhemos apenas dois exemplos entre inúmeros casos observados). Em segundo lugar, não é possível identificar essas condutas com "os processos para fazer durar um espe-táculo interessante", de que falaremos daqui a pouco: esses "processos" manifestam-se, com efeito, no momento em que se interrompe um espetáculo contemplado pela criança e têm por finalidade agir sobre as próprias coisas, ao passo que as condutas agora descritas surgem ao simples contato com um objeto, quer este esteja imóvel ou em movimento, e sem qualquer tentativa de ação sobre ele. Em terceiro lugar, também não é possível reduzir essas condutas a "explorações" e "reações circulares terciárias", de que falaremos a seguir: estes últimos fatos são relativos aos novos objetos, ao passo que os comportamentos presentes são ocasionados por objetos muito conhecidos.

Só encontramos, pois, uma interpretação adequada para as obs. 107 e 107 *bis*: são casos de assimilação recognitiva. Na presença de um objeto ou de um evento conhecidos, mas cujo aparecimento súbito não fora previsto pela criança, esta tem necessidade de adaptar-se a esse imprevisto. É o que acontece quando, por exemplo, Lucienne vê um carretel balançar no momento em que ela pretendia agarrá-lo, ou vê sua mão, os papagaios de celuloide etc. num momento e num lugar onde não os esperava. Adaptar-se significará, em tais casos, registrar simplesmente o acontecimento, na medida em que é conhecido e de nada serve, presentemente; trata-se, portanto, de reconhecer e classificar a coisa, e é só. O mesmo será feito mais tarde pelo sujeito por meio de palavras formuladas exteriormente ou em linguagem interior, mas, não possuindo atualmente esses instrumentos simbólicos, a criança

174 O Nascimento da Inteligência na Criança

limita-se a esboçar os gestos do esquema correspondente, assim empregados a título de esquema recognitivo. Em outras palavras, em vez de dizer: "Oba! O carretel está balançando" ou "Ali está minha mão (ou o papagaio) que se mexe..." ou "Sinto o carrinho sacolejar", a criança assimila esses mesmos fatos por meio de conceitos motores, e ainda não verbais; e, agitando suas próprias pernas, ou as mãos, assinala assim, para si própria, que compreende o que viu.

A existência dessa assimilação recognitiva poderia parecer duvidosa se não fosse preparada por toda a assimilação reprodutora própria da reação circular secundária. Duas circunstâncias mostram, com efeito, que a assimilação reprodutora logo acarreta a formação de um reconhecimento sensório-motor. Em primeiro lugar, o próprio fato de reencontrar um resultado interessante – é essa a definição da reação circular secundária – acarreta um reconhecimento cada vez mais preciso. Em segundo lugar, o esquema, uma vez constituído, é reativado por cada novo contato com os objetos a propósito dos quais ele foi originado: por exemplo, cada vez que a criança revê a boneca suspensa, que ela costumava sacudir agitando-se, batendo--lhe etc., volta de moto próprio a agitar-se, bater etc. Essa ativação do esquema, por assimilação imediata do objeto ao seu funcionamento, é um caso de assimilação simultaneamente recognitiva e reprodutora, estando esses dois aspectos do processo assimilatório ainda indiferenciados durante essa fase inicial. Por conseguinte, é muito natural que a assimilação simplesmente recognitiva se dissocie, num dado momento, da assimilação reprodutora ou puramente ativa. Logo de início, pode acontecer, como se viu no final da mesma obs. 107, que a criança seja excitada por fatos exteriores a acionar um esquema num momento preciso em que seu interesse está em outra coisa e em que age já segundo um esquema diferente: nesse caso o esquema que vem interferir na ação principal será simplesmente esboçado enquanto a atividade em curso prosseguirá normalmente. Em seguida, pode acontecer, como mostra o fim da própria obs. 107, que o esquema excitado pelos fatos exteriores seja por demais conhecido para que dê lugar a uma ação real e se limite, assim, de novo, a uma simples e breve indicação. Nos dois casos, o esboço de atividade que substitui a atividade real equivale, portanto, a uma iniciativa muito mais contemplativa do que ativa, isto é, a um ato de simples reconhecimento ou de simples classificação em vez de uma ação efetiva. Desse modo, entender-se-á como a assimilação recognitiva, inicialmente implícita na própria assimilação reprodutora, destaca-se pouco a pouco para ficar naquele estado semiativo, semicomprovativo, que é o estado mais vizinho do puro juízo de comprovação de que pode ser capaz a inteligência sensório-motora.

Estes comentários levam-nos à análise da "significação" e ao estudo dos sinais ou indícios característicos desta terceira fase. Para compreender a natureza dos fatos que se seguem, convém primeiramente recordar, em poucas palavras, como se equaciona o problema da "significação".

Assimilar um quadro sensorial ou um objeto, quer por assimilação simples, quer por reconhecimento ou extensão generalizadora, é inseri-lo num sistema de esquemas ou, em outras palavras, atribuir-lhe uma "significação". Que esses esquemas sejam globais e vagos ou, como no reconhecimento de um dado individual, circunscritos e precisos, a consciência só reconhece um estado qualquer por referência a uma totalidade mais ou menos organizada. Logo, é preciso distinguir, em todo e qualquer dado mental, dois aspectos indissoluvelmente unidos, cuja relação constitui, precisamente, a significação: o significante e o significado. No que diz respeito às significações de ordem superior, que são ao mesmo tempo significações coletivas, a distinção é clara: o significante é o signo verbal, isto é, certo som articulado a que se convenciona atribuir um sentido definido; e o significado é o conceito em que consiste o sentido do signo verbal. Mas, no que diz respeito às significações elementares, como a de um objeto visto ou até, na criança pequena e anteriormente à constituição de objetos substanciais, a de quadros sensoriais simplesmente "apresentados", acontece exatamente o mesmo. O "significado" das percepções objetivas, como a da montanha que vejo da minha janela ou do tinteiro na minha escrivaninha, são os próprios objetos, definíveis não só por um sistema de esquemas sensório-motores e práticos (fazer uma ascensão, molhar a minha caneta no tinteiro) ou por um sistema de conceitos gerais (um tinteiro é um recipiente etc.), mas também por suas características individuais: posição no espaço, dimensões, solidez e resistência, cor sob diferentes iluminações etc. Ora, estas últimas características, embora sejam percebidas no próprio objeto, supõem uma elaboração intelectual extremamente complexa: para atribuir, por exemplo, dimensões reais às pequenas

176 O Nascimento da Inteligência na Criança

manchas que percebo como sendo uma montanha ou um tinteiro, tenho de situá-las num universo substancial e causal, num espaço organizado etc., e, por consequência, construí-las intelectualmente. O significado de uma percepção, isto é, o próprio objeto, é, portanto, um ser essencialmente intelectual: ninguém "viu" jamais uma montanha, nem mesmo um tinteiro, de todos os lados ao mesmo tempo, numa visão simultânea de todos os seus diversos aspectos de cima, de baixo, de leste e de oeste, de dentro e de fora etc.; para perceber essas realidades individuais como objetos reais é preciso, necessariamente, complementar o que se vê com o que se sabe. Quanto ao "significante", é tão somente o punhado de qualidades sensíveis registradas de uma vez e atualmente pelos meus órgãos sensoriais, qualidades em cujo nome reconheço uma montanha ou um tinteiro. O senso comum, que prolonga em cada um de nós os hábitos próprios do realismo infantil, considera certamente esse significante como sendo o próprio objeto e como sendo mais "real" do que toda a construção intelectual. Mas logo que se compreende como todo e qualquer objeto concreto é o produto de elaborações geométricas, cinemáticas, causais etc., em resumo, o produto de uma série de atos da inteligência, cessam quaisquer dúvidas de que o verdadeiro significado da percepção é o objeto como realidade intelectual e de que os dados sensíveis, considerados no momento preciso da percepção, apenas servem de indícios, logo, de "significantes".

Quanto aos quadros sensoriais mais simples, que o bebê assimila e que são anteriores ao objeto permanente e substancial, podemos fazer as mesmas distinções, se bem que num grau menor. Assim, quando o bebê se prepara para agarrar a argola que vê, a aparência visual desse brinquedo é apenas um "significante", em relação ao "significado" que é constituído pelas outras qualidades do mesmo objeto, não dadas simultaneamente, mas reunidas pelo espírito num feixe único (em especial, a sua qualidade de objeto a agarrar). Aqui, o significante refere-se de novo a um sistema de esquemas (esquemas da visão, preensão, audição, sucção etc.) e só se reveste de significação, mesmo a respeito do quadro preciso dado na percepção, relativamente ao conjunto do sistema.

Mas, se estendermos assim a tudo a noção de significação, incluindo as noções complementares de "significante" e "significado", teremos de distinguir imediatamente três tipos de significantes, a que chamaremos de "indício", "símbolo" e "signo", de modo a situar em sua verdadeira perspectiva os fatos da compreensão das significações que descreveremos a seguir.

O "símbolo" e o "signo" são os significantes das significações abstratas, das que implicam uma representação. Um "símbolo" é uma imagem evocada mentalmente ou um objeto material escolhido intencionalmente para designar uma classe de ações ou objetos. Assim, a imagem mental de uma árvore simboliza no espírito as árvores em geral, uma determinada árvore de que o indivíduo se recorda ou certa ação relativa às árvores etc. O símbolo pressupõe, portanto, a representação. Vê-la-emos manifestar-se durante o segundo ano de vida da criança, quando do aparecimento do jogo simbólico (jogo de ficção) ou quando o progresso, a inteligência e o emprego da dedução prática implicarão a evocação real dos objetos ausentes. O "signo", por outro lado, é um símbolo coletivo e por isso mesmo "arbitrário". O seu aparecimento ocorre, igualmente, durante o segundo ano, com o início da linguagem e, sem dúvida, em sincronismo com a constituição do símbolo: símbolo e signo apenas são os dois polos, individual e social, de uma mesma elaboração de significações.

Quanto ao "indício", é o significante concreto, vinculado à percepção direta e não à representação. De modo geral, chamaremos indício a toda e qualquer impressão sensorial ou qualidade diretamente percebida cuja significação (o "significado") é um objeto ou um esquema sensório-motor. Na acepção estrita e limitada da palavra, um indício é um dado sensível que anuncia a presença de um objeto ou a iminência de um acontecimento (a porta que se abre e que anuncia a chegada de uma pessoa). Mas, como acabamos de ver, pode-se estender a toda a assimilação sensório-motora a noção de indício: o que vejo de um tinteiro ou de uma montanha é indício da existência desses objetos; a argola que a criança vê é indício da preensão virtual; o mamilo em que os lábios do bebê tocam é indício de sucção possível etc. Os fatos próprios da presente fase entrarão, pois, na classe das significações concretas, cujo significante é o "indício".

Mas, para compreender a verdadeira natureza desses fatos, convém antes repartir em diferentes tipos as diversas variedades de indícios, e, para fazê-lo, teremos de recapitular o conjunto de "significações" estudadas até aqui.

178 O Nascimento da Inteligência na Criança

Em primeiro lugar, pudemos falar de assimilação recognitiva a partir do próprio reflexo (cap. I). Quando o bebê tem fome e não se limita a chupar (assimilação reprodutora), nem a chupar o primeiro objeto que se lhe depare e seja levado aos lábios (assimilação generalizadora), sabe muito bem procurar o mamilo e distingui-lo, em relação aos tegumentos circundantes. Que se pode dizer, nesse caso, senão que o mamilo tem uma significação para o bebê, em contraste e em relação com as outras significações (chupar em vazio etc.)? Este primeiro tipo de significação é o mais simples possível. Em tal caso, o significante é tão somente a impressão sensorial elementar que acompanha a atividade do reflexo (portanto, a impressão que serve de "excitante" à sucção) e o significado é o próprio esquema da sucção. A prova de que tal interpretação nada tem de artificial está em que esse esquema significa, como acabamos de recordar, certo número de subesquemas diferenciados: o contato com o mamilo acarreta a sucção com deglutição, ao passo que o contato com os tegumentos circundantes ou um objeto qualquer só provoca a sucção pela sucção, o eretismo do aparelho bucal acarreta a sucção em seco etc.: cada uma dessas impressões sensoriais já está classificada, portanto, e corresponde a um determinado subesquema. Pelo menos, quando o bebê tem fome e busca o mamilo, pode-se dizer que a impressão própria desse contato está sujeita à assimilação recognitiva e, por consequência, comporta um "significado" preciso.

Em segundo lugar, vêm as significações próprias dos primeiros hábitos e da assimilação por meio de esquemas adquiridos (primários). Ora, como já vimos, o reconhecimento característico desse nível supõe como "significantes", além das simples impressões sensoriais idênticas às do nível precedente, aquilo que se convencionou chamar de "sinais". O sinal é um indício ainda elementar: consiste numa impressão sensorial simplesmente associada à reação e aos quadros perceptivos característicos de um esquema qualquer; anuncia, é claro, esses quadros e deflagra essas reações na medida em que for assimilado ao esquema considerado. Por exemplo, a consciência de certa atitude, na posição de mamar, deflagra o esquema da sucção. Que se poderá dizer senão que essa consciência é um sinal ou um significante para o significado que a própria mamada constitui? Tal significante é, sem dúvida, mais complexo do que o do primeiro tipo (contato sensorial direto com o mamilo ou os tegumentos circundantes), visto que pressupõe uma

A Terceira Fase: as "Reações Circulares Secundárias" **179**

extensão adquirida do esquema de assimilação, mas a significação que ele comporta permanece ainda elementar: a consciência da posição de mamar apenas significa, do ponto de vista do sujeito, a espera e o início dos quadros sensoriais ligados à sucção. Portanto, não se deve comparar, como por vezes se faz, o sinal com o signo "arbitrário". Sem dúvida, qualquer sinal pode servir para desencadear uma reação qualquer: o adestramento assim realiza, nos animais, as mais variadas associações. Mas, como vimos, a associação só se "fixa" se o sinal for incorporado a um esquema de assimilação e receber, assim, a sua significação de ato único ligando o esforço ao seu resultado. Logo, para a consciência do sujeito, o sinal é um indício e não um signo: um indício, ou seja, um aspecto objetivo e dado da realidade exterior, como as pegadas de um animal são, para o caçador, o indício da passagem da caça. Portanto, o sinal não é mais "arbitrário", na acepção que os linguistas dão a esta palavra, do que a associação do som e da vista na percepção de um relógio em movimento.

Este último exemplo evoca uma variedade particular desse segundo tipo: os sinais baseados na coordenação de esquemas heterogêneos. Como verificamos ao analisar as diversas coordenações da visão e da audição, da visão e da sucção, da preensão com a sucção e visão etc., os objetos que dão lugar a tais coordenações adquirem, por esse mesmo fato, uma significação complexa: começam a se revestir de certa contextura sólida e permanente. Ao olhar para uma mamadeira ou um chocalho, a criança compreende que é uma coisa para chupar ou uma coisa para agarrar; quando ouve um ruído, a criança sabe que a coisa ouvida é para olhar etc. Segue-se, então, uma busca ativa que comporta um progresso na previsão: ao ouvir um determinado som, a criança prepara-se para ver certo quadro etc. Mas, em tais significações, o significante é sempre constituído por impressões sensoriais ou sinais, simplesmente mais variados do que antes, e o significado consiste ainda em esquemas práticos coordenados.

Depois vem, finalmente, o terceiro tipo de significações, sobre o qual vamos insistir agora: o dos indícios próprios das reações circulares secundárias.

Seja uma reação circular secundária como a de puxar uma corrente para agitar os objetos suspensos do teto do berço (obs. 99 e 100) ou um processo para fazer durar os espetáculos interessantes, como puxar

180   O Nascimento da Inteligência na Criança

o mesmo cordão a fim de balançar objetos à distância (obs. 113), é evidente que, em qualquer dos casos, as significações em jogo são mais complexas do que as precedentes, embora delas derivem por diferenciação. Com feito, as significações do segundo tipo conservam-se essencialmente funcionais e relativas à própria atividade do sujeito: o que anuncia os sinais sensoriais é o fato de tal coisa ser para ver, ouvir, agarrar etc. Pelo contrário, as significações desse terceiro tipo englobam, desde já, um elemento de previsão relativo às próprias coisas: o cordão suspenso do teto do berço não é somente para ver, para agarrar e puxar, porquanto serve igualmente para balançar os objetos à distância etc. Portanto, há na significação do cordão um conteúdo relativo à previsão dos acontecimentos: sem compreender ainda, naturalmente, os detalhes dessa conexão, a criança sabe que o gesto de puxar o cordão acarreta o movimento de outros objetos. Porém, essa previsão não é sempre independente da ação: o cordão é igualmente um sinal, cuja significação é o esquema de "puxar para sacudir o teto". Portanto, a previsão ainda não é pura: está englobada num esquema motor. Mas, em relação às significações do segundo tipo, há certamente um progresso e, além do "sinal" simplesmente ativo, já se apresenta o "indício", na acepção estrita da palavra: o cordão é o indício de uma série de movimentos possíveis.

Esse caráter de transição entre o "sinal" próprio das fases precedentes e o "indício" próprio da quarta fase, e que dará origem à previsão do contexto da ação em curso, reencontra-se numa série de signos que se manifestam entre 0; 4 e 0; 8, independentemente das reações circulares estudadas até aqui:

Obs. 108. – A partir de 0; 4 (30), aproximadamente, Laurent chorou de raiva quando, após suas mamadas, se lhe colocou sob o queixo um lenço ou um guardanapo: eles anunciavam, com efeito, algumas colheradas de um remédio que profundamente lhe desagradava.

Aos 0; 7 (10), chora de manhã quando ouve ranger a cama da mãe. Até então, embora acordado, não manifesta o seu apetite. Mas, ao menor ruído, resmunga e reclama, assim, a sua mamadeira. – O mesmo acontece, com maiores motivos, ao escutar o ruído da porta, mas continua insensível aos sons externos (ruídos no corredor ou nos quartos vizinhos).

A Terceira Fase: as "Reações Circulares Secundárias" **181**

A partir dos 0; 7 (15), sempre de manhã, quando estou brincando com ele, mas a mãe aparece, chora prontamente com fome.

Ainda acontece o mesmo aos 0; 9 (20), quando é uma babá e não a mãe que passa a dar-lhe a mamadeira matinal; à vista da empregada, perde todo o interesse pela brincadeira em curso, mesmo quando está na cama da mãe.

Obs. 109. – Jacqueline, aos 0; 8 (3), sorri e diz *aah* assim que se abre a porta do seu quarto, antes de ver a pessoa que entrou; ela compreende, portanto, mediante esse signo, que vai aparecer alguém. Aos 0; 8 (10), chora com fome logo que a mãe entra no quarto; não o faz quando o pai aparece. A mesma reação em negativo aos 0; 9 (9): resmunga à vista da mãe (falta de apetite[2]), quando estava rindo e divertindo-se a valer.

Aos 0; 8 (13), ela ergue a mão para agarrar o rosto da mãe, quando esta lhe sopra numa orelha por trás; sem nada ver, Jacqueline compreende, pois, que há alguém atrás dela. Do mesmo modo, aos 0; 9 (27), ela ri e volta-se quando lhe sopro no pescoço, sem que tenha visto nem ouvido eu chegar.

Aos 0; 8 (19), Jacqueline continua sem apetite e chora quando lhe ponho o babadouro, sabendo que sua refeição a espera. Por outro lado, abre a boca quando se lhe toca na testa com a sua esponja (que ela não viu), porque se diverte todos os dias mordiscando-a.

Esse reconhecimento de indícios parece, à primeira vista, estar suficientemente divorciado da ação para dar lugar a previsões propriamente objetivas, como será o caso durante a quarta fase. Mas, na realidade, os signos de que se trata aqui ainda não são "móveis" na acepção que daremos ao termo a propósito da quarta fase, quer dizer, não ensejam ainda previsões relativas à atividade dos próprios objetos, independentemente das ações do sujeito. Os indícios descritos nas obs. 108-109 fazem todos parte, com efeito, de um esquema global: ou é o da refeição, na qual a criança é certamente ativa, ou então é o de um "espetáculo interessante" (como soprarem-lhe no pescoço ou nas mãos etc.), comparável aos que a criança conserva graças aos processos ainda "circulares" que estudaremos no próximo parágrafo. Se tais indícios já

---

[2] Ela sofria de anorexia.

182 O Nascimento da Inteligência na Criança

anunciam a previsão objetiva, não se poderá dizer ainda que estejam inteiramente desligados da reação circular secundária: são simplesmente insertos nos esquemas preestabelecidos e só adquirem significação em função dos últimos. Como os indícios e as significações recordadas há pouco, servem simplesmente de transição, portanto, entre os "sinais" primários e os indícios propriamente ditos da quarta fase.

§ 4. *A ASSIMILAÇÃO GENERALIZADORA E A CONSTITUIÇÃO DOS "PROCESSOS PARA FAZER DURAR OS ESPETÁCULOS INTE-RESSANTES".* – A generalização dos esquemas secundários ocorre quando a criança é colocada na presença de novos objetos; em tais casos, a criança exerce de imediato as suas condutas habituais e assimila aos seus esquemas o objeto desconhecido. É uma coisa notável, com efeito, que quanto mais jovem for a criança, tanto menos as novidades lhe parecem novas. Infelizmente, não é possível comparar, a tal respeito, as reações secundárias e as reações primárias na presença de objetos desconhecidos, pois não existe entre elas qualquer medida comum apreciável. Mas se confrontarmos as reações da presente fase com as da seguinte e, sobretudo, com as "reações circulares terciárias" próprias da quinta fase, a diferença é tanto mais impressionante quanto mais homogêneas forem as situações. Diante de um novo fenômeno, a criança da quinta fase é capaz de adotar a atitude de experimentação (isso não significa que a adote, necessariamente, mas que está apta a fazê-lo): investiga a novidade como tal e varia as condições do fenômeno para examinar-lhe todas as modalidades. A criança da quarta fase, sem chegar a essas verdadeiras "experiências para ver", interessa--se também pelo objeto novo em si; mas, para "compreendê-lo", tenta aplicar-lhe, sucessivamente, todos os esquemas conhecidos, a fim de descobrir qual deles lhe convirá em particular. Pelo contrário, a criança da presente fase, ainda que por vezes experimente certa surpresa, na presença da coisa desconhecida, trata-a logo, entretanto, como objeto familiar e utiliza-o sem mais, tendo em vista o exercício dos esquemas habituais. Assim, tem-se a impressão de que, longe de se interessar ainda pela coisa em si e longe de apreciar a sua novidade como tal, a criança apenas procura exercer os seus esquemas secundários mediante a pura assimilação funcional, como fazia até aqui por meio dos esquemas primários. Há, portanto, simples generalização dos esquemas secundários.

A Terceira Fase: as "Reações Circulares Secundárias" **183**

Eis alguns exemplos dessa assimilação generalizadora elementar:

Obs. 110. – Laurent, aos 0; 3 (29), vê pela primeira vez o corta-
-papel a que nos referimos na obs. 104. Agarra-o e fica olhando para
o objeto, mas por um instante apenas. Após o que o agita com a mão
direita, como faz com todos os objetos agarrados (ver os esquemas
da obs. 102). Esfrega-o então, por acaso, contra o vime do berço e
procura reproduzir o som ouvido, como se se tratasse de um chocalho
qualquer (cf. obs. 102). Basta, em seguida, que eu lhe ponha o objeto
na mão esquerda para que logo o sacuda, do mesmo modo. Acaba
por chupá-lo. A novidade do objeto, portanto, em nada interessou a
criança: salvo o breve olhar do início, o corta-papel foi logo utilizado
como alimento para os esquemas habituais.

Aos 0; 4 (8), coloco diante de Laurent um macaco de borracha, cujos
membros e cauda móveis, assim como a cabeça expressiva, constituem
um conjunto inteiramente novo para a criança. Com efeito, Laurent
manifesta uma viva surpresa e até certo susto. Mas acalma-se depressa
e aplica então ao macaco alguns esquemas de que se serve para balançar os objetos suspensos: agita o corpo, bate palmas, esperneia etc.,
graduando o seu esforço segundo o resultado obtido.

Do mesmo modo, aos 0; 5 (25) e dias seguintes, Laurent olha para um
jornal desdobrado que coloco sobre a cobertura do seu berço. Primeiro,
empenha-se em puxar os cordões pendentes da cobertura, em agitar o
próprio corpo, as mãos e os braços. Ri às gargalhadas vendo os movimentos
do jornal, como faz frequentemente na presença das sacudidas das argolas.

Aos 0; 6 (0), Laurent agarra imediatamente uma grande caixa de
pastilhas que era sua desconhecida. Mal a olha, mas serve-se logo dela
para esfregá-la contra as bordas do berço; depois passa-a de uma mão
para a outra e esfrega o objeto do lado oposto do berço.

Aos 0; 6 (1), agarra uma nova argola formada de três partes: o punho,
uma bola média de tamanho menor e uma bola terminal de tamanho
maior, ambas metidas num aro. Laurent observa demoradamente o
objeto, passando-o de uma mão para a outra e parece mesmo tatear
a superfície, o que já anuncia os comportamentos da fase seguinte.
Mas interrompe-se depressa para sacolejar o objeto no ar, primeiro
lentamente, depois cada vez mais rapidamente, esfregá-lo contra as
bordas do berço etc.

184   O Nascimento da Inteligência na Criança

Aos 0; 6 (7), ofereço-lhe diversos objetos novos para ver se recomeçará as tentativas de exploração espacial que parecem despontar a propósito do último objeto. Nada feito: a criança utiliza primeiro o novo objeto como alimento para os seus esquemas habituais. Assim, um pinguim de longas patas e cabeça móveis só foi olhado por breves instantes: Laurent bate-lhe primeiro, depois esfrega-o contra a borda do berço etc., sem se preocupar por que extremidade o agarra. Vários objetos tiveram a mesma sorte: apanha-os com uma das mãos e bate-lhes com a outra.

Aos 0; 6 (14), apodera-se de uma nova boneca, observa-a por instantes, mas sem explorar-lhe a forma nem o vestuário: bate-lhe, esfrega-a contra o berço, sacode-a no ar etc.

Aos 0; 6 (18), um cachimbo retém predominantemente a sua atenção, mas é utilizado, em seguida, para executar as mesmas ações. Aos 0; 6 (16), um novo brinquedo (um cisne rodeado por um aro e munido de punho) é observado curiosamente, mas depressa passou a ser batido, esfregado, sacolejado etc. Aos 0; 6 (26), uma série de objetos desconhecidos (uma argola com sineta, um urso, um carneiro etc.) mal foi examinada, mas logo levou tapas, foi sacolejada etc.

Ainda aos 0; 7 (2), Laurent olha brevemente para um pássaro desconhecido, de forma complicada e montado numa base de madeira com rodas: limita-se a fazer o costume – bater-lhe, sacolejá-lo e esfregá-lo contra a borda do berço.

Obs. 111. – Lucienne, aos 0; 5 (3), tem à sua disposição um só esquema, que emprega no decorrer das suas reações circulares e experiências para fazer durar os espetáculos interessantes: agitar os pés ou o corpo inteiro para fazer balançar (ver a obs. 116). Além disso, naturalmente, ela sabe agarrar, chupar etc. Ora, quando se lhe apresenta um objeto novo, acontece isto de curioso: ela experimenta, um de cada vez, os esquemas de preensão e de agitação dos pés, mas aplicando sobretudo os primeiros aos objetos imóveis e próximos, e sobretudo os segundos aos objetos em movimento e distantes, suspensos diante dela. Eis a sucessão de ensaios:

Em primeiro lugar, diante de uma cruz de Malta, pendurada sobre ela, Lucienne agita imediatamente os pés, sem mais. Depois modera seus movimentos e começa chupando em seco, com os olhos postos no objeto; após o que o apanha e leva diante dos olhos, para examiná-lo.

A Terceira Fase: as "Reações Circulares Secundárias" **185**

Um cachimbo, apresentado imóvel: tentativas de preensão, sucção à distância e movimentos dos pés, tudo simultaneamente.

Uma borracha: espanto, sucção à distância e preensão. Uma vez a borracha agarrada, Lucienne examina-a por breves instantes, na sua mão; depois volta a remexer com os pés.

De novo a cruz de Malta: movimentos imediatos e contínuos dos pés. Depois, tendo a mão de Lucienne batido no objeto, tenta agarrá-lo, mas esta segunda reação é manifestamente devida a uma causa fortuita.

Um boneco articulado suspenso: ela o agarra e puxa, mas não conseguindo atraí-lo a si, interrompe-se periodicamente para dar grandes golpes com os pés. Volta em seguida à preensão, mas esperneia de novo. Há uma alternação constante dessas duas atividades.

Uma régua de cálculo: tentativas exclusivas de preensão. Nenhum movimento dos pés.

Um sinete que balanço lentamente: movimento dos pés e depois tentativas de preensão.

Um pau de lacre: unicamente preensão.

Um relógio colocado muito perto do rosto: primeiro, preensão; depois, quando o ergo muito, batidas dos pés.

Essa observação faz-nos compreender como o objeto novo é imediatamente assimilado a um esquema, isto é, reconhecido genericamente como algo que pode dar lugar a uma conduta conhecida, mesmo quando os esquemas habituais são em número muito reduzido. Subsequentemente, é claro que quanto mais os esquemas se multiplicarem, tanto mais o novo objeto será submetido a variados ensaios.

Vê-se em que consistem tais condutas. Na presença de objetos novos, a criança não averigua ainda em que é que consiste a novidade deles; limita-se a utilizá-los *incontinenti*, ou após breve pausa, como alimentos para as suas condutas habituais. Portanto, generaliza sem mais, para usar esses objetos, os esquemas de que é detentora.

Mas a assimilação generalizadora própria dessa fase não se limita a essa forma elementar. Acontece, com efeito, que a novidade apresentada à criança não consiste num determinado objeto, mas num acontecimento, num espetáculo propriamente dito, sobre o qual o sujeito não tem um domínio direto. Que acontece nesse caso? A criança, desejosa

186   O Nascimento da Inteligência na Criança

de ver o espetáculo prolongar-se, utiliza igualmente os seus esquemas habituais, que generaliza sem mais para esse efeito. É o que indica, aliás, a obs. 110: quando Laurent, aos 0; 4 (8) e 0; 5 (25), não pode alcançar o macaco nem o jornal que contempla de longe, aplica-lhes logo os esquemas relativos aos objetos pendurados e procura, destarte, agir sobre eles à distância. Daí a tentar exercer uma ação sobre qualquer fenômeno, seja ele qual for, independentemente de todo o contato real, não é mais do que um passo.

Esse passo é dado graças ao comportamento seguinte: trata-se de uma conduta de transição que ainda tem muito de reação circular secundária, mas cujas formas superiores já anunciam combinações próprias da quarta fase; é a atividade por meio da qual a criança procura fazer durar os espetáculos interessantes de que acabou de ser testemunha, sem que ela própria tenha provocado a primeira aparição (por exemplo, prolongar o balanço de um relógio enxergado de longe etc.). Tais condutas ainda participam da reação circular, pois trata-se, simplesmente, de conservar e reproduzir, mas generalizam o princípio, visto que os esquemas até agora insertos nas reações circulares, propriamente ditas, são doravante aplicados a circunstâncias inteiramente novas. Eis alguns exemplos desses comportamentos:

Obs. 112. – Um primeiro exemplo fará compreender como a reação circular secundária se prolonga em processos para fazer durar um espetáculo interessante. Após a obs. 98, fiz com Laurent, aos 0; 3 (20), a experiência seguinte. Dou-lhe uma boneca de borracha, desconhecida dele, presa à argola habitual por um cordão suficientemente frouxo para que os movimentos da boneca não sacudam automaticamente a argola. Assim que Laurent vê a boneca, estende a mão direita, agarra-a e chupa-a. Essa fase preliminar dura uns dez minutos, durante os quais a argola não se move nem o seu chocalho ressoa. Depois, Laurent deixa cair o braço ao lado do corpo, conservando a boneca na mão. Imprimo então uma sacudida à argola, sem que ela se comunique ao cordão nem, *a fortiori,* à mão de Laurent; além disso, ele não olha nesse momento para a argola. Então, imediatamente, mal ouviu o chocalhar da argola, voltou para esta os olhos e estendeu o braço direito, conservando a boneca na mão; depois, agita essa boneca de maneira perfeitamente adaptada.

Mas, um instante depois, Laurent tem a mão direita apoiada contra a boneca, sem a segurar. Faço que a argola se agite de novo: mexe imediatamente o braço direito, com a mão vazia, e não tenta apanhar a boneca.

Vê-se, desse modo, como o esquema, desde que as circunstâncias se alterem, é dissociado; e como o gesto eficaz (agarrar e agitar os braços, ou simplesmente agitar o braço) é promovido à categoria de processo para fazer durar o espetáculo interessante, mesmo na ausência dos intermediários habituais (da corrente).

A sequência da observação demonstrará claramente, de fato, que esse gesto do braço passou a ser, para Laurent, um "processo" constante e não consistiu, simplesmente, numa tentativa episódica. Aos 0; 3 (5), por exemplo, Laurent exercita-se em agarrar a minha mão quando ela está ao seu alcance direto; ora, quando a coloco a 50 cm ou mais, olha-a e depois agita rapidamente seus braços, tal qual faz na presença da argola habitual. Aos 0; 3 (23), apresento-lhe (a 50 cm) uma boneca que ele não conhecia ainda (vestida) e que balanço por alguns instantes: enquanto ela mexe, Laurent olha-a imóvel; depois, assim que ela para, agita os braços. A mesma reação com o meu relógio e a minha carteira. Vi-o, no mesmo dia, comportar-se dessa maneira espontânea enquanto olhava para a boneca suspensa.

Aos 0; 3 (29), agita um braço assim que paro de balançar um corta-papel a 1 m dele. – Aos 0; 4 (18), agita o braço para me fazer continuar quando lhe mexo nos pés: ri e agita os braços cada vez mais depressa, até que eu recomece. Aos 0; 5 (26), faz o mesmo quando cessa um rangido produzido por mim próprio sem que Laurent me veja: gradua nitidamente o seu gesto em função do tempo de espera.

Aos 0; 6 (27), agita ainda o seu braço quando não consegue agarrar um objeto distanciado ou para fazer um objeto mover-se à distância (uma folha de papel colocada sobre um armário, a 1,5 m dele etc.). A mesma observação aos 0; 7 (5).

Aos 0; 7 (7), olha para uma caixa de latão, colocada sobre uma almofada diante dele, longe demais para que possa agarrá-la. Tamborilo por instantes na tampa da caixa, num ritmo que o faz rir, e depois apresento-lhe a minha mão (a 2 cm das suas, diante dele). Contempla a minha mão, mas apenas por instantes, depois volta-se para a caixa: agita então um dos braços, fixando-a com os olhos (depois contorce-se,

188 O Nascimento da Inteligência na Criança

bate nas roupas da cama, meneia a cabeça etc., isto é, emprega todos os "processos" à sua disposição). Espera, manifestamente, que o fenômeno se repita assim. A mesma reação aos 0; 7 (12), 0; 7 (13), 0; 7 (22), 0; 7 (29) e 0; 8 (1), variando-se as circunstâncias (ver a obs. 115).

Parece evidente, pois, que o gesto de agitar o braço, primeiro inserto num esquema circular de conjunto, saiu do seu contexto para ser empregado, cada vez mais frequentemente, a título de "processo para fazer durar" qualquer espetáculo interessante.

Obs. 112 bis. – Outro movimento das mãos de que Laurent se serviu a título de "processo" é o ato de "bater"; mas, em contraste com o precedente, esse esquema foi utilizado pela primeira vez como "processo" graças a uma simples associação de continuidade.

Aos 0; 7 (2), com efeito, Laurent está batendo numa almofada quando faço estalar o meu dedo médio contra o polegar. Laurent sorri e continua batendo na almofada, mas com os olhos fixos na minha mão; como não a mexo, ele dá batidas cada vez mais fortes, com uma mímica inequívoca de desejo e expectativa; e, no momento em que recomeço a estalar os dedos, ele para como se tivesse alcançado o seu objetivo.

Um instante depois, estou escondido numa grande cortina e reapareço regularmente, com alguns minutos de intervalo; entrementes, Laurent bate cada vez mais forte nas roupas da cama, olhando para a cortina. – A mesma reação olhando para um candeeiro. Aos 0; 7 (5), bate na borda do berço olhando para as argolas suspensas e prossegue por muito tempo, apesar do fracasso.

Aos 0; 7 (7), bate nas roupas do berço olhando para uma caixa de latão onde acabo de tamborilar (ver a obs. 112). As mesmas reações até 0; 8.

Aos 0; 7 (11), bate no fundo da mamadeira, na esperança de ver surgir o bico (ver o v. II, obs. 78).

Obs. 113. – Jacqueline, do mesmo modo, aos 0; 7 (16), isto é, após a obs. 100, aplica o esquema de puxar os cordões do teto do berço às novas circunstâncias. Após ter sacolejado o teto, agitando uma boneca pendurada, Jacqueline observa o meu relógio, que balanço a certa distância. Começa por tentar agarrar o relógio, depois roça por acaso no cordão pendente do teto: agarra-o *incontinenti* e agita-o com violência, olhando para o relógio, como se esse gesto fosse prolongar

A Terceira Fase: as "Reações Circulares Secundárias" **189**

o balanço do objeto. – Na tarde do mesmo dia, a mesma reação a respeito de uma boneca que balanço de longe. Aos 0; 7 (23), após ter puxado o cordão para agitar o teto do berço (ver obs. 100), Jacqueline olha um livro que faço passar diante dos seus olhos em vaivém, à altura do teto, mas a descoberto. Quando paro, Jacqueline, que se conservara imóvel até então, puxa sem hesitar o cordão pendente do teto, e isso sem tirar os olhos do livro. Sacode o cordão cada vez com mais força, uma dezena de vezes, e depois renuncia. Recomeço então o vaivém do livro; quando paro de fazê-lo, Jacqueline puxa o cordão, mas menos energicamente e um menor número de vezes. E assim por diante, mais duas vezes ainda. Se contarmos o número de puxões que deu ao cordão durante esses quatro ensaios, obter-se-á então a série seguinte: 8-10; 5-8; 3-4; 2. É visível, ao examinar a sua fisionomia e essa série, que Jacqueline esperava fazer continuar o movimento do livro puxando o cordão e que a isso renunciou, pouco a pouco. Nos quinto e sexto ensaios, Jacqueline limita-se a olhar para o livro enquanto este se move, sem tentar coisa alguma depois.

Aos 0; 8 (8), pelo contrário, após ter-se servido do cordão para sacolejar o teto do berço, Jacqueline olha para uma garrafa que eu balanço a 50 cm dela. Quando paro, ela puxa o cordão para que o movimento continue, os olhos fixos na garrafa com uma mímica típica de expectativa e de inquietação. Ao verificar o seu fracasso, tenta outro método e imita com a mão o movimento da garrafa, sem que procure agarrá-la.

Aos 0; 8 (16), Jacqueline olha para mim enquanto imito o miar de um gato. Tem nas mãos uma sineta suspensa do teto do berço. Após vários outros processos (ver v. II, obs. 132), ela agita, para fazer-me continuar, a sineta que tem nas mãos. Respondo miando. Assim que paro, agita de novo a sineta, e assim por diante. Instantes depois, interrompo definitivamente os miados: Jacqueline agita ainda mais duas ou três vezes a sineta e, diante do fracasso, muda de meios.

Obs. 114. – Aos 0; 7 (29), Jacqueline divertiu-se esfregando a mão direita contra a parede do seu carrinho de bebê. Num dado momento, quando ela tem a mão aberta e imóvel ao lado do corpo, imprimo – sem que ela veja – um ou dois safanões na capota do carro. Jacqueline não intenta puxar o cordão e volta a esfregar a mão contra a parede do carro, mantendo os olhos postos na capota, como se esta fosse

190   O Nascimento da Inteligência na Criança

agitar-se. A mesma reação um grande número de vezes. É verdade que, quando o movimento das mãos é bastante violento, ele é suficiente para dar um ligeiro impulso a todo o carrinho; mas a sequência da observação mostrar-nos-á que o sucesso relativo não basta para explicar o emprego do processo.

No dia seguinte, aos 0; 7 (30), bato palmas diante de Jacqueline: quando paro, ela remexe a mão contra a parede do carrinho, enquanto continua olhando para as minhas. Quando recomeço, ela para como se tivesse conseguido seus fins; e, quando paro de novo, ela recomeça.

Algumas horas depois, a mesma reação a respeito da minha boina, que faço passar (sem mostrar-me) diante dos seus olhos. No começo, a mímica da criança não deixa dúvidas sobre o seu desejo de fazer continuar, por esse meio, o espetáculo interessante, mas a criança relaxa progressivamente com o fracasso. Por fim, Jacqueline já só mexe muito pouco a sua mão e depois nada.

Obs. 115. – Todos conhecemos a atitude dos bebês na alegria de se mexerem livremente ou quando um espetáculo imprevisto lhes causa uma emoção de vivo prazer: arqueiam-se todos, apoiando-se nos pés e nas omoplatas, e deixam-se cair de novo em massa. Não é difícil, por outro lado, verificar que esse gesto é frequentemente utilizado para sacolejar o berço: basta que a criança tenha notado os efeitos de suas sacudidas para que se encaracole intencionalmente, olhando para a cobertura do berço e os objetos nele pendurados. Ora, esse esquema, uma vez adquirido, é em seguida aplicado a qualquer outra coisa, não importa o quê, a título de "processo para fazer durar um espetáculo interessante". Citaremos, no v. II (obs. 132), uma longa observação feita com Jacqueline, relativamente ao progresso da causalidade. Citaremos aqui o equivalente com Laurent.

Aos 0; 4 (3), Laurent sacoleja simplesmente o berço arqueando o corpo da maneira acima descrita. Mas, aos 0; 4 (7), ele já utiliza esse esquema a título de "processo": quando paro de trautear uma cantiga, ele aguarda alguns instantes e depois arqueia-se, primeiro lentamente, depois cada vez com mais vigor, sempre olhando para mim. A intenção é clara. A mesma reação aos 0; 7 (3).

Entre 0; 4 e 0; 6, emprega o mesmo processo para fazer durar os balanços etc. Aos 0; 6 (6) e 0; 7 (2), dele se serve para me fazer continuar estalando os dedos (ver a obs. 112 *bis*): gradua visivelmente o esforço em função da sua impaciência.

A Terceira Fase: as "Reações Circulares Secundárias" **191**

De 0; 7 (7) a 0; 8 (1), arqueia-se para agir sobre uma caixa de latão em que tamborilo ou sobre uma série de objetos semelhantes (ver a obs. 112).

Em resumo, a ação de arquear o corpo é promovida à categoria de processo mágico-fenomenista e emprega-se nas circunstâncias mais diversas.

Obs. 116. – Lucienne apresentou comportamentos exatamente análogos, mas com os processos variando, naturalmente, em função das suas reações circulares anteriores. Ora, recordar-se-á (obs. 94-95) que uma de suas reações mais frequentes era a de sacolejar o berço ou as argolas por meio de sacudidas nervosas e repetidas das pernas e dos pés (movimentos análogos aos de pedalar numa bicicleta). A partir do sexto mês, essa conduta deu origem a processos destinados a satisfazer desejos ou a fazer durar espetáculos interessantes. Aos 0; 4 (14), Lucienne já olha para a minha mão, que lhe mostro de longe: os seus dedos agitam-se, mas os braços e o tronco permanecem imóveis, e a mímica é de desejo, acompanhada de movimentos de sucção; a criança fica vermelha de emoção, abrindo e fechando a boca e, brusca-mente, começa a espernear a toda a velocidade. Mas será uma simples atitude ou já uma tentativa de ação? A coisa continua duvidosa até os 0; 5 (21). Aos 0; 5 (10), ela ainda agita as pernas enquanto segura nas mãos o punho de um chocalho, tal como o faz na presença da argola suspensa. Depois, aos 0; 5 (21), faz o mesmo quando deixo de balançar as minhas mãos: em vez de imitar o meu gesto, esperneia vigorosamente para obrigar-me a continuar. Aos 0; 7 (1), ela faz o mesmo quando mexo os dedos, balanço a cabeça, as mãos etc., para estudar a imitação: Lucienne começa por imitar, depois esperneia, dedicando a maior atenção ao que faço. Aos 0; 8 (5), a mesma reação na presença dos mais variados espetáculos: uma boneca que balanço etc. Aos 0; 8 (13), observa-me enquanto abro e fecho a boca: começa por examinar-me com grande interesse, depois procura agarrar e, não o conseguindo, agita ligeiramente as pernas; quando paro, esperneia violentamente, sem dúvida para que eu continue. A mesma reação aos 0; 8 (15). Ora, não se trata de uma simples atitude receptiva e, outrossim, de um processo de ação, dado que Lucienne gradua constan-temente o seu esforço, em função do resultado: ela procura, primeiro, com prudência e lentamente, alcançar os seus fins, e se correspondo, mexendo os lábios, ela se agita cada vez com maior vigor.

192 O Nascimento da Inteligência na Criança

Obs. 117. – Vejamos ainda mais alguns processos de que Lucienne fez uso. A partir de 0; 7 (20), data em que ela sacolejou o berço agitando as mãos (ver a obs. 101), Lucienne empregou esse mesmo processo para muitos outros fins. Assim, aos 0; 7 (23), olha-me com o maior interesse quando desdobro um jornal e o amarroto; quando termino, ela agita as mãos uma porção de vezes seguidas. No mesmo dia, apareço no seu campo visual, desapareço, reapareço etc.: Lucienne fica muito intrigada e, após o meu desaparecimento, vejo-a (através da cobertura do berço) remexer as mãos, com os olhos postos na direção da qual eu deveria surgir outra vez. Aplica então esse esquema a tudo: aos 0; 7 (27), para fazer que eu continue os meus gestos; aos 0; 8 (0), para sacolejar à distância um boneco articulado; aos 0; 8 (18), para fazer-me reproduzir um grito que dei; aos 0; 10 (12), para fazer que eu reintroduza o meu indicador na boca etc.

A partir dos 0; 8 (5), como vimos anteriormente (obs. 101), ela abana a cabeça para sacolejar o berço. Nos dias seguintes, aplica esse esquema às situações mais diversas: aos 0; 8 (17), experimenta-o para fazer-me repetir um grito; aos 0; 10 (7), para fazer oscilar de novo um cartaz pendurado num vagão e que se imobilizou com a paragem do trem etc.

Aos 0; 9 (28), Lucienne sopra em situações análogas (para fazer-me reproduzir os meus gestos etc.). Aos 0; 10 (8), arqueia o corpo, tal como Jacqueline fazia (obs. 115), para fazer durar um espetáculo interessante – um gesto, um assobio, um movimento das bonecas etc. Aos 0; 10 (24), arranha vigorosamente o seu cobertor com as mesmas intenções etc. etc.

Obs. 118. – Mencionemos, finalmente, o modo como Laurent acabou por utilizar os seus movimentos da cabeça como "processos" carregados de eficácia. A partir de 0; 3, Laurent já era capaz de imitar um deslocamento lateral da cabeça. Ora, aos 0; 3 (23), encontro-o meneando assim a cabeça diante de uma argola suspensa, como se quisesse imprimir-lhe um movimento real (ver o v. II, obs. 88).

Aos 0; 3 (29), sacode a cabeça quando deixo de fazer balançar um corta-papel. Nas semanas seguintes, reagiu da mesma maneira quando interrompo um movimento que ele estava observando.

Aos 0; 7 (1), fá-lo para incitar-me a continuar dando estalidos com os dedos. Aos 0; 7 (5), a mesma reação diante de um jornal que desdobro e permanece imóvel. Aos 0; 7 (7), sacode a cabeça, assim como esbraceja ou arqueia o corpo diante de uma caixa de latão em que tamborilo.

Por volta dos 0; 8, continua usando assim esse esquema para fazer durar qualquer espetáculo interessante, quer se trate de um movimento percebido visualmente, seja qual for a orientação desse movimento, quer se trate mesmo de um som (cantarolar etc.).

Vê-se, assim, não ser exagerado falar de generalização para caracterizar tais comportamentos. Nas seis observações que acabamos de resumir, trata-se, efetivamente, de esquemas elaborados no decurso das reações circulares da criança, mas aplicados a novas circunstâncias. O que essas situações têm em comum é que a criança acaba de assistir a um espetáculo interessante e gostaria de controlá-lo para que durasse mais tempo. Como esse desejo não está coordenado em qualquer mecanismo adaptado, visto que, em tais casos, o sujeito é impotente, irradia-se, como é natural, nos gestos ligados às reações circulares, isto é, nas situações em que a criança pode, precisamente, prolongar à vontade o resultado desejável. Assim é que os esquemas primitivamente relativos a circunstâncias limitadas se aplicam primeiro a todas as situações análogas e depois a qualquer atividade, não importa qual, com a única condição de que se trate de reproduzir um espetáculo interessante.

Mas esta última condição aponta-nos, ao mesmo tempo, os limites da reação circular. Por um lado, trata-se apenas de repetir, como já acentuamos reiteradamente, e não de inventar para uma verdadeira adaptação às novas circunstâncias. Por outro lado, na medida em que há uma generalização, os processos empregados não se aplicam aos pormenores dessas novas situações: há, por assim dizer, uma generalização abstrata (sendo o gesto eficaz aplicado em vazio) e não uma inserção concreta dos meios empregados no contexto da situação. Notemos, aliás, no que diz respeito a este último ponto, que o mesmo acontece em todos os níveis: não são somente os esquemas devidos às reações circulares secundárias, mas também os esquemas devidos às invenções mais precisas que podem, subsequentemente, ser aplicados em vazio e dar origem, portanto, a ligações mágico-fenomenistas.[3]

---

[3] Ver o cap. V, obs. 176.

194   O Nascimento da Inteligência na Criança

Mas, no nível que estamos agora examinando, isto é, no começo da ação sobre as coisas e das relações mútuas das coisas, essas ligações ainda são as únicas possíveis.

Felizmente, existe um segundo método de generalização dos esquemas secundários: é o que vamos estudar durante o capítulo seguinte, ao procurarmos analisar como a criança coordenará os seus esquemas quando se tratar não só de repetir ou de fazer durar, mas de se adaptar realmente às situações novas.

Antes de aí chegarmos, insistamos, finalmente, sobre a importância duradoura da reação circular secundária no decorrer das fases ulteriores do desenvolvimento intelectual. A reação circular secundária, enquanto reprodução de um resultado interessante obtido fortuitamente, está longe, com efeito, de constituir um comportamento especial da criança: um adulto ignorante de mecânica não se comporta diferentemente do bebê quando, tendo tocado por acaso numa peça de motor, não compreende o efeito produzido e repete o gesto que o provocou. Tal como os reflexos da primeira fase e as associações adquiridas ou hábitos da segunda, as reações secundárias são, pois, condutas cujo aparecimento só caracteriza uma determinada fase, mas que se conservam como subestruturas durante as fases ulteriores.

A originalidade das reações circulares próprias da presente fase é que elas constituem, durante esse período, as mais altas manifestações intelectuais de que a criança é capaz, ao passo que, subsequentemente, desempenharão apenas uma função cada vez mais derivada. Ora, esse ponto é de certa importância e justifica a distinção que faremos doravante entre as reações circulares secundárias "típicas" e as reações circulares secundárias "derivadas". Com efeito, quando a criança da presente fase procura reproduzir um resultado interessante, só consegue obtê-lo de maneira fortuita, isto é, sem que o contexto da sua atividade seja um contexto de pesquisa, de experimentação etc. Pelo contrário, quando a criança de uma fase ulterior ou quando o adulto descobrem um resultado fortuito, isso acontece quase sempre no decurso de um contexto de pesquisa ou de experimentação e, por conseguinte, a ação de reproduzir o efeito obtido constitui uma "ação derivada".

Observaremos, por exemplo, tais reações derivadas durante a quarta fase, quando, na presença de novos objetos, a criança se entrega a ensaios de "exploração" (ver o cap. IV, § 5). Se, durante a "exploração",

A Terceira Fase: as "Reações Circulares Secundárias" **195**

a criança descobre fortuitamente um resultado imprevisto, reproduzi-lo-á *incontinenti*; tal comportamento é idêntico ao da reação circular secundária, mas é derivado. Durante a quinta fase, igualmente, acontece que, experimentando, quer dizer, organizando o que designaremos por "reações circulares terciárias", a criança chega, pouco a pouco, a repetir sem mais os gestos que originaram um efeito imprevisto; nesse caso, retorna à reação circular secundária, mas esta será de novo "derivada". Não chegou ainda o momento de estudarmos essas derivações. Limitemo-nos a citar um exemplo dessas reações circulares ulteriores, para mostrar a sua identidade estrutural com as precedentes:

Obs. 119. – Jacqueline, ao 1; 1 (7), continua reproduzindo todos os gestos novos que ela descobre por acaso e tudo o que se lhe faz fazer. Por exemplo, coloco-lhe uma vara sobre a cabeça: ela a repõe imediatamente depois. Seguro-lhe as faces entre as minhas mãos, depois solto-as; ela repõe imediatamente sua face na minha mão ou agarra a minha mão para aplicá-la contra a sua face ou, ainda, aplica-lhe a sua própria mão.

Ao 1; 3 (12), está sentada no seu parque, com uma perna saindo através das grades. Quando procura erguer-se, não consegue logo retirar o pé. Resmunga, quase que chora, depois tenta de novo. Consegue, à custa de muito esforço, libertar-se, mas assim que se viu solta voltou a passar a perna para fora das grades, exatamente na mesma posição, a fim de recomeçar. Assim fez quatro ou cinco vezes seguidas, até à assimilação completa da situação.

Ao 1; 3 (13), bate com a testa contra uma mesa, ao caminhar, ao ponto de ficar com uma marca vermelha bastante visível. Não obstante, agarrou logo uma vara que está a seu lado e bate com ela na testa, no mesmo lugar da pancada anterior. Depois, como eu lhe retirei esse instrumento perigoso, foi novamente bater intencionalmente, mas com grande prudência, contra a borda de uma cadeira.

Vê-se, em conclusão, a unidade profunda das condutas desta fase. Quer se trate, com efeito, de puras "reações circulares secundárias", de gestos de assimilação recognitiva ou ainda da generalização de esquemas na presença de objetos novos ou de espetáculos para fazer durar, em todos esses casos o comportamento da criança consiste em

196 O Nascimento da Inteligência na Criança

repetir, pura e simplesmente, o que acabou de fazer ou o que já está habituada a fazer. A ação executada pela criança consiste sempre, pois, numa ação global e única, sem desvios e caracterizada por um só esquema. É certo que, em tal ação, já se pode distinguir meios e fins, no sentido de que os gestos da criança são seriados e complexos em suas relações recíprocas: mas os meios e fins são inseparáveis uns dos outros e, por consequência, são dados num mesmo todo. Pelo contrário, as condutas da fase seguinte vão dar-nos um exemplo de coordenação entre esquemas distintos, dos quais uns servirão de fins e outros de meios.

Ora, a necessidade de repetição, que caracteriza essa fase e que explica o caráter global próprio da assimilação por meio de esquemas secundários, condiciona igualmente a acomodação ao meio exterior específico de tais comportamentos. Quer se trate de reações circulares secundárias ou da generalização dos mesmos esquemas na presença de objetos ou espetáculos novos, essa acomodação consiste, inalteravelmente, em reencontrar com o máximo de precisão possível os gestos que tiveram êxito. Muito diferente será a acomodação característica da quarta fase: por força da coordenação dos esquemas, ela constituirá um ajustamento da estrutura daqueles aos próprios objetos e superará, assim, a mera aplicação confusa e total.

Em resumo, se a elaboração dos esquemas secundários próprios da terceira fase assinala um progresso sensível sobre a dos esquemas primários, no sentido em que a criança começa agindo realmente sobre as coisas, tal elaboração prolonga, porém, a assimilação e a acomodação características das reações primárias, na medida em que a atividade da criança continua centrada mais em si própria do que nos objetos como tais.

CAPÍTULO IV

A Quarta Fase: a Coordenação dos Esquemas Secundários e sua Aplicação às Novas Situações

Por volta dos 8-9 meses, aparece certo número de transformações solidárias que dizem respeito, simultaneamente, ao mecanismo da inteligência e à elaboração de objetos, de grupos espaciais e, ainda, das séries causais e temporais. Essas transformações parecem-nos até suficientemente importantes para caracterizar o aparecimento de uma nova fase: a das primeiras condutas propriamente inteligentes.

Do ponto de vista do funcionamento da inteligência, esta quarta fase assinala, com efeito, um progresso muito sensível sobre o precedente. As condutas da terceira fase consistem, apenas, como se viu, em reações circulares. Sem dúvida, essas reações são relativas ao meio externo e já não ao próprio corpo, somente; também lhes chamamos "secundárias" para distingui-las das reações "primárias". Sem dúvida, a atividade dos esquemas secundários pode igualmente ser deflagrada quando a criança deseja fazer durar qualquer fenômeno interessante e já não apenas o resultado a cujo propósito os esquemas em questão foram constituídos. Mas, como verificamos, nada mais existe nessa fase do que uma simples generalização dos esquemas, sem elaboração de relações especiais entre cada um deles e o novo fim a atingir. Em resumo, as reações da terceira fase constituem, pois, o simples prolongamento das reações circulares primárias; devem tão somente à sua complexidade o fato de acarretarem, *a posteriori*, uma distinção entre os termos transitivos e os termos finais, entre os meios e os fins. Pelo contrário, as condutas da quarta fase implicam logo de entrada essa

198 O Nascimento da Inteligência na Criança

distinção. Com efeito, o critério do seu aparecimento é a coordenação mútua dos esquemas secundários. Ora, para que dois esquemas, até então isolados, sejam mutuamente coordenados num ato único, é preciso que o sujeito se proponha atingir um fim não diretamente acessível e ponha em ação, com esse intuito, esquemas até aí relativos a outras situações. Logo, a ação deixa de funcionar por simples repetição e passa a admitir, dentro do esquema principal, toda uma série mais ou menos longa de esquemas transitivos. Portanto, há simultaneamente uma distinção entre o fim e os meios e uma coordenação intencional dos esquemas. O ato inteligente está assim constituído, não se limitando a reproduzir, pura e simplesmente, os resultados interessantes, mas a atingi-los graças a novas combinações.

Do ponto de vista das categorias reais, tal progresso conduz, como veremos no v. II, a uma consequência essencial: coordenando os esquemas que constituem os instrumentos da sua inteligência, a criança aprende, *ipso facto,* a relacionar as próprias coisas entre si. Com efeito, as relações concretas que unem reciprocamente os objetos do mundo exterior se constroem ao mesmo tempo que as relações formais entre os esquemas, dado que estes representam as ações suscetíveis de se exercerem sobre os objetos. O paralelismo dessas duas séries, a real e a formal, é mesmo tão estreito que, no decurso das primeiras fases, chega a ser muito difícil dissociar a ação própria do objeto. Pelo contrário, à medida que a ação se complica por coordenação dos esquemas, o universo objetiva-se e destaca-se do eu.

O fenômeno é visível, primeiramente, no que diz respeito à noção de "objeto". É na medida em que a criança aprende a coordenar dois esquemas distintos, isto é, duas ações até então independentes uma da outra, que ela se torna apta a procurar os objetos desaparecidos e a emprestar-lhes um começo de consistência independente do eu: procurar o objeto desaparecido é, com efeito, afastar os obstáculos que o ocultam e concebê-lo como algo situado atrás daqueles; é, em poucas palavras, pensar o objeto nas suas relações com as coisas atualmente percebidas e não apenas em suas relações com a ação do sujeito.

Esse progresso na constituição do objeto caminha paralelamente à elaboração correlativa do campo espacial. Enquanto a atividade da criança manifesta-se apenas sob a forma de gestos isolados, isto é, de esquemas não coordenados entre si, os "grupos" de deslocamentos

A Quarta Fase: a Coordenação dos Esquemas Secundários e sua Aplicação **199**

permanecem dependentes dos movimentos do sujeito; em outras palavras, o espaço só é percebido em função do eu e ainda não como um meio imóvel interligando todas as coisas. Com a coordenação dos esquemas, pelo contrário, inicia-se a inter-relação espacial dos corpos, isto é, a constituição de um espaço objetivo. Bem entendido, a constituição desse espaço, assim como dos "objetos" que lhe são correlativos, não se realiza de um só golpe e vamos encontrar, na presente fase, numerosos resíduos das fases precedentes. Mas a orientação do espírito do sujeito é doravante diferente e, em vez de concentrar o universo em si própria, a criança começa agora a situar-se num universo independente dela.

O mesmo ocorre no domínio da causalidade e do tempo. Durante a presente fase, as séries causais ultrapassam, com efeito, as relações simplesmente globais entre a atividade própria e os movimentos exteriores, para se objetivarem e espacializarem. Em outras palavras, a causa de um fenômeno qualquer deixa de ser identificada pela criança com o sentimento que ela possuía de agir sobre esse fenômeno: o sujeito começa a descobrir que existe um contato espacial entre a causa e o efeito e que, assim, qualquer objeto pode ser uma fonte de atividade (e não apenas o corpo do sujeito). Por consequência, as séries temporais começam, por seu turno, a ser ordenadas em função da sucessão dos eventos e não apenas em função das ações.

Assim, já é possível entrever como a coordenação mútua dos esquemas secundários faz-se acompanhar de um progresso correlativo no tocante à elaboração das categorias "reais" da inteligência. Mas reservaremos para o v. II o estudo dessas transformações a fim de analisarmos agora e apenas a elaboração formal do mecanismo da inteligência.

§ 1. *A "APLICAÇÃO DOS ESQUEMAS CONHECIDOS ÀS NOVAS SITUAÇÕES": I. OS FATOS.* – A novidade essencial da situação que vamos agora estudar é esta: a criança que já não procura apenas repetir ou fazer durar um efeito que descobriu ou observou por acaso; ela persegue um fim não imediatamente acessível e tenta alcançá-lo graças a diferentes "meios" intermediários. Quanto a esses meios, trata-se ainda, é certo, de esquemas conhecidos e não de novos meios; porém, uma vez que a criança já não se limita a reproduzir o que acaba de fazer, mas

200 O Nascimento da Inteligência na Criança

procura agora atingir um fim distante, ela passa a adaptar o esquema conhecido aos pormenores da situação e eleva-o, destarte, à categoria de "meio" autêntico. Quanto ao "fim", é claro que a criança não o fixa antecipadamente – no sentido em que, por reflexão, chegamos a impor um plano à nossa conduta, independentemente de toda e qualquer sugestão exterior. É ainda sob a pressão de fatos percebidos, ou em prolongamento de uma reação precedente e recente, que a criança age; portanto, os seus atos ainda são, nesse sentido, conservadores e não têm outra função além do exercício dos seus esquemas anteriores. Isso, aliás, está em conformidade com a lei fundamental da assimilação e não vemos como pudesse ser de outro modo. Entretanto, interpõem-se obstáculos entre o ato e o seu resultado – e é nesse sentido que o fim é fixado antecipadamente e que a situação é "nova". Sempre que a criança quer agarrar, balançar, ater etc. (outros tantos fios em conformidade com as reações circulares primárias e secundárias), as circunstâncias opõem-lhe barreiras que é preciso franquear; trata-se, portanto, de manter presente no espírito a "finalidade" ou "meta" a atingir, e de tentar diversos "meios" conhecidos para superar essa dificuldade. O ato de inteligência propriamente dito assim se desenvolve, como diferenciação da reação circular secundária, e implica um grau mais elevado a "inversão" na consciência que a intencionalidade constitui e da qual já falamos antes.

Procuremos analisar alguns exemplos desse comportamento, começando por descrever três casos intermediários entre as reações circulares secundárias e as verdadeiras "aplicações de meios conhecidos às novas situações":

Obs. 120. – Cremos ter observado em Laurent um exemplo elementar desses comportamentos já aos 0; 6 (1), na suposição de que os fatos de que vamos fazer a descrição tenham sido corretamente observados. Se assim for, a coisa nada terá, aliás, de extraordinário e isso por três razões. A primeira é que esta primeira manifestação de "aplicação de esquemas conhecidos às novas situações" ainda não é típica e constitui uma transição entre a simples "reação circular secundária" e as condutas mais francas de que se encontrará em seguida a descrição. A segunda razão é que Laurent se encontra constantemente em avanço sobre as suas irmãs, em consequência das circunstâncias

A Quarta Fase: a Coordenação dos Esquemas Secundários e sua Aplicação 201

anteriormente assinaladas, e é por isso que, aos 0; 6 (1), já vinha utilizando há três meses todas as espécies de esquemas circulares secundários; é natural, portanto, que ele consiga coordenar esses esquemas, entre si, em certas situações excepcionais. A terceira razão, sobre a qual queremos insistir, é que as condutas características de uma fase não aparecem todas de uma vez, sob a forma de um conjunto de manifestações simultâneas, e muito menos no caso da fase presente, mais evoluída e cujas condutas são, portanto, mais complexas; logo, é perfeitamente normal que os primeiros comportamentos da quarta fase se constituam esporadicamente, a partir de meados da terceira, até que essas produções episódicas se sistematizem e se consolidem um ou dois meses mais tarde, apenas. Veremos, do mesmo modo, que as condutas da quinta fase se fazem anunciar desde o apogeu da quarta e as da sexta a partir da quinta. Inversamente, é evidente que os comportamentos próprios de uma determinada fase não desaparecem no decorrer das seguintes, mas conservam um papel cuja importância só gradualmente vai diminuindo (e só diminui relativamente).

Seja qual for a aplicação que se possa dar a esses considerandos na observação presente, Laurent, aos 0; 6 (1), procura agarrar uma grande folha de papel que lhe ofereço e que coloco, finalmente, sobre a cobertura do seu berço (e sobre o cordão que liga esse teto à borda do berço). Laurent começa por estender a mão; depois, quando o objeto é pousado, reage como o faz constantemente na presença de objetos distanciados: agita-se, esbraceja etc. O desejo de agarrar o papel parece inspirar tais reações, como verifiquei retirando por alguns instantes o objeto da cobertura para aproximá-lo e distanciá-lo progressivamente; é no momento em que o papel parece inacessível à mão que Laurent se agita. Ora, depois de ter-se comportado assim por alguns instantes, Laurent parece procurar o cordão pendente do teto; depois, puxa-o cada vez com mais força, olhando fixamente para o papel. No momento em que este se solta para cair, Laurent larga imediatamente o cordão e estende a mão para o objeto, de que se apodera sem hesitar. Numerosos ensaios sucessivos deram o mesmo resultado. – Não é possível demonstrar, evidentemente, que Laurent puxou o cordão para agarrar o papel, mas o conjunto da conduta deu-me a impressão de ser executado com esse fim e perfeitamente coordenado.

Sendo esse o caso, pode-se admitir que o esquema de "puxar o cordão" serviu, momentaneamente, de meio para atingir o fim determinado

202 O Nascimento da Inteligência na Criança

pelo esquema "alcançar o objeto". Isso não significa, naturalmente, que Laurent tenha previsto a queda do objeto nem que tenha concebido o cordão como prolongamento daquele: ele utilizou, simplesmente, um esquema conhecido com uma nova intenção e é justamente isso o que caracteriza as condutas da quarta fase. Porém, como o papel estava colocado na situação que habitualmente deflagra o esquema "puxar o cordão", tal exemplo ainda participa das assimilações generalizadoras da "reação secundária" (ver obs. 99).

Obs. 121. – Eis um exemplo análogo, mas de interpretação mais fácil: aos 0; 8 (20), Jacqueline procura agarrar uma cigarreira que lhe apresento. Enfio então o objeto no meio dos cordões entrecruzados que prendem as bonecas ao teto do berço. Jacqueline tenta alcançá-la diretamente. Não o conseguindo, procura logo os cordões, que ela não tinha nas mãos e de que via apenas a região onde a cigarreira estava presa. Assim, olha para a sua frente, agarra os cordões, puxa-os, sacode-os etc. A cigarreira cai e Jacqueline apodera-se dela prontamente.

Segunda experiência: a mesma reação, mas sem tentar previamente agarrar o objeto de maneira direta.

Aos 0; 9 (2), Jacqueline procura agarrar diretamente o seu patinho de celuloide quando o prendo pela cabeça nos cordões de que já falei. Não o conseguindo, ela agarra então dois cordões, um em cada mão, e puxa. Olha para o pato, que estremece cada vez que ela puxa. Passa então os dois cordões para uma só mão e puxa de novo; depois, transfere-os para a outra mão, agarrando-os um pouco mais acima, e dá outro puxão, desta vez mais forte, até o momento em que o patinho cai.

Recomeço, mas prendendo o pato mais solidamente. Jacqueline puxa logo os cordões, de maneira sistemática, até o momento em que pode tocar no pato com um dedo, mas não consegue ainda fazê-lo cair. Então renuncia, embora eu agite o brinquedo várias vezes, o que demonstra claramente que Jacqueline procurava agarrar o pato e não balançá-lo, apenas.

Vê-se que essas condutas diferem das da obs. 113, embora se trate nos dois casos de sacudir o cordão para exercer uma influência sobre um objeto distanciado. Com efeito, no caso da obs. 113, a criança limita-se a utilizar um processo que acabara de empregar momentos antes – e a utilizá-lo para prolongar um espetáculo que tinha até há

A Quarta Fase: a Coordenação dos Esquemas Secundários e sua Aplicação **203**

pouco diante dos olhos. Pelo contrário, no caso presente, a criança procura agarrar um objeto e, para consegui-lo, tem de encontrar o meio adequado. O meio a que recorreu Jacqueline foi, naturalmente, inspirado nos esquemas das suas reações circulares anteriores, mas o ato de inteligência consistiu, precisamente, em encontrar o meio correto sem se limitar a repetir o que acabara de fazer.

Não se deve, porém, superestimar essas condutas e nelas ver já uma utilização de instrumentos (a "conduta da vara") ou mesmo uma utilização dos prolongamentos do objeto (a "conduta do barbante"). Com efeito, ainda faltam alguns meses para que tais condutas se manifestem. Quanto ao "barbante", retornaremos ao assunto no cap. V, § 2. A observação seguinte, que podemos citar à margem desta, mostra que Jacqueline ainda não considera os cordões prolongamentos do objeto desejado.

Obs. 121 bis. – Aos 0; 9 (8), Jacqueline tenta agarrar o seu papagaio de celuloide, que foi colocado nos cordões torcidos (a mesma posição do patinho da observação anterior). Ela puxa um cordão em cuja extremidade inferior está suspensa uma boneca; Jacqueline vê, assim, o papagaio balançar e, em vez de procurar agarrá-lo, apenas tenta, doravante, fazê-lo oscilar. É então que se manifesta a conduta sobre que queremos insistir aqui e que constitui um verdadeiro ato de adaptação inteligente: Jacqueline procura a boneca na outra extremidade do cordão, agarra-a com uma das mãos e bate-lhe na cabeça com a outra mão, sempre com os olhos postos no papagaio. Fá-lo várias vezes seguidas, em intervalos regulares, olhando alternadamente para a boneca e o papagaio e controlando de cada vez o resultado (o papagaio oscila a cada pancada).

Ora, a gênese de tal ato é fácil de compreender. Três dias antes (ver a obs. 102), Jacqueline sacudiu o seu papagaio, quando o segurava na mão, para ouvir o chocalhar do seu miolo. Portanto, ela tem vontade, quando vê o brinquedo suspenso, de agarrá-lo para o sacolejar de novo. Por outro lado, ela sabe bater nos objetos e, em particular, bateu constantemente no seu papagaio durante as semanas precedentes (ver a obs. 103). Logo, assim que ela descobre que o papagaio está ligado ao cordão em que sua boneca está presa, Jacqueline não hesita em servir-se da boneca como meio de balançar o papagaio. Nesse caso, tampouco se limita a aplicar sem mais um gesto que fazia antes (como

204 O Nascimento da Inteligência na Criança

se viu nas obs. 112 a 118): realmente, ela adapta a uma nova situação um esquema anteriormente conhecido.

Mas, por outro lado, Jacqueline não tem ideia alguma, quando bate na boneca, de esticar o cordão (que liga a boneca ao papagaio) para aumentar o efeito: como na observação precedente, o cordão não é, portanto, um "prolongamento do objeto" e Jacqueline ainda não se ocupa dos contatos espaciais e mecânicos. Assim, o cordão tem apenas uma significação tátil e cinestésica: é tão só matéria para esquemas manuais e musculares, um recurso para obter tal ou tal resultado, e ainda não um objeto físico como serão, mais tarde, o "barbante" e, sobretudo, a "vara".

Chegamos agora aos casos evidentes e começaremos pelos mais simples de todos: afastar os obstáculos materiais que se interpõem entre a intenção e o resultado. Entre as condutas que cabem nessa definição, a mais elementar de todas é a que consiste em afastar a mão de outrem ou um corpo qualquer que se coloca entre a criança e o objetivo, no momento em que se esboça o ato de preensão. Convém, naturalmente, deixar o objetivo inteiramente visível, constituindo o fato de escondê-lo uma dificuldade suplementar, que só examinaremos no final destas observações.

Obs. 122. – Em Laurent, tal comportamento, cuja aquisição estudamos minuciosamente, só se manifestou a partir dos 0; 7 (13). É essa coordenação entre uma ação nitidamente diferenciada, que serve de meio (= afastar um obstáculo), e a ação final (= agarrar o objeto), que consideramos o início da quarta fase.

Até os 0; 7 (13), Laurent jamais conseguiu, realmente, afastar o obstáculo: tentou, simplesmente, ignorá-lo ou, no caso de malogro, utilizar os "métodos" mágico-fenomenistas de que tratamos no cap. III, § 4. Por exemplo, aos 0; 6 (0), apresento a Laurent uma caixa de fósforos e faço obstáculo à sua preensão com a minha mão estendida lateralmente: Laurent tenta passar por cima da minha mão, ou contorná-la, mas não procura deslocá-la. Como lhe barro todas as vezes a passagem, acaba por fixar visualmente a caixa e agitar as mãos, sacudir o corpo e a cabeça, lateralmente etc.; em resumo, substitui por "métodos" mágico-fenomenistas a preensão que se tornou

A Quarta Fase: a Coordenação dos Esquemas Secundários e sua Aplicação **205**

impossível. Após o que lhe estendo a caixa, retendo-a simplesmente por uma ponta: Laurent puxa, esforça-se por arrancar-ma dos dedos, mas nunca repele a minha mão.

As mesmas reações aos 0; 6 (8), 0; 6 (10), 0; 6 (21) etc. Aos 0; 6 (17), apresento-lhe uma argola de chocalho, colocando simplesmente a minha mão à frente, de maneira a deixar visível apenas metade do objeto: Laurent procura agarrar diretamente a argola, mas não afastar a minha mão.

Aos 0; 7 (10), Laurent procura agarrar uma nova caixa diante da qual coloquei a minha mão (a 10 cm). Ele afasta o obstáculo, mas não intencionalmente: tenta apenas alcançar a caixa deslizando a mão ao lado da minha e, quando a toca, procura ignorá-la. Esse comportamento dá a impressão de que ele repele a cortina (a minha mão), mas não se registra ainda qualquer esquema diferenciado, qualquer "meio" dissociado da ação final (do esquema que atribui um fim à ação). A conduta é a mesma quando apresento uma almofada como obstáculo.

As mesmas reações aos 0; 7 (12). Finalmente, aos 0; 7 (13), Laurent reagiu de um modo inteiramente diverso e quase desde o começo da experiência. Apresento-lhe uma caixa de fósforos sobre a minha mão, mas numa posição recuada, de tal modo que ele não possa alcançá-la sem afastar o obstáculo. Ora, Laurent, depois de tentar contornar a minha mão, põe-se bruscamente a bater-lhe como se quisesse desviá-la ou obrigá-la a baixar; aceito o jogo e ele apanha a caixa. – Recomeço então barrando a passagem, mas utilizo agora como cortina uma almofada suficientemente macia para conservar as marcas dos gestos da criança: Laurent procura alcançar a caixa e, contrariado pelo obstáculo, bate-lhe imediatamente, abaixando-o nitidamente até ter o caminho desimpedido.

Aos 0; 7 (17), recomeço a experiência sem que tenha havido ensaios entre duas. Apresento primeiro o objeto (o meu relógio), colocado 10 cm atrás da almofada (ficando o objeto naturalmente visível): Laurent tenta primeiro agarrar o relógio diretamente, mas depois interrompe-se para dar tapas na almofada. A mesma coisa com a minha mão: bate sem hesitar no obstáculo.

Vê-se logo em que medida esse ato de repelir o obstáculo, batendo nele, constitui uma nova conduta, em relação aos comportamentos dos 0; 6 (0) aos 0; 7 (12): antes de procurar atingir o seu objetivo (agarrar o objeto), Laurent interrompe-se, doravante, e exerce sobre o obstáculo uma ação completa (bater-lhe para afastá-lo), nitidamente diferenciada do esquema final e, no entanto, a ele subordinada.

Além disso, verifica-se que o ato intermediário que serve de meio (afastar o obstáculo) é inspirado num esquema conhecido: o esquema de bater. Recorde-se, com efeito, que Laurent, a partir dos 0; 4 (7) e, sobretudo, dos 0; 4 (19), contraiu o hábito de bater nos objetos suspensos para balançá-los e, finalmente, aos 0; 5 (2), de bater nos objetos (ver a obs. 103). Ora, é esse o esquema usual de que Laurent se serve agora não como um fim em si (como um esquema final), mas como um meio (como esquema transitivo ou móvel) que ele subordina a um esquema diferente. A necessidade de afastar o obstáculo excita, com efeito, por assimilação generalizadora, o mais simples dos esquemas de deslocamento que ele conhece e utiliza: o esquema de bater. Assinale-se, a tal respeito, que a criança dessa idade não desloca os objetos de uma posição para outra, como fará mais tarde, a fim de estudar experimentalmente os grupos de deslocamentos.[1] É por isso que o ato de afastar ou deslocar o obstáculo é tão difícil, quando a nós parece tão simples: o universo da criança de 0; 6-0; 8 ainda não é um mundo de objetos permanentes e animados de movimentos independentes no espaço (procuraremos mostrá-lo no v. II, ao estudarmos o desenvolvimento da noção de espaço). Assim, para repelir o obstáculo, a criança é obrigada a recorrer aos seus esquemas circulares, entre os quais o mais apropriado à situação é, com efeito, o de "bater para fazer balançar".

Assinalemos, finalmente, que o processo assim descoberto por Laurent nada tem de comum com o comportamento que consiste em retirar da frente os objetos incomodativos (travesseiros etc.). Laurent, aos 0; 5 (25), por exemplo, repele sem hesitações um travesseiro que lhe coloquei sobre o rosto. Mas tal reação, na qual participa, muito provavelmente, um elemento reflexo, só ocorre quando o obstáculo está colocado defronte da criança, que já não o afasta se ele estiver defronte do objeto (ver v. II, obs. 27). Portanto, não se trata, nesse caso, de um "meio" relativo a um fim ulterior, isto é, em outras palavras, de uma conduta relativa a um objetivo, mas simplesmente da eliminação

---

[1] Ver o v. II, cap. II, §§ 3 e 4.

A Quarta Fase: a Coordenação dos Esquemas Secundários e sua Aplicação **207**

de uma causa de incômodo relativa ao sujeito. Por consequência, seria inteiramente artificial dizer que a criança afasta um obstáculo (= meio) para ver qualquer coisa (= fim): o ato de se desembaraçar do objeto incomodativo forma um todo em si. – Está fora de questão, pois, querer descobrir nessa conduta a origem daquela que estamos agora examinando; disso é prova que, entre 0; 6 (0) e 0; 7 (12), Laurent jamais conseguiu afastar os obstáculos, no sentido que damos aqui à expressão, quando já sabia desde 0; 5 e, sem dúvida, muito antes, repelir do rosto ou da sua frente todo o obstáculo que o incomodasse.

Obs. 123. – A partir de 0; 7 (28), o esquema transitivo de "repelir o obstáculo" diferencia-se um pouco em Laurent: em vez de bater simplesmente nos corpos interpostos entre a sua mão e o objetivo, pôs-se logo a arredá-los ou a empurrá-los, sem outras ações intermediárias.

Aos 0; 7 (28), por exemplo, apresento-lhe um guizo a 5 cm atrás da borda de uma almofada. Laurent bate na almofada, como antes, mas em seguida mantém-na abaixada com uma das mãos, enquanto agarra no objeto com a outra. A mesma reação com a minha mão.

Aos 0; 7 (29), abaixa logo a almofada com a mão esquerda para alcançar uma caixa com a direita. Faz o mesmo aos 0; 8 (1): quando interponho a minha mão como obstáculo, sinto nitidamente que ele a abaixa e pressiona-a cada vez com mais força para vencer a minha resistência.

Aos 0; 8 (1), logo depois da prova descrita no parágrafo acima, Laurent balança a sua caixa para fazer chocalhar as pastilhas que se encontram no seu interior. Coloco então a minha mão no seu braço para impedir esse jogo. Ele tenta primeiro ignorar o próprio braço cuja mão segura a caixa, mas, vendo que ele é indispensável para obter o movimento almejado, estende a outra mão e afasta a minha. É a primeira vez que realiza com êxito essa prova, já tentada nas semanas e dias precedentes.

Aos 0; 8 (28), em contrapartida, noto que ele ainda não sabe repelir a minha mão quando seguro o objeto,[2] nem quando a aproximo do objeto por trás para retirar-lho. – Essas duas condutas apareceram simultaneamente aos 0; 9 (15). Quando seguro uma extremidade das

---

[2] Fiz a experiência a partir dos 0; 6 (10): ele puxa simplesmente o objeto sem afastar a minha mão.

208 O Nascimento da Inteligência na Criança

suas argolas, Laurent repele a minha mão com a esquerda, puxando o objeto com a direita; e, quando me preparo para segurar de novo a argola, ele rechaça a minha mão ou o meu antebraço mesmo antes de eu ter alcançado o objeto.

Vê-se, pois, que esses aperfeiçoamentos do esquema transitivo foram constituídos por diferenciação gradual do método primitivo: "bater no obstáculo para repeli-lo".

Obs. 124. – Jacqueline, aos 0; 8 (8), procura agarrar o seu pato de celuloide, mas apanho-o também ao mesmo tempo que ela; Jacqueline fica então segurando solidamente o brinquedo com a sua mão direita, enquanto procura repelir a minha com a esquerda. Repito a experiência, agarrando somente a extremidade da cauda do pato: ela repele de novo a minha mão. Aos 0; 8 (17), após ter tomado uma primeira colherada de remédio, ela rechaça a mão da mãe, que lhe estende a colher uma segunda vez. Aos 0; 9 (20), ela procura colocar o pato de encontro à parede do berço, mas é embaraçada pelo cordão do guizo, que pende do teto: apanha então o cordão com a mão direita e leva-o para o lado de lá do braço esquerdo (do braço que segura o pato), portanto, para onde o cordão já não pode servir de obstáculo. A mesma operação pouco depois.

Infelizmente, não nos foi possível determinar com precisão a partir de que esquema circular se diferenciou, em Jacqueline, a ação de "afastar o obstáculo". Não foi, aparentemente, a partir do esquema de "bater", dado que este se manifestara na criança pouco tempo antes. Deve ter sido, mais provavelmente, o ato de segurar na mão o objeto para agitá-lo, balançá-lo ou esfregá-lo contra o berço que lhe deu a ideia de deslocar os obstáculos. Com efeito, é evidente que, de uma criança a outra, podemos diferençar a filiação entre os esquemas transitivos ou móveis da quarta fase e os esquemas circulares. O que afirmamos, apenas, é que a subordinação dos meios e dos fins próprios da quarta fase começa por uma simples coordenação dos esquemas circulares anteriores.

Obs. 125. – Se ainda subsistirem quaisquer dúvidas sobre o bem fundado dessa afirmação, em outras palavras, se se considerar o ato de afastar o obstáculo simples demais para que não possa constituir-se independentemente dos esquemas anteriores, o exemplo seguinte é de natureza a fornecer uma contraprova às considerações precedentes.

A Quarta Fase: a Coordenação dos Esquemas Secundários e sua Aplicação **209**

Supondo que existe um ato intencional, executado a título de meio, e que é mais elementar do que o de "afastar o obstáculo", tal ato só poderá ser o que consiste em largar um objeto, ou pousá-lo, para agarrar outro. Com efeito, assim que a criança aprende a coordenar a preensão e a visão (início da terceira fase), acontece-lhe soltar involuntariamente os objetos que segura. Ainda mais do que isso: a criança observa esse fenômeno muito cedo, pois que desde as primeiras semanas da mesma fase (por volta dos 0; 4, em Laurent) procura com a mão o objeto perdido (ver o v. II, cap. I, § 2), e, desde meados da fase (por volta de 0; 6, em Laurent), segue-o com os olhos (ver o v. II, obs. 6, § 1). Ora, longe de fornecer imediatamente um "meio" suscetível de ser empregado em todas as circunstâncias, essa queda do objeto agarrado fica por muito tempo sem utilização; portanto, não constitui um "esquema", isto é, uma ação positiva, mas apenas um acidente, uma falha no ato. (Não se pode falar, a seu respeito, num ato negativo, visto que um ato negativo é um ato complexo na medida em que está sempre subordinado a um outro.) Somente no final da quarta etapa e no começo da quinta é que o fato de largar um objeto se converte num ato real, num ato intencional (ver, para Laurent, as obs. 140 e 141): esse fato constitui, evidentemente, a prova de que o esquema transitivo de "largar o objeto", utilizado como "meio", não deriva simplesmente da queda fortuita do obstáculo; mas, pelo contrário, é constituído em função de outros esquemas, tais como os de "afastar o obstáculo". É o que vamos agora comprovar.

Aos 0; 6 (26), Laurent segura uma argola com que não faz grande coisa (saturação após o exercício). Ofereço-lhe então uma boneca que ele procura logo agarrar com ambas as mãos (como faz constantemente). Segura-a com a mão esquerda, conservando a argola na direita, depois aproxima uma mão da outra com o desejo manifesto de ficar segurando apenas a boneca: permanece embaraçado, olhando alternadamente para os dois objetos, e não chega a largar a argola.

Aos 0; 6 (29), a mesma reação com dois outros objetos. Ofereço-lhe um terceiro brinquedo: tenta agarrá-lo com a direita, já ocupada, sem largar o que segura. – Acaba, naturalmente, por perder fortuitamente o objeto em que já não está interessado, mas não o afasta de propósito.

Aos 0; 7 (0), tem nas mãos uma pequena boneca de celuloide quando lhe ofereço uma caixa (mais interessante). Agarra esta com a

210 O Nascimento da Inteligência na Criança

mão esquerda e tenta segurá-la com ambas as mãos: os dois objetos entrechocam-se e Laurent afasta-os imediatamente (muito surpreendido com o resultado); recomeça a bater-lhes, querendo de novo rodear a caixa com as mãos. Fá-los então entrechocarem-se várias vezes, por mero prazer, o que lhe dá a ideia de esfregar a caixa, por alguns segundos, contra o vime do berço. Depois, tenta uma vez mais cercar a caixa com ambas as mãos; espantado com a resistência devida à boneca, olha por momentos o bloco dos dois objetos reunidos.

Aos 0; 7 (28), observo ainda a mesma reação: bate involuntariamente com um objeto no outro (os dois que ele segura), quando quer agarrar um deles com ambas as mãos. – Naturalmente, para que essa experiência tenha alguma significação, convém escolher dois objetos de interesse muito desigual, sem o que poderíamos sempre perguntar se a criança não estaria tentando ficar com os dois. Esta objeção, aliás, não é puramente teórica, porquanto a Sra. Bühler demonstrou que um bebê de oito meses pode perfeitamente ocupar-se de dois brinquedos ao mesmo tempo. De fato, o olhar e a mímica da criança revelam muito bem qual é o brinquedo que ela prefere e que deseja conservar em seu poder. – Por outro lado, convém agir depressa e surpreender a criança por meio do segundo objeto, antes que ela tenha largado o primeiro por desinteresse, sem dúvida. Na vida corrente, isto é, independentemente da experiência que estamos analisando, estas coisas passam-se sempre, com efeito, da maneira seguinte: quando a criança, que segura nas mãos um objeto, se apercebe de um segundo objeto e procura agarrá-lo, larga o primeiro involuntariamente, por simples desinteresse, enquanto se esforça por alcançar o segundo. Para que a experiência tenha êxito, é preciso oferecer, pois, esse segundo objeto a alguns centímetros da mão, de maneira que a criança não tenha dificuldade alguma em apoderar-se dele nem tenha tempo para perder o primeiro.

Aos 0; 7 (29), finalmente, Laurent encontra a solução. Ele segura um carneirinho de celuloide com a mão esquerda e uma argola com a direita. Estendo-lhe um guizo: Laurent rejeita a argola para agarrar o guizo. A reação é a mesma várias vezes seguidas, mas tenho dificuldade em ver se ele larga simplesmente a argola ou se verdadeiramente a rejeita. Enquanto ele segura o guizo, ofereço-lhe então uma caixa volumosa: apanha-a com a mão esquerda (livre) e a direita (encostando-a contra a caixa), mas, dando-se conta da dificuldade, rejeita, desta

A Quarta Fase: a Coordenação dos Esquemas Secundários e sua Aplicação **211**

vez nitidamente, o guizo. – A mesma reação aos 0; 7 (30), com uma grande argola.

Aos 0; 8 (1), tem nas mãos uma grande caixa e apresento-lhe a corrente do meu relógio. Pousa então a caixa na roupa do berço para agarrar a corrente. Ora, esse gesto é novo (só o executou até aqui por acaso): deriva, evidentemente, do ato de "rejeição" observado há três dias. – Ofereço-lhe de novo a caixa quando tem a corrente em mãos: afasta essa caixa.

A partir desse dia, Laurent sabe perfeitamente rejeitar um objeto para agarrar outro, ou pousá-lo, ou deixá-lo cair intencionalmente. Esse esquema transitivo deriva, pois, de toda a evidência, dado o caráter tardio e complexo do seu aparecimento, dos esquemas precedentes, que consistem em "afastar o obstáculo" e não mais soltar fortuitamente os objetos em mão.

Obs. 126. – Uma última conduta pertencente ao presente grupo de esquemas ("afastar o obstáculo") consiste em procurar debaixo de uma cortina os objetos invisíveis. Estudaremos de perto esse comportamento a propósito do desenvolvimento da noção de objeto. Mas convém, do ponto de vista do funcionamento da inteligência, mostrar desde já até que ponto tal ato se constitui por coordenação de esquemas independentes.

Por exemplo, Laurent, aos 0; 8 (29), diverte-se com uma caixa que lhe tiro das mãos para colocá-la debaixo do travesseiro (a cortina). Enquanto, quatro dias antes, ele não reagia numa situação análoga, desta vez apodera-se do travesseiro. Ora, sem podermos afirmar que ele espere encontrar a caixa sob o travesseiro (o comportamento é por demais hesitante para admiti-lo), é visível, entretanto, que Laurent não se interessa pelo travesseiro em si e que o levanta para experimentar alguma outra coisa. O ato de levantar o travesseiro ainda não é, portanto, um meio seguro, mas já constitui, indubitavelmente, um "meio" experimental, isto é, gesto distinto do de agarrar a caixa.

Do mesmo modo, aos 0; 9 (17), Laurent ergue uma almofada para procurar uma cigarreira. Quando o objeto está inteiramente escondido, a criança levanta a cortina (almofada) com hesitação, mas, quando aparece uma ponta da cigarreira, Laurent afasta a almofada com uma das mãos e procura, com a outra, desvencilhar o objeto; portanto, o ato de erguer a cortina é inteiramente distinto do de agarrar o objeto

212 O Nascimento da Inteligência na Criança

desejado e constitui um "meio" autônomo, derivado, sem dúvida, dos atos anteriores análogos (afastar o obstáculo, deslocar e repelir os corpos que fazem barreira etc.).

Comprova-se, assim, em todos esses exemplos, que a ação de "afastar o obstáculo" constitui, nitidamente, um esquema transitivo diferenciado do esquema final. Ora, como vimos a propósito de cada um dos casos, analisados em detalhes, esses esquemas transitivos derivam de esquemas circulares anteriores (obs. 122) ou então derivam de outros esquemas transitivos (obs. 123-126). A subordinação dos esquemas transitivos aos esquemas finais, portanto, dos "meios" aos "fins", opera-se sempre, portanto, pela coordenação de esquemas independentes.

Vejamos, finalmente, um terceiro grupo de exemplos de "aplicação de esquemas conhecidos às novas situações". Doravante, já não se trata de afastar os obstáculos, mas de encontrar intermediários entre o sujeito e o objetivo. Esses intermediários ainda não são "instrumentos", como na quinta fase, mas já são mais complexos do que os esquemas inteiramente montados que promanam das reações circulares secundárias (como é o caso do nosso primeiro grupo de exemplos: obs. 120 a 121 *bis*):

Obs. 127. – Se Jacqueline se mostrou capaz, aos 0; 8 (8), de afastar uma mão estranha que servia de obstáculo aos seus desejos, não tardou também em ser capaz de executar a conduta inversa: utilizar a mão de outrem como intermediária para produzir um resultado desejado. Assim é que, aos 0; 8 (13), Jacqueline olha para a mãe que balança uma peteca de pano com a mão. Quando o espetáculo termina, Jacqueline, em vez de imitar esse gesto, o que aliás fará daí a pouco, começa por procurar a mão da mãe, coloca-a diante do brinquedo e empurra-a para que reinicie a sua atividade.

Sem dúvida, trata-se apenas, nesse caso, de fazer durar um espetáculo observado há instantes. A tal respeito, podemos comparar esse caso aos das obs. 112-118. Acontece, porém, que um notável progresso foi realizado pelo fato de Jacqueline decompor mentalmente o espetáculo que presenciou e utilizar a mão de outrem como intermediária. Além disso, dois meses mais tarde, é a uma nova situação que ela aplica esse meio:

A Quarta Fase: a Coordenação dos Esquemas Secundários e sua Aplicação **213**

Aos 0; 10 (30), com efeito, Jacqueline agarra a minha mão, aplica-a de encontro a uma boneca que fala e que ela não consegue acionar por si mesma, e exerce uma pressão no meu dedo indicador para que eu faça o necessário (a mesma reação três vezes seguidas).

Estudaremos mais tarde (v. II, cap. III, § 3), a propósito da objetivação e da especialização da causalidade, os pormenores desse comportamento. Mas convém citá-lo desde já, do ponto de vista da "aplicação de esquemas conhecidos às novas situações", para mostrar como tal conduta se origina da coordenação de esquemas independentes. A grande novidade desse comportamento consiste no seguinte. Até cerca dos 0; 8, a criança, quando se produz diante dela um resultado interessante, procura agir diretamente sobre esse resultado: olha para o objetivo e, segundo o caso, arqueia o corpo, agita as mãos etc. (ver, mais acima, as obs. 112-118) ou, então, se puder alcançar o objetivo (uma argola, por exemplo), bate-lhe, sacoleja-o etc. Acontece-lhe, constantemente, por outro lado, reagir do mesmo modo na presença única da mão do adulto: se faço estalar os dedos e apresento a minha mão à criança, ou ela arqueia o corpo etc., no caso de o objeto ser inacessível, ou bate-lhe, agita-o etc., para que eu continue. Portanto, temos aí duas espécies de esquemas circulares secundários independentes: ações sobre o objetivo e ação sobre a mão (a qual é tida na conta, nesse caso, de um objeto qualquer). Ora, na observação que acabamos de descrever, Jacqueline serve-se da mão de outrem como agente intermediário, isto é, para agir sobre o objetivo. Que quer isso dizer senão que, nesse caso como nos esquemas de "afastar o obstáculo" ou nos esquemas muito mais simples do primeiro grupo, a criança começa a coordenar duas espécies de esquemas até então independentes? Ela procura agir sobre a mão de outrem, mas enquanto essa mão puder também agir sobre o objetivo: portanto, a criança relaciona entre si os dois esquemas.

Obs. 128. – Do mesmo modo, Laurent, a partir dos 0; 8 (7), serve-se da minha mão como intermediário para me fazer recomeçar as atividades que lhe interessam. Por exemplo, dou piparotes com o meu dedo médio esquerdo numa face, depois tamborilo nos meus óculos (ele ri). Então coloco a minha mão a meia distância entre os olhos dele e o meu rosto. Laurent olha para os meus óculos, depois para a minha mão e acaba por empurrá-la na direção do meu rosto (ver a continuação destas observações no v. II, obs. 144).

214   O Nascimento da Inteligência na Criança

Como na observação precedente, trata-se, pois, para a criança, de fazer durar um espetáculo interessante. Mas, em vez de aplicar simplesmente os métodos habituais (obs. 112-118), ou de ele próprio reproduzir a coisa por imitação, Laurent utiliza como meio um elemento do conjunto que acabou de observar e um elemento assimilável aos da sua própria atividade: a mão de outrem é comparável à do sujeito, e a criança prolonga, simplesmente, a sua própria ação graças a um agente cujo poder ela conhece por analogia com suas anteriores experiências pessoais.

Obs. 129. – Aos 0; 9 (24), Jacqueline está sentada e procura agarrar o seu pato de celuloide, colocado perto de seus pés. Não conseguindo, puxa-o para mais perto com a ajuda do seu pé direito. Não pude ver se ela ainda tateou ou se a reação foi imediata. Aos 0; 11 (21), porém, ela deixou cair no chão, da cadeirinha de balanço em que está sentada, um cisne de celuloide: não conseguindo alcançá-lo com as mãos, ela o desloca prontamente com os pés, aproximando-o o suficiente para poder apanhá-lo. Ao 1; 0 (7), a mesma reação imediata com o seu papagaio. Jacqueline também se serve, naturalmente, dos pés para bater nos objetos com que eles se encontram etc.

Tais condutas podem, certamente, ser concebidas não como atos de inteligência, mas como simples coordenações análogas às da preensão manual. Mas deram lugar, assim que se manifestaram, a uma série de aplicações que têm nitidamente o cunho da generalização inteligente.

Assim, aos 0; 11 (28), Jacqueline está sentada e agita uma sineta. Interrompe-se então, bruscamente, para pousar com delicadeza a sineta diante do seu pé direito, dando-lhe em seguida um grande pontapé. Não podendo reavê-la, agarra uma bola que coloca no mesmo lugar para voltar a dar um pontapé. Portanto, é evidente que houve intenção antes do ato e utilização adaptada do esquema de bater com o pé.

Além disso, no mesmo dia, Jacqueline, enquanto brincava com um dado, bateu num cofre de madeira. Interessada por esse choque, repetiu duas ou três vezes o gesto, após o que concentrou subitamente suas atenções no pé, para bater no dado com a sola do seu sapatinho. Esse gesto foi preciso e rápido, apresentando todos os sintomas de um ato intencional típico.

Mais do que isso, ao 1; 0 (10), ela está empenhada em bater com um pau contra a parede do seu carro de bebê, quando se interrompe

A Quarta Fase: a Coordenação dos Esquemas Secundários e sua Aplicação **215**

de súbito para procurar manifestamente o seu sapatinho. Como tinha os pés cobertos com um xale, levanta-o prontamente (cf. obs. 124) e bate no sapato.

Estas três últimas observações satisfazem, assim, da maneira mais característica, à definição dos comportamentos que estamos agora analisando: 1º) a intenção que precede o ato (aumentar o choque da sineta, do dado ou do pau); 2º) a busca de um "meio" suscetível de ser subordinado a um tal fim; 3º) a aplicação, para esse efeito, de um esquema anteriormente descoberto (servir-se do pé para agitar, bater etc.).

Obs. 130. – Laurent, aos 0; 10 (3), utiliza como "meio" ou esquema transitivo um comportamento que descobriu na véspera e cuja gênese descreveremos na obs. 140. – Ao manipular uma caixa de sabão de barba, aprendeu, com efeito, aos 0; 10 (2), a deixar cair esse objeto intencional-mente. Ora, aos 0; 10 (3), dou-lho de novo: abre imediatamente a mão para fazê-lo cair e repete esta conduta certo número de vezes. Coloco então a 15 cm de Laurent uma bacia de lavatório e bato no seu interior por meio da caixa de sabão de barba, para fazer Laurent ouvir o ruído do metal contra aquele objeto. Saliente-se que, aos 0; 9 (0), Laurent já batera por acaso, durante a sua lavagem, com um pequeno boião contra a mesma bacia e divertira-se imediatamente reproduzindo esse ruído, por reação circular simples. Eu queria agora ver se Laurent se serviria da caixa de metal para repetir a coisa e como se comportaria.

Ora, Laurent apoderou-se imediatamente da caixa, estendeu o braço e soltou o objeto sobre a bacia. Variei a posição desta, a título de contraprova: no entanto, Laurent repetiu sempre com êxito a ação de deixar cair a caixa sobre a bacia. Trata-se, pois, de um excelente exemplo de coordenação de dois esquemas, sendo que o primeiro serviu de "meio", enquanto o segundo atribui um fim à lição – são os esquemas de "largar um objeto" e de "bater um corpo contra outro".

§ 2. *A "APLICAÇÃO DOS ESQUEMAS CONHECIDOS ÀS NOVAS SITUAÇÕES": II. COMENTÁRIO.* – Tais condutas constituem os primeiros atos de inteligência propriamente dita com que nos deparamos até aqui. Convém, pois, caracterizá-los de maneira precisa; e, para fazê--lo, comecemos por distingui-los das variedades de comportamento anteriormente estudadas.

216 O Nascimento da Inteligência na Criança

Em primeiro lugar, essas condutas opõem-se às reações circulares primárias e aos hábitos sensório-motores que nelas têm sua origem. Com efeito, no caso dessas reações, o contato (tátil, visual etc.) com o objeto provoca imediatamente um ato assimilador global, sem que se possa distinguir entre a finalidade da ação e os meios empregados, enquanto, no caso presente, o contato com o objeto exterior apenas desencadeia uma intenção e, em seguida, a busca dos meios apropriados. Existe intenção, quer dizer, consciência de um desejo, na medida em que o esquema de assimilação despertado pelo contato com o objeto é contrariado por um obstáculo e em que, por conseguinte, esse esquema só se manifesta sob a forma de tendência e não de realização imediata. Essa mesma circunstância explica a busca de meios: trata-se, com efeito, de superar o obstáculo interveniente. Assim é que, na obs. 122, a vista do objeto deflagra, simplesmente, o esquema de preensão, mas, havendo obstáculos interpostos, a preensão é elevada à categoria de fim distante e certos meios devem ser descobertos para afastar primeiro essas dificuldades. Quando Laurent procura agarrar o objeto atrás da minha mão, observamos, pois, da maneira mais simples, como o esquema sensório-motor característico da fase da reação circular primária e dos primeiros hábitos se diferencia em ato intencional, graças à intervenção dos obstáculos intermediários. Quando ele ergue uma cortina para encontrar um objeto escondido (obs. 126), a coisa complica-se, mas o princípio continua sendo o mesmo; portanto, é a dissociação dos meios e fins, nascida dos obstáculos interpostos, que gera a intencionalidade e opõe o presente comportamento aos simples hábitos.

Objetar-se-á, talvez, que as coordenações intersensoriais, próprias de certas reações circulares, primárias, parecem fazer-nos assistir muito cedo a seriações do mesmo gênero: quando a criança agarra um objeto para chupá-lo, olhá-lo etc., parece diferenciar o fim e os meios, e, por consequência, estabelecer antecipadamente um fim. Mas, na ausência de um obstáculo suscetível de chamar a atenção da criança, nada autoriza a atribuir essas distinções à consciência do sujeito. O fato de agarrar para chupar constitui um ato único, no qual os meios se confundem com o fim, e esse ato único constitui-se por assimilação recíproca imediata entre os esquemas em presença. Portanto, é o observador, e não o sujeito, quem pratica as divisões no seio de tais esquemas. Só quando a criança procura relacionar as coisas entre

A Quarta Fase: a Coordenação dos Esquemas Secundários e sua Aplicação **217**

elas é que aparece a diferenciação de meios e fins, isto é, em outras palavras, a conscientização que caracteriza a intencionalidade e que surge por ocasião dos obstáculos exteriores.

Como distinguir, então, as presentes condutas das reações circulares secundárias, as quais implicam também a utilização das relações entre as próprias coisas? No tocante às reações circulares, propriamente ditas (obs. 94-104), as atuais condutas delas diferem, em primeiro lugar, pela maneira como se atribuem uma finalidade. A reação circular tem como único fim, com efeito, reproduzir um resultado anteriormente obtido ou que acabou de ser descoberto por acaso. Tal processo pode ser acompanhado de intencionalidade, mas *a posteriori*, na medida em que houver repetição e sempre que o resultado a reproduzir suponha uma atividade complexa: o efeito a repetir é, nesse caso, antecipadamente estabelecido a título de "fim" e a criança trata de reencontrar os meios que a conduziram àqueles momentos antes (é nisso, recordemos, que esses comportamentos já anunciam a inteligência). Mas, ainda que intencional, tal fim nem por isso deixa de ser um simples prolongamento do efeito anterior. Pelo contrário, nas presentes condutas, o fim é determinado sem que tenha sido previamente alcançado, pelo menos na mesma situação: quando a criança procura agarrar seus brinquedos repelindo um obstáculo (obs. 122-124), agir sobre os objetos por intermédio da mão de outrem (obs. 127-128), agitar um papagaio à distância (obs. 121 *bis*) ou bater com sólidos contra os seus sapatos (obs. 129), trata-se sempre de projetos que surgem no decurso da sua ação, em conformidade, é certo, com as suas reações circulares anteriores (a própria natureza do fim não difere, pois, de uma conduta a outra), mas numa situação realmente nova. A novidade dessa situação deve-se, com efeito, quer à presença dos obstáculos, quer ao imprevisto das combinações observadas. Quanto aos meios empregados, a diferença é igualmente nítida. Na reação circular secundária, os meios utilizados foram descobertos por acaso e acabam de ser aplicados momentos antes; portanto, trata-se apenas de reencontrá-los. Nas condutas que estudamos agora, pelo contrário, é preciso improvisar os meios e eliminar os obstáculos que separam a intenção do resultado final. É evidente que, antes de inventar novos meios (o que fará mais tarde), a criança limita-se primeiro a aplicar os esquemas que já conhece. Assim, tanto os meios encontrados como os próprios fins são derivados dos esquemas anteriores de reações

218 O Nascimento da Inteligência na Criança

circulares. Mas o todo consiste, justamente, em recordá-las no bom momento e adaptá-las à situação atual.

Se compararmos, enfim, esses comportamentos com os "processos para fazer durar um espetáculo interessante", as diferenças são quase as mesmas, embora menos acentuadas (esses "processos" constituem, de fato, uma transição entre a reação circular e o verdadeiro ato de inteligência). Por um lado, mantém-se a oposição, do ponto de vista dos fins, entre "fazer durar" o que se acabou de ver e almejar um determinado fim, numa nova situação. Por outro lado, do ponto de vista dos meios, pode-se invocar a seguinte diferença. No caso dos processos para fazer durar o espetáculo, os meios utilizados promanam quer de uma reação circular imediatamente anterior e que o espetáculo interessante interrompeu, precisamente (por exemplo, quando a criança puxa um cordão para prolongar à distância o balanço de um relógio, quando estava empenhada em puxar esse cordão para balançar o teto do seu berço), quer dos esquemas que se tornaram de tal modo familiares ou mesmo automáticos (por exemplo, arquear o corpo etc.), que já nenhum esforço é necessário para reencontrá-los e aplicam-se a tudo. Nesses casos, o "processo" mantém-se, por assim dizer, "em vazio", sem relação precisa com o efeito procurado. Pelo contrário, os verdadeiros atos de inteligência implicam uma combinação *sui generis* dos meios e da situação; ainda que oriundos das reações circulares anteriores, são ajustados ao fim em vista por uma acomodação toda especial e é esse ajustamento que caracteriza o começo da ação inteligente.

Em resumo, comparados com as condutas da fase anterior ("reações circulares secundárias" e "processos para fazer durar o espetáculo interessante"), os comportamentos analisados no presente capítulo apresentam duas novas características. A primeira refere-se não à própria natureza do fim, mas à situação em que ele é perseguido, logo, à maneira como o sujeito o fixa para si mesmo: em vez de "reproduzir", pura e simplesmente, aquilo que viu ou fez, na mesma situação do ato inicial, a criança procura atingir o resultado desejado por meio de dificuldades ainda não observadas ou no seio de combinações imprevistas, ou seja, sempre numa situação nova. A segunda envolve a natureza dos meios empregados: esses meios estão doravante inteiramente diferenciados do próprio fim, consistindo o comportamento da criança, por consequência, numa coordenação de dois esquemas independentes – um deles final (o esquema que atribui um fim à

A Quarta Fase: a Coordenação dos Esquemas Secundários e sua Aplicação **219**

ação) e o outro transitivo (o esquema utilizado como meio) – e não mais na aplicação de um esquema único, mais ou menos complexo. De fato, só posteriormente os meios e os fins se diferenciam numa "reação circular secundária"; na realidade, trata-se sempre de um ato único, de um esquema inteiramente montado de natureza tal que o emprego dos meios dados está no mesmo plano do próprio fim, ou do mesmo gênero de fins. Quando a criança generaliza o esquema, isto é, aplica-o a outros objetos (puxar o cordão para sacudir uma nova boneca pendurada etc.), tampouco se pode dizer que meios conhecidos se aplicam a um novo fim: é, simplesmente, o esquema inteiro que a criança generaliza a um novo objeto, exatamente como quando agarrava um objeto em lugar de outro ou quando chupava o dedo em lugar do seio materno. – Quanto aos "processos para fazer durar um espetáculo interessante", o mesmo acontece, apesar das aparências: a criança que se arqueia diante de qualquer coisa, para fazer durar um movimento ou um som, de modo nenhum combina dois esquemas entre si, mas generaliza, tão só, uma conduta que lhe serviu com êxito. Por isso assinalamos há pouco que o emprego de tais meios se faz, por assim dizer, no vazio, sem adaptação precisa ao fim em vista. Pelo contrário, a "aplicação de esquemas conhecidos às novas situações" supõe sempre a coordenação de dois esquemas até aí independentes: portanto, existe simultaneamente diferenciação nítida dos meios e dos fins e ajustamento preciso dos primeiros aos segundos.

Em contraste com as formas anteriores, a adaptação inteligente é sempre dupla, portanto, visto que implica uma relação entre dois atos de assimilação, pelo menos. A escolha e a prossecução de fins constituem a primeira dessas adaptações; o ajustamento dos meios aos fins implica, por outro lado, uma segunda adaptação, doravante imprescindível à primeira. Procuremos analisar a natureza dessas duas fases.

Quanto à primeira, pode-se afirmar que as presentes condutas prolongam apenas as precedentes: a atividade inteligente primitiva tem como função única assimilar o universo aos esquemas elaborados pelas reações circulares primárias e secundárias, ao mesmo tempo que acomoda esses esquemas à realidade das coisas. Em outras palavras, a inteligência elementar, como toda atividade espontânea, é essencialmente conservadora: o que a criança procura, nas observações destacadas há pouco, é agarrar ou manter, agitar ou bater, em breve,

220 O Nascimento da Inteligência na Criança

fazer exatamente aquilo a que as suas reações circulares a habituaram. Ora, vimos que a reação circular secundária, a qual já é quase intencional, é tão conservadora e assimiladora, apesar das aparências, quanto a reação primária. A diferença entre as condutas inteligentes primitivas e as atividades precedentes não provém, pois, da natureza dos fins em vista; ela resulta, simplesmente, como já vimos, do fato de surgirem obstáculos entre a intenção e a realização e da necessidade do emprego de meios intermediários.

Quanto aos "meios" que dão lugar a essa segunda adaptação, a qual constitui, pois, uma característica própria da inteligência, pode-se afirmar que eles se adaptam ao "fim" da ação do mesmo modo que todo o ato, em sua intencionalidade, se adapta ao objeto desejado. Em outras palavras, os intermediários ou obstáculos que se interpõem entre o sujeito e a finalidade dos seus atos são assimilados aos esquemas conhecidos, tal como o objeto da ação é assimilado ao esquema final. Porém, esses esquemas transitivos não são escolhidos por si mesmos, mas em função do esquema final: os objetos intermediários são, por conseguinte, assimilados simultaneamente aos esquemas transitivos e ao esquema final e é isso o que assegura a coordenação entre os primeiros e o segundo, graças a um processo de assimilação recíproca.

Para elucidar mais precisamente o sentido dessa fórmula, assinalemos primeiro que a coordenação entre os meios e os fins é, assim, da mesma ordem, em seu ponto de partida, que a dos esquemas sensório-motores próprios das reações circulares primárias. Quando a preensão se coordena com a sucção ou com a visão, a coisa explica--se, como vimos, por simples assimilação recíproca: a boca procura chupar o que a mão agarra, ou a mão agarrar o que os olhos veem etc. É isso que dá a ilusão de uma subordinação entre meios e fins (a criança parece "chupar por chupar" etc.), quando, afinal, há apenas uma fusão de esquemas heterogêneos em novos esquemas globais. Ora, a coordenação dos esquemas secundários, que as condutas da presente fase constituem, não passa, em seus primórdios, de uma assimilação recíproca desse gênero. É o caso de algumas condutas elementares e transitórias que reunimos num primeiro grupo (obs. 120-121). Por exemplo, quando Laurent procura agarrar um papel colocado numa posição muito alta e, para consegui-lo, busca e depois puxa um cordão suspenso do teto do berço, ele assimila primeiro o papel a um esquema de preensão (ou a um esquema ainda mais complexo: apalpá-lo

A Quarta Fase: a Coordenação dos Esquemas Secundários e sua Aplicação **221**

etc.); depois, sem deixar de querer aplicar-lhe esse primeiro esquema, assimila o mesmo objeto ao esquema muito conhecido de "puxar os cordões para sacudir": esta segunda assimilação, portanto, encontra-se também subordinada à primeira, isto é, ao puxar os cordões para agitar o papel, a criança continua desejando-o como "objeto a agarrar" (deve, pelo menos, ter a impressão de que, sacudindo o objeto, adquire sobre este um poder que ainda mais o coloca à sua disposição). É graças a essa dupla assimilação que o esquema de "puxar o cordão" se coordena no esquema de "agarrar" e se converte em esquema transitivo, relativamente a um esquema final (obs. 120; o mesmo se aplica também à obs. 121). Tal assimilação recíproca pode redundar numa relação simétrica (puxar para agarrar e agarrar para puxar) ou numa relação de simples inclusão (puxar para agarrar).

Mas somente na situação elementar em que a criança age sobre um objeto (o papel, por exemplo, que é ao mesmo tempo para sacudir e agarrar) é que a coordenação dos esquemas se opera, graças a uma assimilação recíproca igualmente primitiva. Em tais casos, com efeito, há quase uma fusão dos esquemas em presença, como na coordenação dos esquemas primários, com esta única diferença: a dupla assimilação não é instantânea, mas ordena-se numa sucessão de dois momentos distintos. Pelo contrário, na maioria dos casos, a existência de um obstáculo ou a necessidade de intermediários diversos tornam menos simples a coordenação dos esquemas. Essa coordenação, continua a se desenvolver, é certo, por assimilação recíproca, mas com uma dupla complicação: em primeiro lugar, os esquemas abrangem doravante vários objetos ao mesmo tempo, tratando-se de estabelecer suas relações mútuas. Em segundo lugar, a assimilação entre os esquemas deixa de fazer-se, consequentemente, por simples fusão, para dar lugar a várias operações de inclusão ou de implicação hierárquica, de interferência e mesmo de negação, isto é, a múltiplas dissociações e reagrupamentos.

Convém recordar, de fato, que os esquemas secundários examinados até agora (terceira fase) só compreendem um objeto de cada vez (argola a sacudir etc.), mesmo quando se trata de um objeto complexo (cordão e teto do berço reunidos etc.). Por outro lado, quando dois esquemas primários se assimilam reciprocamente, é a um único objeto que ambos se aplicam (uma pessoa a olhar e a escutar simultaneamente etc.). Doravante, pelo contrário, a coordenação dos esquemas envolve dois ou mais objetos distintos dados conjuntamente (o objetivo e o

222 O Nascimento da Inteligência na Criança

obstáculo ou o objetivo intermediário etc.), de tal modo que a assimilação recíproca dos esquemas supera a simples fusão para construir uma série de relações mais complicadas. Em resumo, o caráter genérico dos esquemas acentua-se à medida que se multiplicam as relações mútuas (espaciais, causais etc.) dos objetos, desenvolvendo--se sempre paralelamente a elaboração dos "gêneros" ou "classes" e a das relações quantitativas.

Um exemplo de transição facilitará a compreensão da coisa: é o da obs. 121 *bis* – bater na boneca para sacudir o papagaio. Nesse exemplo, a criança utiliza um intermediário (a boneca) para agir sobre o objetivo (o papagaio). Mas o agente intermediário ainda é apenas uma espécie de substituto do objeto. Querendo agarrar o seu papagaio para balançá-lo ou bater-lhe e não o conseguindo, Jacqueline procura primeiro um método capaz de atrair o brinquedo a si e puxa o cordão: até aqui, estamos ainda no caso das obs. 120-121. Mas ela se recorda da existência da boneca, situada na outra extremidade do cordão, busca-a e aplica-lhe exatamente o esquema que desejaria aplicar ao papagaio. Logo, teria podido esquecer perfeitamente o papagaio e agir apenas sobre a boneca: seria assim que Jacqueline se comportaria na fase das puras reações circulares secundárias. Mas ela conserva a preocupação de agitar ou bater no papagaio e serve-se tão só da boneca como um "meio" com esse "fim"; portanto, registra-se agora uma relacionação dos dois objetos por assimilação dos respectivos esquemas. Essa coordenação ainda é muito primitiva, sem dúvida, pois resulta apenas do fato de o intermediário ter sido assimilado ao objetivo; não obstante, é uma coordenação real, dado que os dois objetos são distinguidos um do outro, embora abrangidos num mesmo esquema e, por consequência, são mutuamente relacionados. Logo, bastará que essa relação se espacialize e se objetive verdadeiramente para que a coordenação se torne efetiva.

Esse progresso decisivo concretiza-se com as obs. 127-130. Como é que Jacqueline e Laurent, por exemplo, chegam a utilizar a mão de outrem para agir sobre o objeto visado? Por um lado, a criança já sabe agir sobre o objetivo (esquemas variados de balançar a cobertura do berço etc.). Por outro lado, sabe igualmente agir por imitação (ver o v. II, cap. III, § 2) sobre a mão de outrem e conhece, assim, o seu poder por analogia com o de suas próprias mãos. Portanto, será suficiente, para que a criança se sirva dessa mão como de um "meio",

A Quarta Fase: a Coordenação dos Esquemas Secundários e sua Aplicação **223**

quando o objeto final é inacessível, que ela assimile entre si os esquemas respectivos e, por esse mesmo fato, que relacione fisicamente o intermediário com o objetivo. Ora, essa assimilação recíproca é fácil: sendo a mão de outrem, tal como o próprio objetivo, uma fonte de atividades que se podem fazer durar ou reaparecer etc., por analogia com as das próprias mãos, é natural que, não conseguindo mover o objeto à distância, a criança procure aplicar a essa mão os esquemas que contava aplicar ao objetivo (por um lado, com efeito, a criança acabou de ver, ou viu anteriormente, a mão reunida ao objetivo; e, por outro lado, essa mão está situada entre a criança e o objetivo). Assim, a criança comporta-se, em relação à mão e ao objetivo, como na obs. 121 *bis*, em relação à boneca e ao papagaio. Entretanto, a assimilação recíproca não se realiza agora por simples fusão, como no caso em que dois esquemas diferentes se aplicam ao mesmo objeto (obs. 120-121) ou ainda quando os objetos interligados são quase inteiramente assimiláveis um ao outro (obs. 121 *bis*); com efeito, apenas existe uma relação mais longínqua entre a atividade da mão de outrem e a do objetivo visado (sacolejar o teto etc.). Logo, os dois objetos reunidos no mesmo esquema total (a mão de outrem e o objetivo) são mantidos como coisas distintas e a assimilação recíproca deixa de ser por fusão e deve-se agora à inclusão de um dos esquemas no outro.

Ora, pelo próprio fato de o esquema do intermediário (a mão de outrem) e o objetivo serem assimilados sem serem confundidos, o esquema total resultante dessa reunião compreende dois objetos distintos que se trata, pois, de inter-relacionar. É neste ponto que aparece a verdadeira novidade das condutas da presente fase: a coordenação, de algum modo formal, dos esquemas, em virtude da sua assimilação recíproca, faz-se acompanhar de uma conexão física estabelecida entre os próprios objetos, ou seja, da sua relacionação espacial, temporal e causal. Em outras palavras, o fato de a mão de outrem e o objetivo se reunirem mentalmente, sem se confundirem, implica a construção de uma totalidade real, pela aproximação do intermediário e do objeto final; é por isso que a criança não se limita a bater na mão de outrem, a sacudi-la etc., porquanto esse esquema se diferencia, por acomodação, num movimento de propulsão destinado a aproximar esse intermediário do próprio objetivo.

Esta última observação leva-nos a examinar o mais complexo dos presentes comportamentos: aquele em que a criança acaba por afastar

224 O Nascimento da Inteligência na Criança

os obstáculos e diferencia, com esse intuito, os esquemas de bater etc. em vários movimentos de repulsão. Recorde-se como essa conduta principiou em Laurent: após ter por largo tempo tentado passar por cima da minha mão ou de uma almofada, que o impediam de agarrar um objetivo visível, Laurent acabou repelindo esses obstáculos, primeiro batendo-lhes e depois, pouco a pouco, arredando-os realmente do seu trajeto. Ora, é evidente que tal comportamento não pode ser explicado com a mesma simplicidade das coordenações precedentes; o esquema do obstáculo não pode ser assimilado, sem mais, ao do objetivo, visto que, longe de reunir o objeto-barreira ao objetivo, a criança distancia justamente o primeiro do segundo. Mas uma oposição de sentido tão completa não dissimulará uma identidade real, constituindo a tendência para afastar o obstáculo o negativo do que, em positivo, é a utilização de intermediários? Isso é fácil de apurar. Com efeito, a capacidade de coordenar os esquemas implica a de opô-los ou de senti-los como incompatíveis. A afirmação supõe o poder da negação: esta é mesmo, com frequência, empregada antes daquela, mantendo-se a afirmação implícita, por vezes, antes de ser expressa. Do mesmo modo, as primeiras coordenações intencionais podem muito bem ser negativas. Nem por isso deixam de supor uma assimilação recíproca. Quando a criança que procura atingir o objetivo se choca com o obstáculo interposto, este só adquire, de fato, a significação de um "objeto a afastar" relativamente àquele objetivo que o indivíduo é impedido de atingir pelo dito obstáculo. Por consequência, é assimilado ao esquema do objetivo, mas com resultado negativo. Assim como uma negação só existe em função de uma afirmação prévia,[3] também uma exclusão repousa, necessariamente, numa assimilação anterior: encontrando-se na trajetória do objetivo, o obstáculo é assimilado ao seu esquema (sem o que não seria obstáculo), mas por uma relação negativa (como na fase "esta pedra não é pesada", a qualidade "pesada" está relacionada ao sujeito "pedra", mas para dele ser excluída). O obstáculo é concebido, pois, como uma coisa que toma o lugar do objetivo (por isso lhe é assimilado) e do qual é preciso, pois, desvincular-se para que o objetivo seja alcançado. Assim é que a criança começa por desviar-se

---

[3] "Uma proposição afirmativa traduz um juízo formulado a respeito de um objeto; uma proposição negativa traduz um juízo formulado sobre um juízo", diz H. BERGSON, *Evolution créatrice*, 12. ed., p. 312, baseado em KANT, LOTZE e SIGWART.

ela própria do obstáculo (passa-lhe por cima ou contorna-o), o que constitui a mais simples forma de negação. Porém, a tentativa fracassa; a dificuldade exige, então, uma conduta especial. É nessa altura que ocorre a coordenação do esquema do obstáculo com o do objetivo, mas uma coordenação negativa: trata-se de assimilar o obstáculo a um esquema que lhe convém, a título de objeto, e que convém, ao mesmo tempo, mas em negativo, ao propósito final da ação, logo, ao esquema do objetivo. Por outro lado, e por força dessa dupla assimilação, o objeto-cortina é relacionado espacialmente com o objetivo, mas em relação igualmente negativa: tem de ser distanciado, em vez de ser aproximado.

Finalmente, no caso da cortina que oculta completamente o objetivo, a assimilação dupla é da mesma natureza, com esta dificuldade suplementar: trata-se de coordenar o esquema relativo ao obstáculo com a busca e a posse de um objetivo que deixou de ser diretamente percebido.

§ 3. *A ASSIMILAÇÃO, A ACOMODAÇÃO E A ORGANIZAÇÃO PRÓPRIAS DOS ESQUEMAS MÓVEIS.* – A conclusão a que fomos assim conduzidos é de que a coordenação dos meios com os fins implica sempre uma assimilação recíproca dos esquemas em presença, assim como a relacionação correlativa dos objetos abrangidos por esses esquemas. Nos casos mais simples, essa dupla assimilação equivale quase a uma fusão e recorda, assim, aquela que explica a coordenação dos esquemas primários. Noutros casos, ela pode também se manter verdadeiramente recíproca e dar lugar a séries simétricas; por exemplo, quando a criança bate no sapato com um dado que esfregou primeiro contra outro corpo, ela aplica ao sapato o esquema de bater porque, inversamente, serviu-se pouco antes dos seus pés para atingir os objetos. Mas, na maioria dos casos, a reciprocidade conduz a relações mais complexas de inclusão, interferência, negação etc.

Para compreender essa diversidade, convém insistirmos num fato a que já fizemos referência e que assumirá grande importância na sequência da nossa análise: é a analogia funcional dos esquemas desta fase (e das fases seguintes) com os conceitos, de suas respectivas assimilações com os juízos, e de suas respectivas coordenações com as operações lógicas ou os raciocínios.

226   O Nascimento da Inteligência na Criança

Do ponto de vista da *assimilação*, dois aspectos complementares caracterizam, com efeito, os esquemas de que acabamos de falar, quando os comparamos com os esquemas secundários da terceira fase, dos quais, entretanto, dependem: eles são mais móveis e, portanto, mais genéricos. O esquema secundário antecipa, é verdade, os caracteres dos esquemas móveis próprios da presente fase, mas numa forma de certo modo mais condensada (porque indiferenciada), e, por conseguinte, mais rígida. Esse esquema secundário é um conjunto inteiramente montado de movimentos mutuamente coordenados e funciona toda vez que a criança percebe o objetivo a cujo propósito o esquema foi constituído, ou objetivos análogos. Por exemplo, o esquema que consiste em puxar um cordão para sacudir uma argola suspensa supõe uma coordenação muito complexa de movimentos e de percepções envolvendo, pelo menos, dois objetos (o cordão e a argola); segundo esse primeiro ponto de vista, tal esquema anuncia os da quarta fase, os quais implicam, como acabamos de verificar, uma relacionação dos próprios objetos. Além disso, o esquema de "puxar o cordão" aplica-se sucessivamente, como vimos, a uma série de objetos suspensos do teto (e não somente à argola primitiva) e até a objetos apresentados ao longe, sem relação com o teto do berço; desse ponto de vista, ele também anuncia os esquemas "móveis", que são suscetíveis de generalização infinita. Entretanto, se o examinarmos de perto, perceber-se-á que certas diferenças essenciais o opõem ao esquema secundário simples (o da terceira fase), o mesmo esquema tornado "móvel" no decurso da presente fase. Em primeiro lugar, as relações entre os objetos, relações que já utilizam o esquema secundário, existem integralmente neste último sem que a criança as tenha elaborado intencionalmente, ao passo que as relações devidas à coordenação dos esquemas "móveis" foram realmente construídas pelo sujeito. Pelo próprio fato de a reação circular secundária consistir, de fato, na simples reprodução de um resultado descoberto por acaso, o esquema que procede do seu exercício constitui uma totalidade global e indissociável; portanto, só se aplica em bloco e, embora envolva certas relações entre objetos distintos, tais relações continuam sendo puramente fenomenistas e não podem ser retiradas do seu contexto para dar lugar a novas construções. Portanto, não existem coordenações entre esquemas e as coordenações interiores a cada esquema permanecem invariáveis e, consequentemente, rígidas. O grande progresso realizado, a esse respeito, pela quarta

A Quarta Fase: a Coordenação dos Esquemas Secundários e sua Aplicação **227**

fase consiste na afirmação de "mobilidade" dos mesmos esquemas: coordenam-se entre si e, por conseguinte, dissociam-se para se reagruparem de uma nova maneira; as relações que eles implicam, cada um em si mesmo, tornam-se suscetíveis de serem extraídas de suas respectivas totalidades, a fim de darem lugar a variadas combinações. Ora, essas diversas novidades são mutuamente solidárias. Tornando-se "móveis", isto é, aptos a novas coordenações e sínteses, os esquemas secundários destacam-se do seu conteúdo habitual para se aplicarem a um número crescente de objetos: de esquemas particulares, com um conteúdo especial ou singular, eles se convertem, pois, em esquemas genéricos de conteúdo múltiplo.

É nesse sentido que a coordenação dos esquemas secundários e, por consequência, as suas dissociações e os seus reagrupamentos, dão origem a um sistema de esquemas "móveis" cujo funcionamento é muito comparável ao dos conceitos e juízos próprios da inteligência verbal ou refletida. Com efeito, a subordinação dos meios aos fins é equivalente, no plano da inteligência prática, à das premissas em face das conclusões, no plano da inteligência lógica: a implicação mútua dos esquemas, que a primeira supõe, é, pois, assimilável à das noções, que a segunda utiliza. Mas, para compreender tal comparação, convém considerar à parte a lógica das classes e a das relações, isto é, os dois sistemas complementares de operações constitutivas de todo e qualquer ato de inteligência.

Com efeito, como já sublinhamos, a coordenação dos esquemas que caracteriza as condutas da presente fase realiza-se paralelamente a uma relacionação dos próprios objetos abrangidos por esses esquemas. Em outras palavras, as relações que determinam um objeto dado não são somente as relações de pertença que lhe permitem ser inserto num ou mais esquemas, mas todas as relações que o definem dos pontos de vista espacial, temporal, causal etc. Por exemplo, para afastar uma almofada que obstaculiza a preensão do objetivo, a criança não deve, simplesmente, classificar a almofada no esquema de "bater" e assimilar esse esquema, por inclusão, ao do propósito da ação; deve compreender, outrossim, que o obstáculo está "diante" do objetivo e que terá de afastá-lo "antes" de procurar agarrar esse objetivo etc. Em resumo, a coordenação dos esquemas supõe a existência de um sistema de relações entre os objetos e entre esquemas muito superior às simples relações de inerência. Acentue-se que os próprios esquemas,

228 O Nascimento da Inteligência na Criança

para se constituírem, implicam essas mesmas relações: assim é que um esquema secundário não consiste, unicamente, numa espécie de "conceito" primitivo; é um feixe de "relações", no sentido que acabamos de assinalar. Mas só a partir do momento em que os esquemas se tornam "móveis" é que o jogo de "relações" se dissocia claramente do de "classes": é a partir dessa quarta fase, como veremos no v. II, que as relações constitutivas do objeto e do espaço, da causalidade e do tempo, verdadeiramente se diferenciam das simples relações práticas e subjetivas vinculadas aos próprios esquemas. Ora, tal distinção dos esquemas e das próprias relações recorda, exatamente, a diferença realçada pela logística moderna entre as "classes" ou "conceitos", por um lado, com suas relações de inerência (pertença e inclusão), e as "relações", por outro lado, com suas operações originais de conversão e de multiplicação. Para comparar os processos de inteligência sensório-motora e os da inteligência refletida convirá, pois, respeitar tal classificação.

No tocante, em primeiro lugar, às classes ou aos gêneros, é evidente que o "esquema móvel", apesar de todas as diferenças de estrutura que o separam desses seres lógicos, é-lhes funcionalmente análogo. Como eles, de fato, o esquema móvel denota sempre um ou mais objetos, por "pertença". Como eles, os esquemas móveis subentendem-se mutuamente, graças a diversas ligações, que vão desde a "identificação" pura ao encaixamento ou "inclusão" e aos entrecruzamentos ou "interferências". Do mesmo modo, o esquema móvel pode funcionar ativamente, graças a uma operação de assimilação que constitui o equivalente de um juízo, ou ser aplicado passivamente, à maneira de um conceito. Além disso, é evidente que, na medida em que as assimilações sucessivas se condicionam entre si (como na subordinação dos meios aos fins), tais conjuntos equivalem aos raciocínios elementares. – Tais analogias funcionais em nada implicam, naturalmente, uma identidade de estrutura entre os esquemas práticos e as unidades do pensamento refletido. Duas diferenças essenciais opõem, com efeito, desse segundo ponto de vista, esses dois termos extremos da inteligência infantil. Em primeiro lugar, os esquemas sensório-motores não são "refletidos", mas projetados nas próprias coisas, isto é, a criança não tem consciência das operações da sua inteligência e considera os resultados da sua própria atividade como impostos pelos fatos como tais. Em segundo

A Quarta Fase: a Coordenação dos Esquemas Secundários e sua Aplicação **229**

lugar, e concorrentemente, as implicações entre os esquemas ainda não estão reguladas por um sistema de normas interiores; o único controle de que a criança é capaz situa-se no plano do *êxito* e não da *verdade*.

Quanto às "relações" implícitas na coordenação dos esquemas móveis, a situação é a mesma, em comparação com a das relações próprias da inteligência refletida. Primeiramente, uma analogia funcional: essas relações são igualmente capazes de se ordenarem entre si, de se "multiplicarem" etc. Mas há também uma diferença estrutural: como veremos ao estudar, no v. II, o desenvolvimento da noção de objeto, os "grupos" espaciais e as séries causais ou temporais, as primeiras relações diferenciadas de que a inteligência sensório-motora faz uso, em nada são "objetivos", pois estão centrados no eu e são inteiramente dominados pela perspectiva do próprio sujeito.

Apesar dessas diferenças estruturais, as "relações" próprias da quarta fase implicam nitidamente, e ainda mais do que as da terceira, o elemento de quantidade que é inerente a todo sistema de relações. Com efeito, quer se trate de reações causais – a criança percebe uma proporcionalidade entre a intensidade da causa e a do efeito (poderíamos citar, neste ponto, as observações análogas à obs. 106) –, quer se trate, pelo contrário, de relações espaciais, cinemáticas ou mesmo temporais, a criança, para estabelecer as relações mútuas entre os objetos, é obrigada a distingui-los para os ordenar, e esse duplo fator de dissociação e de ordenação anuncia os primeiros rudimentos de número.

É fácil fornecer uma contraprova:

Obs. 131. – Laurent, aos 0; 9 (4), imita os sons que sabe formar espontaneamente. Digo "papá", ele responde "papá" ou "babá". Quando digo "papá-papá", ele responde "apapá" ou "bababá". Quando digo "papapapapapapá", ele chega a responder "papapapa" etc. Existe, portanto, uma avaliação global do número de sílabas: a quantidade correspondente a 2 é, em todo o caso, distinguida de 3, 4 ou 5, que são percebidas como "muito".

Aos 0; 10 (14), Laurent repete "pá" quando digo "pá", "papá" quando eu digo "papá" e "papapá" em resposta a quatro sílabas ou qualquer número superior.

230   O Nascimento da Inteligência na Criança

Tais são, portanto, os "esquemas móveis", do ponto de vista da assimilação. Vê-se, desse modo, que os três aspectos da assimilação em que insistimos a propósito dos esquemas primários e secundários (repetição, recognição e generalização) tendem a solidarizar-se ou a combinar-se cada vez mais estreitamente, na medida em que os esquemas se tornam mais flexíveis e mais complexos. Assim, não retornaremos a essas distinções senão para estudar, nos parágrafos seguintes, certos aspectos particulares da recognição e da generalização próprias desses esquemas.

Em contrapartida, convém insistir no processo de *acomodação* característico dessa fase, pois é sobretudo esse mecanismo da acomodação que nos permitirá distinguir a "aplicação de meios conhecidos às novas situações" dos comportamentos da quinta fase e, em especial, da "descoberta de novos meios por experimentação ativa".

Recordar-se-á que, durante a fase precedente, a acomodação consistia, simplesmente, num esforço para reencontrar as condições em que a ação descobrira um resultado interessante. Semelhante forma de acomodação, tal como a das duas primeiras fases, está dominada, pois, pela assimilação: é na medida em que a criança procura reproduzir os seus atos que ela acomoda os esquemas ao objeto, que em nada lhe interessa ainda como tal. No decorrer da próxima fase, pelo contrário, a criança tentará descobrir as novas propriedades dos objetos. Por outro lado, e em correlação com esses primórdios de experimentação, ela chegará, para atingir os fins inacessíveis à simples coordenação dos esquemas pré-adquiridos, a elaborar novos meios; ora, essa elaboração pressupõe, como veremos, uma acomodação que comanda igualmente a assimilação, isto é, que a dirige em função das propriedades dos objetos.

A acomodação própria da quarta fase, quer ela se manifeste nas "explorações" que descreveremos daqui a pouco (§ 5), quer na "aplicação de esquemas conhecidos às novas circunstâncias", é exatamente intermediária entre os dois tipos. Por um lado, com efeito, somente na medida em que se opera a coordenação de esquemas, portanto, a sua assimilação recíproca, é que eles progridem na sua acomodação aos próprios objetos. Nesse aspecto, a acomodação própria da quarta fase prolonga, simplesmente, a dos precedentes. Mas, por outro lado, tal acomodação, mesmo subordinada ao jogo da assimilação, leva a

A Quarta Fase: a Coordenação dos Esquemas Secundários e sua Aplicação   **231**

uma descoberta de novas relações entre os objetos e anuncia, assim, a da quinta fase.

No tocante ao primeiro ponto, pode-se afirmar, portanto, que a acomodação só progride, durante essa fase, em função da coordenação dos esquemas. Isso é perfeitamente visível, com efeito, em condutas tais como repelir o obstáculo, aproximar do objetivo a mão de outrem etc. Em tais casos, a criança não procura atingir um novo fim relativo ao objetivo nem descobrir um novo processo: limita-se a coordenar dois esquemas entre si, em função daquele dos dois que atribui um fim à ação; e é para operar essa coordenação que a criança é obrigada a acomodar o esquema transitivo à situação (repelir o objeto, em vez de bater nele simplesmente etc.). Mas, assim fazendo, descobre, no decurso da própria acomodação, uma nova relação ("repelir para" etc.) e é nisso que consiste o segundo ponto, isto é, o esboço de uma acomodação mais aperfeiçoada, que se desenvolverá durante a quinta fase.

A acomodação da presente fase é, portanto, mais refinada do que a dos esquemas estudados até aqui, dado que o esquema móvel se aplica às relações entre as coisas exteriores e não mais, somente, às coisas em sua ligação única com a atividade do sujeito. Essa acomodação implicará, porventura, a representação? Se entendermos por representação a capacidade de conferir às coisas uma significação anteriormente à ação que essa significação comporta, é evidente que existe representação: o fato de procurar um sapato sob um xale para bater-lhe com um pau (obs. 129) é típico desse comportamento. Mas tal capacidade, que aumenta, naturalmente, em função do caráter intencional dos atos, já se observa antes, e remonta, inclusive, aos primórdios da vida mental. Se, pelo contrário, entendermos por representação a capacidade de evocar mediante um signo ou uma imagem simbólica o objeto ausente ou a ação ainda não consumada, então nada nos autoriza ainda a afirmar a sua existência. Para que ela busque o seu sapato, não é preciso que a criança o represente para si ou que imagine o choque da madeira contra o couro: basta que um esquema sensório-motor a conduza ao seu pé e que esse esquema seja posto em ação, pelo fato de a pancada da madeira contra um objeto qualquer ser assimilada ao pontapé.

Resta-nos, para concluir, precisarmos a significação dos esquemas móveis, do ponto de vista da *organização*. Como já acentuamos por diversas vezes, a organização ou adaptação interna tanto caracteriza o

232 O Nascimento da Inteligência na Criança

interior de cada esquema como as relações entre os vários esquemas. Ora, a grande originalidade dessa fase, em relação às precedentes, é que a organização mútua entre os esquemas se afirma, pela primeira vez, de maneira explícita e, ao mesmo tempo, desvenda a organização interior de cada esquema, considerado como totalidade.

Além disso, convém fazer a distinção, como anteriormente, entre as totalidades em via de elaboração e as totalidades completadas. No que diz respeito às primeiras, o que foi dito no § 2, relativamente à subordinação dos meios aos fins, demonstra suficientemente a existência de categorias a que fizemos até aqui simples alusões, mas que, doravante, adquirem uma significação precisa: referimo-nos ao "valor" e à "totalidade ideal".

Enquanto os esquemas não estão coordenados entre si, mas funcionam cada um por si, os juízos de valor da criança, por assim dizer, confundem-se quase inteiramente com os seus juízos de realidade. Mais precisamente, identificam-se com a atividade inerente a cada esquema. Colocada na presença de argolas, por exemplo, a criança agita-se, e o valor delas, identifica-se, destarte, com a propriedade de serem agitadas; ou, então, desinteressa-se e a momentânea carência de valor dos objetos identifica-se, nesse caso, com a inação do sujeito. Pelo contrário, a mão de outrem, nas condutas da presente fase, já não se caracteriza unicamente por um valor, ou pelo par "valor" e "não valor"; ela tanto pode ser considerada um obstáculo, um agente intermediário útil ou um fim em si, segundo esteja relacionada com um objetivo de modo a separá-lo da criança, com um objetivo sobre o qual essa mão pode agir ou, ainda, se for encarada em si mesma, isto é, não como obstáculo nem agente, mas como objeto em si. Dessa forma, adquire uma série de valores diferentes, segundo a maneira como for utilizada como meio em vista de diversos fins. Quanto a esses fins, pode-se dizer que, na medida em que exigem, para que sejam alcançados, uma coordenação mais complexa dos meios a empregar, eles são mais distantes e definem, assim, totalidades mais "ideais". As categorias de "valor" e de "ideal" diferenciam-se, pois, muito mais claramente durante essa fase do que quando os meios e os fins se desenvolviam no interior de um mesmo esquema, como é o caso dos esquemas não coordenados entre si da terceira fase.

A Quarta Fase: a Coordenação dos Esquemas Secundários e sua Aplicação **233**

Quanto às organizações completadas, caracterizam-se pelos dois modos complementares da "totalidade" e da "relação", os quais também se apresentam doravante com mais clareza do que antes.

No que respeita à "totalidade", já insistimos no fato de todo o esquema de assimilação constituir uma totalidade verdadeira, isto é, um conjunto de elementos sensório-motores mutuamente dependentes ou que não podem funcionar uns sem os outros. Em virtude de os esquemas apresentarem tal estrutura é que a assimilação mental se torna possível e um objeto qualquer pode ser incorporado ou servir de alimento a um dado esquema. Inversamente, vimos que a existência dessa estrutura "total" depende da assimilação; um feixe sensório-motor só constitui uma verdadeira totalidade se for suscetível de conservação ou de repetição, graças à própria ação da assimilação. A organização "total" e a assimilação constituem, pois, os dois aspectos de uma só realidade: o aspecto interno e o externo. Como ultrapassar, pois, os limites dessa análise e apreender o mecanismo íntimo da organização? É justamente isso o que as condutas da presente fase permitem, ao mostrarem-nos, simultaneamente, como se organizam os esquemas, em suas relações recíprocas, e em que medida essa coordenação corresponde à organização interna deles.

O grande ensinamento das condutas da presente fase é, com efeito, que a coordenação dos esquemas é correlativa à sua diferenciação, quer dizer, a organização opera-se mediante reagrupamentos e dissociações complementares. Repelir o obstáculo para atingir o objetivo supõe, assim, uma coordenação tal que do esquema de bater será extraído o de "repelir", que lhe era imanente. Ora, tal correlação entre a coordenação externa e a diferenciação interna revela uma característica fundamental da organização. É que cada esquema, como totalidade, está prenhe de uma série de esquemas virtualmente contidos nele; sendo assim, toda e qualquer totalidade não se compõe, com efeito, de totalidades de escala inferior, mas é uma fonte possível de tais formações. Essas totalidades virtuais não estão encaixadas e pré-formadas na totalidade global, mas dela resultam na medida, precisamente, em que as totalidades globais se coordenam entre si e, por esse mesmo fato, se diferenciam.

Portanto, uma totalidade organizada constitui sempre uma unidade relativa à escala considerada. É isso o que explica, seja dito de

234 O Nascimento da Inteligência na Criança

passagem, por que a assimilação ou a organização psicológicas são da mesma natureza da assimilação ou da organização fisiológicas, só a escala das primeiras as opondo às segundas: todo o ato de assimilação intelectual pressupõe, assim, uma série de assimilações de escala inferior que se prolongam até o plano da assimilação vital, propriamente dita. Por outro lado, se nos ativermos ao plano psicológico, compreender-se-á, ao examinarmos essa relação entre a coordenação ou organização externa dos esquemas e a diferenciação reveladora da sua organização interna, por que, na sequência do desenvolvimento mental, toda a conquista exterior do indivíduo, fundamentada numa nova coordenação, repercutirá numa reflexão sobre o eu, ou análise do mecanismo interior da organização, no caso de a conscientização funcionar normalmente (isto é, se nenhum obstáculo entravar o seu funcionamento).

De qualquer modo, um fato se impõe: a coordenação dos esquemas que caracteriza a presente fase constitui uma nova organização, a qual forma, acima dos esquemas, uma totalidade que atualiza o equilíbrio existente entre eles desde as fases precedentes. Ora, como vimos, essa totalidade externa apenas prolonga as totalidades internas analisadas até agora. Ainda mais: o próprio fato de essa totalidade externa ser construída graças a uma assimilação recíproca dos esquemas em presença elucida a existência, até aqui simplesmente pressentida, de um estreito parentesco entre a categoria de "totalidade" e a de "reciprocidade". Com efeito, a propriedade fundamental de toda a "totalidade" é a de os seus elementos manterem entre si relações de reciprocidade.

A categoria de relação (reciprocidade) é tão fundamental para o espírito humano quanto a de totalidade. Se o propósito desta obra não nos interditasse as digressões pelo domínio da psicologia da inteligência em geral, seria este o momento adequado para mostrar que a chamada "identificação" em que uma célebre filosofia das ciências vê o processo característico do "encaminhamento do pensamento" jamais tem por finalidade a constituição de relações de identidade, mas a de sistemas de relações recíprocas. O fato básico, na análise da inteligência, não é, portanto, a afirmação estática da identidade, mas o processo pelo qual o espírito distingue dois termos, ao relacioná-los, e constitui essa relação, ao torná-los solidários. Portanto, a reciprocidade é uma identidade dinástica, em que o ato de coordenação é paralelo ao de diferenciação.

A Quarta Fase: a Coordenação dos Esquemas Secundários e sua Aplicação **235**

Ora, assim concebida, a reciprocidade é a relação fundamental que se encontra dentro de cada totalidade. Quando a totalidade se constrói por coordenação de dois ou mais esquemas, as relações existentes entre esses esquemas são, de fato, relações de reciprocidade, ao passo que as relações estabelecidas entre os objetos abrangidos por esses esquemas constituem relações recíprocas. Quanto à estrutura interna dos esquemas, ocorre o mesmo: as partes de um todo organizado mantêm entre elas, necessariamente, relações de reciprocidade. É o que veremos em maiores detalhes quando estudarmos as estruturas objetivas, espaciais ou causais no v. II. No que diz respeito ao espaço, em particular, é muito visível que cada totalidade motora tende a constituir um "grupo" cujos elementos se definem, precisamente, pela reciprocidade.[4]

Mas, bem entendido, a verdadeira totalidade e a reciprocidade integral são apenas casos limitados, que cada esquema e cada conjunto de esquemas tendem a realizar na medida em que, naturalmente, são propensos a um estado de equilíbrio. É essa diferença entre o estado de fato e o estado limite que justifica a distinção própria das categorias de organização entre as totalidades reais e as totalidades ideais.

§ 4. O RECONHECIMENTO DE INDÍCIOS E SUA UTILIZAÇÃO NA PREVISÃO. – É evidente que uma operação tão complexa quanto a coordenação de esquemas móveis implica tanto um exercício de assimilação recognitiva quanto o da assimilação reprodutora ou generalizadora. Assim, é inútil estudar à parte os atos de reconhecimento de que a criança dessa fase se torna capaz. Pelo contrário, é interessante procurar descrever como o reconhecimento de indícios, que supõe assim a "aplicação de esquemas conhecidos às novas circunstâncias", transcende essa conduta e pode dar lugar a previsões independentes da ação em curso.

---

[4] Assim se encontra afastada, do ponto de vista lógico, a dificuldade inerente à noção de identificação; com efeito, nada distingue formalmente a falsa da verdadeira identificação e a prova experimental necessária a essa distinção permanece, pois, estranha ao mecanismo da razão ou, então, solidária com as identificações interiores cuja validade não vemos como possa ser demonstrada. Pelo contrário, um sistema de relações recíprocas é garantido, simultaneamente, pela sua estrutura interna e pelos dados de fato que logrou coordenar com êxito: a sua constituição é uma medida para aferir o seu valor, porquanto comporta em si mesma um elemento de verificação.

236 O Nascimento da Inteligência na Criança

É perfeitamente natural que a previsão se torne independente da ação, durante a presente fase, e engendre, desse modo, uma espécie de previsão concreta, visto que a constituição dos esquemas móveis e sua coordenação atestam, precisamente, ter a criança adquirido o poder de dissociar os conjuntos até então globais e combinar de novo os seus elementos. Mas teremos ainda de compreender, pela análise dos próprios fatos, como é que se opera essa liberação de significações e em que é que os indícios próprios dessa fase diferem dos diversos tipos de sinais até aqui estudados.

Recordar-se-á, com efeito, que a cada uma das fases distinguidas precedentemente correspondeu um tipo particular de indícios e de significações. À fase reflexa corresponde um tipo de recognições e de significações imanentes ao exercício do próprio reflexo: a criança reconhece se chupa em seco, se chupa um tegumento qualquer ou se está realmente mamando. As reações circulares primárias geram, em seguida, um segundo tipo de indícios, os "sinais" adquiridos por inserção de um novo elemento perceptivo nos esquemas conhecidos: quer sejam simples ou resultantes da coordenação de esquemas heterogêneos, os sinais participam, assim, do ato como tal, que eles desencadeiam à maneira da percepção direta, do próprio objetivo. Assim é que um som ouvido provoca a busca da imagem correspondente etc. Com as reações secundárias, inicia-se, como vimos, um terceiro tipo de indícios, intermediários entre o "sinal" e o "indício" propriamente ditos, isto é, fazendo a transição entre o signo que provoca simplesmente a ação e aquele que permite uma previsão independente do ato. Quando, por exemplo, a criança ouve ranger uma cama e reconhece nesse indício a presença da mãe, que poderá alimentá-la (obs. 108), ela se limita a inserir uma percepção nova nos esquemas complexos coordenados com a sucção e, nessa esfera, o signo ainda não passa de um "sinal", mas a criança já está prestes a atribuir à mãe uma atividade independente dele e, nessa medida, a previsão em causa anuncia o verdadeiro "indício".

Esse progresso decisivo, que consiste em fazer incidir a previsão sobre eventos independentes da ação própria, realiza-se justamente durante a quarta fase, em correlação com a objetivação das relações que é uma característica geral dessa fase. Em outras palavras, constitui-se agora um quarto tipo de indícios, a que chamaremos o "indício" propriamente dito e que permite à criança prever não só

A Quarta Fase: a Coordenação dos Esquemas Secundários e sua Aplicação **237**

um acontecimento ligado à sua ação, mas também um acontecimento qualquer que seja concebido como algo independente e vinculado à atividade do próprio objeto.

Obs. 132. – Laurent, aos 0; 8 (6), reconhece por certo ruído causado pela saída de ar que se aproxima o final da sua mamada e, em vez de insistir em beber até à última gota, rejeita a sua mamadeira. Tal comportamento envolve ainda o reconhecimento de "sinais", pois a percepção do som está inserta nos esquemas da sucção, mas o fato de Laurent, apesar do seu apetite, resignar-se de imediato e rejeitar a mamadeira, mostra, segundo nos parece, que ele prevê os acontecimentos em função do objeto como tal, tanto quanto em função da sua própria ação: ele sabe que a mamadeira se esvazia, embora restem ainda alguns gramas de leite.

Do mesmo modo, aos 0; 9 (8), noto que Laurent me segue constantemente no quarto, sem me ver nem ouvir a minha voz. A voz de sua mãe ou das irmãs, no corredor ou nos quartos vizinhos, não desperta reação alguma, ao passo que o menor rangido da minha escrivaninha ou da minha cadeira provoca imediatamente a sua busca ou manifestações vocais significativas; portanto, sabe que estou presente e liga essa presença, assim como os meus deslocamentos, ao conjunto de indícios. Ora, esse interesse é independente da hora de suas refeições.

Obs. 133. – Jacqueline, aos 0; 9 (15), resmunga ou chora quando vê a pessoa sentada ao seu lado levantar-se ou afastar-se um pouco (fazer menção de partir).

Aos 0; 9 (16), ela descobre signos mais complexos do que anteriormente durante a refeição. Ela gosta do suco de uva que lhe dão num copo, mas não aprecia a sopa que se encontra numa tigela. Jacqueline segue com os olhos a atividade da mãe: quando a colher vem do copo ela escancara a boca, ao passo que, quando vem da tigela, a boca permanece fechada. A mãe tenta, então, induzi-la em erro, apanhando uma colherada na tigela e fazendo-a passar pelo copo, antes de oferecê-la a Jacqueline. Mas esta não se deixa ludibriar. Aos 0; 9 (18), Jacqueline não precisa sequer olhar para a colher: ela determina pelo som se a colherada vem do copo ou da tigela e fecha obstinadamente a boca neste último caso. Aos 0; 10 (26), Jacqueline recusa igualmente a sua sopa. Mas sua mãe, antes de lhe apresentar a colher, bate com esta

238 O Nascimento da Inteligência na Criança

numa compoteira de prata: desta vez, Jacqueline é ludibriada e abre a boca, por não ter visto a manobra e porque se fiou unicamente no som. Ao 1; 1 (10), desinfeta-se-lhe um ligeiro arranhão com álcool. Ela chora, sobretudo de medo. Subsequentemente, basta-lhe voltar a ver o vidro de álcool para que recomece o choro, sabendo o que a espera. Dois dias mais tarde, a mesma reação quando apercebe o vidro e mesmo antes que o desrolhem.

Obs. 133 bis. – Lucienne apresentou a maior parte das mesmas reações. Assim, aos 0; 8 (23), ela também fecha a boca às colheradas provenientes da tigela (de sopa) e abre-a às que saem do copo (de suco de fruta). Aos 0; 10 (19), resmunga quando a pessoa com que esteve brincando faz menção de ir embora; basta que essa pessoa se volte de três quartos, mesmo sem se levantar, para que Lucienne fique inquieta.

Obs. 134. – Aos 0; 10 (26), Jacqueline observou demoradamente um balão vermelho, primeiro atado na haste de seu carrinho de bebê, depois quando sobe para o teto do quarto. Num dado momento, desprendo o balão sem que ela me veja. Jacqueline observa a haste, pouco depois, no lugar habitual, procura o balão e, não o encontrando, examina o teto. Aos 0; 11 (14), chora quando lhe retiro um espelho da mão, sem que ela veja essa operação: ela sabe, portanto, que não o verá mais.

De modo geral, a partir dos 0; 11, Jacqueline chora quando se faz menção de retirar-lhe um objeto, porque fica na expectativa de vê-lo desaparecer. Tal compreensão está em relação com o desenvolvimento das condutas de busca do objeto ausente (ver o v. II, cap. I).

Assim é que, a partir dos 0; 11 (15), Jacqueline chora quando a mãe põe um chapéu. Não é o receio ou a inquietação, como outrora, mas a certeza da partida.

Obs. 135. – Convém, além disso, classificar entre os indícios da quarta fase aqueles de que a criança se serve para identificar as partes do seu próprio rosto, invisíveis para ela, com as que lhe correspondem no rosto de outrem.

Estudaremos esses indícios a propósito da aquisição da imitação (ver *A gênese da imitação*) e veremos, nessa altura, que não podem ser confundidos com os simples "sinais".

Por exemplo, aos 0; 10 (7), Laurent não conseguiu, até esse dia, imitar o gesto de botar a língua de fora. Ora, ele sabe fazê-lo espontaneamente,

A Quarta Fase: a Coordenação dos Esquemas Secundários e sua Aplicação **239**

acompanhando o movimento com um ruído de saliva. Imito-o e ele me imita por seu turno. Mas a imitação fracassa quando ponho a língua de fora silenciosamente. A partir dos 0; 10 (10), pelo contrário, basta que eu mostre a língua de fora, mesmo sem o som concomitante, para que Laurent me imite; portanto, o ruído da saliva serviu de indício para permitir-lhe identificar a sua língua com a minha.

Não se trata, nesse caso, de um "sinal" que deflagra o ato, visto que o ruído, por si só, não determina que a criança ponha a língua de fora, mas, outrossim, de um indício que permite ao sujeito relacionar um grupo de dados percebidos em outrem com as partes correspondentes do próprio corpo. O indício refere-se, pois, uma vez mais, a eventos independentes do eu.

A grande novidade desses fatos, comparados com os dos níveis precedentes, é que eles supõem já uma previsão independente da ação em curso. Quando a criança localiza a presença de pessoas, independentemente das suas refeições, resmunga ao ver alguém levantar-se, volta-se ao sentir um sopro, reconhece um vidro de álcool etc., ela executa uma operação mais difícil do que ligar um sinal qualquer aos esquemas da refeição (3º tipo), do que procurar ver a coisa que ouve ou do que procurar agarrar um sólido que roçou por seus dedos (2º tipo). Nestas três últimas condutas, com efeito, o sinal só possui uma significação prática, isto é, o único efeito que existe é deflagrar a ação de um esquema de assimilação a que está vinculado por um elo constante e necessário. É verdade que esse elo anuncia a previsão, sobretudo quando os intermediários entre o sinal e o ato são complexos, como no terceiro tipo; mas essa previsão permanece ligada à ação imediata e dela não se dissocia ainda. Em contrapartida, as condutas do quarto tipo indicam uma diferenciação mais acentuada entre a previsão e a ação. Sem dúvida, todos os intermediários estão dados entre esse nível e os precedentes, e algumas das condutas citadas prolongam, tão somente, as do terceiro e mesmo do segundo tipo. Assim é que o fato de determinar pelo som da colher ou a vista do recipiente o que a colherada contém, constitui apenas uma ampliação dos esquemas de coordenação entre a vista e a comida. Mas, embora os indícios do presente tipo promanem, algumas vezes, de esquemas mais ou menos habituais, podem doravante participar nas novas condutas a título

240 O Nascimento da Inteligência na Criança

de componentes: se Jacqueline, por exemplo, prevê o conteúdo das colheradas, é para repelir a sopa e aceitar apenas o suco de fruta. E, sobretudo, é notável que, de agora em diante, a previsão seja possível a propósito de fatos raramente ou só muito recentemente observados, ou mesmo a respeito das ações de outras pessoas. Assim, prever a partida de alguém, quando essa pessoa se levanta ou mesmo dá as costas à criança, sem se levantar, é uma previsão que já está acentuadamente separada da ação em curso; e manifestar a sua aversão por uma garrafa de álcool é utilizar uma ligação rara ou só recentemente adquirida.

Em resumo, a novidade desses comportamentos, se bem que difícil de apreender com exatidão, manifesta-se em que a previsão se objetiva e se desliga da ação simplesmente circular. Vê-se, pois, que essas condutas estão em estreita relação com as das obs. 120 a 130, isto é, com a aplicação dos esquemas conhecidos às novas situações. Essa aplicação dos esquemas conhecidos também supõe, com efeito, a previsão – isto é, a utilização de indícios. E, sobretudo, o parentesco entre esses dois grupos de fato: consiste em que, nos dois casos, os esquemas utilizados são "móveis" ou, em outras palavras, estão sujeitos a múltiplas combinações. No caso das obs. 120 a 130, essa mobilidade dos esquemas reconhece-se pelo fato de os esquemas conhecidos, constituindo habitualmente fins em si mesmos, servirem momentaneamente de meios para um novo fim. No caso das presentes observações, pelo contrário, são os indícios englobados ordinariamente nos esquemas gerais que passam doravante a ser compreendidos em si próprios e utilizados à parte para dar lugar a uma previsão independente. Assim é que os indícios de estalidos da mesa ou das cadeiras, das pessoas que se levantam etc. foram adquiridos, como a maior parte dos outros, em função dos esquemas da refeição: daqui em diante, são utilizados em qualquer circunstância. Nos dois casos, por consequência, quer se trate da utilização de esquemas conhecidos na prossecução de um novo objetivo, quer da utilização de indícios numa nova situação independente, os esquemas tornam-se móveis e ficam sujeitos a infinitas combinações. A única diferença entre as duas condutas é que, nas obs. 120 a 130, há busca e invenção de um meio, ao passo que nas observações presentes há, sobretudo, compreensão; mas, nos dois casos, o processo de assimilação é o mesmo.

Notemos, enfim, antes de passar à descrição dos fatos seguintes, que a palavra "previsão", de que nos estamos servindo, não deve nos

A Quarta Fase: a Coordenação dos Esquemas Secundários e sua Aplicação **241**

iludir nem evocar mais do que uma expectativa concreta. Ainda não há dedução, porque ainda não existe, sem dúvida, a "representação". Quando Jacqueline espera ver uma pessoa na porta que se abre, ou o suco de fruta na colher que vem de certo recipiente, não é necessário, para que haja compreensão desses indícios, e, por consequência, previsão, que a criança represente esses objetos na ausência deles: basta que o indício provoque certa atitude de expectativa e certo esquema de reconhecimento das pessoas ou do alimento. É assim que a visão dos obstáculos, numa rua movimentada, permite-nos dirigir uma bicicleta ou um automóvel com uma precisão suficiente para adaptar-nos aos movimentos apenas esboçados de outrem, sem que haja necessidade de os representar em todos os detalhes. É durante as fases ulteriores que a verdadeira dedução, com representação, se sobreporá a essas significações elementares. Mas ainda aí não chegamos, nem estamos sequer no nível em que a significação dos indícios sensoriais é constituída pelo próprio "objeto", com suas características de permanência e de solidez.

§ 5. *A EXPLORAÇÃO DE OBJETOS E NOVOS FENÔMENOS E AS REAÇÕES SECUNDÁRIAS "DERIVADAS".* – Em face do que vimos a respeito da aplicação dos esquemas conhecidos às novas situações e da compreensão dos indícios independentemente da ação em curso, poder-se-á perguntar o que fará a criança quando se encontrar na presença de objetos ou fenômenos inteiramente novos para ela. Tais objetos não poderiam desencadear, sem mais, condutas análogas às das obs. 120 a 130, isto é, a aplicação de meios conhecidos a um novo fim, visto que, precisamente, a criança, posta na presença desses objetos, não pode propor-se qualquer fim preciso, mas, tão só, "compreendê-los". Por outro lado, a compreensão dos indícios, sem deixar de exercer um papel nessa assimilação, seria insuficiente para explicá-los. Que vai então acontecer? Vamos encontrar agora um comportamento muito significativo, o qual, mais do que qualquer outro, fará compreendermos a grande importância da assimilação por esquemas móveis: a criança vai tentar, graças a uma espécie de "assimilação generalizadora"; fazer que o objeto novo entre em cada um dos seus esquemas habituais, experimentados um a um. Em outras palavras, a criança vai procurar "compreender" a natureza do novo objeto e, como a compreensão ainda se confunde com a assimilação

242   O Nascimento da Inteligência na Criança

sensório-motora ou prática, ela se limitará a aplicar ao objeto cada um dos seus esquemas. Mas, assim procedendo, a criança não situa o esquema como um fim – tal como acontecia na terceira fase – e o objeto como um meio; muito pelo contrário, o esquema será, por assim dizer, o instrumento da compreensão, ao passo que o objeto permanecerá como fim ou intenção dessa compreensão. Em palavras mais simples, a criança vai entregar-se, por atos, à operação a que se entregam por palavras as pessoas de mais idade: ela definirá o objeto pelo seu uso.

Eis os exemplos desses comportamentos:

Obs. 136. – Jacqueline, aos 0; 8 (16), agarrou uma cigarreira que desconhecia e que lhe apresento. Ela a examina primeiro com toda a atenção, revira-a, depois aperta-a com as duas mãos, fazendo *apfff* (uma espécie de assobio que ela emite, em geral, na presença de pessoas). Depois, esfrega-a contra o vime do seu berço (gesto habitual da mão direita) (obs. 104), arqueia o corpo olhando para o objeto (obs. 115), em seguida balança-a por cima dela e, finalmente, mete a cigarreira na boca.

Um novelo de lã: olha-o, remira-o, apalpa-o e aperta-o, faz *apfff* e, depois, larga-o acidentalmente. Reponho o novelo sobre a barriga de Jacqueline, que se arqueia três ou quatro vezes olhando para o objeto, depois apalpa-o superficialmente, puxa o cordão, continuando a olhar fixamente para o novelo, sacode-o em todos os sentidos e acaba por fazer de novo *apfff*.

Uma caixa de latão: Jacqueline agarra-a, examina-a em todas as direções, tateia a superfície e depois faz *apfff*. Então passa a sacudi-la e ouve um som quando lhe bate com os dedos; decidiu bater-lhe um sem-número de vezes, depois arqueou-se toda, sem tirar os olhos da caixa e continuando a dar-lhe tapas. Em seguida, examina-a demoradamente de lado, segurando-a no ar e fazendo *apfff*. Então, emite alguns sons como *addá, bvá* etc., brandindo a caixa e revirando-a em todos os sentidos. Finalmente, esfrega-a contra o vime do berço, fazendo outra vez *apfff*.

Aos 0; 9 (4), olha demoradamente para um assento de prato, de palha, depois toca-lhe delicadamente nas bordas, empenha-se em tateá-lo, depois agarra-o, segura-o no ar, deslocando-o lentamente, agita-o e acaba por bater-lhe na parte superior com a outra mão. Essa

A Quarta Fase: a Coordenação dos Esquemas Secundários e sua Aplicação **243**

conduta faz-se acompanhar de uma mímica de expectativa e, depois, de satisfação: Jacqueline exprime, finalmente, os seus sentimentos fazendo *apfff*. Após o que esfrega o objeto contra a borda do berço etc.

Obs. 137. – Laurent, aos 0; 8 (29), examina demoradamente um caderninho de notas que acaba de agarrar. Passa-o de uma mão para a outra, revirando-o em todos os sentidos, tateia a capa de cartão, depois um dos cantos, depois, outra vez, a capa e, finalmente, abre-o. Feito isso, agita o corpo, sacode a cabeça olhando para o caderno, desloca-o mais lentamente, num gesto largo e acaba por esfregá-lo contra a borda do berço. Percebe então que o caderno não produz, ao ser esfregado contra o vime, o efeito habitual (som? consistência?) e examina com grande atenção o contato, friccionando mais suavemente.

Aos 0; 9 (6), examina uma série de objetos novos que lhe apresento sucessivamente: um boneco articulado de madeira (que mexe os pés), um tucano de madeira (de 7 cm de altura), um estojo para caixas de fósforos, um elefante de madeira (10 cm de comprimento) e uma bolsa de contas. Noto quatro reações muito constantes: 1ª) Em primeiro lugar, uma demorada exploração visual: Laurent examina os objetos, primeiro imóveis, depois revolvendo-os rapidamente nas mãos (passando-os de uma mão para a outra). Parece estudar as diversas faces ou as diversas perspectivas. Em especial, noto que Laurent dobra a bolsa em duas, desdobra-a e volta a dobrá-la, para estudar as transformações; logo que se apercebe da charneira, revira o objeto para vê-lo de frente etc. 2ª) Com a exploração visual, melhor dizendo, logo em seguida, começa uma exploração tátil: apalpa o objeto, toca em especial o bico do tucano, os pés do boneco articulado, passa suavemente os dedos sobre as asperezas do objeto (a contextura dos relevos do tucano, as contas da bolsa etc.), arranha em certos pontos (no estojo da caixa de fósforos, na madeira lisa do elefante etc.). 3ª) Move lentamente o objeto no espaço: sobretudo, descreve movimentos perpendiculares ao olhar, mas talvez se trate já de deslocamentos intencionais em profundidade. 4ª) Só por fim Laurent tenta diversos esquemas conhecidos, utilizando um de cada vez, com uma espécie de prudência, como se quisesse estudar o efeito produzido: sacoleja os objetos, bate-lhes, balança-os, esfrega-os contra o berço, arqueia-se, sacode a cabeça, chupa-os etc.

244   O Nascimento da Inteligência na Criança

Aos 0; 9 (21), as mesmas reações em presença de um grande lápis vermelho em cartão: toca-lhe com interesse na ponta e revira-o numerosas vezes, depois bate-lhe, esfrega-o, sacoleja-o, arranha-o etc. Aos 0; 9 (26), o mesmo comportamento com um termômetro de banho: olha, arranha-o, agita o corpo diante do objeto, depois sacode-o, revira-o, tateia a armação de madeira que o cerca, fecha-o na mão, chupa a extremidade do cabo dessa armação (sem desejar chupar, mas "para ver"), retira-o da boca, percorre com a palma da mão esquerda o próprio termômetro, agita de novo o corpo, endireita o objeto e balança-o, esfrega-o contra a borda do berço, examina a parte de vidro, tateia-a e raspa-a com as unhas, olha para o barbante, apalpa-o etc.

Aos 0; 9 (30), as mesmas reações em presença de um novo gato de pelúcia: revira-o em todos os sentidos, toca-lhe na cabeça com precaução, a fita do pescoço, as patas, descobre um disco de cartão atado à cauda e arranha-o com as unhas. Acaba por bater no gato, balançá-lo no espaço: agita o corpo todo olhando para ele, diz "papá", "babá" etc.

Vejamos ainda, antes de estudar esses fatos relativos à "exploração dos objetos novos", como eles podem dar origem a novas "reações circulares secundárias", mas "derivadas", quando a exploração leva, por acaso, à descoberta de um fenômeno desconhecido. De fato, como já sublinhamos anteriormente (ver cap. III, § 4, obs. 119), novas reações circulares constituem-se em todas as idades (e não apenas durante a terceira fase), mas dentro de novos contextos. É precisamente o que acontece durante as condutas de "exploração": basta que um resultado imprevisto tenha sido fortuitamente provocado para que dê lugar a uma repetição imediata e simples, que redunda na elaboração de um esquema propriamente dito. Eis alguns exemplos:

Obs. 138. – Já vimos (obs. 103) como o esquema de bater nos objetos suspensos é oriundo de esquemas bem mais simples (agarrar etc.) e, por seu turno, deu origem a esquemas ainda mais complexos (bater com uma das mãos num objeto seguro com a outra etc.). Ora, vamos ver agora como esse mesmo esquema de "bater" engendrou em Laurent, Lucienne e Jacqueline, quase na mesma data, um novo esquema de "provocar um balanço"; e como este último esquema foi descoberto no decurso das "explorações" propriamente ditas.

A Quarta Fase: a Coordenação dos Esquemas Secundários e sua Aplicação **245**

Laurent, aos 0; 8 (30), examina pela primeira vez uma galinha de madeira da qual pende uma bola que aciona, pelos seus movimentos, a cabeça do animal. Ele vê primeiro a galinha, toca-lhe etc., depois examina a bola, apalpa-a e, vendo-a mexer, bate-lhe prontamente; observa então, com a maior atenção, o seu balanço e, em seguida, estuda-o por si mesmo: desencadeia simplesmente o movimento, cada vez mais suavemente. Depois, a sua atenção dirige-se para o movimento concomitante da galinha e balança a bola com os olhos postos na galinha.

Obs. 138 bis. – Lucienne, do mesmo modo, aos 0; 8 (10), examina uma nova boneca que pendurei do teto do seu berço. Olha-a demoradamente, roça-a com os dedos, depois apalpa-a, tocando sucessivamente nos pés, nas roupas, na cabeça etc. Em seguida, arrisca-se a agarrá-la, o que faz balançar o teto: puxa então pela boneca, olhando os efeitos desse movimento. Depois, retorna à boneca, segurando-a com uma das mãos enquanto lhe bate com a outra, chupa-a, sacoleja-a, colocando-a por cima da cabeça e, finalmente, sacode-a ao mesmo tempo que esperneia.

Feito isso, bate na boneca sem olhar para ela, depois agarra o cordão onde está suspensa e balança-o levemente com a outra mão. Interessa-se então, vivamente, por esse ligeiro movimento de balanço, que é novo para a criança, e fica a repeti-lo vezes sem conta.

Obs. 139. – Jacqueline, aos 0; 8 (9), olha para uma gravata pendente, que ela jamais vira: as suas mãos oscilam em redor do objeto e afloram-no com toda a cautela. Agarra-a e tateia-lhe a superfície. Num dado momento, uma das pontas da gravata escapa: inquietação visível e, depois, quando o fenômeno se repete, satisfação; e, quase imediatamente após algo que se parece com uma experiência de largar e agarrar de novo.

Na tarde do mesmo dia, Jacqueline está deitada de costas, tendo à sua direita uma peça de roupa secando numa corda estendida. Tenta agarrá-la e, logo depois, fá-la balançar: atrai-a a si, larga-a e fica dando provas de um grande interesse por tal movimento.

Aos 0; 8 (12), Jacqueline procura primeiro fazer balançar outra gravata pendente, que lhe apresento: ela a agarra com toda a delicadeza, larga-a etc., num movimento de oscilação regular e contínuo.

Aos 0; 8 (13), Jacqueline olha para a mãe, que faz balançar as cortinas do berço. Quando a oscilação acaba, Jacqueline empurra a mão

246   O Nascimento da Inteligência na Criança

materna para que continue. Depois, ela própria agarra a cortina e imita o movimento. – Na tarde do mesmo dia, é uma boneca suspensa que Jacqueline assim balança, com a maior delicadeza.

Aos 0; 8 (26), Jacqueline apalpa e explora a superfície de um abajur, que fica balançando. Ela aguarda que o movimento tenha quase cessado (após numerosas oscilações), para dar, com um só golpe de mão, um novo impulso ao objeto. Essa reação reaparece regularmente nos dias seguintes, desde que se lhe acerque o abajur do seu quarto. Ainda notei a coisa aos 0; 9 (5) etc.

Aos 0; 9 (6), Jacqueline inicia, por mero acaso, um movimento brusco do abajur, batendo-lhe pelo lado de dentro. Então, ela se empenha imediatamente em reencontrar esse resultado, metendo a mão, não com a palma contra o pano, como habitualmente fazia, mas com a palma voltada para o ar: tateia assim, muito prudentemente, embaraça-se nas franjas e, por fim, obtém um êxito completo.

Obs. 140. – Eis um segundo exemplo de "exploração" que conduz a uma "reação circular secundária derivada" e a um novo esquema, o de "soltar". Este segundo exemplo é particularmente instrutivo, porque anuncia a mais importante das "reações terciárias" e permitir-nos-á, assim, fazer a separação entre as condutas da presente fase e as da quinta.

Aos 0; 10 (2), Laurent examina um estojo de sabão de barba (vazio, em metal branco) que vê pela primeira vez. Começa por revirá-lo em todos os sentidos, passando-o de uma das mãos para a outra, tal como fez com os objetos da obs. 137. Mas o objeto, como é escorregadio e pouco manejável, escapa-lhe das mãos duas ou três vezes. Então, Laurent, impressionado com esse fenômeno, empenha-se em reproduzi-lo certo número de vezes. No começo, tive alguma dificuldade em decidir se se tratava ou não de um ato intencional, pois Laurent recomeça, cada vez, por segurar o estojo, por alguns instantes, e dar-lhe mil voltas antes de soltá-lo. Mas, depois, a queda tornou-se cada vez mais frequente e, sobretudo, sistemática, como se demonstra pelas verificações seguintes dos processos empregados por Laurent para soltar o objeto.

Com efeito, o que inicialmente interessa a Laurent não é, na presente conduta, a trajetória do objeto, quer dizer, o fenômeno objetivo da queda, mas o próprio ato de soltar: Laurent ora abre delicadamente a mão (com a palma para cima) e o estojo rola dos seus dedos; ora vira

A Quarta Fase: a Coordenação dos Esquemas Secundários e sua Aplicação **247**

a mão (vertical) e o estojo cai para trás, entre o polegar e o indicador afastados; ora espalma simplesmente a mão (de palma para baixo) e o objeto despenca sem mais aquelas.

Assinalemos desde já ser essa característica do comportamento de Laurent que nos permite classificá-lo ainda nas reações circulares secundárias e não nas terciárias. A reação terciária começará, com efeito, a partir do momento em que Laurent estudar a trajetória do objeto e, para tanto, organizar uma verdadeira "experiência para ver"; fará então variar as condições, soltará o objeto em diferentes situações, segui-lo-á com os olhos e tentará reavê-lo etc. No momento, pelo contrário, limita-se a repetir os mesmos gestos e só se interessa pela sua própria ação, o que constitui, efetivamente, uma reação secundária.

E, sobretudo, durante alguns dias, Laurent só utilizou esse esquema de soltar, com o mesmo objeto, o estojo de sabão de barba. Aos 0; 10 (3), por exemplo, ou seja, no dia seguinte, serve-se logo do estojo para repetir a sua conduta da véspera, mas não largou uma pequena caixa que manipula demoradamente nem o gato de pelúcia etc. Aos 0; 10 (4), a mesma reação. Aos 0; 10 (5), deixa cair duas vezes uma pequena garrafa (nova para ele) que lhe escapara das mãos, fortuitamente, da primeira vez. Só aos 0; 10 (10) começa a jogar para o chão tudo o que apanha, mas então, simultaneamente, interessa-se também pelas trajetórias de queda e inaugura, assim, as suas "reações circulares terciárias".

Convém concluir, portanto, para terminar esta observação, que essa reação circular secundária é "derivada", evidentemente, da "exploração" do estojo de sabão e que não apresenta, pois, qualquer parentesco com o esquema transitivo de afastar ou deixar cair o objeto estudado na obs. 125. Pelo contrário, vimos como o presente esquema foi utilizado a seguir, como um "meio", na obs. 130.

Tais comportamentos situam-se, exatamente, entre a generalização dos esquemas secundários, em presença de objetos novos (obs. 110-111), e as "reações circulares terciárias"; portanto, entre as condutas análogas da terceira fase e as da quinta.

Tais como as "generalizações dos esquemas secundários", as presentes condutas consistem, com efeito, em aplicar os esquemas adquiridos aos novos objetos ou fenômenos. Assim como, aos 4-6 meses, a criança bate, sacode, esfrega etc. o objeto desconhecido que se lhe oferece,

248 O Nascimento da Inteligência na Criança

também aos 8-10 meses o desloca, balança, sacode etc. A exploração de que estamos agora falando prolonga diretamente, portanto, a generalização dos esquemas, a tal ponto que todas as transições se encontram dadas entre as duas condutas e torna-se impossível traçar com nitidez uma fronteira que as separe. Contudo, não nos parecem idênticas porque, por mais delicada que seja a avaliação de tais características, as respectivas orientações são distintas. Com efeito, no começo da terceira fase, o novo objeto nada interessa à criança como novo: a novidade fá-la parar por um instante apenas, excita uma curiosidade passageira e logo o objeto serve de alimento aos esquemas habituais. Portanto, o interesse não está centrado no objeto como tal, mas na sua utilização. Pelo contrário, quando a criança examina aos oito meses uma cigarreira ou uma gravata pendente, tudo se passa como se tais objetos impusessem um problema ao seu espírito, como se a criança procurasse "compreender". Não só ela olha tais objetos mais demoradamente do que a criança de 4-5 meses, antes de passar aos atos, mas também se entrega, sobretudo, a um conjunto de movimentos de exploração relativos ao objeto e não a si: ela apalpa, explora a superfície, os ângulos, revira e desloca lentamente os objetos etc. Os últimos comportamentos são muito significativos de uma nova atitude: o objeto desconhecido é manifestamente, para a criança, uma realidade exterior a que é preciso adaptar-se e já não, apenas, uma matéria suscetível de vergar-se à vontade do sujeito ou simples alimento para a sua atividade. Por fim, dá-se a aplicação dos esquemas habituais a essa realidade. Mas, ao experimentar sucessivamente cada um dos seus esquemas, a criança dessa fase dá muito mais a impressão de fazer uma experiência do que de generalizar, pura e simplesmente, as suas condutas: ela procura "compreender".

Em outras palavras, tudo se passa como se a criança dissesse para si própria, na presença do novo objeto: "O que é esta coisa? Vejo-a, ouço-a, agarro-a, apalpo-a, reviro-a, sem a reconhecer: que mais poderei fazer com ela?" E como a compreensão, nessa idade, é puramente prática ou sensório-motora, e os únicos conceitos ainda existentes são os esquemas móveis, a criança procura fazer entrar o novo objeto em cada um dos seus esquemas, para ver em que é que eles lhe podem convir. Como assinalamos há instantes, tais condutas constituem, pois, o equivalente funcional das "definições pelo uso", tão importantes na inteligência verbal da criança.

A Quarta Fase: a Coordenação dos Esquemas Secundários e sua Aplicação **249**

Quanto às reações circulares secundárias que podem "derivar" dessa exploração, quando um novo fenômeno surgiu de improviso, a sua gênese é fácil de compreender. Com efeito, quando a criança procura assimilar um objeto desconhecido aos seus esquemas anteriores, duas coisas podem acontecer. Ou o objeto corresponde à expectativa e convém, portanto, aos esquemas experimentados, e nesse caso a adaptação está garantida: a nova boneca pode, efetivamente, ser balançada, sacudida, esfregada etc., e a criança fica satisfeita. Ou então, pelo contrário, o objeto resiste e apresenta propriedades desconhecidas até esse dia, mas, nesse caso, a criança comporta-se como sempre o fez em semelhantes situações: procura reencontrar o que acabou de descobrir por acaso e repete, tão somente, os gestos que a conduziram a esse achado fortuito. Assim é que, procurando explorar a natureza de uma gravata pendente ou de um abajur, Jacqueline descobre o fenômeno espontâneo desses objetos. Até então, de fato, ela conhecia apenas o balanço das argolas suspensas do teto do seu berço, balanço prolongado ou mantido pelos seus esquemas de "bater", de arquear o corpo" etc. (obs. 103 etc.); agora, pelo contrário, apercebe-se da existência de um balanço que, de algum modo, é inerente ao objeto, constituindo, pois, um novo fenômeno: a criança estuda-o *incontinenti* e, para fazê-lo, aplica-se a reproduzi-lo um sem-número de vezes. O mesmo acontece com Laurent (obs. 140), quando descobre a possibilidade de "soltar" os objetos.

Ora, tais condutas preparam, evidentemente, as "reações circulares terciárias" (tais como atirar fora e voltar a apanhar, fazer escorregar, rolar, espirrar etc.) que se desenvolverão durante a quinta fase e que constituirão as primeiras experimentações reais de que a criança é capaz: a reação circular terciária é, de fato, uma "experiência para ver" que já não consiste mais em reproduzir, simplesmente, um resultado interessante, mas doravante em variá-lo no decorrer da própria repetição. Nesse nível do desenvolvimento, o objeto torna-se, pois, definitivamente independente da ação: é uma fonte de atividades inteiramente autônomas que a criança estuda de fora, orientada agora para a novidade como tal.

Mas se as ações de "balançar" e de "soltar", as quais acabamos de ver que aparecem no decurso das "explorações" dessa fase, anunciam tais "experiências para ver", não se pode ainda identificá-las completamente às segundas. Não só a criança se limita ainda a "reproduzir"

250 O Nascimento da Inteligência na Criança

o que observa, e não a inovar, mas também, como veremos sobretudo no v. II, o "objeto" característico dessa quarta fase continua, em parte, dependente da ação.

Entende-se, enfim, por que classificamos tais fatos na mesma fase da "aplicação de meios conhecidos às novas situações". Tais como as condutas inteligentes estudadas anteriormente (obs. 120 a 130), estas também consistem, essencialmente, em adaptar os esquemas anteriores às circunstâncias atuais. Em certo sentido, é verdade, tais aplicações prolongam tão somente as reações circulares secundárias, mas, em contraste com os "processos para fazer durar um espetáculo interessante", as presentes condutas têm por função não só "fazer durar" o resultado dado, mas adaptar-se também à novidade.

Além disso, esses fatos recordam a compreensão de indícios, de que tratamos antes: no decorrer das experiências de assimilação dos objetos novos intervêm, com efeito, numerosos sinais e indícios que orientam a criança na escolha dos esquemas a aplicar. Assim é que, na obs. 139, o fato de o objeto ser móvel ou imóvel, estar suspenso ou apresentar-se naturalmente, orienta a busca. Podemos assinalar de novo, a tal respeito, que quanto menos esquemas a criança tem à sua disposição, tanto menos o indício é útil, porque a assimilação é imediata e global, ao passo que, quanto mais os esquemas se multiplicarem, tanto mais o sistema de indícios se complica e se torna necessário à ação.

Mas a diferença entre os fatos atuais e os anteriores é que a orientação do esforço assimilador é outra: existe agora um esforço de compreensão e não mais de invenção, nem mesmo de previsão. No caso das obs. 120 a 130, com efeito, a criança tem, desde o início do ato, a intenção de aplicar um esquema ao objeto e o problema consiste em apurar quais os esquemas intermediários que convêm para servir de meios a esse fim; portanto, há um esforço de invenção e a compreensão só intervém para favorecer a invenção. No caso presente, pelo contrário, o problema consiste em saber quais são os esquemas que convêm ao objeto; portanto, há um esforço de compreensão e, na medida em que a invenção intervém, sob a forma de busca de esquemas, é simplesmente para favorecer a compreensão. Quanto ao reconhecimento dos indícios, de que falamos a propósito das obs. 132-135, constitui uma conduta intermediária, na medida em que é compreensão, porquanto

A Quarta Fase: a Coordenação dos Esquemas Secundários e sua Aplicação   **251**

é uma assimilação imediata de um dado a um esquema; mas, ao mesmo tempo, essa compreensão está orientada para a previsão, isto é, para a utilização do mesmo esquema em vista da assimilação dos acontecimentos vindouros e, nesse sentido, é invenção.

De modo geral, as condutas próprias dessa quarta fase apresentam, assim, uma unidade real. Coordenação dos esquemas entre si e adaptação ao objeto, tais são as suas características constantes e mutuamente complementares. A "aplicação de meios conhecidos às novas situações" define-se pela coordenação de dois grupos de esquemas, servindo uns de fins e outros de meios: daí resulta um ajustamento mais rigoroso dos últimos às circunstâncias que motivam essa união. Os "indícios" próprios dessa fase permitem uma previsão que começa a destacar-se da ação do sujeito; portanto, registra-se igualmente a aplicação simultânea de esquemas conhecidos às novas situações e progresso na adaptação aos dados da percepção. O mesmo ocorre com as "explorações" de que acabamos de falar. Sem dúvida, a última dessas condutas não supõe, necessariamente, coordenações entre esquemas distintos: implica apenas a aplicação dos esquemas a novos objetos. Mas, tal como as primeiras, comporta uma acomodação real do esquema ao objeto e não mais, apenas, uma aplicação global idêntica à da terceira fase.

CAPÍTULO V

A Quinta Fase: a "Reação Circular Terciária" e a "Descoberta de Novos Meios por Experimentação Ativa"

Durante a terceira das fases que distinguimos até agora, a criança construiu, manipulando as coisas, uma série de esquemas simples devidos à "reação circular secundária", tais como "sacudir", "esfregar" etc. Esses esquemas, embora não se coordenassem ainda entre si, comportavam já, entretanto, uma organização de movimentos e de percepções em cada um e, por conseguinte, um começo de relacionação mútua dos objetos. Mas essa organização, mantendo-se interior a cada esquema, não implica uma distinção nítida entre "meios" e "fins"; e essa relacionação, pelo mesmo motivo, mantém-se inteiramente prática e não conduz à elaboração de "objetos" propriamente ditos.

Durante a quarta fase, que precede imediatamente a atual, os esquemas secundários coordenam-se mutuamente e dão assim origem às ações complexas que denominamos "aplicações de meios conhecidos às novas circunstâncias". Essa coordenação dos esquemas, que diferencia nitidamente os "meios" dos "fins" e caracteriza, pois, os primeiros atos de inteligência, propriamente dita, assegura uma nova relacionação entre os objetos e assinala assim o começo da constituição de "objetos" reais. Mas duas circunstâncias limitam a eficácia desse comportamento e definem, ao mesmo tempo, a diferença que o separa das condutas da quinta fase. Em primeiro lugar, para se adaptar às novas circunstâncias em que se encontra, isto é, para afastar o obstáculo ou descobrir o intermediário preciso, a criança da quarta fase limita-se a coordenar entre eles os esquemas já conhecidos, em

254 O Nascimento da Inteligência na Criança

vez de diferenciá-los por acomodação progressiva, ajustando assim uns aos outros. Em segundo lugar, por isso mesmo, as relações que a criança estabelece entre as coisas ainda dependem de esquemas já montados e dos quais só a coordenação é nova; não chegam, assim, à elaboração de objetos inteiramente independentes da ação, nem de "grupos" espaciais inteiramente "objetivos" etc. É o que veremos, em particular, no v. II, quando estudarmos as noções de objeto, espaço, causalidade e tempo características da quarta fase. Em resumo, a quarta fase, enquanto definida pelo início da coordenação de esquema, revela-se mais como uma fase de iniciação ou de gestação do que como um período de realização ou concretização final.

A quinta fase, pelo contrário, cujo estudo abordamos agora, é predominantemente a fase da elaboração do "objeto". Com efeito, é caracterizada pela constituição de novos esquemas devidos não mais à simples reprodução de resultados fortuitos, mas a uma espécie de experimentação ou de busca da novidade como tal. Por outro lado, e em correlação com essa mesma tendência, a quinta fase reconhece-se pelo aparecimento de um tipo superior de coordenação dos esquemas: a coordenação dirigida pela busca de novos "meios".

Ora, ambas essas condutas prolongam as das fases precedentes. Quanto à "reação circular terciária", ela deriva diretamente, como veremos, das reações secundárias e das "explorações" a que essas reações dão finalmente lugar: a única diferença é que, no caso das reações terciárias, o novo efeito obtido fortuitamente não é apenas reproduzido, mas também modificado, com o propósito de estudar a sua natureza. Quanto às "descobertas de novos meios por experimentação ativa", elas culminam, simplesmente, a coordenação dos esquemas já em uso durante a quarta fase, mas o ajustamento recíproco dos esquemas, que descrevemos no decorrer do capítulo precedente, converte-se em acomodação pela acomodação, isto é, na busca de novos processos.

Mas, se os comportamentos da quinta fase prolongam os da quarta e constituem, assim, o seu remate natural, nem por isso deixam de assinalar um progresso decisivo e o início de uma fase realmente característica. Com efeito, pela primeira vez, a criança adapta-se verdadeiramente às situações desconhecidas, não só utilizando os esquemas anteriormente adquiridos, mas procurando e descobrindo também novos meios. Disso resulta toda uma série de consequências fundamentais no que diz

A Quinta Fase: a "Reação Circular Terciária" **255**

respeito, por um lado, ao funcionamento da inteligência e, por outro lado, às categorias essenciais do pensamento concreto.

Do primeiro desses pontos de vista, a coordenação dos esquemas faz-se acompanhar doravante da acomodação intencional e diferenciada às novas circunstâncias, podendo-se afirmar que o mecanismo da inteligência empírica está definitivamente constituído: a criança é capaz de resolver, doravante, os novos problemas que se lhe deparam, mesmo que nenhum esquema adquirido seja diretamente utilizável para esse efeito; e, embora a solução desses problemas não seja ainda encontrada por dedução ou representação, está, em todo caso, assegurada em princípio, graças ao jogo combinado da busca experimental e da coordenação dos esquemas.

Quanto às "categorias reais" do pensamento, tal acomodação às coisas e a coordenação de esquemas já adquirida na fase precedente, têm por efeito destacar definitivamente o "objeto" da atividade do sujeito, inserindo-o em grupos espaciais coerentes, assim como nas séries causais e temporais independentes do eu.

§ 1. *A REAÇÃO CIRCULAR TERCIÁRIA.* – A característica própria das condutas que vamos agora descrever é constituírem, pela primeira vez, um esforço para apreender as novidades em si mesmas.

É certo que, desde o início da vida mental, pode-se dizer que o meio exterior impõe às reações do sujeito uma ampliação constante e que a experiência nova faz incessantemente que os antigos quadros se desintegrem. É certo que aos esquemas reflexos se superpõem, mais cedo ou mais tarde, os hábitos adquiridos e a estes os esquemas de inteligência. E, sem dúvida, pode-se também dizer que o sujeito aceita com prazer essa necessidade, pois que a "reação circular", em todos os seus níveis, é precisamente um esforço para conservar as novidades e fixá-las por assimilação reprodutora. Em terceiro lugar, pode-se igualmente sustentar, em certo sentido, que a novidade nasce da própria assimilação, visto que os esquemas heterogêneos, mas poucos numerosos, é certo, que são dados no começo tendem para uma assimilação recíproca e conduzem, assim, às múltiplas combinações das coordenações tanto intersensoriais como inteligentes.

Mas, considerados sob outro prisma, os mesmos fatos mostram, assim, a resistência da vida mental à novidade e a vitória momentânea

256 O Nascimento da Inteligência na Criança

da conservação sobre a acomodação. Desse modo, considera-se próprio da assimilação negligenciar o que há de novo nas coisas e nos acontecimentos, a fim de reduzi-los ao estado de alimentos para os esquemas antigos. Quanto à reação circular, se bem que propenda a reproduzir o resultado novo observado fortuitamente, convirá assinalar, entretanto, que ela não foi procurada, mas impôs-se por si mesma, ao surgir por acaso e em relação com os gestos conhecidos. Assim, a reação circular nada mais é, no princípio, do que uma pura assimilação reprodutora e, se se aplica a um dado novo, é porque esse dado, por assim dizer, forçou as posições, introduzindo-se sub-repticiamente no interior de um esquema já elaborado. Recordemos que, com efeito, os novos resultados exteriores que caracterizam a reação circular secundária aparecem como que oriundos de uma diferenciação dos esquemas primários, sob a pressão do meio externo; e que a reação circular primária também se desenvolveu por diferenciação, a partir dos esquemas reflexos.

A reação circular terciária é de uma natureza muito diferente: embora nasça, igualmente, da diferenciação, a partir dos esquemas circulares secundários, essa diferenciação já deixou de ser imposta pelo meio ambiente e passou a ser aceita e, por assim dizer, intrinsecamente desejada. Com efeito, não conseguindo assimilar certos objetos ou certas situações aos esquemas até aqui examinados, a criança adota uma conduta imprevista: ela investiga, por uma espécie de experimentação, em que é que o objeto ou o evento é novo. Em outras palavras, a criança vai não só sofrer, mas ainda provocar os resultados novos, em vez de contentar-se em reproduzi-los, pura e simplesmente, logo que se manifestaram por acaso. A criança descobre, assim, aquilo a que se pode chamar na prática científica de "experiência para ver". Contudo, o resultado novo, embora procurando em si mesmo, exige, bem entendido, ser reproduzido e a experiência inicial logo se faz acompanhar de uma reação circular. Mas também aqui uma diferença opõe essas reações "terciárias" às reações "secundárias": quando a criança repete os movimentos que a levaram ao resultado interessante, não os repete literalmente, mas, pelo contrário, gradua-os e varia-os de modo a descobrir as flutuações do próprio resultado. A "experiência para ver" revela desde logo, por conseguinte, uma tendência para se desenvolver na conquista do meio exterior.

São as reações circulares terciárias que levarão a criança aos novos atos completos de inteligência a que chamaremos a "descoberta de novos

A Quinta Fase: a "Reação Circular Terciária" 257

meios por experimentação ativa". Os atos de inteligência estudados até agora consistiram apenas numa aplicação dos meios conhecidos (dos esquemas já adquiridos) às novas situações. Mas que se passará quando os meios conhecidos se revelarem insuficientes? Isto é, quando os intermediários entre o sujeito e o objeto forem inassimiláveis aos esquemas habituais? Produzir-se-á então algo inteiramente análogo ao que acabamos de anunciar relativamente à reação circular terciária: o sujeito parte para a busca de novos meios e descobri-los-á, precisamente, por reação terciária. Não se pode dizer que ele aplique a essas situações os esquemas terciários, porquanto, por definição, a reação circular terciária é supletiva e só existe durante a elaboração de novos esquemas; mas aplicará, sem dúvida, o método da reação circular terciária.

A invenção de novos meios por experimentação ativa é, pois, para a reação terciária, o que a aplicação de meios conhecidos às novas situações é para a reação secundária: uma combinação ou coordenação de esquemas, em relação aos esquemas simples. Mais precisamente, estamos agora em presença de uma distinção análoga à que, no plano da inteligência reflexiva ou verbal, podemos fazer entre o raciocínio e o juízo, sendo o raciocínio uma combinação de juízos em que uns servem de meios e outros de fins. Com efeito, um juízo não é outra coisa, do ponto de vista funcional que é comum à inteligência reflexiva e à inteligência sensório-motora, senão a assimilação de um dado a um esquema. Por esse prisma, as reações circulares simples – primárias, secundárias ou terciárias – constituem juízos. Por outro lado, a aplicação de meios conhecidos às situações novas ou a invenção de novos meios constituem, do mesmo ponto de vista funcional, raciocínios propriamente ditos, visto que, como já insistimos em afirmar antes, o esquema empregado a título de meio (quer já seja conhecido, quer seja inventado na hora, pouco importa) está englobado no esquema que caracteriza a meta final, da mesma maneira que os juízos são colocados em estado de mútua implicação em face da conclusão racional. Quanto à compreensão dos indícios, ela constitui um termo intermédio entre o juízo e o raciocínio: é juízo enquanto for assimilação imediata do indício e é raciocínio na medida em que essa assimilação estiver impregnada de previsões, isto é, de dedução virtual. Mas esse estado intermediário também encontra seu equivalente no pensamento verbal: a maioria dos juízos é raciocínio implícito.

258   O Nascimento da Inteligência na Criança

Dito isso, procuremos analisar as reações circulares terciárias, que assim constituem o que poderia ser chamado de ponto de partida funcional e sensório-motor dos juízos experimentais.

Obs. 141. – Um primeiro exemplo fará compreendermos a transição entre as reações secundárias e as terciárias: é o relativo àquela conduta muito conhecida por meio da qual a criança explora o espaço distante e constrói a sua representação do movimento, ou seja, a conduta de soltar ou lançar fora os objetos para tentar em seguida reavê-los.

Recordará o leitor (obs. 140) como Laurent, aos 0; 10 (2), descobriu, "explorando" um estojo de sabão de barba, a possibilidade de soltar esse objeto e deixá-lo cair. Ora, o que o interessou, no início, não foi o fenômeno objetivo da queda, isto é, a trajetória do objeto, mas o próprio ato de soltar. Limitou-se, pois, para começar, a reproduzir apenas o resultado observado fortuitamente, o que constituiu ainda uma reação "secundária", "derivada", é certo, mas de estrutura típica.

Pelo contrário, aos 0; 10 (10), a reação muda e torna-se "terciária". Nesse dia, com efeito, Laurent manipula um pedaço de miolo de pão (sem interesse alimentar: nunca comeu tal coisa até esse dia e não lhe passa pela ideia prová-la) e solta-o constantemente. Vai mesmo a ponto de esfarelar o miolo e deixar cair os fragmentos, uns após outros. Ora, contrariamente ao que se passava nos dias precedentes, ele não presta atenção alguma ao próprio ato de "largar", ao passo que acompanha agora com os olhos, vivamente interessado, o próprio móbil; sobretudo, olha-o demoradamente quando está caído e volta a apanhá-lo quando pode.

Aos 0; 10 (11), Laurent está deitado de costas, mas recomeça, porém, as suas experiências da véspera. Apanha sucessivamente um cisne de celuloide, uma caixa etc., estende o braço e deixa-os cair. Ora, ele varia nitidamente as posições de queda: tanto ergue o braço verticalmente, tanto o mantém obliquamente, avançado ou recuado em relação aos seus olhos etc. Quando o objeto cai numa nova posição (por exemplo, no seu travesseiro), recomeça duas ou três vezes a deixar cair no mesmo lugar, como se estudasse a relação espacial; depois modifica a situação. Num dado momento, o cisne cai perto da sua boca; ora, Laurent não o chupa (embora esse brinquedo sirva, habitualmente, para tal fim), mas refaz o trajeto três vezes, esboçando apenas o gesto de abrir a boca.

A Quinta Fase: a "Reação Circular Terciária" **259**

Do mesmo modo, aos 0; 10 (12), Laurent solta uma série de objetos, variando as condições para estudar a queda de cada um deles. Está sentado num cesto de forma oval e deixa cair o objeto por cima da borda, ora à direita, ora à esquerda, em diferentes posições. Tenta sempre reavê-lo, dobrando e contorcendo o corpo, mesmo quando o objeto cai a 40 ou 50 cm dele. Procura, em especial, reencontrar o objeto quando este rola sob a borda do cesto e fica, portanto, invisível.

Obs. 142. – Aos 0; 10 (29), Laurent examina uma corrente de relógio suspensa do meu dedo indicador. Primeiro, toca-lhe muito delicadamente, sem a agarrar e explorando-a, simplesmente. Provoca então um ligeiro balanço e trata logo de fazer que essa oscilação prossiga, reencontrando assim uma "reação secundária derivada" já descrita na obs. 138 (esquema do balanço). Mas, em vez de ficar por aí, Laurent agarra na corrente com a mão direita e balança-a com a esquerda, tentando algumas novas combinações (começa aqui a reação terciária): fá-la, em especial, deslizar ao longo das costas de sua mão esquerda, para ver a corrente voltar a cair quando chega à extremidade da mão. Em seguida, retém uma ponta da corrente (segurando-a entre o indicador e polegar direitos) para fazê-la deslizar lentamente entre os dedos da mão esquerda (a corrente está agora em posição horizontal e não oblíqua, como antes): Laurent estuda com cuidado o momento em que a corrente cai, assim, da sua mão esquerda e recomeça uma dezena de vezes. Após o que, retendo sempre, com a mão direita, uma extremidade da corrente, sacode-a violentamente, o que faz descrever no ar uma série de trajetórias variadas. Abranda em seguida esses movimentos para ver como a corrente cai no seu cobertor quando simplesmente a puxa. Finalmente, solta-a de diversas alturas e reencontra assim o esquema – adquirido durante a observação anterior.

A partir dos 12 meses, Laurent multiplica esse gênero de experiências com tudo o que fica ao alcance da sua mão: o meu caderno de notas, "cubos" dos jogos de armar, fitas etc. Diverte-se a fazer esses objetos deslizar ou cair, soltando-os em diferentes posições ou de diferentes alturas, para estudar as respectivas trajetórias. Assim é que, aos 0; 11 (20), coloca um "cubo" a 3 cm do chão, depois a cerca de 20 cm etc., observando de cada vez a queda com a máxima atenção.

Obs. 143. – Eis outro exemplo de "experiência para ver", registrada em Laurent e, desta vez, relativa ao som.

260 O Nascimento da Inteligência na Criança

Ao 1; 1 (24), Laurent encontra-se pela primeira vez na presença de um móvel de que falaremos mais adiante, a propósito da "invenção de novos meios por experimentação ativa": uma mesa com várias prateleiras, na qual cada uma das prateleiras, de forma circular, gira em torno de um eixo único. Laurent deita a mão a um desses "pratos" para atraí-lo a si. O prato revolve-se, isto é, gira em torno de si mesmo em vez de deslocar-se em linha reta, como a criança esperava. Laurent, então, sacode-o, bate-lhe e, depois, entrega-se a uma reação nitidamente "experimental" para estudar o som emitido pelo objeto: bate-lhe várias vezes seguidas, ora levemente, ora com força, e dá pancadas, entrementes, no tampo da própria mesa. Não há dúvida de que ele compara assim os sons entre si. Depois, bate no espaldar da sua cadeira e, de novo, na grande prateleira circular da mesa. – Portanto, registra-se mais do que uma simples "exploração", visto que há uma comparação entre vários objetos e uma seriação dos efeitos produzidos.

Isso feito, Laurent recomeça querendo puxar o prato a si e fá-lo, então, girar por acaso. Mas descreveremos o seguinte dessa conduta durante a obs. 148 *bis,* pois complicou-se rapidamente.

Obs. 144. – A partir dos 0; 11 pareceu-me também que Jacqueline largava intencionalmente no chão os objetos que segurava, para em seguida os reaver ou limitar-se a olhá-los. Mas é difícil, no princípio, distinguir o que é devido ao acaso e o que é intencional. Aos 0; 11 (19), porém, a coisa adquire completa nitidez: durante a sua refeição, quando Jacqueline está sentada, ela acerca vagarosamente um cavalete da borda da mesa, até o momento em que o deixa cair. Segue-o com os olhos. Uma hora depois, dei-lhe um cartão postal: Jacqueline deixa-o cair no chão numerosas vezes e procura-o com o olhar. Do mesmo modo, aos 0; 11 (28), ela empurra sistematicamente um dado até à borda da caixa sobre a qual ele se encontra e o vê cair. Mas é preciso ter em conta, para interpretar tais condutas, que a criança ainda não se apercebeu da função da gravidade. Em outras palavras, quando ela larga um objeto, é sem saber o que vai acontecer; e, quando procura jogá-lo ao chão, julga-se obrigada sempre a empurrá-lo de cima para baixo, sem se limitar simplesmente a soltá-lo. Assim, ao 1; 0 (26), Jacqueline empurra sua bola para o chão, em vez de deixá-la cair. No mesmo dia, procura desembaraçar-se de uma almofada que lhe oculta um objeto; aplica então, simplesmente, essa almofada de encontro ao espaldar do canapé, como se ela pudesse aguentar-se nessa posição, e

A Quinta Fase: a "Reação Circular Terciária" **261**

recomeça inúmeras vezes, não por reação circular, mas para livrar-se desse objeto que a incomoda.[1] Ao 1; 1 (28), do mesmo modo, Jacqueline olha para mim quando deixo cair uma argola de guardanapo a 15 cm acima da sua mesa, várias vezes seguidas. Ela apanha então a argola e coloca-a simplesmente na mesa, após o que manifesta uma decepção clara, ao verificar que nada mais se passou. Recomeça umas cinco ou seis vezes; depois, quando refaço a experiência, ela coloca sistematicamente o objeto no mesmo lugar que eu (15 cm acima da mesa), mas, em vez de largá-lo, desce-o na mão até o pousar na mesa!

Quanto ao esquema de lançar por terra e voltar a apanhar, foi conservado por muito tempo, só pouco a pouco se diferenciando. Ao 1; 3 (21) e 1; 3 (27), noto que Jacqueline começa deixando cair, em vez de lançar por terra. Em particular, *ela* ergue o braço, pondo a mão voltada para trás, e consegue assim soltar os objetos por trás. Ao 1; 4 (1), ela atira várias vezes seguidas um objeto para debaixo da mesa de costura de sua mãe, onde tem dificuldade em reavê-lo. A mesma reação sob a toalha da mesa do almoço. Finalmente, registra-se uma acomodação progressiva na própria maneira de reaver os objetos; ao 1; 5 (7), Jacqueline volta a apanhar os objetos sem ter que sentar no chão: agacha-se para apanhar e endireita-se de novo, sem necessidade de apoio.

Obs. 145. – Aos 0; 11 (20), isto é, no dia seguinte à experiência do cavalete (ver a observação precedente), Jacqueline faz deslizar um sem-número de vezes diversos objetos ao longo da sua manta em plano inclinado: há experimentação e não apenas repetição, visto que Jacqueline varia os objetos e as posições. Ao 1; 0 (2), ela faz rolar um lápis numa mesa, soltando-o a pouca altura do tampo ou impelindo-o levemente. No dia seguinte, o mesmo jogo com uma bola.

Ao 1; 0 (3), igualmente, apanha o seu cão de pelúcia e pousa-o no canapé, visivelmente na expectativa de um movimento. Como o cão ficou imóvel, pousa-o de novo, mas noutro local. Após várias tentativas

---

[1] A Sra. SZEMINSKA chamou a minha atenção, a esse respeito, para uma observação por ela realizada num menino de ano e meio de idade: essa criança tentava atrair a si um objeto volumoso, querendo passá-lo entre as grades de um parque de bebê. Não o conseguindo, decidiu fazê-lo passar por cima: para isso, ergue o objeto até o ponto em que seu braço, retido pela barra horizontal, não pode subir mais e depois solta o objeto, para tentar reavê-lo do outro lado!

262 O Nascimento da Inteligência na Criança

infrutíferas, impele-o levemente, quase sem que o brinquedo toque no estofo do canapé ou soltando-o a escassos milímetros dele, como se assim fosse rolar melhor. Finalmente, agarra-o e vai pousar o cão numa almofada inclinada, tão bem que o brinquedo rola imediatamente. Então Jacqueline recomeça a manobra sem vacilar. Existe, portanto, experimentação. Mas não podemos ver nesta última experiência uma previsão segura: vimos na obs. 144 que ainda ao 1; 0 (26) Jacqueline não sabe prever os efeitos da gravidade.

As mesmas reações ao 1; 1 (18) com o seu coelho.

Ao 1; 1 (19), Jacqueline põe no chão a sua bola vermelha e espera vê-la rolar. Refaz a experiência cinco ou seis vezes seguidas e manifesta um vivo interesse ao menor movimento do objeto. Em seguida, põe a bola no chão e empurra-a com um ligeiro movimento dos dedos: a bola rolou melhor. Repete então a experiência, impelindo-a cada vez com mais força.

Ao 1; 3 (16), tendo deixado cair um bastão paralelamente a um dos quadros do seu parque, Jacqueline o vê rolar alguns centímetros no assoalho (fora do parque). Quando reaproximo dela o bastão, Jacqueline agarra-o e recomeça a experiência: ergue-o ligeiramente e depois deixa-o cair para que role. Faz o mesmo uma dezena de vezes. Então, coloco uma toalha no chão, ao lado do parque, para impedir o bastão de rolar: Jacqueline deixa-o cair e, depois, vendo que ele permanece imóvel, passa a mão através das grades e dá-lhe um piparote. O mesmo jogo três ou quatro vezes seguidas; então, verificando o fracasso, renuncia, sem tentar jogar o bastão de maior altura para o chão.

As mesmas experiências ao 1; 4 (0). Durante um desses ensaios, Jacqueline deixa cair por acaso o bastão de uma boa altura e ele rola admiravelmente até o fundo do quarto. Jacqueline fica perplexa com esse resultado, mas, quando lhe entrego de volta o bastão, ela o põe simplesmente no chão, com toda a delicadeza, a 3-4 cm do parque. Observa-o demoradamente e é evidente que espera vê-lo rolar por si mesmo.

Obs. 146. – Jacqueline, ao 1; 2 (8), tem nas mãos um novo objeto que ela desconhecia: uma pequena caixa redonda e chata que revira em todos os sentidos, sacoleja, esfrega contra o berço etc. Larga-a e tenta recuperá-la. Faz um esforço, contudo, e consegue exercer pressão com o dedo na borda da caixa: esta se põe de pé e volta a tombar de

A Quinta Fase: a "Reação Circular Terciária" 263

lado. Jacqueline, muito interessada nesse resultado fortuito, aplica-se então a estudá-lo a fundo. Até esse momento, trata-se apenas de um esforço de assimilação análogo ao das obs. 136 e 137, assim como da descoberta fortuita de um novo resultado; mas essa descoberta, em vez de dar origem a uma reação circular simples, prolonga-se imediatamente em "experiências para ver".

Com efeito, Jacqueline volta logo a pôr a caixa no chão e empurra-a para o mais longe possível (note-se a preocupação de impelir a caixa para bem longe, a fim de reproduzir as mesmas condições da primeira experiência, como se isso fosse uma condição necessária à obtenção do resultado). Feito isso, Jacqueline coloca o dedo sobre a caixa e faz pressão. Mas como pôs o dedo no centro da caixa, apenas a desloca um pouco e fá-la deslizar, em vez de pô-la de pé. Entretém-se então com esse jogo e prossegue durante alguns minutos (recomeçando-o após várias pausas etc.). Depois, mudando de ponto de aplicação, acaba por colocar de novo o dedo na borda da caixa, o que faz que ela se levante. Recomeça então uma série de vezes, variando as condições, mas levando sempre em conta a sua descoberta: agora só pressiona a borda da caixa!

Um momento após, ofereço a Jacqueline a minha cigarreira: joga-a prontamente o mais longe possível e pressiona com o indicador em vários pontos para colocá-la de pé. Mas o problema excede o seu nível e Jacqueline cansa-se.

Obs. 147. – Durante o seu banho, Jacqueline entrega-se a numerosas experiências com os brinquedos de celuloide que flutuam à superfície da água. Ao 1; 1 (20) e dias seguintes, por exemplo, não só deixa cair do alto seus brinquedos, para ver a água espirrar, ou desloca-os com a mão para fazê-los nadar, mas também os obriga a afundar, a meia altura, para vê-los subir de novo à superfície.

Ao 1; 7 (20), nota as gotas de água que caem do termômetro, quando segura esse instrumento no ar e o sacode. Experimenta então várias combinações para provocar esguichos de água à distância: brande o termômetro e estaca bruscamente, ou imprime-lhe um movimento de catapulta.

Entre um ano e ano e meio, Jacqueline diverte-se enchendo de água baldes, frascos, regadores etc., e estuda a queda de água. Aprende igualmente a transportar a água com precaução, sem entorná-la, mantendo o recipiente na horizontal.

264 O Nascimento da Inteligência na Criança

Entretém-se a encher de água a sua esponja e a espremê-la, contra o peito ou sobre a água do banho; a encher a esponja debaixo da torneira aberta; a fazer a água escorrer da torneira ao longo dos seus braços etc.

Vê-se o parentesco dessas reações circulares terciárias com as reações secundárias ou mesmo primárias: por um lado, com efeito, o novo resultado é sempre descoberto por acaso, visto que, mesmo averiguando a novidade como tal, a criança só pode descobri-la por tentativas. Por outro lado, a "experiência" principia sempre uma repetição: para estudar as mudanças de posição, a trajetória dos objetos lançados ou rolados etc., trata-se sempre de reverter aos mesmos movimentos, antes de estes começarem a ser variados, pouco a pouco. A "experiência para ver" é, portanto, uma reação circular, de um tipo superior, sem dúvida, mas ainda em conformidade, no início, com as reações precedentes.

Contudo, a reação terciária é inovadora em numerosos pontos. Em primeiro lugar, mesmo quando repete os seus movimentos para tentar reencontrar um resultado interessante, a criança varia-os e gradua-os. Assim é que, lançando longe ou fazendo deslizar os objetos (obs. 144 e 145), pondo de pé uma caixa ou fazendo-a escorregar (obs. 146) etc., a criança larga-os de maior ou menor altura, coloca um dedo em tal ou tal lugar da caixa etc. Sem dúvida, assim acontece também nas reações circulares anteriores. No decurso das reações secundárias, em especial, a criança gradua incessantemente os seus efeitos: sacode mais ou menos o seu carrinho, puxa com mais ou menos força os cordões suspensos do teto do berço, gradua o ruído da argola de guizos que sacoleja etc. Porém, nesses casos, é sempre no mesmo quadro fixo que as variações se apresentam e tem-se a impressão de que a criança procura, sobretudo, reproduzir um resultado determinado, explorando todas as suas modalidades possíveis, em vez de descobrir novidades. Pelo contrário, no caso presente, a criança não sabe o que vai acontecer e experimenta, justamente, desvendar novos fenômenos, desconhecidos ou meramente pressentidos. Por exemplo, nas obs. 141-144, a criança repete constantemente o ato de largar, lançar ou fazer rolar; mas procede assim sem saber o que se seguirá e na intenção, precisamente, de o descobrir. Nas obs. 146 e 147, Jacqueline procura, é certo, reproduzir um efeito já observado (pôr de

A Quinta Fase: a "Reação Circular Terciária" **265**

pé uma caixa, fazer flutuar um brinquedo, lançar ou entornar a água etc.), mas esse efeito é um tema com variações e, sobretudo, constitui mais um fenômeno para compreender do que um simples resultado a repetir. No caso das primeiras reações secundárias, pelo contrário, parece-nos que a criança procura menos analisar e compreender do que meramente reproduzir.

É este último cambiante que melhor caracteriza a reação terciária. Como dizíamos no início deste capítulo, a originalidade dessas condutas reside no fato de elas constituírem uma busca da novidade. Já não se trata apenas, para a criança, de aplicar esquemas conhecidos ao novo objeto, mas de apreender, pelo espírito, esse objeto em si mesmo. A tal respeito, fazer flutuar, despejar água etc. são experiências ativas, as quais se encontram ainda longe, é claro, da verificação de uma dedução prévia, como na experiência científica, mas já constituem o equivalente funcional da "experiência para ver". Além disso, pelo próprio fato de as experiências se fazerem acompanhar de variações e graduações, elas quase anunciam já a experimentação autêntica: quando Jacqueline descobre a necessidade de pressionar a borda de uma caixa, e não o centro, para pô-la de pé (obs. 146), ela já manifesta a presença de um esforço dirigido e controlado. Sem dúvida, também nesse caso a reação secundária esboça tudo isso: quando a criança tem de puxar um cordão para agitar os objetos pendurados do teto do berço, ela é obrigada a descobrir também o movimento certo. Mas uma coisa é selecionar quase automaticamente os bons movimentos, durante uma sondagem tátil mais ou menos difusa, e outra coisa é procurar as condições necessárias para tal resultado.

Essa busca do novo cria o mais interessante dos problemas que teremos de examinar a propósito dessas condutas. Como se explica, então, quando todas as condutas estudadas até aqui são essencialmente conservadoras, que a criança acaba, num dado momento, por ir em busca de novidades? O problema surgirá de novo, aliás, a propósito das situações em que a criança inventa novos meios, graças a esse mesmo processo de experimentação ativa. Mas limitemo-nos, por agora, a essa interrogação precisa: como explicar, mediante o jogo das assimilações e acomodações, o interesse pelas novidades próprias da "experiência para ver"?

Durante as condutas primitivas, com efeito, por um paradoxo que teremos de analisar em seguida, a acomodação e a assimilação são, ao

266   O Nascimento da Inteligência na Criança

mesmo tempo, pouco diferenciadas e antagônicas. São relativamente indiferenciadas no sentido em que todo o esforço de assimilação é, ao mesmo tempo, esforço de acomodação, sem que se possa ainda distinguir na atividade intelectual da criança um momento particular que corresponda ao que, no pensamento refletido, é a dedução (assimilação como tal), e outro momento correspondente ao que é a experiência (acomodação como tal). Logo, todo esquema de assimilação é quase simultaneamente um esquema de acomodação: a assimilação primitiva, quer seja reprodutora, generalizadora ou recognitiva, só funciona na medida em que for acomodação crescente à realidade. Não obstante, se bem que diferenciadas e, nesse sentido, estreitamente correlativas, a assimilação e a acomodação, em outro sentido, são inicialmente antagônicas. Com efeito, a criança só se acomoda às coisas, no princípio, porque a isso é, de algum modo, forçada por elas, ao passo que procura desde logo assimilar o real, impelida por uma tendência invencível e vital. Assim é que a criança só se interessa pelo meio exterior, durante as primeiras fases, na medida em que os objetos podem servir de alimento aos seus esquemas de assimilação. É por isso que a atividade da criança começa por ser, essencialmente, conservadora e só aceita as novidades quando estas se impõem dentro de um esquema já constituído (como, por exemplo, quando a criança, ocupada em agarrar os cordões pendentes do teto do seu berço, se apercebe de que assim agita o próprio teto).

Mas, em consequência do próprio progresso da assimilação, as coisas mudam gradualmente de aspecto. De fato, uma vez organizada a assimilação mediante os esquemas móveis (tendo já sido visto como ela prolongava, por diferenciação contínua, a assimilação por esquemas simples), a criança revela duas tendências importantes, do ponto de vista que ora nos ocupa. Por um lado, ela se interessa cada vez mais pelos resultados exteriores dos atos, não só porque tais resultados são algo a ver, ouvir, agarrar etc. (portanto, porque são a assimilar mediante esquemas "primários"), mas ainda porque esses mesmos resultados, impostos inicialmente pelo meio exterior, diferenciam progressivamente os esquemas "secundários" e concentram sobre eles, portanto, a atenção do sujeito. Por outro lado, a criança experimenta fazer ingressar todos os objetos novos nos esquemas já adquiridos, e esse esforço constante de assimilação leva-a a descobrir a resistência de certos objetos e a existência de certas propriedades irredutíveis a esses esquemas. É então que a acomodação se reveste de um interesse intrínseco e se diferencia da assimilação, para tornar-se em seguida, e cada vez mais, complementar desta.

A acomodação às novidades adquire interesse em virtude, precisamente, das duas tendências que acabamos de recordar. Começando pela segunda, é evidente que, na medida em que a criança, ao procurar assimilar os novos objetos, depara com resistências, interessar-se-á pelas propriedades imprevistas que assim descobre; esse interesse pela novidade resulta, pois, por muito paradoxal que a afirmação pareça, da própria assimilação. Se o objeto ou o fenômeno novos nenhuma relação tivessem com os esquemas de assimilação, eles não teriam interesse algum; e é justamente por isso que nada suscitam, na criança de tenra idade (mesmo que ela já saiba agarrar), além de uma atenção visual ou auditiva. Ao passo que, na medida em que são quase assimiláveis, suscitam um interesse e um esforço de acomodação ainda maiores do que se o fossem imediatamente. É por isso que, quanto mais complexo for o sistema de esquemas de assimilação, maior será o interesse pela novidade em geral: os novos eventos têm, com efeito, tanto mais possibilidades de excitar, pelo menos, um determinado esquema, quanto mais considerável for o conjunto de esquemas constituídos. Por exemplo, o interesse pelas mudanças de perspectiva e pelos deslocamentos dos objetos, pelo lançamento, pelo deslizamento etc., tem sua origem em numerosos esquemas circulares secundários (sacudir, balançar, esfregar etc.), os quais são análogos aos novos esquemas, mas de maneira nenhuma idênticos. Nesta primeira acepção, o progresso da assimilação acarreta, pois, o da acomodação: esta se converte num fim em si, distinta da assimilação e, no entanto, complementar. Aliás, já verificamos algo de semelhante a propósito da visão: quanto mais objetos a criança vê, tanto mais ela deseja ver objetos novos. Mas, neste último caso, a acomodação identifica-se com a ampliação generalizadora do esquema assimilador, enquanto, doravante, há acomodação antes de toda e qualquer assimilação real, e essa acomodação é simplesmente provocada pelas assimilações anteriores, sem que derive diretamente delas.

Quanto ao interesse, característico das reações circulares secundárias, pelo resultado exterior dos atos, é igualmente uma fonte, mais cedo ou mais tarde, da acomodação pela acomodação. Com efeito, como iremos insistir a propósito da noção de objeto e a propósito

268 O Nascimento da Inteligência na Criança

da causalidade, o progresso da utilização assimiladora dos objetos materiais tem por resultado substantivá-los. Por exemplo, um objeto suspenso que se pode sacudir, balançar, bater e, finalmente, fazer cair, torna-se pouco a pouco um centro independente de forças e deixa de ser, simplesmente, o elemento de um ciclo fechado sobre si próprio e circunscrito pelo esquema de assimilação. Ora, no momento em que a causalidade se objetiva e em que o universo se povoa de centros de forças, é evidente que o esforço da criança consistirá não apenas em fazer as coisas ingressarem nos esquemas conhecidos, mas, além disso, no caso de malogro da assimilação imediata, em descobrir quais são as propriedades desses centros de forças. Por exemplo, na obs. 145, percebe-se nitidamente como as experiências para fazer rolar engendram atitudes de expectativa, de surpresa, quase de inquietação e de estupefação (é o caso do bastão que rola, ao 1; 4 (0)), as quais testemunham, por si só, a espontaneidade progressiva que a criança atribui às coisas. Ainda não é esta a ocasião adequada para falar das pessoas, às quais a criança atribui, naturalmente, uma espontaneidade ainda maior. Em resumo, a objetivação da causalidade é fonte de experimentação. Também aqui a assimilação se prolonga, pois, em acomodação e esta se diferencia da tendência inicial que lhe deu origem.

Assim se pode explicar como a complexidade crescente da assimilação acarreta o aparecimento de um interesse pela novidade como tal, isto é, de uma experiência feita de acomodação doravante diferenciada. Mas será preciso admitir que essa acomodação liberada continuará antagônica da assimilação ou que dela se tornará cada vez mais complementar? Estudando a invenção de novos meios por experimentação ativa, veremos como a assimilação e a acomodação se conciliam quando se trata de atingir um fim preciso: a acomodação realiza, em tais casos, o que a assimilação aponta como fim à ação. Mas, desde já, enquanto a acomodação parece manter-se em estado puro, sob a forma de "experiência para ver", é possível discernir a correlação estreita que, de fato, mantém com a assimilação.

O processo de acomodação, no caso da experiência para ver, é, com efeito, a tentativa. Ora, existe certo número de tipos distintos de tentativas, como veremos ao examinar a teoria de Claparède (ver Conclusões, § 4). No caso presente, limitamo-nos a assinalar o seguinte. Longe de constituir uma tentativa pura que o tipo de uma acomodação sem assimilação nos forneceria, a experiência para ver

A Quinta Fase: a "Reação Circular Terciária" **269**

consiste numa espécie de tentativa cumulativa, durante a qual cada nova exploração é orientada pelas precedentes. Assim é que, quando Jacqueline varia as perspectivas de um objeto, lança ou faz rolar o que ela tem nas mãos, entrega-se, sem dúvida, nas primeiras tentativas, a uma exploração às cegas, mas passa ulteriormente a dirigir cada vez mais as suas tentativas: isso é particularmente notório quando põe de pé a caixa da obs. 146. Logo, pode-se afirmar que, se a conduta, em seu conjunto, é devida à necessidade de acomodação, as sucessivas experiências são assimiladas à medida que progridem, umas concatenando-se nas outras. Aliás, é nisso que a reação terciária constitui, de fato, uma reação "circular", apesar da busca de novidade que a caracteriza. Portanto, embora exista uma acomodação diferenciada, ela provoca imediatamente a assimilação.

Em última análise, é preciso deixar simplesmente dito, para contrastar esses comportamentos com os anteriores, que, na "experiência para ver", a acomodação diferencia-se da assimilação dirigindo-a a todo instante, ao passo que, nas reações circulares secundárias e nas condutas delas decorrentes, é o esforço de assimilação que comanda e precede a acomodação. Nos casos anteriores, igualmente, a acomodação mantém-se ao mesmo tempo indiferenciada e parcialmente antagônica da assimilação, ao passo que, doravante, a acomodação começa tornando-se complementar da tendência assimiladora, de que se dissocia.

Recordemos, enfim, para evitar equívocos, que a acomodação própria das "experiências para ver", mesmo parecendo, num sentido, a assimilação, é sempre a acomodação de um esquema e que o fato de acomodar um esquema anterior de assimilação consiste em diferenciá-lo, em função da experiência atual. Com efeito, a "experiência pura" jamais existe. Mesmo quando tenta para descobrir algo de novo, a criança só percebe e só concebe o real em função dos seus esquemas assimiladores. Do mesmo modo, a tentativa na presença de uma experiência nova nunca é mais do que uma acomodação, mas, doravante, uma acomodação premeditada e procurada como tal, desses esquemas anteriores: variar as perspectivas, largar ou lançar, fazer rolar, flutuar etc., constituem, no ponto de partida, uma simples diferenciação de esquemas secundários tais como deslocar, balançar etc. Sem deixar de preceder e, daqui em diante, dirigir as novas assimilações, a acomodação prolonga sempre, portanto, as assimilações anteriores. É o que veremos ainda mais nitidamente a propósito das condutas seguintes.

270   O Nascimento da Inteligência na Criança

§ 2. *A DESCOBERTA DE NOVOS MEIOS POR EXPERIMENTA-
ÇÃO: I. OS "SUPORTES", O "BARBANTE" E A "VARA".* – A "descoberta de novos meios por experimentação ativa" é (abstraindo das
velocidades de desenvolvimento) para as reações circulares terciárias
o que a "aplicação de meios conhecidos às novas situações" é para a
reação circular secundária. As condutas que vamos agora estudar
constituem, assim, as formas mais elevadas da atividade intelectual,
antes do aparecimento da inteligência sistemática, a qual implica a
dedução e a representação. Além disso, diferentemente dos atos de
inteligência descritos durante as obs. 120 a 130, os que vamos examinar
constituem invenções ou, pelo menos, descobertas reais, revelando já
o elemento construtivo próprio da inteligência humana. Outras tantas
razões, por consequência, para que examinemos detalhadamente esses
fatos. Também iremos analisar cada um deles separadamente, para só
agrupar em seguida as conclusões obtidas.

A primeira manifestação da inteligência inventiva que registramos
em nossos filhos consistiu em aproximar os objetos distanciados,
puxando-os com o auxílio dos suportes sobre os quais estavam colocados. Chamaremos a esse comportamento de "conduta do suporte",
em contraste com a do barbante e a da vara. Sendo tal comportamento,
ao mesmo tempo, o mais simples de todos os da quinta fase, permitir-
-nos-á desde logo, como em todos os casos de transição, compreender
a diferença entre as condutas da quarta fase e as da presente.

Em princípio, nada impediria, com efeito, que a "conduta do suporte" surgisse durante a quarta fase e, de fato, vimo-la aparecer
esporadicamente, por vezes, a título de simples coordenação de esquemas. Mas, como veremos adiante, a sua sistematização exige mais
do que tal coordenação: ela pressupõe uma acomodação especial de
que procuraremos, justamente, entender o funcionamento. Para isso,
vamos partir de situações episódicas em que a conduta do suporte se
manifesta durante a quarta fase. Nesse caso, a criança, ao procurar
alcançar um objetivo muito distanciado, satisfaz a sua necessidade
insaciada aplicando o esquema de "agarrar" ao primeiro objeto que se
lhe depare; e, quando acontece que esse objeto é, afinal, o suporte do
objetivo, atrai também este a si, naturalmente. O esquema da preensão
do objetivo é assim coordenado, momentaneamente, com a preensão
de outro objeto, exatamente como, na obs. 121 *bis,* o ato de bater numa
boneca atada a um cordão é coordenado com o esquema de bater no

A Quinta Fase: a "Reação Circular Terciária" **271**

papagaio preso na outra extremidade ou, ainda, como na obs. 127, a ação exercida sobre a mão de outrem é coordenada com aquela que a criança deseja aplicar ao próprio objetivo. Porém, se tal coordenação episódica pode dar lugar a algum êxito fortuito, quando o suporte é particularmente móvel, ela não pode, sem dúvida alguma, garantir a constituição de um processo estável. Vejamos por quê. Nos exemplos citados de condutas da quarta fase, as relações estabelecidas pela criança entre os objetos em jogo desenvolvem-se sempre paralelamente, com efeito, à própria coordenação dos esquemas, dada a simplicidade, aparente ou real, dessas relações. Assim é que, para repelir um obstáculo, ou utilizar a mão de outrem como agente intermediário etc., a criança só tem de compreender um tipo de relações – as que são dadas, quer nos esquemas conhecidos, encarados isoladamente (a mão de outrem, por exemplo, é assimilada à mão do sujeito), quer na própria coordenação (a relação implicada no ato de afastar o obstáculo supõe, nem mais nem menos, a compreensão de uma incompatibilidade entre a presença desse obstáculo e a ação que a criança deseja exercer sobre o objetivo). Em palavras mais simples, isso quer dizer que a coordenação dos esquemas próprios da quarta fase não implica qualquer invenção ou construção de "novos meios". Pelo contrário, a relação que existe entre o objeto e o seu suporte é uma relação desconhecida da criança no momento em que surge a conduta que vamos agora descrever.[2] Pelo menos, foi assim que as coisas se passaram com os nossos filhos e é por isso que classificamos essa conduta na quinta fase: se a relação "posto sobre" já fosse conhecida deles (o que poderia, sem dúvida, ter acontecido em outros sujeitos), a conduta do suporte não seria mais do que uma questão de coordenação de esquemas e, nesse caso, tê-la-íamos classificado na quarta fase. Entretanto, como se tratava de uma relação nova para a criança, esta só chegará a utilizá-la sistematicamente (em oposição aos êxitos fortuitos e episódicos de que acabamos de falar) quando a compreender; e só conseguirá compreendê-la graças a uma experimentação ativa, análoga à da reação circular terciária. É nisso, precisamente, que reside a novidade do comportamento que vamos estudar e o que a diferencia de uma simples coordenação de esquemas. Mas ela assenta em tal coordenação e é mesmo sob o efeito

---

[2] A relação "posto sobre", ou relação entre um objeto e o seu suporte, só pode ser descoberta, de fato, mediante a "reação circular terciária". Ver o v. II, cap. II, §§ 3 e 4.

272 O Nascimento da Inteligência na Criança

dessa atividade coordenadora que a criança parte para a busca de novos meios, acomodando os esquemas em vias de coordenação aos dados desconhecidos do problema.

De modo geral, a "descoberta de novos meios por experimentação ativa" implica, portanto, não só uma coordenação dos esquemas conhecidos (como as condutas da quarta fase, que o presente comportamento assim prolonga), mas também uma construção de novas relações, obtidas por um método semelhante ao da reação circular terciária.

Eis os fatos:

Obs. 148. – Até os 0; 10 (16), pode-se dizer que Laurent não compreendeu a relação "posto sobre", portanto, a relação entre um objeto e o seu suporte. É o que procuraremos demonstrar mais detalhadamente no v. II, ao estudarmos a noção de espaço que é própria da quarta fase.[3]

I. No que diz respeito à "conduta do suporte", numerosas experiências repetidas entre 0; 7 (29) e 0; 10 (16) mostram que Laurent, até esta última data, manteve-se incapaz de utilizá-la sistematicamente. Aos 0; 7 (29), conseguiu, uma vez em cada quatro, puxar a si uma almofada para agarrar uma caixa posta em cima dela; aos 0; 8 (1), comporta-se da mesma maneira, bem como aos 0; 8 (7) etc. Mas, nesses casos, trata-se apenas de uma coordenação de esquemas, análoga à da quarta fase; não podendo agarrar diretamente a caixa, a criança apodera-se, em vez dela, do primeiro objeto que se lhe deparou ao alcance, subordinando esse ato ao desejo persistente das seguintes reações: 1ª) Quando o suporte (a almofada, por exemplo) não está ao alcance imediato da mão da criança (quando está a 15 ou 20 cm), Laurent não tenta alcançá-lo, para atrair a si o objetivo, mas procura agarrar diretamente o objetivo para, em seguida, apoderar-se dos corpos situados aquém do suporte (por exemplo, puxa a manta ou os lençóis). 2ª) Quando mantenho o objetivo no ar, a 20 cm acima do suporte, Laurent atrai a si, puxando esse suporte, como se o objetivo estivesse pousado sobre ele. 3ª) Quando o suporte é colocado obliquamente, encontrando--se, pois, à disposição da criança, não adiante dela, exatamente, mas um pouco de lado (a 20 cm da sua cintura), Laurent nada faz para alcançá-lo, tentando apenas agarrar diretamente o objetivo ou, na

---

[3] Cap. II, obs. 103.

impossibilidade de o fazer, os corpos interpostos entre aquele e o seu próprio corpo (os lençóis, por exemplo). Para mais pormenores sobre essas preliminares, ver o v. II, obs. 103.

II. Aos 0; 10 (16), pelo contrário, Laurent descobre progressivamente as verdadeiras relações entre o suporte e o objetivo, e, por consequência, a possibilidade de utilizar o primeiro para trazer até si o segundo. Eis as reações da criança:

1ª) Coloco o meu relógio sobre uma grande almofada vermelha (de cor uniforme e sem franjas) e a almofada exatamente defronte da criança. Laurent tenta alcançar diretamente o relógio e, não conseguindo, agarra-se, como anteriormente, à almofada, puxando-a a si. Mas, então, em vez de largar logo o suporte, como fizera até esse dia, para tentar de novo agarrar o objetivo, ele recomeça, visivelmente interessado, a mover a almofada sem tirar os olhos do relógio; tudo se passa como se Laurent observasse, pela primeira vez, a relação em si e a estudasse como tal. Chega, assim, a apanhar facilmente o relógio.

2ª) Procuro realizar então, imediatamente, a contraprova seguinte. Coloco defronte da criança duas almofadas de cor, formato e dimensões idênticos. A primeira está colocada como antecedentemente, logo defronte da criança. A segunda está mais recuada, com uma rotação em plano de 45º, isto é, um dos cantos da almofada está na frente da criança. Esse canto está, além disso, colocado sobre a primeira almofada, mas trato de achatar nesse lugar as duas almofadas, assim parcialmente sobrepostas, de maneira que a segunda não se saliente nem seja muito visível. Finalmente, deposito o meu relógio na outra extremidade da segunda almofada.

Laurent, assim que vê o relógio, estende as mãos e apodera-se da primeira almofada, que puxa progressivamente para si. Então, verificando que o relógio não mexe (não tira dele os olhos), examina o lugar onde as duas almofadas estão sobrepostas (ainda assim estão, apesar do ligeiro deslocamento da primeira) e vai direto à segunda. Apanha-a pelo canto, puxa-a a si por cima da primeira almofada e deita a mão ao relógio.

A experiência, repetida, dá uma segunda vez o mesmo resultado.

3ª) Ponho agora as duas almofadas no prolongamento uma da outra, o lado proximal da segunda em paralelo ao lado distal da primeira. Mas sobreponho a primeira à segunda numa faixa de cerca de 20 cm

274   O Nascimento da Inteligência na Criança

de largura (estando o relógio, é claro, na extremidade da segunda). Laurent puxa imediatamente a primeira almofada; depois, verificando que o relógio não se desloca, procura levantar essa almofada para alcançar a segunda. Num dado momento, conseguiu erguer a primeira, mas sem a afastar e conserva-a contra o peito com a mão esquerda, enquanto procura puxar a segunda com a mão direita. Consegue-o, finalmente, e apodera-se do relógio, manifestando assim a sua perfeita compreensão do papel do suporte.

4ª) Coloco, enfim, a segunda almofada como no n. 2, mas de lado, o canto proximal da segunda sobreposto a um dos cantos distais da primeira: Laurent não se deixa enganar e tenta imediatamente alcançar a segunda almofada.

Estas quatro reações reunidas mostram, pois, que está adquirida a relação entre o objetivo e o seu suporte.

Obs. 148 bis. – Nas semanas seguintes, Laurent reencontra o mesmo esquema toda vez que se trata de atrair a si um objeto, deslocando o seu suporte de acordo com uma trajetória retilínea. Pelo contrário, os suportes que necessitam de um movimento de rotação ocasionam uma nova aprendizagem.

Durante a obs. 143, vimos como Laurent, ao 1; 1 (24), tentara sem êxito puxar a si um dos pratos circulares de uma mesa de tabuleiros. O prato, girando em torno de um eixo, rodara então ligeiramente sobre si mesmo, em vez de se aproximar da criança. Para reforçar o interesse de Laurent, coloquei num dos tabuleiros, mas fora do alcance de suas mãos, um brinquedo interessante: a "experiência para ver" transformou-se, desse modo, numa prova que cabe no presente grupo de condutas.

Laurent olhou primeiro para o brinquedo, sem se mexer, mas em momento nenhum tentou alcançá-lo diretamente. Depois, agarra o prato e procura puxá-lo para si em linha reta. O prato gira de novo, por acaso (alguns graus, apenas). Laurent larga-o, depois recomeça, e assim sucessivamente, certo número de vezes. Trata-se, tão somente, de uma série de tentativas sem vínculos mútuos, que a criança considera, evidentemente, outros tantos fracassos. Mas, de súbito, parece aperceber-se de que o objeto desejado se aproximava: então, agarra de novo o prato, larga-o e recupera-o até a sua manobra ser coroada de êxito. Mas o comportamento da criança ainda não dá a impressão

A Quinta Fase: a "Reação Circular Terciária" **275**

de que tenha compreendido o papel da rotação: ela repete, simplesmente, um gesto que se anunciou eficaz, sem girar intencionalmente o tabuleiro.

Ao 1; 2 (6), Laurent é posto novamente na presença do tabuleiro giratório e observa uma pedra que coloquei na extremidade oposta. Tenta imediatamente puxar para si o prato em linha reta, mas apenas consegue fazê-lo girar em alguns graus. Agarra-o então várias vezes, da mesma maneira, até poder alcançar a pedra. Entretanto, a impressão ainda é de que a criança não fez o prato girar intencionalmente.

Ao 1; 2 (7), pelo contrário, Laurent tenta uma única vez puxar diretamente o prato; em seguida, fá-lo nitidamente girar. A partir do 1; 2 (10), finalmente, Laurent procura logo imprimir ao prato um movimento circular, a fim de alcançar os objetos fora do seu alcance. O esquema apropriado à situação foi, portanto, definitivamente adquirido.

Obs. 149. – Aos 0; 9 (3), Jacqueline já descobriu, por acaso, a possibilidade de trazer a si um brinquedo puxando a manta em que ele se encontra. Ela está sentada, com efeito, sobre essa manta e estende a mão para agarrar o seu pato de celuloide. Após alguns fracassos, ela se apodera bruscamente, num instante muito rápido, da manta, o que faz oscilar o pato; vendo isso, ela agarra imediatamente a manta, de novo, e puxa-a até poder alcançar diretamente o objetivo. – Duas interpretações são possíveis. Ou ela percebe o pato e a manta como um todo solidário (como um só objeto ou como um complexo de objetos interligados), ou então ela apazigua simplesmente a sua necessidade de agarrar o pato agarrando qualquer outra coisa e descobre assim, por acaso, o possível papel da manta.

Até os 0; 11, Jacqueline não volta a apresentar uma conduta análoga. Aos 0; 11 (7), porém, ela está deitada de barriga para baixo em outra manta e procura de novo apanhar o seu pato. Durante os movimentos que faz para agarrar o objeto, remexe acidentalmente a manta, o que agita o pato à distância. Então, compreende logo a relação: puxa a manta até o ponto em que pode agarrar diretamente o brinquedo.

Nas semanas seguintes, Jacqueline utiliza frequentemente o esquema assim adquirido, mas com demasiada rapidez para que eu possa analisar a sua conduta. Ao 1; 0 (19), em compensação, sento-a sobre um xale e coloco uma série de objetos a 1 m dela. Cada vez que Jacqueline tenta agarrá-los diretamente corresponde a outras tantas

276 O Nascimento da Inteligência na Criança

vezes que ela, logo em seguida, se apoderou do xale para atrair a si os brinquedos. Portanto, a conduta sistematizou-se; contudo, parece-nos que não implica ainda uma previsão consciente das relações, visto que Jacqueline só utiliza o esquema depois de ter tentado a preensão direta do objeto.

Obs. 150. – A mesma conduta manifestou-se em Lucienne aos 0; 10 (27). Sentada em sua cama, Lucienne procurava agarrar um brinquedo distante quando, tendo agitado sem querer o lençol enrugado, viu o objeto oscilar ligeiramente; agarra prontamente o lençol, comprova a nova sacudida que foi dada ao objeto e puxa tudo para si. Mas, tendo sido essa reação muito rápida para que pudesse ser convenientemente analisada, imaginei então o seguinte dispositivo:

Ao 1; 0 (5), Lucienne está sentada na sua cadeira desmontável, tendo defronte dela um pequeno tabuleiro A que está abaixado sobre o tabuleiro B da mesinha acoplada à cadeira. Portanto, o tabuleiro A só cobre uma parte do tabuleiro B. Estendo então um lenço sobre o tabuleiro B, de maneira que a borda anterior desse lenço penetre sob o tabuleiro A e não possa ser diretamente agarrado. Depois, coloco uma pequena garrafa sobre o lenço. Lucienne agarra imediatamente o lenço, sem hesitação alguma, e atrai a si a garrafa. O mesmo ocorre cinco ou seis vezes, quer eu reponha a garrafa, quer eu coloque o meu relógio sobre o lenço. Mas, sendo a reação ainda muito rápida, não é possível saber se Lucienne procura o objeto ou se é o lenço que a atrai como tal. Recomeço então a experiência, mas da seguinte maneira:

Coloco o lenço como antes, mas, em vez de situar o objeto em cima, ponho-o ao lado, a cerca de 5 cm da orla esquerda do lenço, e igualmente no tabuleiro B. Lucienne puxa imediatamente o lenço e depois tenta alcançar a garrafa. Não o conseguindo, procura então o lenço, conserva-o na mão um ou dois segundos e rejeita-o. As mesmas reações durante uma segunda prova, com o meu relógio, mas Lucienne rejeita ainda mais depressa o lenço, depois de procurá-lo.

Aumento agora a distância entre o objeto e o lenço: coloco a garrafa a 10-15 cm de distância de um lado do lenço. Lucienne limita-se então a querer alcançar diretamente o objeto e não se ocupa mais do lenço. Quando reaproximo o objeto, ela olha alternadamente para a garrafa e o lenço; finalmente, quando ponho a garrafa sobre o lenço, ela agarra este *incontinenti*. Portanto, parece ter compreendido bem

A Quinta Fase: a "Reação Circular Terciária" **277**

a significação do lenço. – Repito a experiência, graduando de novo as mesmas reações.

Coloco desta vez o meu relógio a 15-20 cm do lenço: Lucienne procura agarrá-lo diretamente. Depois estendo a corrente entre o relógio e o lenço, deixando o relógio a 15 cm e colocando a extremidade da corrente sobre o próprio lenço: Lucienne, que não tinha visto logo o que eu fizera, começa por querer alcançar diretamente o relógio; depois, dá-se conta da corrente e puxa então pelo lenço![4] Esta última conduta revela nitidamente que a preensão do lenço não é um ato maquinal.

Obs. 150 bis. – No mesmo dia, vendo uma garrafa verde, fora do seu alcance, mas colocada sobre uma toalha que lhe é acessível, Lucienne estende a mão e puxa logo a toalha para agarrar a garrafa (ver obs. 157).

Obs. 151. – Ao 1; 0 (16), Lucienne está sentada defronte de um almofadão quadrado C, posto no chão. Mais além do almofadão C encontra-se um segundo almofadão de aspecto idêntico, D, de modo que Lucienne tem diante dela, portanto, dois almofadões sucessivos. Coloco o meu relógio em D, o mais longe possível da criança. Lucienne olha para o relógio, mas não tenta agarrá-lo diretamente; apanha o almofadão C e afasta-o sem hesitar, após o que puxa a si o almofadão D e apodera-se do relógio.

Ao 1; 1 (4), Lucienne está sentada numa cama de adulto, diante de uma toalha turca que, por sua vez, está sobre um lençol. Quando coloco os meus óculos na toalha turca, Lucienne puxa por esta. Quando ponho os óculos no lençol, mas fora da toalha, ela afasta esta e puxa a si o lençol.

Obs. 152. – Ao 1; 0 (5), isto é, logo após as experiências descritas na obs. 150, Lucienne é posta na presença de um suporte sólido e não de um suporte maleável (como toalhas, cobertores, xales ou lenços): com efeito, coloco no tabuleiro B da sua mesa um cartão com as bordas reviradas (a tampa invertida de uma caixa de papelão), de maneira tal que o lado anterior do cartão fique entalado sob o tabuleiro A, e coloco o mais longe possível, sobre o cartão, a garrafa ou o relógio de que falamos a propósito do lenço (obs. 150). Pude assim notar sete reações sucessivas:

---

[4] Convém saber que, a partir de 1; 0 (3), Lucienne sabe servir-se da corrente para atrair a si o relógio.

278   O Nascimento da Inteligência na Criança

1. Lucienne procura, em primeiro lugar, agarrar o cartão, mas age como se se tratasse ainda do lenço: tenta prendê-lo entre dois dedos em pinça, no centro, e esforça-se, desse modo, por alguns instantes, sem encontrar onde possa agarrá-lo. Depois, num gesto rápido e desprovido de hesitação, empurra-o num ponto de sua borda direita (evidentemente, Lucienne, não podendo agarrar o cartão pelo centro, tentou fazer dele uma bola ou levantá-lo, ou simplesmente deslocá-lo um pouco e foi por isso que o empurrou para a borda). Verifica então que o cartão deslizou e fá-lo girar, sem procurar erguê-lo; com o cartão girando sobre si mesmo, ela consegue então apanhar a garrafa.

2. Ponho desta vez o relógio na extremidade do cartão. Lucienne tenta de novo agarrar o cartão no centro. Não o conseguindo, renuncia mais depressa do que em 1 e desloca o cartão, empurrando-o pela borda direita.

3. Já não procura mais apanhar pelo centro e começa logo por fazer girar o suporte.

4. Coloco sobre o cartão uma nova boneca, para reavivar o interesse da criança; Lucienne procura imediatamente fazer girar o cartão. Mas, como não o tivesse aproximado suficientemente de si, não pôde agarrar o objeto. Retorna então à borda direita e empurra-a ainda mais.

5. O mesmo jogo, com correção no meio.

6. Ela procura, sem dúvida para conseguir mais depressa o seu intento, levantar primeiro o cartão, agarrando-o no mesmo lugar que anteriormente, mas atraindo-o a si em vez de fazê-lo deslizar. Diante do malogro (o cartão é retido pelo tabuleiro A), renuncia e volta a fazer o cartão girar.

7. As mesmas reações, mas Lucienne retorna mais depressa ao simples movimento giratório.

Ao 1; 0 (11), isto é, seis dias mais tarde, refaço a mesma experiência com outro cartão sem rebordo (um cartão simples e não uma tampa de caixa). Entalo-o igualmente sob o tabuleiro A e ponho diferentes objetos na extremidade mais distanciada de Lucienne. Ela apresenta então três reações sucessivas:

Em primeiro lugar, procura agarrar o cartão beliscando-o no centro, como se se tratasse de um pano.

Em segundo lugar, procura erguer o cartão pela borda direita e puxá-lo, assim, diretamente, para si; esta segunda experiência dura alguns minutos porque Lucienne acredita incessantemente estar perto do sucesso.

Em terceiro lugar, reverte enfim ao deslizamento: empurrando delicadamente a borda direita do cartão, fá-lo deslizar sobre o tabuleiro B, contando, como centro de rotação, com a parte entalada sob o tabuleiro A, e consegue desse modo agarrar os objetos. No decurso dos ensaios seguintes, é este último método que ela adota logo de entrada.

Os primeiros exemplos mostram-nos imediatamente em que consiste a conduta que denominamos "descoberta de meios novos por experiência ativa". A situação de conjunto é exatamente a mesma que vimos nas obs. 120 a 130, isto é, a propósito da "aplicação de meios conhecidos às novas circunstâncias": a criança procura atingir um objetivo, mas os obstáculos (distância etc.) impedem-na de consegui-lo diretamente. Portanto, a situação é "nova" e o problema consiste em descobrir os meios apropriados. Porém, em vez das condutas recordadas (obs. 120 a 130), nenhum meio conhecido se oferece agora à criança. Assim, torna-se necessário inovar. É então que intervém um comportamento análogo ao das reações circulares terciárias, isto é, uma "experiência para ver": a criança põe-se a explorar por tentativas. A única diferença é que a criança, ao tentar, fá-lo agora orientada em função do próprio objetivo, quer dizer, do problema apresentado (da necessidade anterior ao ato), em vez de agir simplesmente "para ver".

No caso particular, e sem querer ainda discutir o conjunto de problemas gerais suscitados por estas observações, é manifesto que as tentativas que culminam na descoberta de novos meios supõem uma acomodação dos esquemas conhecidos à experiência presente. A acomodação como tal é por tentativas, mas só esquemas anteriores conferem um significado ao que ela descobre. Quando Jacqueline, por exemplo, não podendo agarrar o seu pato, apodera-se em seu lugar da manta e vê então o pato mover-se, ela nada compreenderia desse fenômeno se não estivesse habituada a ver os objetos agitarem-se quando se puxa um cordão etc. (esquemas secundários). Mas, sabendo que os objetos intermediários podem permitir-lhe atuar sobre os que não são diretamente alcançáveis, ela percebe prontamente uma

280 O Nascimento da Inteligência na Criança

relação entre a manta e o pato: movida pela necessidade de agarrar o brinquedo, ela puxa então, ao acaso, o suporte e a experiência é coroada de êxito. Existe, pois, em semelhante conduta, por um lado, uma exploração (tateio) dirigida pelo esquema do objetivo (agarrar o pato); e, por outro lado, um conjunto de significações atribuídas aos eventos intermediários, em função de esquemas anteriores e em função desse mesmo objetivo.

Do mesmo modo, quando Lucienne tenta agarrar um objeto colocado sobre um cartão (obs. 152) e descobre a possibilidade de fazer esse girar sobre si próprio, é indubitavelmente em virtude de uma tentativa que a criança acaba por empurrar o cartão pelo seu rebordo, mas essa tentativa é duplamente dirigida. Em primeiro lugar, é dirigida pelo esquema que atribui uma finalidade à ação: querendo atrair a si o objeto posto sobre o cartão e tratando este como o lenço a que está habituada, Lucienne tenta agarrar o cartão. Não o conseguindo logo, ela tenta, isto é, procura acomodar o esquema à situação presente. É então que vai a ponto de tocar na borda do cartão. Em segundo lugar, a tentativa é dirigida pelos esquemas anteriores que dão um significado aos eventos que surgem fortuitamente, e isso ocorre, uma vez mais, em função da finalidade da ação: tendo tocado a borda do cartão, Lucienne o vê mover-se e assimila-o desde logo a um sólido que se pode deslocar; empurra-o, então, para poder agarrar o objeto desejado.

Assim decorre, pois, a exploração por tentativas: como no caso das reações circulares terciárias, é uma acomodação dos esquemas anteriores, os quais se diferenciam em função da experiência atual. Mas, no caso particular, a acomodação, em lugar de ser um fim em si, constitui apenas um meio ao serviço da prossecução de um fim.

Além disso, a exploração por tentativa, que é no que essa acomodação consiste, é cumulativa, isto é, cada ensaio sucessivo constitui um esquema de assimilação em relação aos seguintes: quando Lucienne descobriu que era preciso empurrar o cartão para atrair a si o objeto, esse meio é descoberto cada vez mais rapidamente, no decurso dos ensaios seguintes. É nessa medida que existe aprendizagem. Portanto, a acomodação é dirigida não só do exterior (pelos esquemas anteriores), mas também do interior (graças à aprendizagem); logo, é duplamente solidária da assimilação.

A Quinta Fase: a "Reação Circular Terciária" 281

Um segundo exemplo de "descoberta de novos meios por experimentação ativa" é aquele que já foi tão bem estudado por Karl Bühler, a chamada "conduta do barbante": puxar para si um objeto servindo-se do seu prolongamento (barbante, corrente) etc.[5]

Obs. 153. – Durante as obs. 121 e 121 *bis,* vimos como Jacqueline se servia de cordões suspensos do teto do seu berço para atrair a si os objetos desejados. Mas não se podem comparar ainda essas experiências com a conduta que consiste em atrair um objeto por meio de um barbante; neste último caso, o barbante é concebido, de fato, como o prolongamento do objeto, enquanto no primeiro caso o objeto é simplesmente assimilado aos que se pode balançar mediante um cordão.

A verdadeira conduta do barbante começou em Jacqueline aos 0; 11 (7). Ela estava se divertindo com uma escova quando, à sua vista, prendi um barbante a esse objeto. Depois, coloquei a escova ao pé da poltrona onde Jacqueline estava sentada, de maneira que ela já não a via (se bem que a criança tivesse podido acompanhar cada um dos seus movimentos), e deixei a extremidade do barbante no braço da poltrona. Jacqueline, assim que terminei os meus preparativos, debruçou-se na direção da escova, estendendo as mãos. Mas, nada mais vendo senão o barbante, agarra-o e puxa. Uma ponta da escova aparece então: Jacqueline solta prontamente o barbante, procurando apoderar-se diretamente do objeto. A escova torna a cair, evidentemente, e Jacqueline debruça-se procurando-a; reencontra o barbante, puxa-o outra vez, mas volta a largá-lo assim que enxerga o objeto desejado. A mesma série de operações reproduziu-se ainda três ou quatro vezes: cada série redundou em fracasso porque Jacqueline largava sempre o barbante logo que via uma ponta da escova. Entretanto, quando Jacqueline puxa o barbante, ela olha claramente na direção da escova e espera assim vê-la aparecer.

É importante acrescentar que a criança ignora ainda o papel da gravidade (ver a obs. 144) e que, assim, quando solta o barbante para tentar apanhar a escova, ela age como se um e outro objetos estivessem dispostos num plano horizontal. Não obstante, observe-se como a experiência instrui pouco a criança. A única acomodação real à situação foi

---

[5] Charlotte BÜHLER e Hildegard HETZER (*Kleinkinder Tests,* p. 53), consideram que essa conduta aparece durante o undécimo e duodécimo mês.

282 O Nascimento da Inteligência na Criança

esta: num dado momento, Jacqueline estava puxando o barbante com uma das mãos quando se apercebeu da existência, não longe da escova (a 10-15 cm), de um nó muito visível: a fração de barbante entre o nó e a escova pareceu-lhe, assim, constituir como que um prolongamento da própria escova. Com efeito, embora continuasse puxando com a mão direita a ponta do barbante, Jacqueline tentou apanhar o nó com a mão esquerda: assim que o alcançou, o nó serviu-lhe para atrair a si a escova.

Durante a série seguinte de experiências, a conduta parece estar adquirida. Desato a escova e substituo-a, diante dos olhos de Jacqueline, por um papagaio; depois coloco-o ao pé da poltrona, deixando a outra extremidade do barbante ao lado da criança. Jacqueline agarra o barbante e, ouvindo o som do brinquedo (o papagaio tem um recheio que chocalha), puxa imediatamente e olha de antemão para o local onde aquele deve aparecer. Assim que enxerga o brinquedo, procura agarrá-lo com uma das mãos, continuando a puxar o barbante com a outra mão. Durante os ensaios seguintes, registramos as mesmas reações e os mesmos resultados.

Terceira série: substituo o papagaio por um livro. Jacqueline puxa o barbante, olhando fixamente para o lugar onde o objeto vai aparecer. Assim que o vê, trata de apanhá-lo, o que consegue. As mesmas reações com um prendedor de roupa e um alfinete de segurança.

Obs. 154. – Ao 1; 0 (7), Jacqueline está sentada no seu carrinho, estando a barra do varal apoiada contra uma mesa, diante da criança. Mostro a Jacqueline o seu cisne, atado a um barbante pelo pescoço; depois coloco o cisne em cima da mesa, deixando o barbante no carrinho. Jacqueline apanha-o logo e puxa, olhando para o cisne. Mas como o barbante é comprido, ela não o estica completamente e limita-se a agitá-lo. Cada sacudida do barbante imprime um movimento ao cisne, mas este não se aproxima.

Após numerosos ensaios da mesma natureza, afasto mais o cisne, o que tem por efeito esticar o barbante. Jacqueline sacode-o outra vez, sem realmente puxar. O cisne cai: Jacqueline conserva o barbante na mão, puxa-o, mas como o cisne não chega logo perto dela, a criança volta a agitar o barbante.

Nova tentativa: Jacqueline sacode cada vez com mais força, o que tem por efeito avançar um pouco o cisne. Mas a criança acaba por cansar e renuncia.

A Quinta Fase: a "Reação Circular Terciária" **283**

Ao 1; 0 (8), ou seja, no dia seguinte, recomeço a experiência: Jacqueline agita primeiro o barbante e depois puxa. Quando o cisne já está bastante perto dela, procura alcançá-lo diretamente com a mão. Não o conseguindo, renuncia em vez de continuar puxando. Nos dias seguintes, as mesmas reações, mas parece que ela agita cada vez menos e puxa cada vez mais o barbante.

Ao 1; 0 (9), finalmente, Jacqueline conduz corretamente até ela o objeto, puxando o barbante, mas nunca o faz sem agitá-lo antes, como se esse movimento prévio fosse necessário. Só uma dezena de dias mais tarde ela consegue puxar logo o barbante.

Obs. 155. – Ao 1; 0 (26), coloco o meu relógio no assoalho, na presença de Jacqueline, fora do seu campo de preensão. Além disso, disponho a corrente em linha reta na direção de Jacqueline, mas colocando uma almofada sobre a metade que fica mais próxima da criança. Jacqueline procura primeiro alcançar diretamente o relógio. Não o conseguindo, olha para a corrente. Verifica que esta se encontra enfiada em parte sob a almofada: Jacqueline, então, retira de chofre a almofada e puxa a corrente, olhando para o relógio. O gesto é adaptado e rápido. Assim que o relógio fica ao seu alcance, Jacqueline larga a corrente para agarrar diretamente o objeto. Portanto, não há interesse algum pela corrente em si: o relógio é que é desejado.

A mesma reação muitas vezes seguidas, variando as condições.

Do mesmo modo, Lucienne, ao 1; 0 (3) e dias seguintes, procura o relógio assim que vê a corrente no pescoço da mãe. Quando se trata de um colar qualquer, ela se limita-se a agarrá-lo, ao passo que, à vista da corrente, desencadeia-se invariavelmente a busca do relógio e a ação de puxar.

Obs. 156. – Laurent adquiriu num só dia a "conduta do barbante", mas só aí chegou mediante "experimentação ativa" e não por compreensão imediata ou construção mental.

Convém notar, primeiramente, que até os 0; 11 e apesar de suas utilizações anteriores dos cordões pendentes (ver obs. 120), não pude discernir em Laurent a existência de qualquer tendência para servir-se, a título de intermediários ou "barbantes", dos prolongamentos do objetivo. Assim é que, aos 0; 8 (1), depois de ter brincado com a minha corrente de relógio (separada deste), não lhe ocorre servir-se dela para atrair para si o relógio que ele deseja, quando voltei a prendê-lo na

284 O Nascimento da Inteligência na Criança

corrente. Estende a mão na direção do relógio e menospreza a corrente que, entretanto, estendi entre ele e o relógio. Diversas tentativas análogas, com a mesma corrente ou com barbantes atados a vários objetos, nada deram de positivo até os 0; 10.

Pelo contrário, aos 0; 11 (6), Laurent apresenta o seguinte comportamento. Está sentado num tapete fundo. Mostro-lhe um objeto vermelho (uma calçadeira) suspenso de um barbante e, depois, coloco esse objetivo a 1 m dele, aproximadamente, fazendo o barbante descrever uma trajetória sinuosa que termina ao lado da criança. Mas Laurent, em vez de servir-se do barbante como de um intermediário para alcançar o objetivo, limita-se a estender as mãos na direção desse último. Desloco várias vezes o barbante, para que Laurent lhe preste mais atenção, mas evitando sempre estendê-lo em linha reta entre a criança e o objetivo. Laurent observa cada vez o barbante, mas sem utilizá-lo e procura sempre alcançar diretamente o objeto.

Estendo então o barbante em linha reta, mas fazendo ainda com que a ponta fique ao lado e não defronte de Laurent; contudo, ele reage como antes, isto é, continua desprezando o barbante e procura sempre alcançar diretamente o objetivo (convém acrescentar que desloquei ligeiramente o objetivo em cada novo ensaio, de modo a reavivar o interesse da criança).

Finalmente, volto a dar ao barbante uma forma sinuosa, mas, desta vez, deixando a sua extremidade bem na frente de Laurent. Este, após ter tentado ainda duas vezes agarrar diretamente o objetivo, apodera-se do barbante. Não procura esticá-lo, pois limita-se a contemplar e sacudir ligeiramente o barbante, concluindo-se, portanto, que o agarrou por si mesmo e não como intermediário; quer dizer, o barbante foi um mero substituto para a calçadeira que a criança realmente desejava, mas não pudera agarrar. Laurent não entende ainda as relações existentes entre a calçadeira e o barbante. Mas, ao sacudir este último, apercebe-se de que a calçadeira mexe. Então, agita cada vez mais vigorosamente o barbante, observando com atenção os movimentos da calçadeira.

Este último comportamento não difere ainda em nada das reações circulares secundárias descritas, nas obs. 94-104: puxar um cordão para sacudir o teto do berço etc., quando a criança acaba de descobrir, por acaso, o efeito assim produzido. Mas, tendo descoberto a possibilidade de agir sobre a calçadeira por meio do barbante, Laurent retorna ao seu desejo inicial, que é atingir o objeto. Em vez de agitar em todos os sentidos a calçadeira, parece então puxar intencionalmente o barbante e, assim, vai aproximando de si, pouco a pouco, o objetivo. Logo que se apoderou dele, recomeço a experiência várias vezes seguidas. Ora, de cada vez, Laurent agarra primeiro o barbante, agita-o um instante e depois puxa-o, mais ou menos sistematicamente.

Mas este último comportamento ainda não constitui, segundo nos parece, um exemplo autêntico de "conduta do barbante". Com efeito, embora alcance já os seus fins, Laurent ainda se julga obrigado, antes de puxar o barbante, a agitá-lo por alguns instantes, e verifica-se toda uma série de transições entre esse ato de agitar e o de puxar. Em outras palavras, ele utiliza para um novo fim um esquema já adquirido. A ação assim realizada ainda permanece, pois, no nível das da quarta fase, isto é, da coordenação dos esquemas. Laurent, aos 0; 6 (1), já apresentara um comportamento sensivelmente análogo (obs. 120).

Assim, como é que a criança superará essa fase de simples coordenação de esquemas, para chegar à descoberta efetiva do papel do barbante? Faço o barbante descrever, durante as experiências seguintes, uma trajetória cada vez mais sinuosa, de modo que Laurent, ao sacudir-lhe uma extremidade, não consiga logo fazer a calçadeira mexer. Não obstante, ele tenta ainda uma vez ou duas agitar o barbante. Mas agora, em cada novo ensaio, já se empenha em puxá-lo cada vez mais depressa, sem prévias sacudidas. É difícil descrever em pormenores, sem a ajuda de um filme, como se faz a aprendizagem do gesto de tração. Mas, em traços largos, pode-se dizer que houve uma exploração por meio de correção progressiva: a criança elimina do seu esquema anterior os gestos que consistem em sacudir, e desenvolve os que têm por efeito atrair o objetivo. Muito rapidamente e apesar das complicações que introduzi na experiência, Laurent acaba encontrando o melhor processo: puxa o barbante com as duas mãos, alternadamente, e atinge assim o objetivo apenas com alguns movimentos.

Obs. 156 bis. Uma hora depois coloco Laurent num divã e coloco defronte dele, em cima de uma cadeira, a mesma calçadeira vermelha. O barbante a que esse objetivo está preso pende da cadeira para o chão e depois sobe para o divã, ao lado da criança. Esta observa por instantes o objetivo, depois segue o barbante com o olhar, agarra-o e puxa-o com as duas mãos, uma após outra. Logo que a calçadeira desaparece

286 O Nascimento da Inteligência na Criança

do seu campo visual (ao cair no chão e acercar-se do divã), Laurent continua a sua manobra sem interrupção, até o completo sucesso.

Apresento-lhe em seguida vários objetos (livros, brinquedos etc.), mas fora do seu alcance e atados a fitas, cordões etc. (diferentes do barbante usado até aqui). Vario, além disso, as trajetórias desses intermediários, de modo a evitar toda e qualquer sugestão visual. Laurent, contudo, realiza com êxito todas essas provas, quase sem exploração prévia: o "esquema do barbante" foi, portanto, adquirido.

Nos dias seguintes, controlo a coisa com vários objetos novos: Laurent serve-se imediatamente das duas mãos para atraí-los a si, mediante os cordões a que estão ligados. Ele olha primeiro para o objetivo, depois busca o intermediário conveniente.

Reatemos, a propósito dessa "conduta do barbante", a discussão iniciada a propósito dos "suportes". O comportamento da criança, que consiste novamente em encontrar um processo para atrair a si os objetos distanciados, também é constituído nesse caso por uma acomodação por tentativas duplamente dirigida pelos esquemas de assimilação. Importa determinar exatamente o papel dessa acomodação e o da assimilação: é o problema das relações entre a experiência e a atividade intelectual, de que voltamos a encontrar, uma vez mais, um aspecto particular.

A acomodação é, necessariamente, o ajustamento às novas circunstâncias dos esquemas anteriores já constituídos. É nesse sentido, em primeiro lugar, que ela é dirigida pela assimilação: ela é dirigida pelo esquema que atribui uma finalidade à ação atual, assim como por certos esquemas que servem aqui de meios e que a acomodação vai, precisamente, diferenciar. Na presença da escova atada a um barbante, por exemplo, Jacqueline quer agarrar essa escova e, para tanto, utiliza mais uma vez o esquema dos objetos suspensos do teto do berço e dos quais pendem cordões. Recorda-se, com efeito, que ela já se serviu desses cordões para agarrar os objetos a eles ligados (obs. 121 *bis*). Ela puxa então o barbante para alcançar a escova. Porém, ao agir desse modo, Jacqueline ainda considera o barbante um processo mágico-fenomenista e não um prolongamento do objeto (ver a obs. 153, aos 0; 11 [7]).

Com efeito, quando ela vê aparecer a escova, Jacqueline esquece o barbante, procura agarrar diretamente o objeto e fracassa. É então que começa a acomodação propriamente dita e a exploração por tentativas: a experiência ensina à criança que o seu esquema anterior não basta e Jacqueline vê-se na obrigação de descobrir as verdadeiras ligações que unem o barbante ao objeto nele atado. O mesmo se passa, exatamente, na obs. 154: Jacqueline sacode o barbante como se se tratasse de um cordão suspenso do teto do berço; depois, constatando o malogro, tem de acomodar-se à nova situação.

Como se opera, pois, essa acomodação? Por reação circular terciária. Na obs. 153, Jacqueline experimenta novas combinações: apanha primeiro o barbante num nó visível e consegue assim apossar-se da escova; ou, então, puxa cada vez mais o barbante até poder alcançar o papagaio e agarra-o. Na obs. 154, sacode cada vez menos o cordão e estica-o cada vez mais etc. Há, portanto, uma experiência e a utilização dessa experiência. Mas como explicar essa dupla capacidade?

No tocante à acomodação, como contato experimental com a realidade dada, nada temos a explicar, a não ser que, na sua pesquisa, a criança defronta os fatos. Esse choque produz-se por acaso e os fatos impõem-se na mesma medida em que desmentem a expectativa devida aos esquemas anteriores. Tudo o que dissemos sobre o interesse pelo "novo", a propósito da reação circular terciária, aplica-se facilmente no caso presente: sob a instigação da nova experiência, a criança reencontra-a na medida em que já não procura meter à força a realidade no âmbito dos esquemas anteriores.

Pelo contrário, no tocante à utilização da experiência, é preciso que a acomodação por tentativas seja mais uma vez dirigida pela assimilação, mas num segundo sentido. Ela é orientada, desta vez, pelos esquemas suscetíveis de fornecerem uma significação aos eventos que surgem fortuitamente, esquemas esses que se subordinam, por seu turno, àquele que atribui uma finalidade ao conjunto da ação. Os eventos que surgem no decurso da experiência só poderiam, com efeito, ser apreendidos pela consciência do sujeito em função de esquemas anteriores de assimilação. Por exemplo, quando Jacqueline descobre que, puxando e esticando o barbante, este conduz até ela o objeto que lhe está atado, ela assimila necessariamente esse fato, por muito novo que seja, aos esquemas já conhecidos: a criança compreende que o barbante é um "meio de trazer", tal como os "suportes" etc. As

288 O Nascimento da Inteligência na Criança

peripécias da pesquisa só adquirem significado, portanto, em função do esquema da finalidade em relação com essa finalidade precisa.

Em resumo, a acomodação é dirigida por duas espécies de assimilações: pelos esquemas "iniciais" (o esquema da finalidade e os dos meios), que se faz mister, precisamente, ajustar à nova situação; e pelos esquemas evocados no decorrer da ação (vamos designá-los por esquemas "auxiliares"), os quais conferem sua significação aos produtos da experiência ou da acomodação e isso, ainda, em função da finalidade da ação. Mas, então, esses produtos da acomodação não apresentam qualquer aspecto de novidade aos olhos da própria criança? Em outras palavras, à força de ser interpretada, a nova experiência manifesta-se logo como algo já conhecido? O caso não é este, naturalmente, visto ser a acomodação que, precisamente, diferencia e põe abaixo as antigas estruturas dos esquemas que a dirigem, como já assinalamos a propósito da reação circular terciária.

Como conceber, pois, essa aquisição? É aqui que intervém a aprendizagem, isto é, o elemento cumulativo das explorações por tentativa. Embora dirigida ou orientada pelos esquemas anteriores de assimilação, a acomodação (logo, a experiência) confere-lhes maior flexibilidade, diferencia-os e precede, assim, desta vez dirigindo-o, um novo esforço de assimilação. Essa assimilação interior ou imanente nos sucessivos atos de acomodação é a aprendizagem: cada ensaio constitui, de fato, um molde para o seguinte e, portanto, um embrião de esquema assimilador. Assim é que, depois de ter aprendido a puxar o barbante, esticando-o, Jacqueline puxa-o cada vez melhor. As três séries da obs. 154 mostram-nos muito bem esse progresso.

Ora, não nos parece que constitua um jogo de palavras falar de assimilação, uma vez mais, para caracterizar esse progresso imanente da acomodação: a aprendizagem não é outra coisa, com efeito, senão uma reação circular que se desenvolve por meio de assimilações reprodutivas, recognitivas e generalizadoras. Como já vimos no início do presente capítulo, é tão só porque a complexidade dos esquemas de assimilação permite, doravante, uma busca intencional da novidade em si, que essa reação circular é "terciária", quer dizer, orientada para a acomodação como tal.

Em resumo, compreende-se a extrema complicação do que o empirismo associacionista considerava um dado primordial: o contato

A Quinta Fase: a "Reação Circular Terciária" **289**

com a experiência. O contato, isto é, a acomodação, insere-se sempre entre duas (ou mesmo três) séries de esquemas assimiladores que vêm enquadrá-la: os esquemas (iniciais ou auxiliares) que imprimem uma direção à acomodação e os que registram os seus resultados, deixando--se assim dirigir por aquela.

Notemos, finalmente, que, uma vez adquirido o novo esquema, isto é, uma vez terminada a aprendizagem, esse esquema aplica-se imediatamente às situações análogas. Assim é que, na obs. 155, a "conduta do barbante" é aplicada sem dificuldade alguma à corren-te do relógio. Revertemos aqui, com cada aquisição, à aplicação de "meios conhecidos às novas situações", de acordo com um ritmo que se prolongará até o início da própria inteligência sistemática (cap. VI).

Uma terceira "descoberta de novos meios por experimentação ativa" nos permitirá detalhar ainda mais esta análise. É a chamada "conduta da vara". O barbante não é um instrumento: é o prolongamento do objeto. Pelo contrário, a "vara" é um instrumento. Como é efetuada a conquista dessa primeira ferramenta? Poderá ser em virtude de uma súbita construção mental, quando a criança só descobre tardiamente a "vara", no nível da inteligência sistemática (ver o cap. VI, § 1). Ou poderá ser por tentativa e experiência ativa. Lucienne e Jacqueline deram-nos o exemplo deste último processo, a primeira agindo de um modo inteiramente espontâneo, a segunda com a ajuda da imitação. Insistiremos neste ponto, no caso de Lucienne, servindo simplesmente o caso de Jacqueline de meio suplementar de análise:[6]

Obs. 157. – Lucienne, ao 1; 0 (5), já está na posse, como vimos nas obs. 150 e 152, da "conduta do suporte". Procuro confirmar, no mes-mo dia, se ela é capaz de efetuar a da "vara". Veremos que ainda não.

A criança está brincando com uma tampa muito alongada que pode perfeitamente fazer as vezes de uma vara: bate com ela nos ta-buleiros de sua mesinha, nos braços da sua cadeira etc. Coloco então diante dela, fora do alcance de suas mãos, uma pequena garrafa verde que logo manifesta vivamente desejar agarrar: procura alcançá-la de braços estendidos, debate e, choraminga, mas nem por um instante

---

[6] Segundo Charlotte BÜHLER e Hildegard HETZER (*Kleinkinder Tests, p. 63), a conduta da vara aparece, normalmente, no segundo semestre do segundo ano.*

290   O Nascimento da Inteligência na Criança

lhe ocorre servir-se da tampa como de uma vara. Ponho então a tampa entre ela e a garrafa: a mesma incompreensão. Depois, coloco a mesma garrafa na extremidade da tampa: Lucienne atrai a si a tampa e apanha a garrafa, o que notamos na obs. 150 *bis*. Depois, reponho a garrafa fora do alcance, mas, desta vez, coloco a tampa ao lado do objeto e à disposição da criança: Lucienne, contudo, não tem a ideia de servir-se da tampa como de uma vara.

Ao 1; 2 (7), pelo contrário, Lucienne faz por acaso uma descoberta notável: quando se divertia batendo num pequeno balde com uma vara que tem nas mãos (tudo isso sem objetivos prévios), ela vê o balde agitar-se a cada pancada e procura então deslocar o objeto: bate-lhe mais ou menos obliquamente para aumentar o movimento e recomeça um grande número de vezes, mas não utiliza esse achado para aproximar dela o balde, que recuo para esse efeito, nem para imprimir-lhe uma direção definida.

Obs. 158. – Ao 1; 4 (0), Lucienne está sentada em frente de um divã em que se encontra um pequeno cantil de alumínio. Ao lado dela jaz a mesma vara com que Lucienne vem brincando nas últimas semanas, para bater nos objetos e no chão, mas sem qualquer progresso desde 1; 2 (7). Ela tenta primeiramente agarrar o cantil com a mão direita. Não o conseguindo, apanha a vara. Essa conduta constitui, pois, uma importante novidade: a vara não é só utilizada quando a criança já a tem na mão, mas é procurada e, ainda mais do que isso, tendo-a agarrado pelo meio e verificado, por experiência, que não é suficientemente longa, Lucienne muda-a de mão e depois passa-a de novo para a mão direita, mas, desta vez, agarrando-a pela extremidade. O seguimento da observação mostra-nos, porém, que a vara ainda não é apanhada com o intuito de empurrar o cantil: com efeito, Lucienne bate sem mais nem menos no objeto, não havendo motivo algum que nos autorize a ver nisso uma previsão da queda do objeto. No entanto, o cantil cai e Lucienne apanha-o. É claro que o desejo de alcançar o cantil excitou o esquema de bater por meio da vara, mas não se pode ver nessa conduta um processo já adaptado aos detalhes da situação.

Um momento depois, em contrapartida, ponho o cantil no chão, a 50 cm de Lucienne. Esta começa por querê-lo agarrar diretamente, depois apanha a vara e bate no objeto. O cantil mexe um pouco. Lucienne, então, com uma enorme atenção, empenha-se em empurrá-lo

A Quinta Fase: a "Reação Circular Terciária" **291**

da esquerda para a direita, por meio da vara. O cantil aproxima-se. Lucienne ainda procura agarrá-lo diretamente, mais uma vez; mas volta a apanhar a vara, encosta-a ao cantil para empurrá-lo, agora da direita para a esquerda, e sempre acercando mais o objeto dela. Apossa-se finalmente do cantil, com uma expressão encantada, e obtém o mesmo êxito em todas as provas seguintes.

Obs. 159. – Vimos antes (obs. 139) como Jacqueline, aos oito meses, dedicou-se a fazer balançar os objetos por "reação circular derivada". Foi esse comportamento que preparou nela, fortuitamente, a conduta da vara. Com efeito, ao 1; 0 (13), Jacqueline tem na mão uma argola de guizos bastante alongada, quando vê à sua frente a cauda de um burrinho de couro: procura logo fazê-la balançar. Porém, como tinha a argola na mão, não é esta, mas a argola que ela dirige para o burrinho: agita-lhe assim a cauda e repete a experiência inúmeras vezes. Ainda não podemos falar, naturalmente, a tal propósito, da "conduta da vara": a argola não foi agarrada para agir sobre o objeto, tendo sido empregada, por acaso, como prolongamento fortuito da mão. Como essa conduta não foi reproduzida nos dias seguintes, tentei reconstituir uma situação análoga valendo-me da imitação, não para estudar esta última, mas para estudar melhor o mecanismo da aquisição. Ao 1; 0 (28), Jacqueline procura alcançar uma rolha colocada diante dela, à altura dos olhos, mas fora do alcance de suas mãos; ela tem na mão direita uma vara, mas não a utiliza e tenta apanhar diretamente a rolha com a mão esquerda. Agarro então a vara e faço cair a rolha, de que Jacqueline se apodera *incontinenti*. Depois, reponho a rolha no seu lugar anterior e entrego a vara. Jacqueline, que me observara com a maior atenção, repete logo o meu gesto com precisão: dirige a vara para a rolha e fá-la cair.

Tendo chegado a esse ponto da experiência, duas hipóteses explicativas se nos ofereciam e é para optar por uma delas que decidimos forçar as coisas, fazendo intervir o fator de imitação: ou a imitação desencadeou uma espécie de "estrutura" já preparada de antemão e a criança se limitará a aplicá-la, daí em diante, sem a anteceder de qualquer exploração por tentativas; ou, então, a imitação limitou-se a propor um exemplo e a criança vai tatear, no seguimento da experiência, para reencontrá-lo, à maneira de Lucienne, que também tateou, por seu turno, na presença exclusiva das coisas. A sequência da observação mostra-nos que esta segunda solução é a boa.

Reponho a rolha na borda do seu carrinho. A vara está ao lado da criança. Jacqueline estende então os braços na direção da rolha, resmunga de desapontamento e acaba quase por chorar, mas sem lhe ocorrer, em momento algum, agarrar a vara. Entretanto, eu lhe mostro por diversas vezes, erguendo-a e baixando-a diante dela, sob os seus olhos, mas Jacqueline não a pega e continua tentando agarrar diretamente a rolha.

Nova experiência. Ofereço-lhe a vara: ela a agarra imediatamente e dirige-a para a rolha, que faz cair e de que se apodera sem hesitar. Portanto, o fato de ter a vara na mão impele-a a reproduzir, por reação circular, o gesto imitado há instantes, mas a capacidade de executar esse gesto não chega para que à criança seja permitido reencontrá-la e utilizá-la quando não tem a vara na mão, limitando-se a vê-la em repouso à sua frente.

Nos três ensaios seguintes, reproduziu-se o mesmo resultado: Jacqueline continua querendo agarrar diretamente a rolha e só emprega a vara quando eu lhe ofereço. Interrompe então a experiência por momentos.

Ao reiniciá-la, assinalo um progresso. Jacqueline ainda procura agarrar o objeto, pura e simplesmente, e não se serve da vara que se encontra, contudo, ao alcance de sua mão e dentro do seu campo visual; mas quando a aponto com um dedo, Jacqueline agarra-a e serve-se dela. A mesma reação cinco vezes seguidas.

Enfim, a última série: ela continua ainda querendo alcançar a rolha com a mão (embora o objeto permaneça no mesmo lugar de sempre); mas, depois de resmungar contrariada por alguns instantes, procura de moto próprio a vara, servindo-se imediatamente dela.

Notemos que, durante todas essas tentativas, Jacqueline deu provas de um interesse constante, resmungando sempre e quase chorando em caso de malogro (quando a mão não alcançava a rolha), e que ela mudou sempre de fisionomia e deixou de lamentar-se assim que compreendeu o papel da vara, no início, quando eu a colocava em sua mão, depois, quando apontava a ela com um dedo e, finalmente, quando ela se recordou do seu emprego, olhando para a vara por iniciativa própria. Vê-se, pois, que o esquema dinâmico esboçado pela imitação inicial só pouco a pouco incorporou os fatores ópticos, isto é, só lentamente conferiu um significado ao espetáculo visual da vara.

Obs. 160. – No dia seguinte, ao 1; 0 (29), apresento a mesma rolha a Jacqueline, colocando-a no mesmo lugar e pondo defronte da criança a mesma vara. Ela se apossa sem hesitar da vara e dirige-a para a rolha. Mas verifica, no trajeto, que a vara é demasiado curta (porque Jacqueline pegou-lhe a três quartos do comprimento): passa-a para a outra mão, agarrando-a pela extremidade. Sempre sem hesitar, estende-a para a rolha e bate nesta, que cai ao alcance da sua mão.

Depois de jogar alguns momentos com a rolha, retiro-lha das mãos e volto a pô-la fora do seu alcance. Jacqueline trata logo de procurá-la no chão (ela está sentada), mas, em vez de agarrar a vara que, entretanto, ela está vendo perfeitamente, pega no seu livro de estampas (em tela flexível) e dirige-o para a rolha. O livro dobra-se e não atinge o objetivo, Jacqueline resmunga, mas insiste numa dezena de tentativas. Após o que abandona o livro, tenta apenas com a mão, depois com a vara (agarrando-a muito ao meio); rejeita-a e apodera-se de uma banana de borracha. Esta ainda é mais curta e Jacqueline afasta-a após alguns ensaios infrutíferos, voltando à vara. E consegue, por fim, atingir o seu objetivo.

Vê-se, pois, que a conduta da vara é adquirida e logo generalizada, mesmo aos objetos flexíveis.

Obs. 161. – Ao 1; 1 (0), Jacqueline procura alcançar um gato de pelúcia, situado no tabuleiro do seu carrinho e fora do campo de preensão. Ela renuncia após uma série de tentativas infrutíferas e sem pensar na vara. Ponho então meu dedo 20 cm acima daquela; Jacqueline vê então a vara, agarra-a imediatamente e faz o gato cair. Ao 1; 1 (28), ela está sentada no chão e procura agarrar o mesmo brinquedo, que também está posto no assoalho. Jacqueline toca-lhe por meio da vara, mas sem tentar atraí-lo para si, como se o fato de tocar-lhe já fosse bastante.

Finalmente, ao 1; 3 (12), ela descobre a possibilidade de fazer os objetos deslizarem no chão por meio da vara e assim atraí-los até si: para agarrar uma boneca caída por terra, fora do seu alcance, começa por bater-lhe com a vara, e, depois, verificando seus ligeiros deslocamentos, empurra-a até poder alcançá-la com a mão direita.

Essas observações permitem, segundo nos parece, dar mais um passo na análise da acomodação. Mas insistamos, primeiramente, no que elas têm de comum com as observações precedentes.

294   O Nascimento da Inteligência na Criança

A conduta da vara, como as do suporte e do barbante, nasce por diferenciação dos esquemas anteriores. É o desejo de bater ou de balançar os objetos que revela à criança, fortuitamente, o poder da vara, quando esta, por acaso, prolonga a ação da mão. A obs. 157 e o início da obs. 159 mostram-nos, assim, o que é que prepara o terreno para a conduta da vara. Quando a criança se propõe alcançar um objeto situado fora do seu campo de preensão, é natural que o seu desejo excite os esquemas em questão (graças ao mecanismo da coordenação dos esquemas, que já conhecemos desde a quarta fase): é o que nos mostra o começo da obs. 158. No seu ponto de partida, a acomodação é dirigida, portanto, pelo esquema da finalidade (agarrar o objeto distanciado), assim como pelos esquemas coordenados que lhe são próprios (bater etc.) e que servem de "meios". Mas trata-se de acomodar esses esquemas a uma situação atual: não basta bater num objeto com uma vara para atraí-lo e é preciso descobrir como imprimir ao objeto um movimento adequado. É então que começa a acomodação.

Notemos ainda que essa acomodação está condicionada, como no caso dos suportes e do barbante, por uma série de esquemas anteriores, os quais dão um significado às sucessivas descobertas; assim é que, quando a criança vê o objeto deslocar-se um pouco, sob o efeito das batidas da vara, ela compreende a possibilidade de utilizar esses deslocamentos com o propósito de atrair a si o objeto em questão. Essa compreensão não é somente devida aos esquemas "iniciais", que estão na origem da busca por parte do sujeito (esquema de agarrar e esquema de bater) e dos quais a presente acomodação constitui uma diferenciação; também é devida aos esquemas "auxiliares" que vêm conjugar-se com os primeiros: sem dúvida, é porque a criança já sabe deslocar os objetos por meio de suportes e do barbante, que ela compreende também o significado dos pequenos deslocamentos provocados pelas pancadas da vara.

Mas como se opera a própria acomodação, isto é, a diferenciação dos esquemas anteriores ou a aprendizagem cujo processo cumulativo vai dar origem a uma nova assimilação? É nesse ponto que as observações relativas à vara nos permitem ultrapassar as conclusões obtidas ao analisarmos a conduta do suporte e a do barbante. Com efeito, vimos, a propósito do barbante, que a aquisição das novidades, isto é, a aprendizagem, consistia numa reação circular terciária que se

A Quinta Fase: a "Reação Circular Terciária" **295**

desenvolve mediante assimilações reprodutoras, recognitivas e generalizadoras: a acomodação dos esquemas antigos dá assim origem a novos esquemas suscetíveis, como tais, de assimilação própria. Mas como é isso possível? A observação da conduta da vara vai mostrá-lo agora.

Três soluções são concebíveis. A diferenciação do esquema antigo, a qual constitui, portanto, a acomodação (nesse caso particular, a transformação do esquema de "bater" num novo esquema de "deslocar com a vara"), consiste numa espécie de deslocamento desse esquema, isto é, haveria apenas uma simples exploração tateante e não dirigida, acarretando ao acaso variações sobre o tema geral do esquema. Nessa primeira solução, a chegada ao fim seria a conceber, pois, como uma seleção *a posteriori* de variações produzidas ao acaso. A segunda solução consistiria, pelo contrário, em admitir uma reorganização imediata dos esquemas: o esquema de "bater com uma vara", coordenado ao esquema de "agarrar" ou "puxar para si", daria bruscamente origem, num dado momento, ao esquema de "puxar para si com a ajuda de uma vara". Essa cristalização súbita seria comparável, portanto, às reorganizações de conjunto do campo da percepção, que a *Gestalttheorie* considera a base essencial da invenção intelectual. Em terceiro lugar, poder-se-ia admitir uma solução intermédia, a qual, aliás, não consistiria numa mistura das outras duas ou num compromisso, mas faria intervir um fator de atividade dirigida: o esquema servindo de "meio" (bater, balançar etc.) diferenciar-se-ia em função do esquema final (puxar ou atrair para si) e, por consequência, em vez de dar logo origem a uma reorganização brusca, engendraria simplesmente uma sequência de ensaios cumulativos, isto é, uma acomodação progressiva em que cada termo seria assimilado aos precedentes sem deixar de ser orientado, em todas as circunstâncias, pela conjunção global. A originalidade dessa terceira solução, em relação à segunda, consistiria, assim, no fato de o novo esquema não estar desde o começo estruturado, mas permanecer no estado de atividade estruturante até o momento em que lhe seja assimilado o conjunto da situação.

As três soluções assim distinguidas, parece-nos evidente que a terceira é a única conforme às obs. 157 a 161, assim como, aliás, às precedentes. A primeira solução deve ser afastada porque a exploração tateante da criança jamais consiste, em tais casos, numa sequência de atos executados ao acaso. Por um lado, com efeito, a acomodação está enquadrada entre o esquema da finalidade (atrair para si) e o que serve

296   O Nascimento da Inteligência na Criança

de meio e que ela diferencia precisamente para este efeito (bater); essa conjunção reduz o acaso, por consequência, a bem fracas proporções. Por outro lado, toda e qualquer experiência condiciona as seguintes e depende das precedentes. Sem dúvida, o acaso pode intervir algumas vezes na descoberta; assim é que, na obs. 157, Lucienne apercebe-se de que, batendo num balde, faz que este se desloque. Porém, essa descoberta, que caracteriza, aliás, uma pura reação circular terciária (mas que classificamos aqui porque ela poderia ocorrer igualmente durante a experiência de atrair para si), é imediatamente assimilada e passa a condicionar logo as experiências seguintes. Portanto, o acaso desempenha na acomodação própria da inteligência sensório-motora o mesmo papel que na descoberta científica: apenas serve para o gênio, e as suas revelações permanecem sem significado para o ignorante. Em outras palavras, o acaso supõe uma pesquisa dirigida e é incapaz de dirigi-la.

Quanto à segunda solução, é mais satisfatória. Mas esbarra nessa dificuldade de fato: nas nossas observações, a acomodação não é, de modo algum, imediata; o essencial não é, visivelmente, a estrutura em que essa acomodação se concretiza, mas a atividade estruturante que permite a sua concretização final. A tal respeito, o caso descrito na obs. 159 é muito instrutivo. Ao apresentar já inteiramente estruturado, a Jacqueline, um exemplo a imitar da conduta da vara, eu devia, aparentemente, provocar no espírito da criança uma compreensão imediata do uso desse instrumento. Jacqueline imita-me, de fato, sem hesitar, com interesse e precisão, tudo isso dando a pensar que ela ia poder repetir agora a mesma conduta *ad infinitum*. Ora, o seguimento da observação mostra-nos que o esquema esboçado pela imitação permanece, simplesmente, em estado de tendência ou de dinamismo, não dando lugar a uma reorganização imediata da percepção. A vista da vara não basta, com efeito, durante as experiências que se seguiram imediatamente à imitação, para desencadear a sua utilização; e é necessário que Jacqueline tenha já na mão a vara para reencontrar o seu significado, o que ela só faz nessas condições – aliás, sem dificuldade alguma. Posteriormente, de maneira assaz lenta e progressiva, os elementos visuais são, pelo contrário, incorporados a este esquema dinâmico: no princípio, é necessário que eu aponte a vara com o dedo para que ela seja utilizada; depois, basta que a criança a veja para que esse resultado seja obtido.

A Quinta Fase: a "Reação Circular Terciária" **297**

Pode-se concluir de tais observações, por conseguinte, que a acomodação própria da descoberta do meio novo não se opera em virtude de uma reorganização súbita, mas graças a uma série de experiências cumulativas que se assimilam reciprocamente e acarretam, portanto, a formação de um esquema que assimila a totalidade da situação (incluindo, pouco a pouco, os próprios elementos visuais). Assim, vê-se em que medida exata, como tínhamos entrevisto a propósito dos "suportes" e do "barbante", a acomodação é dirigida não só de fora, pela coordenação do esquema final (do esquema que atribui um fim à ação) e dos esquemas iniciais que servem de meios – precisamente, os esquemas que a acomodação diferencia – nem tão somente pelos esquemas auxiliares que imprimem um significado às descobertas dessa acomodação, mas também, e sobretudo, por uma assimilação imanente na acomodação e dela resultante, tal como a reação circular resulta das novidades que lhe dão origem.

Assinale-se, enfim, como fizemos a propósito do "barbante" e dos "suportes", que o novo esquema, tão cedo é adquirido, aplica-se logo, por generalização, às situações análogas, sendo por esse fato que a conduta entra no grupo a que chamamos "aplicação de meios conhecidos às novas situações". Assim é que, na obs. 160, Jacqueline, sabendo doravante empregar a vara sem hesitar, emprega igualmente um livro e uma banana a título de instrumentos.

§ 3. *A DESCOBERTA DE NOVOS MEIOS POR EXPERIMENTAÇÃO ATIVA: II. OUTROS EXEMPLOS.* – A análise que tentamos realizar da acomodação própria da descoberta de novos meios pode ser agora prolongada mediante o estudo de condutas mais complexas. Vamos apurar, primeiramente, como é que a criança se comporta para atrair para si os objetos através das barras do seu parque. Com efeito, tal experiência é de uma natureza que nos permite prosseguir o exame das relações entre o esquema dinâmico e a percepção ou representação visual.

Obs. 162. – Jacqueline, ao 1; 3 (12), está sentada no seu parque, isto é, um recinto quadrado cujos quatro lados são formados de barras verticais interligadas na base e na parte superior por uma barra horizontal. As barras verticais da "grade" são distanciadas entre si de 6 cm.

298   O Nascimento da Inteligência na Criança

Coloco fora do parque, e paralelamente ao lado em que Jacqueline se encontra, uma vara de 20 cm que ocupa, assim, o comprimento de aproximadamente três intervalos entre as barras. Chamaremos a esses três intervalos *a, b* e *c*, correspondendo, portanto, o intervalo *b* à parte mediana da vara e os intervalos *a* e *c* às duas extremidades. O problema é fazer passar essa vara do exterior para o interior do parque.

1. Jacqueline começa por agarrar a vara através do intervalo *b;* levanta-a ao longo das barras, mas segura-a horizontalmente e paralelamente à grade, de modo que, quanto mais puxa, tanto menos a vara mexe. Jacqueline passa então a sua outra mão por *c,* mas conserva a vara horizontal e não consegue fazê-la passar. Larga, por fim, o objeto, que reponho na sua posição inicial.

2. Jacqueline recomeça imediatamente, agarrando de novo a vara, através de *c.* Mas, ao erguê-la, põe-na um pouco de pé, por mero acaso, e imprime-lhe assim certa obliquidade. Ela tira logo partido daquilo que percebeu e, passando a mão em *c,* orienta a vara até vê-la suficientemente vertical para que passe pela grade. Transfere-a então para dentro do parque pelo intervalo *b.* Por que foi que a criança a endireitou da forma descrita? Trata-se de previsão ou Jacqueline prolongou, simplesmente, o movimento devido a uma indicação fortuita, de maneira a ver o que iria passar-se? As experiências seguintes falam mais em favor desta segunda interpretação.

3 e 4. Jacqueline apanhou desta vez a vara pelo intervalo *c,* isto é, por uma de suas extremidades (sem dúvida, porque ela a endireitara em *c,* durante o ensaio precedente). Puxa-a horizontalmente contra as barras, mas, encontrando a resistência destas, põe rapidamente a vara de pé e fá-la passar sem dificuldade. A rapidez dessa adaptação é devida ao fato de a vara ter sido agarrada por uma das pontas; as provas seguintes demonstram, com efeito, nada existir ainda de sistemático.

5. Jacqueline volta a agarrar a vara pelo meio, em *b.* Ergue-a e, depois, aplica-a horizontalmente contra as barras, como em 1. Puxa e parece muito surpreendida com o seu fracasso. Só um bom momento depois ela endireita a vara (desta vez, parece-nos, intencionalmente) e fá-la passar.

6-10. As mesmas reações. A cada novo ensaio, ela começa por tentar fazer a vara passar horizontalmente e paralelamente à grade. Só depois desse malogro preliminar, Jacqueline endireita a vara, sempre com a maior lentidão.

A Quinta Fase: a "Reação Circular Terciária" **299**

11. Jacqueline endireita desta vez a vara mais rapidamente, porque a agarrou em *c*.

12-15. Apanha-a de novo em *b* e recomeça querendo passá-la horizontalmente, como em 5-10. Depois endireita-a, mais lentamente do que em 11, e passa a vara com sucesso.

16. Continua agarrando-a em *b* e tentando puxá-la horizontalmente, mas, desta vez, não insiste e endireita-a prontamente.

17. Pela primeira vez, Jacqueline endireita a vara antes de esta ter batido contra as barras e tampouco tenta introduzi-la horizontalmente. Entretanto, agarrou-a pelo meio (em *b*).

18-19. Recomeça querendo passá-la horizontalmente, mas parece que o fez por simples automatismo, já que a endireitou imediatamente depois.

20 e seguintes. Finalmente, endireita a vara de um modo sistemático, antes de ela tocar nas barras (cf. 17).

Obs. 163. – Recomeçamos com Jacqueline, ao 1; 3 (13), a mesma experiência, mas complicando-a da seguinte maneira: a vara empregada doravante é comprida demais para passar verticalmente. Com efeito, as barras do parque têm 50 cm de altura (com 46 cm de intervalo entre a barra horizontal inferior e a horizontal superior) e a vara oferecida à criança tem 55 cm de comprimento. Chamaremos *A* ao meio da vara, *B* e *C* as duas pontas situadas a um terço e a dois terços da distância entre o meio e a extremidade. A vara está de novo posta no chão paralelamente ao lado do parque em face do qual Jacqueline está sentada. Dez provas foram suficientes para que ela resolvesse o problema.

1. Jacqueline apanha a vara em *B*. Levanta-a horizontalmente e aplica-a, assim, contra as barras. Puxa com toda a sua força, depois desloca-a sem sistema, endireita-a e passa-a para dentro, por mero acaso, sem ter entendido como.

2. Agarra desta vez a vara em *A*, aplica-a horizontalmente contra as barras e puxa o mais que pode. Endireita-a em seguida, sistematicamente, mas a vara, tocando o solo com sua extremidade inferior, mantém-se oblíqua. Ela puxa outra vez, com muita força, e renuncia.

3-4. Começa ainda por puxar horizontalmente, depois endireita a vara, puxa de novo e, finalmente, inclina-a de modo a passá-la corretamente. Ela a agarrou, destas duas vezes, em *B*.

300 O Nascimento da Inteligência na Criança

5. Jacqueline agarra a vara em *C,* puxa-a horizontalmente e, depois, endireita-a. Mas endireita-a tanto que a vara ultrapassa o quadro por cima e fica presa por baixo. Sacode-a então e acaba por passá-la por acaso.

6. Os mesmos começos. A vara é retida em cima pela borda da grade e, em baixo, pelo vestido de Jacqueline, que está apertado contra a borda inferior do parque. Jacqueline observa, em seguida, atentamente, as duas extremidades da vara, depois a iça lentamente para desvencilhá-la do vestido; então, introduziu-a lentamente por baixo e puxou até o êxito completo.

7. Ela apanha primeiro a vara em *A,* aplica-a horizontalmente e puxa. Em seguida, agarra-a com a outra mão em *C* (mantendo-a solidamente segura em *A,* sempre aplicada contra as barras) e passa-a para dentro, içando-a primeiro e puxando-a depois por baixo, como anteriormente (em 6).

8. Jacqueline tem, desta vez, um êxito imediato, quase sem aplicar a vara contra as barras: apanhou-a, endireitou-a e fê-la entrar pela extremidade inferior.

9. Apanha-a em contramão (alto demais para poder introduzi-la por baixo). Muda então rapidamente de mão e a manobra é bem-sucedida.

10. Êxito imediato, sem ensaios prévios e sem tocar nas barras, que a vara apenas roça ao passar para dentro do parque.

Ao 1; 3 (15), Jacqueline fracassa na primeira tentativa e puxa de novo horizontalmente, mas, na segunda tentativa, reencontra os dois atos combinados de endireitar a vara e fazê-la entrar por baixo. Ao 1; 4 (0), após uma interrupção de alguns dias, volta ainda a cair nos erros antigos, mas corrige-os e todas as tentativas são coroadas de êxito.

Obs. 164. – Os fatos seguintes ajudar-nos-ão a precisar os recursos e as limitações da percepção visual. Ao 1; 3 (13), Jacqueline procura fazer entrar um estojo de óculos, conseguindo-o imediatamente. Contudo, apanhara-o horizontalmente, e endireitou-o o suficiente (levando o objeto à vertical) para passar antes de ter tocado nas barras. O mesmo êxito, em seguida, com um pau de lacre.

Depois, coloco fora do parque um livro in-8º, paralelamente à grade e em pé, com a lombada para cima. Jacqueline apanha-o e aplica-o a toda a sua largura contra as barras. Depois, puxa-o apoiando contra as barras a lombada do volume colocado horizontalmente; e, depois, em terceiro lugar, endireita o livro e fá-lo passar verticalmente, a lombada primeiro e sem dificuldade alguma.

Meia hora depois, Jacqueline recomeça aplicando o volume em toda a sua largura contra as barras, tentando introduzi-lo assim no parque, e puxa de novo com todas as suas forças. Depois, põe-no no chão, paralelamente à grade e de lombada para cima, agarra-o com a outra mão pela lombada e coloca-o verticalmente, passando-o então sem dificuldade e sem tocar nas barras.

Durante uma última experiência, Jacqueline endireita imediatamente o volume, sem qualquer outra tentativa prévia, e o introduz sem hesitação.

Ao 1; 4 (21), em contrapartida, Jacqueline tenta fazer sair do parque, através das grades, diversas bonecas russas, cilíndricas e de madeira, muito grandes para passarem pelos intervalos das barras. Não compreende o fracasso e empurra-as à toa. Não consegue inventar o processo que consistiria em fazê-las deslizar ao longo das barras para passarem por cima.

Obs. 165. – Ao 1; 3 (14), Jacqueline recebeu um galo em pasta de cartão, por meio do qual tento a experiência seguinte. Deito-o no chão, fora do parque, mas apresentando a cabeça e a cauda do galo na direção da criança. Em outras palavras, a cabeça passa através do intervalo de duas barras, a cauda passa pelo intervalo seguinte e o corpo do galo é retido pela barra que separa esses dois intervalos. Se a criança quiser atrair para si o brinquedo, terá forçosamente de o recuar primeiro, depois, endireitá-lo e, finalmente, passá-lo de cabeça ou de cauda.

Na primeira experiência, Jacqueline limita-se a puxar o galo, simplesmente, pela cabeça ou pela cauda, mas sem o recuar previamente para endireitá-lo; o fracasso é completo.

Ao 1; 3 (16), pelo contrário, simplifico um pouco as coisas, recuando ligeiramente o galo; continua com a cabeça diante de um intervalo, a cauda diante do seguinte e o corpo defronte de uma barra, mas, em lugar de estar encostado à grade, coloquei-o a 5 cm de distância. Eis a série de provas sucessivas:

1. Jacqueline puxa simplesmente o galo para si e ele se engancha nas barras. Ela puxa com força, incansavelmente, por algum tempo e, depois, muda de mão. Ora, enquanto ela muda de mão, o galo vai cair

302   O Nascimento da Inteligência na Criança

de novo, por acaso, mais longe do que estava antes, de tal maneira que, ao recuperá-lo, Jacqueline endireita-o sem dificuldade, o vê então de perfil e só tem que apresentá-lo de face para que ele passe. O ato de endireitar o animal deitado e de fazê-lo passar em seguida de frente constitui apenas, naturalmente, uma aplicação das descobertas feitas a propósito da vara (obs. 162 e 163) e, sobretudo, com o livro (obs. 164), isto é, das descobertas feitas nos dias precedentes.

2. Jacqueline, ao agarrar o galo, recua-o ligeiramente, por acaso, e consegue assim endireitá-lo de novo sem dificuldade. Passa a endireitá--lo sistematicamente e sem hesitar.

3. O galo prende-se desta vez nas barras. Apesar disso, Jacqueline puxa, sem lhe ocorrer recuá-lo um pouco. Após um momento de esforços inúteis, ela muda de mão e recomeça. Depois passa-o outra vez para a mão direita e puxa com redobrado vigor. Procura endireitá-lo, por fim, mas sempre sem o recuar. Renuncia então e solta o brinquedo.

4-6. O galo volta a bater nas barras, a cada nova tentativa. Jacqueline recomeça então puxando com as duas mãos, alternadamente. Mas o galo acaba sempre por cair longe demais para que ela possa endireitá--lo sem custo. Portanto, Jacqueline sabe endireitar o objeto, mas ainda não sabe recuá-lo para esse efeito: só o acaso lhe permite fazê-lo.

7. O galo fica demoradamente enganchado numa barra. Ela o puxa com as duas mãos. O galo volta a cair, mas ela o recupera, tentando endireitá-lo: não entende o que se passa e puxa cada vez mais forte. Por fim, o animal cai bastante longe, não permitindo que Jacqueline o endireite e introduza no parque sem dificuldade.

8. Desta vez, o galo, enganchado no início, volta a cair seis vezes, mas a pouca distância e, de cada vez, bastaria a Jacqueline recuá-lo um pouco que fosse para poder endireitá-lo inteiramente. Entretanto, enganchou-o todas as vezes e volta a puxar sem compreender.

9-10. As mesmas reações. Jacqueline se cansa, e interrompemos a experiência.

Na tarde do mesmo dia, por volta das 13 horas, reiniciamos a experiência: fracasso completo.

Na mesma tarde, às 18 horas, novos ensaios, que desta vez são coroados de êxito. Eis a série de tentativas:

1. Fracasso: ela puxa, muda de mãos etc., e renuncia.

A Quinta Fase: a "Reação Circular Terciária" **303**

2. Consegue, por acaso, endireitar o galo antes que ele toque nas barras e, portanto, sem que se enganche. Passa sem dificuldade.

3. O galo engancha-se e ela puxa por instantes, mas logo o solta, talvez intencionalmente, após o que o endireita antes de tocar nas barras.

4-9. O mesmo começo, mas, desta vez, é certo que ela deixa o brinquedo cair intencionalmente e cada vez mais cedo, após o início dos ensaios. Endireita-o então muito bem, tendo o cuidado de fazê--lo antecipadamente (isto é, antes de puxar) e, logo depois, atrai o galo para si sem dificuldade alguma. O jogo diverte-a tanto que, tão cedo o galo fica dentro do parque, Jacqueline fá-lo sair de novo para recomeçar a manobra.

10. Coloco então o brinquedo bem agarrado às barras, como no começo da nossa experiência (em 1; 3 [14], no início desta observação). Jacqueline puxa-o logo e fica surpreendida com o malogro; portanto, ela ainda não sabe recuar previamente o objeto. Em contrapartida, sabe muito bem, quando verifica o insucesso, largar o galo intencio-nalmente. Ele tomba então a 3 cm das barras, Jacqueline agarra-o, endireita-o e passa-o sem custo.

11-12. Desta vez uma notável novidade: o galo engancha-se, ela o puxa por instantes e, depois, sem deixá-lo cair, põe-no no chão (segurando-o pela cabeça), endireita-o e atrai-o para si. Ela não o recuou, positivamente, mas ao pô-lo no chão deu-lhe uma posição adequada para endireitá-lo sem custo.

13. Ela puxa, deixa-o cair de novo (intencionalmente), como em 4-10, depois endireita-o e fá-lo passar.

14. Jacqueline puxa, depois endireita o galo no chão, sem o deixar cair nem soltar da mão (como em 11-12).

15-16. Deixa-o cair de novo, mas endireita-o logo, cuidadosamen-te, vigiando a posição da cauda, que corria o risco de enganchar-se numa barra.

17. Desta vez, Jacqueline recua nitidamente o galo, antes de puxar, e endireita-o sem o largar da mão.

18. A mesma reação, mas, além disso, repõe o galo do lado de fora das barras, depois de tê-lo feito entrar, para recomeçar a experiência, de tal modo ficou encantada com a sua última descoberta. O jogo prossegue até a saturação.

304   O Nascimento da Inteligência na Criança

Obs. 166. – Ao 1; 3 (17), ou seja, no dia seguinte à série acima, recomeço a experiência do galo a passar através das barras. Vale a pena descrever, numa nova observação, os resultados desses ensaios repetidos após a descoberta do método correto, pois são de natureza a esclarecer as relações da representação visual com o esquema dinâmico. Eis a série completa das novas tentativas:

1. Jacqueline atrai para si o galo, como se a barra situada entre a cabeça e a cauda não fosse reter o corpo do animal. Ela puxa como no primeiro dia, com perseverança e recomeçando vigorosamente após breves pausas. Depois, o galo cai por acaso e ela pode então endireitá--lo, sem dificuldade, e atraí-lo para si.

2. A mesma reação, mas Jacqueline larga-o sem demora, talvez intencionalmente, e endireita-o no chão.

3. Começa ainda por puxar. Depois, sem largar o galo, desce-o até ao chão, recua-o intencionalmente, endireita-o e fá-lo entrar no parque.

4. A mesma reação, muito nítida, mas Jacqueline recua-o, fazendo o galo deslizar no chão, e gira-o de tal modo que ele se engancha do outro lado.

5-7. Ela o recua prontamente, mas começa ainda por puxá-lo diretamente, em cada tentativa.

Vê-se assim como a descoberta do método correto foi mais rápida do que na véspera, mas verifica-se, não obstante, que o progresso ainda se opera por assimilação motora e não por representação. Um quarto de hora mais tarde, recomeço a experiência e observo os dez ensaios seguintes:

1-4. Jacqueline puxa primeiramente o galo, depois o recua para endireitá-lo sem soltar.

5-6. Recua logo o galo, desta vez, sem puxões prévios. Na segunda vez, recua-o até 15 cm, no chão, sem o soltar, e passa-o vitoriosamente para o lado de dentro, assim que o endireitou.

7. Recomeça puxando primeiro, depois o recua e o indireita.

8-10. Procedimento correto, como em 5-6.

Ao 1; 3 (21), isto é, quatro dias mais tarde, Jacqueline ainda puxa diretamente o galo duas vezes, depois passa a recuá-lo sem mais, a partir do terceiro ensaio. Ao 1; 3 (27), a mesma sucessão. Ao 1; 4 (0), recua antecipadamente, a partir do segundo ensaio, mas é por simples hábito, visto que, no quinto ensaio, quando o galo ficou preso por acaso, Jacqueline puxa-o de novo com toda a força, sem fazer qualquer manobra corretiva. Depois, no sexto ensaio, passa a recuá-lo outra vez antecipadamente. Ao 1; 4 (20), por fim, faço a mesma observação. Mas basta que eu lhe mostre um novo galo para que o faça logo passar e para que recue e endireite previamente tanto o antigo como o novo brinquedo.

Esta nova série de fatos autoriza-nos a reatar o exame do mecanismo da acomodação. Três soluções, como já vimos a propósito da "vara", se nos oferecem para interpretar tais fatos: o caso e a seleção, a hipótese das "estruturas" e a de uma atividade assimiladora estruturante e ainda não estruturada.

A primeira dessas soluções parece apresentar, à primeira vista, uma grande verossimilhança: essas observações, ainda mais do que as da vara (ver, por exemplo, a obs. 159, durante a qual Jacqueline aprende, pouco a pouco, a utilizar um exemplo imitado), parecem falar a favor de uma espécie de adestramento, sendo os processos incorretos substituídos, pouco a pouco, pelos métodos corretos. Mas, se virmos as coisas mais de perto, perceberemos que isso é apenas aparente e que a vitória gradual dos processos corretos não é devida a uma seleção automática; trata-se, simplesmente, de uma compreensão progressiva, análoga à que observamos em nós próprios quando apreendemos, pouco a pouco, os diversos dados de um problema e só depois de longas tentativas e ensaios chegamos a uma visão clara e unificada. Em tais casos, começamos por pressentir, de algum modo, a boa solução. Em outras palavras, uma acomodação dos esquemas conhecidos à nova situação permite-nos diferenciá-los num esquema relativamente adequado, mas este último permanece no estado de intenção ou de esboço simplesmente estruturante, isto é, ele orienta a pesquisa sem ser ainda bastante resistente para eliminar as soluções falsas; coordena os progressos da exploração tateante sem estar ainda estruturado; e, enfim, utiliza os acasos felizes sem poder ainda dispensar o seu concurso (mas jamais deriva desses acasos, como tais). O mesmo acontece com as nossas obs. 162 a 166. A criança procura atrair para si o objeto (aí está o esquema que atribui uma finalidade

306 O Nascimento da Inteligência na Criança

à ação e que dirige, portanto, a exploração tateante) e compreende rapidamente, em face de um malogro, que certos deslocamentos do objeto se tornam necessários (aí estão os esquemas que servem de meios e que a acomodação irá diferenciar). Quanto à origem destes últimos esquemas, deve ser procurada nas reações circulares terciárias relativas às mudanças de posição (obs. 141-142 e 144-145) e, sobretudo, nas numerosas experiências que a criança realiza diariamente para apanhar um objeto que a estorva, para endireitá-lo, dissociá-lo daqueles em que está inserto etc. (cf. obs. 146). Esse esboço de solução, assim obtido por diferenciação dirigida dos esquemas anteriores, dá então lugar a uma série de ensaios durante os quais o acaso intervém incessantemente, sem dúvida, mas que de maneira alguma são por ele dominados. Se, portanto, a solução falsa reaparece continuamente (puxar para si o objeto, diretamente), isso significa apenas que o esboço de solução correta é demasiado frágil para contrabalançar a influência de um processo que tem a seu favor a força do hábito e a sedução de uma aparente evidência; isso de modo nenhum significa, pois, que a solução justa se obtém por meio de um adestramento automático, puro e simples, baseado no acaso e na seleção. Com efeito, a solução correta, uma vez entrevista, consolida-se progressivamente, não à maneira de um fenômeno que sobrepuja estatisticamente outro em função de uma seleção que se opera no tempo, mas à maneira de uma experiência ou de uma compreensão cumulativas. Por exemplo, na obs. 165, os dez primeiros ensaios não assinalam progresso algum porque a solução (recuar o objeto para endireitá-lo) não foi entrevista; mas, desde que o foi (início da segunda série), ela se consolida (ensaios 3-10), depois se explicita (ensaios 11-14) e, por fim, afirma-se definitivamente (ensaios 17-18). Esse desenvolvimento não é, portanto, o de uma série de tentativas cegas, no decorrer das quais os atos favoráveis fixam-se pouco a pouco, graças a uma ratificação; é, outrossim, o de uma aprendizagem dirigida, análoga – por exemplo – ao caso de um escolar que se exercita resolvendo para si, vinte vezes seguidas, o mesmo problema de Aritmética, conhecendo o seu resultado final, mas sem ter compreendido exatamente o vínculo, que ele adivinhou, entre as diferentes operações a executar.

Essas observações nos fazem compreender, ao mesmo tempo, as diferenças existentes entre a assimilação cumulativa suposta por tais acomodações e as "estruturas" prontas e acabadas a que recorre a

Psicologia Gestaltista. Para nos limitarmos ao exemplo da obs. 165, as operações a executar são em número de três: recuar o galo, endireitá-lo e introduzi-lo de frente. Jacqueline sabe executar as duas últimas, em virtude das suas aquisições recentes (obs. 162 a 164); falta-lhe apenas descobrir a necessidade da primeira para coordenar as outras duas entre si. Ora, ela apresenta essa solução logo que deixa cair o galo e adquire, pois, a possibilidade de endireitá-lo sem dificuldade alguma: o esquema assim esboçado (início da segunda série) consolida-se, explicita-se e, finalmente, afirma-se da maneira que acabamos de recordar. Como explicar, pois, esse desenvolvimento? Não pode ser o caso de uma estruturação imediata, visto que, precisamente, no decurso dos ensaios 1 a 16, não houve solução correta, mas um simples avanço no sentido da solução. Logo, resta-nos admitir a existência de uma assimilação cumulativa, análoga à das reações circulares terciárias e segundo a qual o novo esquema motor, esboçado pela acomodação, desenvolve-se por repetição, reconhecimento e generalização, tal como acontece em todo e qualquer esquema de assimilação. Mais uma vez, encontramo-nos na presença, pois, de uma assimilação estruturante e não, desde já, de uma coordenação estruturada: é funcionando que um esquema se estrutura e não antes de funcionar. É verdade que, para funcionar, isto é, para assimilar a si a situação real, um esquema tem necessidade de um *mínimo* de estrutura; mas essa estrutura nada é independentemente do ato de assimilação e só se cristaliza no decorrer desse mesmo ato. – Quanto às obs. 162 a 164, podemos dizer exatamente o mesmo: a solução esboçada no início consolida-se e explicita-se por assimilação reprodutora, generalizadora e recognitiva.

Falta-nos falar, a propósito desse dinamismo, no papel respectivo da representação visual e da assimilação simplesmente motora. Como se explica que, durante as obs. 165 e 166, Jacqueline tente, incessantemente, fazer ainda passar um galo através das barras, quando ela já viu uma dessas barras impedi-lo sistematicamente de avançar e quando já descobriu antes, e por diversas vezes, a solução correta? Como se explica (obs. 162 e 163) que ela tente mesmo passar diretamente uma comprida vara retida por 2, 3 ou 4 barras ao mesmo tempo, como se a vara fosse cortar as barras ou atravessá-las à maneira de um fio na manteiga? Ou por que razão (obs. 164) ela se obstina em querer fazer passar no intervalo de duas barras uma boneca mais larga do que esse intervalo? Será porque a percepção visual só desempenha um papel

308 O Nascimento da Inteligência na Criança

secundário em tais condutas e que estas constituem um caso puro de pesquisa motora, ou será porque essa percepção é de outra natureza e não leva em conta a solidez dos objetos? Com efeito, parece-nos que as duas soluções vêm a dar no mesmo. Tudo se passa como se, para a criança, as barras constituíssem imagens puras, sem profundidade nem solidez (quadros e não substâncias), e como se essas imagens pudessem ser atravessadas de lado a lado sem dificuldade. Mas por que assim? Precisamente porque uma elaboração sensório-motora ainda não lhes conferiu as qualidades de resistência e substancialidade que lhes faltam. Portanto, também nesse caso é difícil falar, como os gestaltistas, de uma reorganização súbita do campo da percepção, independentemente da atividade assimiladora estruturante: é a ação que modela o campo da percepção e não o inverso.

Em resumo, a teoria da pura exploração tateante faz da descoberta dos novos processos uma simples acomodação, negligenciando assim a coordenação formal que é própria da assimilação; portanto, essa teoria é análoga a um empirismo que leve a invenção à conta da experiência, apenas, e despreze a atividade do espírito. A teoria das "estruturas" sublinha, pelo contrário, a existência de coordenações formais, mas despreza a acomodação, comparável nesse ponto a um apriorismo desdenhoso dos dados da experiência. Quanto a nós, a acomodação acompanha, necessária e paralelamente, uma assimilação cumulativa, estruturante e não imediatamente estruturada: o esquema de assimilação concilia, assim, o papel necessário da experiência, isto é, da acomodação, com o não menos necessário da coordenação formal.

Citemos, enfim, antes de concluirmos, certo número de observações mistas, nas quais a descoberta de novos meios por experimentação ativa suscita, simultaneamente, todos os problemas discutidos até aqui:

Obs. 167. – Jacqueline, ao 1; 3 (12), jogou um cachorrinho de pelúcia para fora do seu parque, através das barras, e procura recuperá-lo. Não o conseguindo, empurra então o próprio parque na boa direção! Encostando-se à grade, que segura com uma das mãos, enquanto com a outra mão procura alcançar o objeto, ela verificou, com efeito, que o parque é móvel e que, sem querer, o distanciara do cachorrinho. Tratou imediatamente de corrigir esse movimento e viu, assim, o parque reaproximar-se do objetivo. Essas duas descobertas fortuitas

A Quinta Fase: a "Reação Circular Terciária" 309

levaram-na então a utilizar os movimentos do parque e a empurrá-lo, primeiro a título de ensaio, depois sistematicamente. Há, portanto, um momento de exploração tateante, mas muito curto.

Ao 1; 3 (16), em contrapartida, Jacqueline empurra logo o seu parque na direção dos objetos que quer apanhar.

Obs. 168. – Esta última observação, no decorrer da qual a criança se desloca para atingir o seu objetivo, conduz-nos à situação em que o sujeito é obrigado a retirar todo ou uma parte do seu próprio corpo, para não embaraçar os movimentos do objeto. Por exemplo, ao 1; 6 (15), Jacqueline está de pé sobre um lençol (50 x 30 cm) que ela, justamente, quer agarrar. Puxa-o, espanta-se com a resistência, mas não lhe ocorre deslocar-se. Acaba renunciando.

Ao 1; 7 (10), pelo contrário, ela está de pé em cima de um lenço e, depois de puxá-lo sem êxito, afasta os pés até deixá-lo livre e apanha-o. À segunda tentativa, retira-se antecipadamente, mas à terceira, continua puxando demoradamente, antes de levantar o pé que a embaraça.

Obs. 169. – Vejamos, agora, uma conduta intermediária entre as precedentes e as que consistem em utilizar as relações de conteúdo e de continente. Jacqueline procura, ao 1; 3 (14), abrir um cofre (de 3 x 5 cm). Com uma das mãos, ela o segura apertando, sem saber, a tampa contra a caixa; e com a outra mão procura levantar essa mesma tampa, naturalmente sem conseguir! Entretanto, à força de passar o objeto de uma para a outra mão, sem que seja possível anotar todas as peripécias, ela acaba por recuar a mão direita (a que segura o cofre) para o mais próximo possível da borda, ao passo que com a esquerda puxa a tampa. Mas não se observa ainda qualquer método sistemático.

Ao 1; 3 (15), pelo contrário, após dois ensaios no decurso dos quais Jacqueline recomeça prendendo com uma das mãos a tampa que se esforça por abrir com a outra, coloca a caixa no chão e abre-a sem dificuldade. Esse ato de pôr no chão não foi o resultado de uma invenção, propriamente dita: ela afastou simplesmente a mão direita e, não podendo segurar e abrir simultaneamente a caixa só com a mão esquerda, pô-la no chão.

Na tarde do mesmo dia, procura desta vez abrir um estojo de cachimbo (o mesmo gênero de dispositivo: duas partes que se aplicam uma contra a outra). Tenta inúmeras vezes abri-lo com uma das mãos, enquanto a outra faz pressão sobre a tampa. Mas o

310   O Nascimento da Inteligência na Criança

estojo cai em seguida, por acaso, e abre-se; então, Jacqueline abre e fecha a caixa várias vezes seguidas, no chão, e só com uma das mãos. Depois levanta o estojo, que segura numa das mãos, e recomeça as tentativas para abri-lo com a outra mão: fracasso completo. Volta então a pô-lo no chão, desta vez intencionalmente, e abre o estojo sem dificuldade.

Após uma nova experiência com as duas mãos, põe-no uma vez mais no chão e só volta a realizar suas tentativas com o estojo no chão.

Ao 1; 3 (16), as mesmas reações. Por um lado, Jacqueline sabe muito bem abrir o estojo quando este se encontra no chão; procura com um dedo a ranhura e levanta uma das partes sem tocar na outra. Quando o seu dedo recobre as duas, ela o baixa com toda a atenção, até que sente a ranhura e abre então o estojo sem dificuldade. Mas, por outro lado, quando segura o objeto com as duas mãos, continua sem saber como resolver o problema. Enquanto procura levantar uma das partes, sujeita-a solidamente com a outra mão. Neste último caso, ela coloca o estojo em cima da mesa e consegue abri-lo com uma só mão. Por fim, só adota este último processo e renuncia a toda e qualquer tentativa com as duas mãos.

Obs. 170. – Eis uma observação inteiramente análoga com Lucienne. Ao 1; 1 (23), Lucienne coloca (por acaso?) um doce em forma de anel dentro de uma caixa circular de madeira. Procura logo reavê-lo. Acontece, porém, que ela aplica o polegar contra o exterior da caixa, enquanto pretende retirar o doce com o indicador e demais dedos, de modo que a palma da sua própria mão impede o objeto de sair. Consegue, entretanto, atingir seus fins, após demorados esforços. Repõe imediatamente o doce na caixa e recomeça a experiência vinte vezes seguidas, por uma necessidade evidente de assimilação. De tempos em tempos, faz o objeto sair por simples tateio empírico, agitando a caixa ou virando-a de boca para baixo (sem que o faça de propósito); mas, de modo geral, registra-se um progresso nítido: Lucienne consegue, pouco a pouco, reter a caixa com uma das mãos enquanto tira o doce com a outra, tudo isso sem obstruir com o polegar a passagem do objeto.

Registre-se, pois, nessa ação, além da assimilação cumulativa, um processo de dissociação progressiva. A criança distingue três objetos: a caixa, o doce e a mão. No início, ela não vê que a mão é tanto obstáculo

A Quinta Fase: a "Reação Circular Terciária" **311**

como instrumento. Depois, graças às suas explorações dirigidas, compreende as relações exatas que os objetos mantêm entre si e consegue resolver o problema que a própria criança criou.

Obs. 171. – Estas últimas condutas levam-nos aos atos que dizem respeito à relação entre conteúdo e continente. Citaremos o mais simples de quantos observamos.

Ao 1; 3 (28), Jacqueline recebe um jogo de cubos encaixados uns nos outros, que dissociamos diante dela para dispersá-los ao acaso. O problema consiste em saber como a criança aprenderá a encaixar os cubos menores dentro dos maiores.

1. Jacqueline começa por manipular oito cubos de diferentes tamanhos, tentando, com várias combinações, meter os pequenos nos grandes e os grandes nos pequenos (ver os pormenores no v. II, cap. II).

Quase no final dessas primeiras tentativas, ela parece abandonar mais depressa que no começo o projeto de meter o cubo grande num pequeno.

Enfim, ela agarra um cubo grande com uma das mãos e um pequeno com a outra e procura com o olhar o orifício do primeiro para nele inserir em seguida, sistematicamente, o segundo: a experiência é acompanhada, pois, nesse momento, de uma espécie de reflexão ou de concentração mental.

2. Ao 1; 3 (29), ou seja, no dia seguinte, entrego de novo os cubos a Jacqueline, que está dentro do seu parque. Começa por querer fazer passar um cubo através das barras. Depois de ter renunciado, mete um pequeno cubo num grande e sacoleja o segundo para fazer ruído. Nada mais a interessa, e retiro-lhe o jogo.

3. Ao 1; 4 (0), ela tenta logo pôr um cubo dentro de outro, ligeiramente maior. Depois, volta a querer meter um grande num pequeno, mas corrige-se rapidamente.

4. A partir de 1; 4 (5), as tentativas de Jacqueline obtêm resultados satisfatórios, em suas linhas gerais: já não procura meter os cubos grandes nos pequenos, leva em conta a posição dos ângulos e consegue fazer sair os cubos encaixados uns dos outros, obrigando-os a deslizarem com o auxílio do seu indicador. Houve, portanto, a aquisição dessas três condutas, graças às tentativas dirigidas e à correção progressiva dos esquemas iniciais.

312   O Nascimento da Inteligência na Criança

Obs. 172. – Eis um exemplo um pouco mais complexo. Apresento a Lucienne, ao 1; 1 (3), um balde de madeira a que ela está acostumada (de 10 cm de diâmetro) e a minha corrente de relógio ao lado. Lucienne tenta logo meter a corrente no balde, pois está habituada a fazer o mesmo com diversos objetos. Apanha a corrente entre o polegar e o indicador, agarrando-a (por acaso) pelo meio, e coloca-a na borda do balde. Mas, naturalmente, a maior parte da corrente fica do lado de fora, enquanto só uma extremidade penetra no balde. Lucienne apodera-se imediatamente da extremidade exterior para fazer entrar tudo, mas agarra-a alto demais, como se a parte já introduzida não fosse solidária da outra, e o resultado é que a corrente inteira volta a sair e é preciso recomeçar tudo. A cena reproduz-se então inúmeras vezes, porque Lucienne, por necessidade de assimilação, repõe ela própria a corrente no balde, a cada tentativa, mas agarra-a sempre da mesma maneira. Entretanto, consegue imprimir, pouco a pouco, certa disciplina aos seus gestos e apanhar a extremidade pendente da corrente sem sacolejar muito a outra parte. Finalmente, ela consegue, assim, fazer entrar uma vez a corrente inteira no balde.

Ao 1; 3 (13), procura resolver exatamente o mesmo problema, mas com um colar e um regador: faz entrar primeiro uma ponta do colar, depois introduz por etapas o resto, sem deixar cair outra vez do lado de fora a parte já introduzida. Após alguns fracassos, Lucienne consegue destarte fazer que o colar inteiro penetre duas vezes no regador.

Obs. 173. – Essas últimas experiência conduzem-nos agora à análise de uma prova que se revelou particularmente fecunda: fazer penetrar uma corrente de relógio num orifício estreito. Essa experiência, que ocorreu com Lucienne após as precedentes, deu resultados totalmente diferentes dos de Jacqueline, e resultados igualmente novos em relação aos da corrente e balde ou do colar e regador. Com efeito, Lucienne resolveu esse problema por um ato de verdadeira invenção, que estudaremos, portanto, no parágrafo seguinte (ver obs. 179). No caso de Jacqueline, pelo contrário, o comportamento revelou-se exatamente análogo ao de Lucienne na observação precedente.

Ao 1; 7 (25), Jacqueline tem na mão uma caixa retangular, profunda e estreita, com uma abertura de 34 x 16 mm (sirvo-me, para esse fim, da bainha de uma caixa de fósforos aberta a três quartos), e ela tenta aí introduzir a minha corrente de relógio (com 45 cm de comprimento).

A Quinta Fase: a "Reação Circular Terciária" 313

Durante os seus 15 primeiros ensaios, ela age da seguinte maneira: coloca primeiramente na caixa uma extremidade da corrente (2 a 4 cm) depois, agarra a corrente a 5 cm, aproximadamente, dessa extremidade e introduz, assim, um segundo segmento da corrente na caixa. Prepara--se então para fazer o mesmo com um terceiro segmento quando a corrente, não estando mais segura pela mão da criança, desliza para fora da caixa e volta a cair na mesa, ruidosamente. Jacqueline recomeça logo e, 14 vezes seguidas, vê a corrente voltar e sair tão depressa fora introduzida. É verdade que, no décimo ensaio, Jacqueline cansou-se e pretendia abandonar o jogo; mas eu próprio coloquei a corrente na caixa (sem que a criança visse como) e então ela recobrou esperanças, ao verificar que tal resultado não era afinal impossível.

No 16º ensaio, um novo fenômeno: tendo Jacqueline apanhado a corrente um pouco mais perto do meio, ela já não se estira tanto quanto anteriormente, no momento em que a criança a ergue, mas adota a forma de dois cordões enredados um no outro. Jacqueline compreende então o partido que pode tirar dessa nova apresentação e procura fazer penetrar na caixa as duas extremidades em conjunto (mais precisamente, uma ponta logo após a outra, a segunda acompanhando de perto a primeira): portanto, ela já não larga a corrente depois de ter introduzido uma das extremidades, como acontecia nos ensaios 1-15, e procura fazer entrar tudo. Porém, como sempre acontece quando uma criança dessa idade manipula corpos flexíveis, Jacqueline considera a corrente rígida e larga tudo assim que as duas pontas foram introduzidas. A corrente ressalta um pouco e uma parte dela pende de fora, mas Jacqueline reintroduz delicadamente essa parte pendente (o segmento mediano).

Ensaio 17: Jacqueline procura, nitidamente, reproduzir o movimento precedente. Em vez de agarrar logo a corrente por uma extremidade, prefere reuni-la numa espécie de molho e apanhá-la pela parte mediana (sem procurar, naturalmente, descobrir o meio); consegue de novo introduzir as duas extremidades juntas.

Ensaio 18: retorna ao processo inicial e fracassa.

Ensaio 19: reencontra o processo dos ensaios 16 e 17.

Ensaio 20: a mesma reação, mas Jacqueline experimenta, desta vez, alguma dificuldade em enfiar a segunda extremidade. Não o conseguindo, reinicia as tentativas de introdução de uma só extremidade,

314 O Nascimento da Inteligência na Criança

em primeiro lugar. Mas, como a corrente desliza para fora, retorna ao método empregado nos ensaios 16, 17 e 19.

Ensaios 21-22: As mesmas hesitações, com êxito final.

Obs. 173 bis. – Uma hora depois, apresento de novo a Jacqueline a caixa e a corrente. Seguem-se quatro ensaios interessantes.

1. Jacqueline apanha a corrente com ambas as mãos, provavelmente por acaso. Depois, examina com curiosidade a figura assim obtida: tendo a corrente sido agarrada, simultaneamente, num terço, e nos dois terços do seu comprimento, mais ou menos, as duas extremidades pendem paralelamente a 15-20 cm de distância, enquanto a parte mediana está na horizontal. Mas, então, em vez de fazer penetrar as duas extremidades simultaneamente, aproximando uma da outra, Jacqueline limita-se a introduzir uma delas na caixa, com uma grande delicadeza, e larga tudo como se essa extremidade fosse arrastar consigo o resto; a corrente desmorona.

2. Ela agarra agora a corrente pelo meio e tenta introduzir as duas extremidades ao mesmo tempo. É, portanto, o método descoberto durante a série precedente e, também desta vez, foi utilizado com êxito.

3. Desta vez, ela começa por agarrar a corrente não muito longe de uma de suas extremidades, mas corrige esse gesto antes de soltar tudo; vendo que somente uma pequena parte da corrente entrava na caixa, Jacqueline desloca intencionalmente a mão para o meio da corrente, de maneira a obter uma preensão mais conveniente que lhe permita introduzir as duas extremidades ao mesmo tempo. Mas, como experimenta certa dificuldade em realizar essa operação (a corrente escorrega e torna-se agora comprida demais), corrige uma vez mais a sua manipulação e inventa, ao mesmo tempo, um novo processo:

4. Vendo as duas partes da corrente separarem-se, Jacqueline faz com ela uma bola e a introduz assim com a maior facilidade.

Este último processo, que é no entanto o mais simples, só foi descoberto, por conseguinte, após as etapas constituídas pelos ensaios 16-22 da série precedente, pelo ensaio 1 da presente série e, finalmente pela correção do início do ensaio 3. Em vez de inventar de chofre o processo de "fazer uma bola", como Lucienne fará, Jacqueline o constitui progressivamente por assimilação e acomodação combinadas.

A Quinta Fase: a "Reação Circular Terciária" **315**

Ao 1; 8 (2), Jacqueline reencontra logo o processo de "fazer uma bola", depois reverte ao sistema de corrente suspensa pela parte mediana. Este último método só foi utilizado ao 1; 9 (21) depois de um fracasso devido a uma regressão ao processo incorreto inicial.

Obs. 174. – Pode-se complicar ainda mais esses tipos de aprendizagem pedindo à criança que corrija a posição não só do objeto a introduzir, mas também do recipiente. Assim é que, ao 1; 1 (28), Lucienne viu-me pôr um anel dentro de metade de um estojo de óculos. Observa o objeto dentro do estojo, sacode este último e deixa escapar o anel. Procura então, sem perda de tempo, repô-lo no estojo, mas a aprendizagem faz-se em dois tempos.

Durante uma primeira fase, Lucienne entrega-se a quatro manobras sucessivas, todas igualmente inoperantes. 1ª) Ela apoia primeiro contra a abertura do estojo os seus três dedos que seguram o anel e solta este, pura e simplesmente; o anel cai ao lado, porque os dedos o impedem de entrar. 2ª) Ela aplica o anel contra a extremidade fechada do estojo e larga-o. 3ª) Ela segura o estojo virado e põe o anel na abertura, mas sem endireitar o todo: o anel cai, evidentemente, ao primeiro movimento. 4ª) Ela coloca o anel no chão e apoia contra ele as duas extremidades do estojo, alternativamente, como se o anel fosse entrar por si mesmo.

Durante uma segunda fase, pelo contrário, Lucienne aprende a corrigir os seus ensaios. Em primeiro lugar, ela já coloca o estojo sobre o anel, como se este fosse entrar por si mesmo. Em seguida, quando aplica o anel contra a ponta errada do estojo, não o solta, mas revira o estojo para que o anel deslize pela abertura e caia dentro; ela segura o estojo quase na vertical e, quando está inclinado demais, endireita-o antes de soltar o anel. Enfim, e sobretudo, ela aprende a só largar o anel dentro do estojo, fazendo-o deslizar previamente com as pontas dos dedos, em vez de deixá-lo cair quando os dedos ainda obstruem a abertura do estojo.

Ao 1; 1 (24), após ter retirado o anel do seu polegar, onde se enfiara por mero acaso, Lucienne viu-me enfiá-lo numa vareta. Ela procura então atraí-lo para si, pura e simplesmente, sem fazê-lo deslizar ao longo da madeira. Depois sacode a vareta e o anel cai. Para repô-lo em redor da vareta, ela o aplica simplesmente no lugar pretendido e solta-o. A mesma reação seis vezes seguidas. Depois experimenta

316 O Nascimento da Inteligência na Criança

colocar o anel na extremidade da vareta, mas deixa-o cair. Na tarde do mesmo dia, ela conseguiu enfiá-lo duas vezes, mas ainda o aplica diretamente, numerosas vezes, contra a madeira da vareta. Nos dias seguintes, as duas reações subsistem sem se excluírem, mas as tentativas de enfiar superam cada vez mais as outras.

§ 4. *A DESCOBERTA DE NOVOS MEIOS POR EXPERIMENTAÇÃO ATIVA: III. CONCLUSÕES.* – Tendo estes últimos fatos completado, assim, as observações precedentes, procuremos agora extrair do conjunto de nossos documentos uma conclusão relativa ao presente tipo de condutas, começando por tentar situá-las no quadro geral da inteligência.

As condutas próprias da inteligência sensório-motora podem ser repartidas em dois grandes grupos. Em primeiro lugar, temos aquelas cuja finalidade é, de algum modo, imposta pelo meio exterior. É o caso das reações circulares, secundárias ou terciárias, que consistem em repetir, sem mais, ou em fazer variar um resultado interessante obtido por acaso. É igualmente o caso dos fatos de compreensão de indícios ou de exploração, nos quais um dado exterior se impõe sem ter sido escolhido e exige que o sujeito o assimile. Essas diferentes condutas constituem, certamente, comportamentos inteligentes, pois trata-se sempre de ajustar meios a fins, pouco importa que esses fins consistam em repetir, compreender ou prever. Mas são inteligentes em graus diversos. Pode-se dizer, em traços largos, que um ato é tanto mais inteligente quanto maior for o número de esquemas nele compreendidos e maiores dificuldades estes oferecerem à sua coordenação mútua. Logo, a operação que exige menos inteligência é a da reação circular secundária: reencontrar, pura e simplesmente, os meios que permitiram obter um resultado interessante. Quanto à compreensão, à previsão e à exploração, são tanto mais "inteligentes" quanto maior for a sua complexidade, podendo atingir um elevado grau de complicação. Mas a direção dessas condutas, que é de algum modo inculcada de fora para dentro pelos fatos que se impõem à atenção da criança, não dá lugar a invenções propriamente ditas, isto é, às sistematizações mais complexas do que a inteligência sensório-motora será capaz em seus primórdios. As primeiras compreensões, previsões e explorações consistem, simplesmente, em fazer um objeto ou um evento qualquer

A Quinta Fase: a "Reação Circular Terciária" **317**

entrar em um ou em vários esquemas sucessivos, enquanto a pesquisa inteligente consiste não em coordenar esses esquemas, mas em escolher convenientemente entre eles.

Um segundo grupo de comportamentos inteligentes é constituído pelas condutas cuja finalidade resulta, pelo contrário, de uma intenção espontânea do próprio sujeito. É evidente que tal distinção é relativa, pois uma intenção é sempre ocasionada pelo encontro com um fato exterior. Mas, nesse caso, o fato já não se impõe a título de motor externo do pensamento: é, simplesmente, a ocasião que favorece diversos projetos e são esses projetos que se impõem ao sujeito. Seria desnecessário acrescentar, claro, que surgem obstáculos entre a intenção e a sua realização, e que um número maior ou menor de meios tem de ser posto em ação para superar essas dificuldades: a subordinação desses meios ao fim é que constitui o ato de inteligência. Portanto, é preciso distinguir sempre em tais condutas o esquema principal que, assimilando os dados, imprime uma finalidade à ação, e os esquemas secundários que constituem os meios e se coordenam com o primeiro: certo número de esquemas auxiliares pode intervir, além disso, à medida que a pesquisa se desenrola; assim, o esquema final é chamado a sistematizar o conjunto desses termos numa nova unidade. Se tais condutas como a reação circular secundária ou terciária, a compreensão de indícios ou a exploração constituem o equivalente sensório--motor da capacidade de julgamento e discernimento intelectivo, os comportamentos mais complexos de que falamos agora consistem, pelo contrário, em raciocínios; como já vimos, a subordinação dos meios aos fins é, com efeito, comparável à das premissas à conclusão. Essa situação explica por que as condutas do primeiro grupo entram, incessantemente, nas do segundo grupo, a título de elementos. Contudo, não convém considerar muito absoluta essa distinção; assim como o julgamento é um raciocínio virtual, igualmente existe toda uma série de intermediários entre os dois grupos, até o momento em que a compreensão passa ela própria a ser um fim em si e dá lugar às mesmas iniciativas complexas e dedutivas da invenção.

Seja como for que se encare este último ponto, o segundo grupo de condutas inteligentes acima referido comporta três tipos perfeitamente distintos: a "aplicação de meios conhecidos às novas situações", a "descoberta de novos meios por experimentação ativa" e a "invenção de novos meios por combinação mental". Para compreender a natureza

318 O Nascimento da Inteligência na Criança

das condutas do presente tipo, é em relação com os outros dois que, portanto, deveremos analisá-lo: a descoberta por experimentação é, essencialmente, um termo de transição entre a simples aplicação do conhecido ao novo e a invenção propriamente dita.

Duas características comuns a essas diversas condutas são de notar aqui, para compreender simultaneamente a continuidade e a oposição relativa dos três tipos em presença: trata-se da experimentação por tentativas dirigidas, fonte de aquisição, e a aplicação dos esquemas já conhecidos, fonte de sistematização. Pode-se dizer, numa palavra, que o primeiro tipo se define pelo primado da aplicação, o segundo pelo primado da tentativa e o terceiro pela unificação dessas duas características. Mas a exploração tateante não é estranha a qualquer dos três termos da série, como vamos ver, e a aplicação mantém-se essencial no segundo, se bem que dominada pela tentativa.

O parentesco entre os três tipos de condutas consiste, pois, em que o sujeito se encontra na presença de uma situação nova para ele e que, para atingir seus fins, tem de descobrir os meios convenientes que não são imediatamente dados. A solução mais simples, em tal caso, consiste, evidentemente, em apurar se, na reserva de esquemas já adquiridos, algum processo conhecido se oferece para resolver o problema. Isso constitui o primeiro tipo de condutas: "aplicação de meios conhecidos às novas circunstâncias". É óbvio que a aplicação domina tal comportamento. Mas a tentativa de maneira nenhuma é excluída, porquanto se trata de adaptar os esquemas antigos à nova situação e essa adaptação pressupõe, de uma parte, uma busca do bom esquema e uma eliminação dos esquemas inúteis, e, de outra parte, um ajustamento desse esquema conveniente. Por conseguinte, seja no decurso dessa busca, seja no decorrer desse ajustamento, ver-se-á o sujeito hesitar e corrigir-se, em resumo, conduzir-se de um modo que anuncia o segundo tipo. Do mesmo modo, todos os intermediários existem entre os dois: assim, a obs. 122 dá-nos o exemplo de uma exploração tateante manifesta. Mas, na medida em que essa exploração resulta, simplesmente, em reencontrar um processo conhecido e em ajustá-lo sem o transformar, continuamos na presença de uma conduta do primeiro tipo. Os comportamentos do segundo tipo principiam exatamente da mesma maneira; entretanto, após ter recorrido experimentalmente a um meio inicial (o qual é descoberto pela criança, portanto, graças ao processo assimilador próprio da "aplicação de

A Quinta Fase: a "Reação Circular Terciária" 319

meios conhecidos às novas situações"), o sujeito vê-se obrigado a diferenciá-lo. É durante essa operação que intervém a acomodação por tentativa, como vimos a propósito dos "suportes", do "barbante" e da "vara": a partir do momento em que o meio conhecido não basta para resolver o problema, é forçoso, com efeito, realizar tentativas. Estas se iniciam pelos ensaios de simples ajustamento; depois, à medida que a criança faz suas experiências, esse ajustamento se converte em transformação, tão bem que da diferenciação dos esquemas iniciais saem novos esquemas que, assim sendo, implicam uma descoberta real. Mas tal comportamento, que, portanto, se distingue cada vez mais da simples "aplicação do conhecido ao novo", conserva, não obstante, uma característica essencial. Como assinalamos a propósito de cada um dos exemplos analisados, é por uma aplicação constante dos esquemas anteriores à situação presente que, com efeito, a exploração tateante é dirigida e interpretados os acontecimentos que surgem no decorrer da exploração. Em resumo, se existe uma diferença entre os tipos I e II, também entre eles há, não obstante, uma continuidade completa.

Observações análogas aplicam-se, como veremos, às relações que vinculam os tipos II e III. A exploração tateante, que predomina no tipo II, não desaparece na "invenção de novos meios por combinação mental", mas interioriza-se e desenrola-se por meio de representações, em vez de apoiar-se exclusivamente na atividade exterior e imediata. Em outras palavras, a experimentação efetiva converte-se em "experiência mental". Por outro lado, a aplicação dos esquemas anteriores, que tampouco está inteiramente ausente das condutas do tipo II (efetiva exploração tateante), readquire na invenção por combinação mental a importância que tinha nas condutas do tipo I (aplicação do conhecido ao novo): a invenção sintetiza, assim, a exploração e a dedução, prolongando diretamente os dois tipos precedentes de comportamentos.

Essas considerações fazem-nos compreender quais são as relações existentes entre a assimilação e a acomodação nas tentativas de caráter empírico. Como vimos, só no nível das reações circulares terciárias é que a assimilação e a acomodação começam verdadeiramente a se diferenciar. Quando da aquisição dos primeiros hábitos por reação circular primária, os dois termos permanecem relativamente indiferenciados: todo esforço de assimilação é, ao mesmo tempo, esforço de acomodação. Com a reação circular secundária surge um fato novo: o interesse pelo resultado exterior dos atos. Esse interesse assinala,

320   O Nascimento da Inteligência na Criança

certamente, um progresso no caminho da diferenciação, pois que o resultado exterior dos atos, vindo diferenciar os esquemas primitivos, constrange-os assim a uma incessante acomodação. Mas, como já acentuamos, essa acomodação ainda é imposta e não procurada por iniciativa própria: o fato interessante que a criança tende a conservar por assimilação surge *ex abrupto* e, se interessa ao sujeito, é só na medida em que se vincula, por via de continuidade ou de contraste, aos esquemas já existentes. Pelo contrário, com a reação circular terciária, a acomodação passa a ser um fim em si, prolongando certamente as assimilações anteriores (o sujeito jamais acomoda qualquer esquema que não esteja já constituído), mas precedendo também as novas assimilações e, assim, diferencia intencionalmente os esquemas de que promanou: é então, portanto, que a experiência começa a constituir-se e a distinguir-se da simples utilização do real, tendo em vista alimentar o funcionamento interno. Doravante existe, pois, interesse pelo novo como tal. Mas essa acomodação diferenciada será antagônica ou complementar da assimilação? O estudo da exploração empírica na pesquisa tateante e na descoberta de novos meios fornece-nos, a tal respeito, uma resposta precisa: a acomodação à experiência e a assimilação dedutiva alternam-se agora, num movimento cujo ritmo pode variar, mas cujo caráter cíclico atesta uma correlação cada vez mais estreita entre os dois termos. Com efeito, é sob a pressão da necessidade (logo, do principal esquema de assimilação) e dos esquemas experimentais a título de meios iniciais que a acomodação tateante parte em busca de novos meios e culmina na constituição de novos esquemas suscetíveis de se coordenarem com os antigos. A "descoberta de novos meios por experimentação ativa" assinala, pois, o começo de uma união entre a experiência e a atividade assimiladora, união cuja existência será consagrada pela "invenção por combinação mental", elevando-a ao nível de interdependência.

Entretanto, não convém exagerar. No nível da exploração tateante e empírica, essa união, por notável que seja quando se refere às condutas precedentes, conserva-se em estado de promessa ou de esboço, quando comparada aos seus desenvolvimentos futuros. Com efeito, a acomodação primitiva à experiência e a assimilação complementar do dado, que caracterizam a exploração tateante empírica, apresentam esse aspecto comum: são imediatas e, por isso mesmo, limitadas. A "experiência", tal como a tentativa sensório-motora a pratica, é imediata no sentido em que considera as coisas tais como elas aparecem, em vez de corrigi-las e de elaborá-las mentalmente. A assimilação, por outro lado, só se exerce sobre a percepção direta e ainda não sobre a representação. Essas duas características, aliás, constituem um só e mesmo fenômeno, encarado, porém, de dois pontos de vista diferentes.

Quanto à representação, já insistimos no assunto a propósito da experiência dos objetos a passar através das barras do parque. As obs. 167 a 174 confirmam inteiramente essas conclusões: no nível da tentativa, a representação não precede a ação nem dela resulta diretamente. Tudo se passa, pelo contrário, como se o objeto percebido fosse considerado idêntico ao que parece ser na percepção imediata. Assim é que, na obs. 173, Jacqueline, para colocar uma comprida corrente numa pequena caixa, limita-se a introduzir uma extremidade dessa corrente, sem a fazer toda numa bola nem prever a flexibilidade e a queda do objeto; apesar dos primeiros ensaios infrutíferos, ela recomeça sempre da mesma maneira e a tentativa sensório-motora apenas corrige a sua visão das coisas. Do mesmo modo, na obs. 174, Lucienne, para meter um anel num estojo ou enfiar um anel numa vareta, limita-se a meter o anel sob o estojo ou a encostá-lo na madeira; ora, é mais uma vez a experiência e não a representação que permite à criança superar esse nível. É costume dizer, para explicar tais fatos, que o "contato óptico" é no sujeito mais preponderante do que qualquer outra preocupação. Mas é preciso compreender que, se o visual parece levar a melhor, isso não depõe a favor do primado da representação; pelo contrário, mostra-nos que a óptica do sujeito permanece imediata e ainda não dá lugar às construções mentais que transformam o objeto, tal como aparece, em objeto, tal como é. E mais do que isso: essa transformação concretiza-se em função dos esquemas motores, no decorrer da própria tentativa experimental; portanto, não pode ser dirigida pelas representações, dado que consiste, precisamente, em preparar a elaboração delas. Pode-se dizer, em resumo, que, no nível da tentativa empírica, a representação ainda não intervém e que a compreensão progressiva é assegurada por uma assimilação sensório-motora pura.

No tocante à acomodação, isso equivale a dizer que a experiência do sujeito continua sendo imediata e, por consequência, vítima do fenomenismo mais ingênuo. É o que nos revela não só o primado do "contato óptico", interpretado como acabamos de fazer, mas também o resultado das obs. 168 a 170. Duas condições correlativas são

322 O Nascimento da Inteligência na Criança

necessárias, com efeito, para substituir o universo tal como aparece por um universo tal como é: a constituição de objetos permanentes (insertos nos grupos coerentes de deslocamentos e mantendo entre eles relações inteligíveis de causalidade) e a eliminação das ilusões devidas ao ponto de vista próprio (por inserção desse ponto de vista num sistema objetivo de leis de perspectivas). Esses dois processos são interdependentes: para constituir "objetos", num sistema de relações espaciais e causais, é preciso que o sujeito se situe entre esses objetos e, para sair, assim, da sua perspectiva própria, tem de elaborar um sistema de relações espaciais, causais e objetivas. Ora, as obs. 168 a 170 mostram-nos, sob a forma mais inocente e mais concreta, que a experiência imediata consiste em o sujeito não se situar em relação com o objeto e que a constituição do objeto consiste, em primeiro lugar, em desligá-lo do eu: Jacqueline e Lucienne não conseguem logo apanhar o lençol sobre que se encontram, abrir caixas, ou retirar um conteúdo do seu continente, porque ambas as crianças servem de obstáculo aos seus próprios esforços e o obstáculo mais difícil de perceber, em todas as coisas, não é outro senão o eu! Vê-se logo em que é que tais fatos demonstram, novamente, o primado da ação sobre a representação e, por consequência, o caráter imediato das experiências do sujeito, assim como a sua atividade assimiladora.

Pelo contrário, se, no decorrer da quinta fase, a representação não se liberta ainda da percepção, o sistema de indícios, devido à crescente mobilidade dos esquemas, realiza, entretanto, um novo progresso no caminho da previsão. Recorde-se que, de fato, a partir do momento em que os esquemas secundários começam a coordenar-se (quarta fase), essa mobilidade permite aos sinais destacarem-se da atividade do sujeito para constituírem uma previsão relativa aos próprios objetos. Essa capacidade de previsão desenvolve-se ainda durante a quinta fase e, sem redundar numa representação propriamente dita, já dá lugar a antecipações práticas fundamentadas na generalização das experiências anteriores.

Eis alguns exemplos:

Obs. 175. – Ao 1; 2 (30), Jacqueline está de pé diante de um quarto que não é o seu e examina o papel verde que reveste a parede. Toca-lhe em seguida, delicadamente, e olha logo para a extremidade dos

A Quinta Fase: a "Reação Circular Terciária" 323

seus dedos. Trata-se, evidentemente, da generalização dos esquemas devidos às reações circulares secundárias ou terciárias seguintes: tocar em alimentos (compotas, doces etc.) e olhar para os dedos ou, sobretudo, meter as pontas dos dedos na espuma de sabão, durante o banho, para examiná-las em seguida.

Outro exemplo. Ao 1; 1 (23), Jacqueline encontra uma casca de laranja e vira-a em cima da mesa, para fazê-la oscilar. Ela prevê imediatamente, portanto, a significação desse objeto.

Ao 1; 3 (12), ela está de pé no seu parque, e coloco um palhaço, que Jacqueline recebeu há pouco, em cima da grade, em diversos locais sucessivos. Jacqueline avança com certa dificuldade ao longo da grade, mas, quando chega diante do palhaço, apanha-o com extrema prudência e grande delicadeza, sabendo que o boneco cairá à menor sacudida. Ela assim se comportou desde a primeira prova.

Verifica-se que, em cada um dos três casos, Jacqueline previu certas propriedades do objeto, independentes da sua ação pessoal: o papel verde é concebido como algo que deve deixar manchas coloridas, a casca de laranja como algo que pode balançar desde que seja colocada na posição conveniente e o palhaço como algo que deve cair ao primeiro contato. Essas previsões, como as da quarta fase, testemunham, pois, uma objetivação dos sinais em indícios relativos aos próprios processos externos; em outras palavras, a significação dos objetos percebidos não consiste apenas em serem coisas para agarrar, sacudir, balançar, esfregar etc., mas serem também a causa de fenômenos exteriores à ação do sujeito. Mas, por outro lado, esses indícios não se limitam, como os das obs. 132-135, a fundamentar a previsão nas sequências já observadas sob a mesma forma; segundo nos parece, há nos três casos da obs. 175 uma generalização a partir de experiências análogas e uma generalização com exploração empírica atual. Em resumo, tais indícios acrescentam às características dos que se baseiam em esquemas móveis simples o benefício da "experiência para ver" ou da tentativa dirigida que é própria da presente fase.

Antes de passarmos ao estudo das invenções por combinações mentais e representações, convém ainda recordar que a exploração dirigida, própria da experimentação ativa, é essencialmente "mediadora"; logo que esse processo redunda na formação de novos esquemas,

324 O Nascimento da Inteligência na Criança

estes podem funcionar quer na invenção por combinação mental, como veremos em seguida, quer como meios conhecidos aplicáveis a novas circunstâncias. Nesse segundo caso, retornaremos às situações estudadas no cap. IV; isso é muito natural, aliás, e equivale a dizer que os "meios conhecidos" podem ter sido adquiridos tanto por experimentação ativa como por reação circular secundária.

De modo geral, convém insistir no fato de que as condutas características das diferentes fases não se sucedem de maneira linear (desaparecendo as de uma determinada fase no momento em que se desenham as da seguinte), mas à maneira das fases de uma pirâmide (direita ou invertida), em que os novos comportamentos se somam, simplesmente, aos antigos para completá-los, corrigi-los ou combinar-se entre eles. A esse respeito, podemos citar certas condutas no decorrer das quais os esquemas em vias de constituição, graças ao processo da reação circular terciária, aplicam-se a circunstâncias novas não por "experimentação ativa", nem mesmo por "aplicação de meios conhecidos às novas situações", mas, simplesmente, à maneira dos "processos para fazer durar um espetáculo interessante", que estudamos no cap. III, § 4. Eis um exemplo:

Obs. 176. – Ao 1; 6 (8), Jacqueline está sentada numa cama de adulto, tendo diante dela um almofadão inclinado. Coloco um pequeno carneiro de madeira no alto dessa montanha e, batendo na parte inferior do almofadão, faço que o animal vá descendo alguns centímetros, a cada pancada. Jacqueline tira imediatamente partido dessa observação e atrai para si o carneiro toda vez que o reponho no cimo do almofadão.

Ponho então o carneiro em cima de uma mesa, a 1 m da cama, à mesma altura, mas separada por um corredor de 50 cm, que Jacqueline vê muito bem; ela continua, mesmo assim, batendo no almofadão, como antes, com os olhos postos no carneiro. Levanto este por alguns momentos, mas volto a colocá-lo na mesa: Jacqueline recomeça batendo no almofadão.

Um quarto de hora depois, recomeço a experiência com um peixe de celuloide: Jacqueline o faz cair batendo no almofadão, e, quando o coloco em cima da mesa, continua dando pancadas naquele. Pelo contrário, quando ponho o peixe (ou o carneiro) no parapeito da janela, mais longe e mais alto, Jacqueline abstém-se de toda e qualquer tentativa.

Ao 1; 6 (12), Jacqueline entrega-se, espontaneamente, a uma conduta da mesma ordem, mas sem sugestão possível proveniente da experiência anterior. Ela faz tombar, por acaso, uma cadeira cujo encosto tocava no batente da janela aberta; assim, imprime indiretamente um movimento à janela e então recomeça intencionalmente a deixar cair a cadeira, sem tirar os olhos da janela. Mas, chocando-se com outra cadeira a 1,50 m da primeira, sacode-a logo da mesma maneira e olha para a janela. Continua assim por algum tempo, apesar do malogro, examinando sempre a janela com a maior atenção.

Ao 1; 6 (20), Jacqueline faz descer uma corrente de relógio do alto de um almofadão inclinado, batendo neste. Coloco em seguida a corrente numa cadeira, a 50 cm da cama; ela bate três vezes no almofadão, olhando para a corrente, mas sem convicção alguma e como que "para ver se" isso poderia dar qualquer coisa de interessante.

Vê-se, pois, como a exploração dirigida e a aplicação à experiência dos esquemas devidos à reação circular terciária podem prolongar-se, nas situações em que a criança não compreende os pormenores, em "aplicações de meios conhecidos às novas situações" e até em "processos para fazer durar um espetáculo interessante", recordando as condutas da quarta e da terceira fases.

Em conclusão, os comportamentos característicos da quinta fase constituem um conjunto homogêneo: a "reação circular terciária" assinala o começo das condutas experimentais, enquanto a "descoberta de novos meios por experimentação ativa" utiliza o método assim descoberto pela criança para a solução de novos problemas. Por outro lado, como veremos no v. II, essa adaptação mais refinada da inteligência ao real faz-se acompanhar de uma estruturação do meio exterior em objetos permanentes e em relações espaciais coerentes, assim como de uma objetivação e de uma espacialização correlativas da causalidade e do tempo.

CAPÍTULO VI

A Sexta Fase: a Invenção de Novos Meios por Combinação Mental

O conjunto de condutas inteligentes estudadas até aqui – reação circular secundária, aplicação de meios conhecidos às novas situações, reação circular terciária e descoberta de novos meios por experimentação ativa – caracteriza, afinal de contas, um único e grande período. Sem dúvida, registram-se progressos de um tipo a outro de comportamento e assim foi possível considerar os três grandes grupos que distinguimos nos capítulos precedentes como constituindo outras tantas fases sucessivas (bem entendido, sem que o aparecimento de cada nova fase signifique, em absoluto, terem sido abolidas as condutas das fases precedentes, porquanto as novas condutas se sobrepõem, simplesmente, às antigas). Mas os fatos permanecem de tal modo entremisturados e a sua sucessão pode ser tão rápida que seria perigoso separar demais essas fases. Pelo contrário, com as condutas que vamos descrever agora tem início um novo período que todos estarão de acordo em considerar de aparecimento tardio e bem ulterior ao dos comportamentos precedentes. Assim, poderemos falar de uma sexta fase, o que não significa que os comportamentos estudados até aqui estejam condenados a desaparecer, mas simplesmente que vão doravante ser completados por condutas de um novo tipo: a invenção por dedução ou combinação mental.

Esse novo tipo de condutas caracteriza, com efeito, a inteligência sistemática. Ora, é esta última que, segundo Claparède, está sob controle em virtude da consciência das relações e já não, apenas, da exploração empírica. É a inteligência sistemática que, segundo Köhler,

328 O Nascimento da Inteligência na Criança

evolui por meio de súbitas estruturações do campo de percepção ou que, segundo Rignano, baseia-se na pura experiência mental. Em resumo, todos os autores, quer sejam associacionistas como Rignano, partidários das "estruturas" como Köhler ou de uma exploração empírica, mais ou menos dirigida, como Claparède, estão de acordo sobre o aparecimento de um momento essencial no desenvolvimento da inteligência: o momento em que a consciência das relações atinge uma profundidade suficiente para permitir uma premeditação (isto é, uma previsão meditada), o que significa, justamente, uma invenção que se desenvolve por simples combinação mental.

Encontramo-nos, pois, diante do problema de maior delicadeza com que toda a teoria da inteligência tem de lidar: o problema do próprio poder inventivo. Até aqui, as diferentes formas de atividade intelectual que tivemos de descrever não apresentaram dificuldades especiais de interpretação; com efeito, ou consistiam em aprendizagens no decorrer das quais o papel da experiência era evidente, predominando a descoberta, pois, sobre a invenção genuína, ou então consistiam em aplicações simples do conhecido ao novo. Logo, em ambos os casos, o mecanismo da adaptação basta para descortinar e o jogo de assimilações e acomodações primitivas é suficiente para explicar todas as combinações. Em contrapartida, logo que surge a invenção real, o processo do pensamento desorienta a análise e parece escapar a todo e qualquer determinismo. Os esquemas a que os fatos precedentes nos habituaram não estarão, assim, à altura da nova tarefa, ou os novos fatos, que vamos agora descrever, revelar-se-ão, uma vez mais, preparados por todo o mecanismo funcional das atividades superiores?

Acentuemos desde já, a esse respeito, mas sem querer encontrar uma explicação antecipada, que o aparecimento da invenção real ocorre em função de uma espécie de ritmo condicionado pelo conjunto de condutas precedentes. Esse ritmo define a sucessão de aquisições e aplicações. Com a reação circular secundária, estamos em plena aquisição: os novos esquemas constroem-se por assimilação reprodutora e acomodação combinadas. Com a aplicação dos meios conhecidos às novas situações, esses mesmos esquemas dão lugar a aplicações originais (por assimilação generalizadora), sem que tenha havido aí uma aquisição propriamente dita. Com a reação circular terciária e a descoberta de novos meios por aprendizagem,

A Sexta Fase: a Invenção de Novos Meios por Combinação Mental **329**

estamos uma vez mais em período de aquisição, mas, nesse caso, a própria complexidade da aquisição implica uma intervenção constante de tudo o que foi anteriormente adquirido. Com a invenção por combinação mental, podemos falar, finalmente, de um novo processo de aplicação, pois toda invenção supõe uma combinação mental de esquemas já elaborados; mas essa aplicação desenvolve-se paralelamente à aquisição, visto que há invenção e, por consequência, combinações originais. Dado esse ritmo, a invenção poderá ser comparada, portanto, à "aplicação de meios conhecidos às novas situações", pois que, como esta última, desenvolve-se também por dedução; mas essa dedução, sendo criadora, participa igualmente dos processos de aquisição estudados até aqui e, sobretudo, da descoberta de novos meios por experimentação ativa.

§ 1. *OS FATOS.* – Vejamos, primeiramente, uma série de observações, começando por aquelas que mais recordam as descobertas devidas à exploração dirigida. De fato, acontece que um mesmo problema, como o da vara que se quer passar pelas barras do parque, pode dar origem a soluções por invenção real, assim como a soluções que impliquem a simples tentativa experimental. A análise de tais casos fará que nos apercebamos logo, simultaneamente, da originalidade das novas condutas e de seu parentesco com as precedentes. Essa oposição relativa das soluções pode-se observar, quer passando de uma criança a outra, quer retomando a mesma criança com alguns meses de intervalo.

Obs. 177. – Para que se compreenda a diferença existente entre as presentes condutas e as precedentes, talvez seja instrutivo examinar a maneira como Laurent descobriu, de chofre, o uso da vara, após ter permanecido meses inteiros sem saber utilizar esse instrumento.

Ao contrário de Jacqueline e Lucienne, que submetemos a numerosas experiências no decorrer das quais tiveram oportunidade de "aprender" a servir-se da vara, Laurent só a manipulou de longe em longe, esperando-se o momento em que soubesse utilizá-la espontaneamente. Portanto, vale a pena, para caracterizar esse instante, reconstituir brevemente o conjunto de comportamentos anteriores de Laurent, relativos à vara.

330   O Nascimento da Inteligência na Criança

Já aos 0; 4 (20), isto é, no início da terceira fase, Laurent é posto na presença de uma varinha curta, que ele assimila a um objeto qualquer. Agita-a, esfrega-a contra o vime do berço, arqueia o corpo diante do objeto etc. De modo geral, faz exatamente o equivalente do corta-papel, de que falamos na obs. 104. Mas, aos 0; 4 (21), quando Laurent está com a varinha na mão, bate por acaso com ela numa argola suspensa e não perde tempo: continua batendo logo, inúmeras vezes. Mas, nas horas seguintes, Laurent já não se interessa em reproduzir esse resultado, mesmo quando lhe coloco a varinha na mão. – Portanto, não se trata, nessa primeira situação, de um exemplo da "conduta da vara". Laurent limitou-se a inserir momentaneamente num esquema já construído (o esquema de bater) um elemento novo. Mas a intervenção fortuita desse elemento não deu lugar a qualquer compreensão imediata, nem mesmo a qualquer experimentação. Nos dias seguintes, volto a entregar-lhe a vara e procuro fazer que a associe à atividade de diversos esquemas. Mas Laurent não reage, nem nas semanas seguintes. A "conduta da vara", isto é, a utilização da vara a título de intermediário ou de instrumento, não parece, pois, poder ser adquirida durante a fase das reações circulares secundárias, mesmo quando o acaso favorece a inserção momentânea da vara num esquema já existente.

Durante a quarta fase, caracterizada pela coordenação de esquemas, o emprego da vara não faz progressos. Contudo, durante essa fase, a criança chega a utilizar a mão de outrem como intermediária para agir sobre os objetos distanciados, conseguindo assim especializar a causalidade e preparar o caminho para as condutas experimentais. Mas, quando, aos 0; 8 e mesmo aos 0; 9, entrego uma vara a Laurent, ele só se serve dela para bater nas coisas à sua volta e não para deslocar ou atrair os objetos em que bate.

Ao 1; 0 (0), isto é, em plena quinta fase (é, portanto, a fase durante a qual Jacqueline e Lucienne conseguiram descobrir a utilização da vara), Laurent manipula demoradamente uma comprida régua de madeira, mas registram-se apenas as três reações seguintes. Em primeiro lugar, vira e revira sistematicamente a régua passando-a de uma para a outra mão. Em seguida, bate com ela no chão, nos seus sapatos e em diversos objetos. Em terceiro lugar, desloca a régua, empurrando-a lentamente no chão com o dedo indicador. Por diversas vezes, coloco a certa distância da criança qualquer objeto atraente, para ver se, tendo

A Sexta Fase: a Invenção de Novos Meios por Combinação Mental   331

já a régua na mão, Laurent saberá servir-se dela. Mas Laurent procura sempre alcançar o objeto com a mão livre, sem lhe ocorrer utilizar a régua. Outras vezes, coloco a régua no chão, entre o objetivo e a criança, para assim provocar uma sugestão visual. Mas a criança não reage. – Ainda não há, portanto, qualquer vestígio da "conduta da vara".

Ao 1; 0 (5), por outro lado, Laurent diverte-se com uma pequena bengala de criança, que manipula pela primeira vez. Está, visivelmente, muito surpreendido pela interdependência que observa entre as duas extremidades desse objeto: desloca a bengala em todos os sentidos, deixando a extremidade livre arrastar no chão, e estuda com vivo interesse o vaivém dessa extremidade, em função dos movimentos que ele imprime à outra. Em resumo, aprende a conceber a vara como um todo rígido. Mas essa descoberta não o conduz ainda à do significado instrumental da vara. Com efeito, tendo batido por acaso com a bengala numa caixa de latão, bate-lhe de novo, sem lhe ocorrer fazê-la assim avançar num sentido qualquer ou atraí-la para si. – Coloco no lugar da caixa diversos objetivos mais tentadores: a reação da criança é a mesma.

Ao 1; 2 (25), devolvo-lhe uma vara, em face dos seus progressos recentes. Com efeito, ele acaba de aprender a pôr objetos dentro uns dos outros, a colocá-los numa taça para virá-la e fazer que caiam etc., relações essas que pertencem ao nível da conduta da vara (ver o v. II). Ele apanha a vara e bate logo com ela no chão, depois em diversos objetos (caixas etc.) colocados igualmente no chão. Desloca-os ligeiramente, assim, mas não lhe ocorre utilizar sistematicamente esse resultado. Num dado momento, é certo, a sua vara prende-se num pano e arrasta-o, por alguns instantes, no decurso de seus deslocamentos. Mas, quando coloco a 60 cm ou 1 m de Laurent vários objetivos desejáveis, não utiliza o instrumento virtual que segura na mão. – É evidente que, se eu tivesse renovado nessa época tais experiências, Laurent acabaria descobrindo, como suas irmãs, o uso da vara, por exploração tateante dirigida e por aprendizagem. Mas interrompi nesse ponto a experiência para só reatar durante a sexta fase.

Finalmente, ao 1; 4 (6), Laurent está sentado diante de uma mesa e coloco defronte dele, fora do seu alcance, um pedaço de pão. Além disso, à direita da criança, ponho uma varinha de aproximadamente

332 O Nascimento da Inteligência na Criança

25 cm de comprimento. Laurent tenta primeiro agarrar diretamente o pão, sem fazer caso do instrumento, e depois desiste. Coloco então a vara entre o pão e ele; não toca no objetivo, mas envolve, não obstante, uma sugestão visual indiscutível. Laurent olha novamente para o pão, sem mexer, olha de relance para a vara e, então, bruscamente, apanha-a e dirige-a para o pão. Acontece, porém, que a empunhou pelo meio e não por uma das suas extremidades, de modo que fica demasiado curta para atingir o objetivo. Laurent larga-a e volta a estender a mão para o pão. Depois, sem que o gesto se faça tardar, retoma a vara, desta vez por uma de suas extremidades (acaso ou intenção?) e atrai para si o pão. Começa por tocar-lhe, simplesmente, como se o contato da varinha com o objetivo bastasse para desencadear o movimento deste; mas, um segundo ou dois após, no máximo, empurra efetiva e intencionalmente o pedaço de pão: desloca-o ligeiramente para a direita e depois atrai-o sem dificuldade. Dois ensaios sucessivos dão o mesmo resultado.

Uma hora depois, coloco um brinquedo diante de Laurent (fora do alcance das suas mãos) e uma nova vara ao lado da criança. Esta não esboça sequer a tentativa de apanhar o objetivo com a mão: apossa-se logo da vara e atrai para si o brinquedo.

Vê-se, pois, como Laurent descobriu o uso da vara, quase sem exploração tateante alguma, enquanto, nas fases precedentes, manipulava-as sem compreender a sua utilidade. Esta reação é, portanto, nitidamente distinta da de suas irmãs.

Obs. 178. – Recordam-se as tentativas de Jacqueline, ao 1; 3 (12), na presença da vara a passar através das barras do seu parque (obs. 162). Ora, o mesmo problema, proposto a Lucienne ao 1; 1 (18), dá lugar a uma solução quase imediata, na qual a invenção supera, portanto, a exploração tateante. Lucienne está sentada diante das barras e aplico contra estas a varinha da obs. 162, horizontal e paralelamente à série de barras (a meia altura). Lucienne apanha-a pelo meio e puxa diretamente. Verificando o fracasso, recua a vara, endireita-a e passa-a num abrir e fechar de olhos.

Coloco em seguida a vara no chão. Em lugar de erguê-la para puxar diretamente, apanha-a pelo meio, endireita-a previamente e a traz para dentro. Ou apanha-a por uma extremidade e a faz entrar facilmente.

Recomeço com uma vara mais comprida (30 cm): ou a apanha pelo meio e a endireita, antes de puxá-la para dentro, ou a introduz puxando-a por uma extremidade.

A mesma experiência com uma vara de 60 cm. O processo é visivelmente o mesmo; mas, quando a vara se prende na grade, ela tira por breves instantes, depois a solta, resmungando contrariada, e recomeça de maneira certa.

No dia seguinte, ao 1; 1 (19), as mesmas experiências. Lucienne começa por puxar diretamente (uma só vez), depois endireita a vara e reencontra assim os métodos da véspera. Ao 1; 2 (7), reinicio a observação: Lucienne endireita desta vez a vara antes de ela tocar nas barras.

Vê-se, pois, que esses ensaios recordam os de Jacqueline, progredindo por tentativas e aprendizagem; Lucienne começa, com efeito, por puxar diretamente a vara e reincide ainda uma vez no dia seguinte. Mas em vez dos demorados esforços de sua irmã, Lucienne tira imediatamente partido do seu fracasso e emprega um método que ela inventou na hora por simples representação.

Obs. 179. – Um exemplo mais complexo é o da corrente de relógio que é preciso fazer penetrar num orifício de 16 x 34 mm. Recordar-se-ão, também nesse caso, as tentativas de Jacqueline (obs. 173 e 173 *bis)*. Ora, Lucienne resolveu o problema por meio de uma invenção brusca:

Ao 1; 4 (0), sem que tivesse alguma vez contemplado esse espetáculo, Lucienne olha para a caixa que eu aproximo e reviro antes que ela tenha visto o conteúdo: a corrente espalha-se no chão e ela tenta logo reintroduzi-la. Começa por meter simplesmente uma ponta da corrente na caixa e por tentar fazer o resto seguir atrás, progressivamente. Esse método, que é o empregado primeiramente por Jacqueline, é coroado de êxito em Lucienne, por acaso, logo na sua primeira tentativa (a extremidade introduzida na caixa prendeu-se aí fortuitamente); mas fracassa inteiramente na segunda e na terceira tentativas.

No quarto ensaio, Lucienne começa como precedentemente, depois interrompe-se e, após uma breve pausa, coloca a corrente num prato vizinho (a experiência decorre em cima de um xale), "faz uma bola", intencionalmente, agarra a bola entre os dedos e mete tudo de uma vez na caixa.

334 O Nascimento da Inteligência na Criança

O quinto ensaio começa por um retorno muito breve ao primeiro método. Mas Lucienne corrige-se imediatamente e reverte ao método correto.

Sexto ensaio: êxito imediato.

Vê-se, pois, a diferença de comportamentos entre Jacqueline e Lucienne: o que na primeira era fruto de uma longa aprendizagem, é bruscamente inventado pela segunda. Tal diferença é certamente uma questão de nível. Assim é que, aos 2; 6 (25), Jacqueline, com quem reato a experiência, resolve o problema sem hesitar: agarrando a corrente com as duas mãos, a introduz na caixa com a mão esquerda enquanto detém com a direita a parte restante, para impedir que ela caia. No caso de se prender, ela retifica logo o movimento.

Obs. 180. – Outra intervenção elementar, resultante de uma combinação mental e não apenas de uma aprendizagem sensório-motora, foi a que permitiu a Lucienne reencontrar um objeto dentro de uma caixa de fósforos. Com efeito, ao 1; 4 (0), isto é, imediatamente após a experiência acima, divirto-me escondendo a corrente de que acabamos de falar na mesma caixa de que nos servimos para os ensaios da obs. 170. Começo por abrir ao máximo a caixa e pôr a corrente na bainha (portanto, onde Lucienne também a introduziu, mas agora mais profundamente). Lucienne, que já se exercitou a encher e esvaziar o seu balde e diversos recipientes, apodera-se então da caixa e vira-a sem hesitar. Não se trata aqui, naturalmente, de invenção (é a mera aplicação de um esquema adquirido por tentativas); mas o conhecimento dessa conduta, em Lucienne, é útil para a compreensão do que se segue.

Depois, coloco a corrente dentro da caixa de fósforos vazia (não na bainha, mas no lugar onde se põem os próprios fósforos), e fecho a caixa de modo a deixar apenas uma ranhura de 10 mm. Lucienne começa por revirar tudo e, depois, tenta apanhar a corrente por aquela fenda. Não o conseguindo, introduz simplesmente o indicador na ranhura e consegue assim fazer sair um fragmento da corrente, então puxa por ela até à solução completa.

É aqui que começa a experiência sobre que queremos insistir especialmente. Reponho a corrente na caixa e reduzo a fenda para 3 mm. Fica entendido, entretanto, que Lucienne ignora o funcionamento das caixas de fósforos para fechar e abrir, e que não viu

A Sexta Fase: a Invenção de Novos Meios por Combinação Mental **335**

preparar a experiência. Está somente na posse dos dois esquemas precedentes: inverter a caixa para esvaziar o seu conteúdo e enfiar o dedo na ranhura para fazer a corrente sair. Naturalmente, é este último processo que ela experimenta primeiro: introduz o dedo e tateia para localizar a corrente, mas fracassa completamente. Segue-se uma pausa, durante a qual Lucienne apresenta uma reação muito curiosa, testemunhando à maravilha não só o fato de ela tentar pensar na situação e representar para si, por uma combinação mental, as operações a executar, mas também o papel que a imitação desempenha na gênese das representações: Lucienne imita os gestos de ampliação da fenda.

De fato, ela olha para a fenda com a máxima atenção depois, várias vezes seguidas, abre e fecha a sua própria boca, primeiro só um pouco, depois cada vez mais! Evidentemente, Lucienne compreende a existência de uma cavidade subjacente à fenda e deseja ampliar essa cavidade: o esforço de representação que ela assim forneceu exprime-se então plasticamente, isto é, não podendo pensar a situação em palavras ou imagens visuais nítidas, ela recorre, a título de "significante", ou de símbolo, a uma simples indicação motora. Ora, a reação motora que se oferece para preencher esse papel não é outra senão a própria imitação, quer dizer, precisamente, a representação em atos, aquela que, anteriormente a toda imagem mental, sem dúvida, permite não só detalhar os espetáculos atualmente percebidos, mas, além disso, evocá-los e reproduzi-los à vontade. Lucienne, ao abrir a sua própria boca, exprime, pois, ou até, se quisermos, reflete o seu desejo de ampliar a abertura da caixa: esse esquema de imitação, com que ela está familiarizada, constitui para a criança o meio de pensar na situação. Soma-se-lhe, aliás, indubitavelmente, um elemento de causalidade mágico-fenomenista ou de eficácia: assim como usa frequentemente a imitação para agir sobre as pessoas e fazê-las reproduzir gestos interessantes, também é provável que o ato de abrir a boca diante da fenda da caixa implique alguma ideia subjacente de eficácia.

Logo após essa fase de reflexão plástica, Lucienne introduz sem hesitar o seu dedo na fenda e, em vez de procurar, como antes, alcançar a corrente às cegas, empurra a bainha de maneira a ampliar a abertura, o que consegue, e apossa-se da corrente.

336   O Nascimento da Inteligência na Criança

Durante as provas seguintes (estando sempre a fenda em 3 mm), o mesmo processo é reencontrado imediatamente. Em compensação, Lucienne não é capaz de abrir a caixa quando esta se encontra completamente fechada: tateia, lança a caixa ao chão etc., mas fracassa.

Obs. 181. – Ao 1; 6 (23), Lucienne brinca pela primeira vez com um carrinho de boneca, cujo varal lhe chega à altura do rosto. Desloca-o em cima de um tapete, empurrando-o na posição normal. Quando o carrinho se imobiliza, ao bater na parede, Lucienne puxa-o, caminhando para trás. Mas como essa posição não era cômoda, ela para e, sem hesitar, passa para o lado contrário de uma só vez, evidentemente por analogia com outras situações, mas sem adestramento, aprendizagem, nem acaso.

Na mesma ordem de invenções, ou seja, no domínio das representações cinemáticas, convém citar o fato seguinte. Ao 1; 20 (27), Lucienne procura ajoelhar-se diante de um tamborete, mas, ao apoiar-se nele, o faz recuar à medida que realiza suas sucessivas tentativas. Então levanta-se, agarra no tamborete e vai encostá-lo contra um sofá. Quando ele está bem firme, apoia-se e ajoelha sem dificuldade.

Obs. 181 bis. – Do mesmo modo, Jacqueline, ao 1; 8 (9), chega defronte de uma porta fechada, tendo na mão uma erva. Estende a mão direita para o puxador, mas vê que não consegue abrir a porta sem largar a erva. Então, pousa a erva no chão, abre a porta, agarra outra vez na erva e entra. Mas, quando quer voltar a sair desse quarto, as coisas complicam-se. Pousa a erva no chão e agarra o puxador. Mas dá-se conta, nessa altura, de que ao puxar para si o batente da porta, ela vai ao mesmo tempo varrer para longe o ramo de erva que colocou no chão, entre esse batente e a soleira da porta. Então, volta a apanhar a erva e deposita-a mais adiante, fora da zona de ação do batente.

Esse conjunto de operações, que em nada constituem uma invenção notável, é bem característico, entretanto, dos atos de inteligência fundamentados na representação ou na consciência das relações.

Obs. 182. – Ao 1; 8 (30), Jacqueline tem sob os olhos uma placa de marfim com uma série de orifícios de 1-2 mm de diâmetro e vê-me enfiar a ponta de um lápis num dos orifícios. O lápis fica encravado quase verticalmente e Jacqueline ri. Apodera-se do

A Sexta Fase: a Invenção de Novos Meios por Combinação Mental **337**

lápis e reproduz a operação. Depois dou-lhe outro lápis, mas com a ponta não afiada dirigida para a placa. Jacqueline apanha-o, mas não o vira e tenta introduzir essa ponta romba (o lápis tem 5 mm de diâmetro) em cada um dos orifícios da placa, sucessivamente. Insiste nisso por algum tempo, voltando mesmo aos orifícios que se revelaram mais estreitos. Fazemos, nessa ocasião, três espécies de observações:

1ª) Quando entrego a Jacqueline o primeiro lápis, ela o enfia logo corretamente. Quando lhe dou ao contrário, ela o vira antes mesmo de realizar a experiência, manifestando assim ser muito capaz de compreender as condições iniciais. Quando lhe estendo, por outro lado, o segundo lápis corretamente orientado (isto é, com a ponta para baixo), ela o introduz igualmente pela ponta. Mas se lhe dou ao contrário (com a ponta para cima), ela não o vira! E recomeça querendo enfiá-lo no orifício pela ponta romba! – Essa conduta revelou-se absolutamente constante durante uns trinta ensaios, quer dizer, Jacqueline nunca virou o segundo lápis, ao passo que orientou sempre corretamente o primeiro. Portanto, tudo se passa como se as primeiras experiências tivessem dado origem a um esquema sensório-motor que persistiu em agir durante toda a série: os dois lápis seriam concebidos, assim, por contraste de um com outro, sendo o primeiro aquele que se enfia facilmente e o segundo aquele que resiste. Entretanto, esses lápis são idênticos, evidentemente, do ponto de vista da facilidade com que podem ser introduzidos: o primeiro é simplesmente mais curto do que o segundo e de cor verde, e o segundo mais comprido e de cor marrom (a ponta dos dois é preta e dura).

2ª) Por diversas vezes, Jacqueline, vendo que o segundo lápis se recusa a entrar, tenta enfiá-lo no mesmo orifício que o primeiro. Portanto, não só procura introduzi-lo pela ponta romba, mas, ainda por cima, quer fazê-lo entrar num orifício já ocupado, nesse momento preciso, pelo outro lápis! Voltou a esse processo bizarro inúmeras vezes, apesar do fracasso total. Essa observação demonstra bem como a representação das coisas, na criança dessa idade, ainda ignora as leis mecânicas e físicas mais elementares, e faz assim compreender por que Jacqueline se obstina tanto em querer introduzir o segundo lápis pela ponta errada; ignorando que dois objetos não podem ocupar, simultaneamente, o mesmo orifício estreito, não há

338   O Nascimento da Inteligência na Criança

razão alguma para que ela não tente introduzir um corpo de 5 mm de diâmetro num orifício de 1-2 mm.

3ª) A partir do 30º ensaio, Jacqueline muda bruscamente de método: vira o segundo lápis, tal como faz com o primeiro, e nem uma só vez tenta introduzi-lo pela ponta errada. Se compararmos a série desses novos ensaios com a primeira série, ter-se-á a impressão de que ocorreu uma brusca compreensão, como de uma ideia que surge de súbito e que, mal apareceu logo se impôs definitivamente. Em outras palavras, o segundo lápis foi subitamente assimilado ao primeiro: o esquema primitivo (interligando os dois lápis por contraste) dissociou-se e o lápis que não era preciso virar foi assimilado ao esquema particular do lápis que era preciso virar. Tal processo é, pois, de natureza a fazer-nos compreender, uma vez mais, o mecanismo da invenção.

É fácil perceber em que consiste a originalidade dessas condutas em relação às precedentes. A criança encontra-se numa situação que é nova para ela, isto é, os obstáculos que surgem entre suas intenções e a chegada ao fim exigem uma adaptação imprevista e particular: portanto, é preciso descobrir meios adequados. Ora, esses meios não podem reduzir-se, pura e simplesmente, aos métodos que foram anteriormente adquiridos em outras circunstâncias (como na "aplicação de meios conhecidos às novas circunstâncias"); portanto, é preciso inovar. Se compararmos essas condutas com o conjunto das precedentes, será à "descoberta de novos meios por experimentação ativa" que elas mais se assemelham. O respectivo contexto funcional é exatamente o mesmo. Porém, diferentemente das anteriores, as presentes condutas parecem ter deixado de se desenvolver por exploração tateante e aprendizagem, passando a depender agora da invenção súbita; isto é, em vez de ser controlada, em cada uma de suas fases e *a posteriori,* pelos próprios fatos, a pesquisa é agora controlada *a priori* por combinações mentais: a criança prevê, antes de experimentar, quais são as manobras que fracassarão e quais as que terão êxito; portanto, o controle da experiência incide sobre a totalidade dessa dedução e não mais, como antes, sobre os pormenores de cada iniciativa singular. Por outro lado, o método que deve concebivelmente ter êxito é o novo em si mesmo, quer dizer, resulta de uma combinação mental original e não de uma combinação de movimentos efetivamente executados em cada fase da operação.

§ 2. *INVENÇÃO E REPRESENTAÇÃO*. – Os dois problemas essenciais criados por tais comportamentos em relação aos precedentes são, portanto, os da *invenção* e da *representação*: doravante, há invenção e não apenas descoberta; por outro lado, há representação e não apenas uma exploração sensório-motora. Esses dois aspectos da inteligência sistemática são, aliás, interdependentes: inventar é combinar esquemas mentais, isto é, representativos, e, para tornarem-se mentais, os esquemas sensório-motores devem ser suscetíveis de se combinarem entre si, de todas as maneiras, ou seja, de poderem dar lugar a verdadeiras invenções.

Como explicar, então, essa passagem da exploração dirigida à invenção, e do esquema motor ao esquema representativo? Comecemos por estabelecer a continuidade entre os extremos, para podermos em seguida explicar as diferenciações.

É preciso compreender, do primeiro desses pontos de vista, que a oposição entre a tentativa dirigida e a invenção propriamente dita resulta, sobretudo, de uma diferença de velocidade. A atividade estruturante da assimilação só opera passo a passo, no decurso da tentativa experimental, a ponto de não ser imediatamente visível e de sermos tentados a atribuir as descobertas que daí resultam ao contato exclusivo e fortuito com os fatos exteriores. Na invenção, pelo contrário, ela é tão rápida que a estruturação parece ser repentina: a atividade assimiladora estruturante dissimula-se de novo, pois, à primeira vista, e é-se tentado a considerar as "estruturas" como auto-organizadas. Logo, a oposição entre o empirismo da simples exploração por tentativas e a inteligência da invenção dedutiva parece completa. Mas, se pensarmos no papel da atividade intelectual própria da assimilação e da acomodação combinadas, perceberemos que essa atividade não está ausente da exploração empírica nem inútil para a estruturação das representações; muito pelo contrário, ela constitui o verdadeiro motor tanto de uma como de outra, e a primeira diferença entre as duas situações resulta da velocidade de marcha do motor, velocidade moderada, no primeiro

340 O Nascimento da Inteligência na Criança

caso, pelos obstáculos da estrada, e reforçada, no segundo caso, pela aceleração adquirida.

Mas esse aumento contínuo de velocidade acarreta uma diferenciação no próprio método de funcionamento: este, irregular e visível do exterior, primeiramente, regulariza-se e parece interiorizar-se, depois, ao tornar-se cada vez mais rápido. A esse respeito, a diferença entre a exploração empírica, por tentativas, e a invenção é comparável à que separa a indução da dedução. Os empiristas procuraram reduzir a segunda à primeira, fazendo assim da indução a única forma autêntica de raciocínio; nada mais sendo a indução, segundo eles, do que um registro passivo dos resultados da experiência, a dedução converter-se-ia, pois, numa espécie de réplica interna dessa experiência, uma "experiência mental", como dizem Mach e Rignano. A essa tese se opõe a de certo logicismo, segundo o qual a indução e a dedução nada têm de comum, consistindo a primeira, como os empiristas pensavam, num catálogo de constatações e a segunda em combinações puramente formais. Finalmente, temos a sã análise logística que apontou o parentesco como a oposição desses dois processos complementares. Ambos consistem na construção de relações, estando assim a indução implícita na dedução e repousando na sua atividade construtiva. Mas, na primeira, a construção é incessantemente controlada de fora e pode, assim, recorrer aos processos extralógicos de antecipação que, aos empiristas, pareciam constituir o essencial do pensamento, ao passo que, na segunda, a construção é regulada interiormente, pelo jogo exclusivo das operações. Do mesmo modo, a exploração empírica por tentativas já supõe a existência do mecanismo da invenção; como já vimos, não existe uma acomodação pura, mas a acomodação é sempre dirigida por um jogo de esquemas cuja reorganização, se fosse espontânea, identificar-se-ia com a dedução construtiva das condutas presentes. Porém, como essa reorganização própria da acomodação não pode, quando o problema ultrapassa o nível do sujeito, fazer a economia de um controle exterior contínuo, procede então por assimilação cumulativa, ou seja, a atividade estruturante conserva um ritmo lento e limita-se a combinar apenas entre eles os dados sucessivos da percepção. No caso presente, pelo contrário, em que o problema equacionado se dirige a um espírito suficientemente armado de esquemas já construídos para que a reorganização desses esquemas se opere espontaneamente, a atividade estruturante já não precisa apoiar--se incessantemente nos dados atuais da percepção e pode fazer convergir, na interpretação desses dados um sistema complexo de esquemas simplesmente evocados. A invenção não é outra coisa senão essa reorganização rápida e a representação reduz-se a essa evocação, assim prolongando, uma e outra, os mecanismos em ação no decorrer das condutas precedentes, em seu conjunto.

Retomemos, desse ponto de vista, as obs. 177 a 182, comparando--as ao mecanismo da exploração empírica por tentativas. Como precedentemente, o ponto de partida dessas condutas consiste no impulso dado pelo esquema que atribui uma finalidade à ação: por exemplo, na obs. 180, a vista da corrente na caixa de fósforos deflagra o esquema de agarrar. Esse esquema da finalidade excita imediatamente certo número de esquemas que a criança vai utilizar como meios iniciais e que tratará de acomodar, isto é, de diferenciar em função da nova situação; na obs. 180, Lucienne tenta, assim, virar a caixa ou inserir um dedo na fenda para extrair a corrente da caixa. Mas, ao utilizar esses esquemas, a criança apercebe-se ao mesmo tempo das dificuldades próprias da situação que se lhe apresenta: em outras palavras, produz-se aqui, como no decorrer da exploração empírica, um reencontro com o fato imprevisto que constitui o obstáculo (a fenda é demasiado estreita para deixar o dedo passar). Ora, nos dois casos, esse reencontro acarreta uma nova intervenção dos esquemas anteriores e é graças a estes últimos que os fatos imprevistos adquirem um significado. A única diferença é que, doravante, tais encontros com o obstáculo já não se produzem no decorrer da descoberta (porquanto esta deixou de ser tateante e consiste agora numa invenção súbita), mas antes dela, no momento em que fracassaram os primeiros métodos experimentados a título de hipótese e em que o problema, por isso mesmo, se define. Na obs. 180 esses esquemas auxiliares que vêm atribuir um significado aos fatos são os que permitem à criança compreender a fenda que tem sob os olhos (= o indício de uma abertura subjacente) e em que essa fenda é embaraçosa (porque é demasiado estreita). Com efeito, a criança chega frequentemente a abrir e fechar caixas, querer passar a mão através de aberturas exíguas etc. São esses esquemas que conferem um significado à situação atual e que, ao mesmo tempo, dirigem a

342   O Nascimento da Inteligência na Criança

exploração; portanto, intervêm a título de meios secundários que, por isso mesmo, se subordinam ao processo inicial. É então que intervém a invenção, sob a forma de uma acomodação brusca do conjunto desses esquemas à situação presente. Como decorre, pois, essa acomodação?

Ela consiste, como sempre, em diferenciar, os esquemas precedentes, em função da situação atual, mas essa diferenciação, em vez de proceder por tentativa efetiva e assimilação cumulativa, resulta de uma assimilação espontânea, logo mais rápida, que se processa mediante ensaios simplesmente representativos. Em outras palavras, em vez de explorar a fenda com o dedo e de tentar até descobrir o processo que consiste em puxar para si a parte interior da caixa de fósforos para ampliar a abertura, a criança contenta-se em olhar para essa abertura, fazendo incidir sua experiência não mais sobre aquela, diretamente, mas sobre os seus substitutos simbólicos: Lucienne abre e fecha a boca, enquanto examina a abertura da caixa, prova de que ela está prestes a assimilá-la e a tentar, mentalmente, a ampliação da fenda; por outro lado, a analogia assim estabelecida por assimilação entre a fenda percebida e outras aberturas simplesmente evocadas leva-a a prever que uma pressão exercida na borda da abertura a ampliará. Uma vez os esquemas assim acomodados, espontaneamente, no plano da simples assimilação mental, Lucienne passa à ação e triunfa imediatamente.

Tal interpretação aplica-se a cada uma das nossas outras observações. Na obs. 179, por exemplo, se Lucienne faz uma bola com a corrente a introduzir na caixa, após ter comprovado o fracasso do método direto, é porque os esquemas adquiridos ao meter a corrente dentro de um balde ou um colar num regador (obs. 172), ou ainda ao meter uma ponta da sua almofada, do travesseiro ou de um lenço na boca etc. lhe permitem uma assimilação suficiente da nova situação: em vez de tatear, ela combina mentalmente, portanto, as operações a executar. Mas essa experiência mental não consiste, de maneira alguma, na evocação mnemônica de imagens prontas e nítidas; é, outrossim, um processo essencialmente construtivo em que a representação nada mais é do que um ajudante simbólico, porquanto existe invenção genuína e a criança jamais percebeu uma realidade idêntica àquela que está em curso de elaboração. Nas obs. 180 e 180 *bis,* verifica-se igualmente o funcionamento espontâneo

A Sexta Fase: a Invenção de Novos Meios por Combinação Mental **343**

dos esquemas de deslocamento, por analogia, sem dúvida, com as experiências que a criança pode fazer na realidade, mas essa analogia requer a imaginação de novas combinações. Na obs. 182, finalmente, vemos como um esquema inicial pode diferenciar-se, sem que seja lícito falar de exploração progressiva, por dissociação e assimilação bruscas.[1]

Mas como explicar os mecanismos dessa reorganização espontânea dos esquemas? Vejamos, por exemplo, a construção do esquema de "fazer uma bola", na obs. 179, ou de "ampliar a fenda", na obs. 180: esta

---

[1] Para melhor compreender o mecanismo dessa assimilação que se tornou dedutiva, embora permaneça no plano das operações sensório-motoras, analisemos ainda um caso de invenção prática elementar observado no adulto e, por consequência, suscetível de introspecção correta. Ao conduzir um velho automóvel, sou embaraçado pelo óleo que se espalhou no volante e que o torna escorregadio. Não tendo tempo de parar, tiro um lenço e limpo as manchas oleosas. No momento de repor o lenço no bolso, verifico que está gorduroso demais e procuro um lugar onde escondê-lo sem que nada suje; resolvo enfiá-lo entre o meu banco e o banco vizinho, empurrando-o mais para o fundo possível nesse interstício. Uma boa hora depois, a chuva força-me a baixar o para-brisa, mas o calor que daí resultou leva-me, entretanto, a tentar entreabri-lo. Como os parafusos estavam bastante gastos, não consigo fazer o que pretendia: o para-brisa só se mantém todo aberto ou todo fechado. Tento aguentar com a mão esquerda o para-brisa entreaberto, mas a fadiga leva-me a pensar que um objeto qualquer poderia substituir a minha mão. Procuro à minha volta, mas nada se apresenta. Observando o para-brisa, tenho a impressão de que se poderia entalar o objeto não na parte inferior do vidro (o para-brisa é empurrado de baixo para cima, para abrir), mas no ângulo formado pela borda direita do para-brisa e a empena vertical da carroceria. Tenho a impressão vaga de uma analogia entre a solução a encontrar e um problema já resolvido precedentemente. A solução define-se então: a tendência que experimento para introduzir um objeto no ângulo do para-brisa alia-se a uma espécie de recordação motora de ter enfiado alguma coisa, há poucos instantes, numa fenda. Procuro lembrar-me do que se tratava, mas nenhuma representação nítida me acode à memória. Depois, subitamente sem ter tido tempo de imaginar coisa alguma visivelmente, compreendo a solução e já me encontro empenhado em procurar com a mão o lenço escondido. Portanto, era este último esquema que dirigia a minha exploração há alguns momentos e que me orientava para o ângulo lateral do para-brisa, quando a minha última ideia era diferente.

Essa observação banal mostra bem como uma pesquisa sensório-motora pode excitar esquemas precedentemente adquiridos e fazê-los funcionar independentemente da linguagem interior e da representação clara: a tendência para introduzir um objeto numa fenda vem, nesse exemplo, amoldar-se exatamente a um esquema que permanecia em estado quase puramente motor e a conjunção assim produzida basta para garantir a descoberta de uma solução. Compreende-se, pois, como uma dedução sensório-motora é possível na criança pequena por simples evocação prática dos esquemas e independentemente de um sistema bem definido de representações.

344 O Nascimento da Inteligência na Criança

construção consistirá numa estruturação súbita das representações ou do campo da percepção, ou será, de fato, o remate final das atividades assimiladoras anteriores à invenção? Como acabamos de recordar, certo número de esquemas já adquiridos dirige a exploração no momento em que surge a invenção, sem que nenhum deles, entretanto, contenha em si a solução correta. Por exemplo, antes de fazer uma bola com a corrente para introduzi-la no orifício estreito, Lucienne já sabia: 1º) comprimir um pano; 2º) meter a corrente numa grande abertura; e 3º) comparar objetos volumosos com aberturas insuficientes (como ao querer passar vários objetos através das barras do seu parque). No caso da obs. 180, ela está igualmente na posse dos esquemas anteriores em que já insistimos. Portanto, o problema que se nos depara é o de saber como tais esquemas vão coordenar-se entre si para dar origem à invenção. Será por uma estruturação independente de sua gênese ou graças à própria atividade que os engendrou e que prossegue agora sem depender mais das circunstâncias exteriores em que teve início? Isso é o mesmo que perguntar se as ideias se organizam a si próprias, no decurso de uma invenção teórica, ou se se organizam em função de juízos implícitos e da atividade inteligente potencial que elas representam. Quanto a nós, não temos dúvida de que a segunda dessas duas teses é, em ambos os casos (tanto na inteligência sensório-motora como no pensamento refletido), muitíssimo mais satisfatória para o espírito, não consistindo a primeira senão num modo de falar que oculta o dinamismo dos fatos sob uma linguagem estática.

Mas como conceber essa organização dos esquemas, se ela deve preencher a dupla condição de prolongar a sua atividade assimiladora e de emancipar-se das circunstâncias exteriores em que essa atividade teve início? Graças ao processo da assimilação recíproca, mas na medida em que ele agora se prolonga num plano independente da ação imediata.

Reencontramos aqui uma observação já feita a propósito da "aplicação de meios conhecidos às novas situações"; é que, no ato de inteligência prática, os meios subordinam-se aos fins mediante uma coordenação análoga à dos esquemas heterogêneos, no caso das coordenações intersensoriais (ouvido e vista etc.), logo, por assimilação recíproca dos esquemas em presença. Em outras palavras, cada esquema tende a prolongar a atividade assimiladora que lhe deu origem (assim como cada ideia tende a prolongar os juízos de que promanou) e aplica-se,

A Sexta Fase: a Invenção de Novos Meios por Combinação Mental **345**

por consequência, ao conjunto das situações que a tal se prestem. Logo, na presença da corrente de relógio a enfiar por um orifício estreito, os esquemas que apresentam uma analogia qualquer com a situação e sejam suscetíveis, pois, de assimilar os dados, entrarão por si mesmos em atividade. Deparamos a todo instante com exemplos que ilustram esse processo. Até o presente, porém, a atividade assim desencadeada deu sempre lugar a ações efetivas, isto é, a aplicações imediatas ("aplicação de meios conhecidos às novas situações") ou a explorações empíricas. A novidade do caso da invenção consiste, pelo contrário, no fato de, doravante, os esquemas que entram em ação permanecerem em estado de atividade latente e combinarem-se reciprocamente antes (e não depois) de sua aplicação exterior e material. É por isso mesmo que a invenção parece surgir do nada: o ato que surge repentinamente resulta, com efeito, de uma prévia assimilação recíproca, em vez de se manifestarem, à luz do dia, as suas várias peripécias. O melhor exemplo desse processo é o que consignamos na nota 1 deste capítulo. Com efeito, a introspecção permitiu-nos notar claramente como o esquema do lenço enfiado numa fenda assimilou progressiva e mentalmente o esquema do objeto a entalar no vidro entreaberto e vice-versa, acarretando essa assimilação recíproca a invenção da solução correta. Com Lucienne, a obs. 180 mostra-nos igualmente o bem fundado desta explicação: o gesto de abrir e fechar a boca, em presença da abertura a ampliar, indica com muita clareza como a reorganização interior dos esquemas se processa por sucessivas assimilações. A bem conhecida fórmula de G. Tarde[2] ilustra esse mecanismo: a invenção, escreveu Tarde, resulta da interferência de correntes independentes de ação. O processo dessa interferência só pode ser, precisamente, na nossa linguagem, a assimilação recíproca.

Em resumo, a invenção por dedução sensório-motora consiste apenas numa reorganização espontânea dos esquemas anteriores, os quais se acomodam por si mesmos à nova situação mediante recíproca. Até o presente, isto é, a exploração empírica inclusive, os esquemas anteriores só funcionaram graças a um exercício real, isto é, aplicando--se efetivamente a um dado concretamente percebido. Assim é que, na obs. 165, foi preciso que Jacqueline visse realmente que o galo

---

[2] Gabriel TARDE, *Les lois sociales*, Paris, 1898.

346   O Nascimento da Inteligência na Criança

era retido pelas barras do parque e comprovasse realmente a possibilidade de endireitá-lo, quando o objeto recuava por acaso ao cair, para que ela tivesse então a ideia de recuá-lo sistematicamente, antes de endireitá-lo e introduzi-lo entre as barras; portanto, os esquemas anteriores intervêm para dar um significado a esses eventos, mas só intervêm quando um dado concretamente percebido (a queda do galo etc.), os excita e faz funcionar. Pelo contrário, na dedução preventiva, os esquemas funcionam interiormente, sem que haja necessidade de uma série de atos externos para alimentá-los incessantemente de fora para dentro. Ainda é imprescindível, naturalmente, que um problema seja criado pelos próprios fatos e que esse problema suscite, a título de hipótese, o emprego de um esquema sensório-motor servindo de meio inicial (sem o que já não estaríamos no domínio da inteligência prática e teríamos atingido o plano da inteligência refletida). Mas, uma vez formulado o objetivo final e percebidas as dificuldades com que depara o emprego dos meios iniciais, os esquemas da finalidade, os dos meios iniciais e os esquemas auxiliares (evocados pela consciência das dificuldades) organizam-se por si mesmos numa nova totalidade, sem que uma tentativa exterior seja necessária para sustentar a sua atividade.

Portanto, é inexato falar, como ocorre na teoria empirista da "experiência mental", numa simples interiorização das experiências efetivas anteriores: interiorizados são, unicamente, os conhecimentos adquiridos em virtude dessas experiências. Mas a experiência efetiva ou externa implica desde logo, como a dedução simplesmente mental, uma atividade assimiladora interna, formadora de esquemas, e é essa atividade, interna desde o começo, que doravante funciona por si mesma, sem precisar mais de uma alimentação exterior. Conservemos, se quisermos, a expressão "experiência mental" para designar essas deduções primitivas. Mas só na condição, pois, de recordarmos que toda e qualquer experiência, incluindo a tentativa empírica, pressupõe em si uma organização prévia dos esquemas assimiladores, e que o contato com os fatos nada é, em nível nenhum, fora da acomodação desses esquemas. O bebê que combina mentalmente as operações a executar para ampliar a fenda da caixa de fósforos está na situação da criança de mais idade que já não precisa contar as maçãs pelos dedos para estabelecer que "2 + 2 são 4" e que se limita a combinar esses algarismos; mas esta última "experiência mental" seria incompreensível

A Sexta Fase: a Invenção de Novos Meios por Combinação Mental **347**

se, a partir da numeração dos objetos concretos, uma atividade numerante não assimilasse as realidades que não são intrinsecamente providas de propriedades numéricas. A experiência mental é, portanto, uma assimilação funcionando por si mesma e que assim se torna parcialmente formal, em contraste com a assimilação material do início. Do mesmo modo, a dedução de Lucienne relativa à caixa de fósforos resulta diretamente de um funcionamento espontâneo dos seus esquemas de assimilação, quando eles passam a combinar--se reciprocamente sem conteúdo perceptivo imediato e já não se desenvolvem senão por meio de evocações. A dedução revela-se, pois, nos seus primórdios, como o prolongamento direto dos mecanismos anteriores de assimilação e acomodação, mas num plano que começa a diferenciar-se da percepção e da ação diretas.

Perguntar-se-á então, como o faz a teoria que se situa no outro extremo: quer isso dizer que a invenção é devida a uma estruturação imediata do campo da percepção, independente de toda aprendizagem e das ações anteriores? As observações precedentes não parecem ser mais favoráveis a uma tese tão radical do que a da "experiência mental" defendida pelos empiristas puros. O defeito da tese empirista é que não explica o elemento criador próprio da invenção. Fazendo de toda dedução uma repetição interna de explorações empíricas e tentativas experimentais exteriores, acaba por negar a existência de uma atividade construtiva que se conserva interna (em todos os níveis) e que só a depuração progressiva do raciocínio explica. Mas a teoria das "estruturas", ao insistir demais na originalidade da invenção, chega ao mesmo resultado e vê-se obrigada, para explicar as novidades sem recorrer à atividade própria da assimilação e da acomodação combinadas, a atribuir tais novidades a um pré-formismo estrutural. Enquanto o associacionismo empirista considerava toda e qualquer dedução construtiva uma réplica interna de experiências exteriores já totalmente organizadas, a teoria das estruturas dela faz uma projeção no exterior de formas interiores também antecipadamente preparadas em sua totalidade (porque ligadas ao sistema nervoso, às leis *a priori* da percepção etc.). Ora, é disso que a análise da atividade assimiladora nos leva a duvidar. Embora nos pareça que os esquemas de assimilação, no caso das obs. 177 a 182, se reorganizam espontaneamente, na presença do problema criado pelo meio externo, isso não significa necessariamente que esses esquemas,

348   O Nascimento da Inteligência na Criança

por muito globais e totalizadores que possam ser, sejam idênticos a "estruturas" que se impõem por si mesmas, independentemente de qualquer construção intelectual. O esquema de assimilação não é, com efeito, uma entidade isolável da atividade assimiladora e acomodadora. Só se constitui funcionando e só funciona na experiência: portanto, o essencial não é o esquema como estrutura, mas a atividade estruturante que dá origem aos esquemas. Logo, se os esquemas, num dado momento, se reorganizam por si mesmos até fazerem surgir invenções por combinação mental, tal acontece, simplesmente, porque a atividade assimiladora, exercida durante muitos meses de aplicação aos dados concretos da percepção, acaba por funcionar autonomamente, apenas utilizando doravante os símbolos representativos. Isso de maneira alguma significa, repetimos, que tal depuração seja uma simples interiorização de experiências anteriores; foi nesse ponto que a Psicologia Gestaltista insistiu com felicidade, ao demonstrar que a reorganização própria da invenção cria, de fato, algo de novo. Mas isso significa que a reorganização não se faz autonomamente, como se os esquemas fossem dotados de estrutura própria e não se levasse em conta a atividade assimiladora que lhes deu origem: a reorganização que caracteriza a invenção prolonga, simplesmente, essa atividade. Assim é que, nos fatos observados com os nossos filhos (obs. 177 a 182) e, sem dúvida, cada vez que se conhece em pormenores a história dos sujeitos examinados, é possível redescobrir sempre quais os esquemas antigos que intervieram na invenção; a invenção nem por isso é menos criadora, bem entendido, mas supõe também um processo genético cujo funcionamento lhe é muito anterior.

Qual é agora o papel da *representação,* nessas primeiras deduções sensório-motoras? À primeira vista, parece ser capital: é graças à representação que a assimilação recíproca pode manter-se interna, em vez de dar prontamente lugar a explorações empíricas. Portanto, é graças à representação que a "experiência mental" sucede à experimentação efetiva e que a atividade assimiladora pode prosseguir e purificar-se num novo plano, distinto do plano da percepção imediata ou da ação propriamente dita. Assim se explica como Köhler foi levado a dar toda a ênfase, nas suas investigações relativas à inteligência animal, à reorganização do campo da percepção, como se fosse essa organização que acarretava, consequentemente, a

A Sexta Fase: a Invenção de Novos Meios por Combinação Mental **349**

invenção intelectual e não o inverso.[3] A representação é, com efeito, uma novidade essencial à constituição das condutas da presente fase: ela diferencia essas condutas das fases anteriores. Como já vimos, os comportamentos mais complexos das fases precedentes, inclusive a "descoberta de novos meios por experimentação ativa", podem dispensar as representações, se definirmos estas últimas como evocações de objetos ausentes: a antecipação motora própria dos esquemas móveis de assimilação é suficiente para garantir a compreensão dos indícios e a coordenação de meios e fins, sem que a percepção tenha necessidade de se desdobrar em representação. Pelo contrário, a invenção por combinação mental implica essa representação. Fazer antecipadamente uma bola de uma corrente de relógio para introduzi-la num orifício estreito (quando o sujeito nunca teve qualquer oportunidade prévia de fazer semelhante bola, em tais circunstâncias), combinar de antemão as posições de uma vara, antes de passá-la através das barras de uma grade (quando a experiência é inteiramente nova para a criança), ampliar antecipadamente uma fenda para dela retirar um objeto escondido (quando a criança defronta pela primeira vez tal problema), tudo isso supõe que o sujeito represente os dados oferecidos à sua visão de um modo inteiramente distinto de como os percebe diretamente: corrige em espírito a coisa que vê, isto é, evoca posições, deslocamentos ou até mesmo objetos, sem que os observe atualmente no seu campo visual.

Mas se a representação constitui, pois, uma aquisição essencial, característica dessa fase, não convém, entretanto, exagerar-lhe a importância. A representação é indubitavelmente necessária à invenção, mas seria errôneo considerá-la uma causa única. Além disso, poder-se-á sustentar, pelo menos com igual verossimilhança, que a representação resulta da invenção: o processo dinâmico próprio desta última precede, com efeito, a organização das imagens, dado que a invenção nasce de um funcionamento espontâneo dos esquemas de assimilação. Assim, a verdade parece ser que existe entre a invenção e a representação uma interação e não uma simples filiação. Qual poderá ser a natureza dessa interação?

---

[3] Esse papel atribuído à representação visual não é, aliás, necessário às explicações gestaltistas, como o demonstram as aplicações feitas por K. LEWIN da teoria da forma à própria atividade.

350   O Nascimento da Inteligência na Criança

As coisas esclarecem-se desde que, com a teoria dos signos, se faça das imagens visuais, próprias da representação, um simples simbolismo com função "significante"; e do processo dinâmico próprio da invenção a significação propriamente dita, ou seja, o "significado". A representação serviria assim de símbolo para a atividade inventiva, o que nada retira à sua utilidade, pois que o símbolo é necessário à dedução, mas a alivia do papel excessivamente pesado que por vezes a fazem desempenhar, ou seja, o de motor da própria invenção.

Convirá distinguir aqui dois casos. O primeiro é aquele em que a criança evoca diretamente um movimento ou uma operação já executados antes. Por exemplo, quando Lucienne se apercebe de que a sua vara não passa entre as barras e endireita-a antes de procurar passá-la (obs. 178), é muito possível que, combinando os novos movimentos necessários à operação, ela evoque visualmente os movimentos da vara anteriormente executados (quer imediatamente antes, quer em outras experiências prévias). Nesse caso, a representação desempenha o papel de simples recordação visual e poder-se-ia pensar que a invenção consiste em combinar, pura e simplesmente, essas imagens-recordações entre si. Infelizmente, essa hipótese tão simples, na qual assenta a teoria associacionista da experiência mental, esbarra com sérias dificuldades. A observação, com efeito, não parece mostrar, de modo algum, que a imagem visual, durante o primeiro ano de vida da criança, prolongue a ação com tamanha facilidade. As observações descritas a propósito da "invenção de novos meios por experimentação ativa" (obs. 148 a 174) seriam inexplicáveis se as imagens visuais se constituíssem em função da percepção; como explicar, por exemplo, que Jacqueline, na obs. 165, tenha tanta dificuldade em tirar partido das experiências que realiza (impossibilidade de fazer passar o galo através das barras), se uma representação visual adequada lhe permite registrar o que vê? Em tal caso, parece-nos, pelo contrário, que a aprendizagem é de ordem motora e que a imagem ainda não prolonga o movimento. Logo, parece difícil interpretar a invenção por combinação mental como uma simples reorganização do campo da percepção; essa reorganização resulta da organização dos próprios movimentos e não a precede. Se as imagens intervêm, então é a título de símbolos que acompanham o processo motor e permitem aos esquemas apoiarem-se neles para o seu próprio funcionamento, independentemente da percepção imediata: as imagens, portanto, não são, nesse caso, os elementos, mas simplesmente as ferramentas do pensamento nascente.[4]

Quanto a saber por que a imagem não intervém no nível da exploração empírica e parece necessária à invenção por combinação mental, isso se explica, justamente, em virtude da mesma hipótese. Sendo a imagem um símbolo, não prolonga sem mais o movimento e a percepção reunidos; e é por isso que não intervém na exploração empírica. Em contrapartida, logo que os esquemas começam a funcionar espontaneamente, isto é, fora das explorações imediatas, e a combinar-se mentalmente, eles conferem, por isso mesmo, uma significação aos vestígios deixados pela percepção[5] e elevam-nos, pois, à categoria de símbolos em relação a eles (isto é, aos esquemas); a imagem assim constituída converte-se no significante, cujo significado correspondente é o próprio esquema sensório-motor.

Isso nos conduz ao segundo caso: quando a representação acompanha a invenção ou combinação mental, ocorre que a criança não evoca, simplesmente, as operações já executadas, mas combina ou compara, na imaginação, diversas imagens. Um exemplo é o da obs. 180, na qual Lucienne abre a boca olhando para uma fenda a ampliar e manifesta, assim, que está realizando combinações representativas. Mas, em tal caso, a imagem é símbolo *a fortiori*: utilizar os movimentos imaginados da boca para pensar as operações a executar numa abertura que é dada na percepção, certamente é fazer da imagem um simples "significante" cuja significação deve ser procurada na própria operação motora.

---

[4] Ver, a esse respeito, o excelente artigo de I. MEYERSON (Les images), em DUMAS, *Nouveau traité de psychologie*, v. II.

[5] Dir-se-á, talvez, que esses vestígios constituem, precisamente, por si sós, as imagens e que, sendo assim, a imagem precede a invenção. Mas, como veremos (em *A gênese da imitação*), a percepção não se prolonga em imagem representativa, isto é, não deixa traços duradouros, salvo na medida em que se desdobrar em imitação e em que a própria imitação se interiorizar. Ora, essa interiorização da imitação (tanto das coisas como das pessoas) só se produz, precisamente, durante a sexta fase, no momento em que se conclui a conquista do mecanismo imitador sob a influência da libertação dos esquemas em relação à ação imediata. Portanto, temos aí um conjunto de processos intelectuais solidários e não, absolutamente, uma simples seriação que vai desde a sensação à imagem, como queria o associacionismo clássico.

352 O Nascimento da Inteligência na Criança

Em resumo, o fato de a invenção fazer-se acompanhar de representação nada nos diz a favor da teoria associacionista da experiência mental nem mesmo da tese de uma reorganização espontânea do campo da percepção, tese defendida por certas obras célebres inspiradas na teoria gestaltista. Com efeito, toda representação comporta dois grupos de elementos, os que correspondem às palavras e aos símbolos, por um lado, e às próprias noções, por outro lado, no que diz respeito à representação teórica: são os signos e as significações. Ora, a imagem deve ser classificada no primeiro grupo, ao passo que o segundo grupo é constituído pelos próprios esquemas, cuja atividade engendra a invenção. Assim, vê-se que, embora a invenção suponha a representação, a recíproca também é verdadeira, porque o sistema de signos não poderá ser elaborado independentemente do das significações.

Ficaria por elucidar, é certo, o "como" desse advento da imagem, na medida em que ela promana da atividade dos esquemas. Mas não é este o lugar oportuno para considerá-lo, visto que uma questão considerável tem de ser previamente abordada: o problema da imitação. Com efeito, se, verdadeiramente, a imagem não acompanha logo o movimento, um termo intermediário deve poder explicar a passagem do motor ao representativo; e a imagem deve ser, de algum modo, acionada antes de pensada. Esse intermediário nada mais é senão a imitação. A obs. 180, durante a qual Lucienne imita a abertura contemplada e imita-a graças aos movimentos da boca, isto é, de um órgão não diretamente percebido pela vista, é um excelente exemplo dessa transição. Deixemos, pois, o problema para mais tarde, quando pudermos reatar a história dos esquemas motores do ponto de vista especial da imitação.

Portanto, limitemo-nos a concluir que a intervenção das "representações" nos mecanismos da presente fase implica a de um sexto e último tipo de significantes, o das *imagens simbólicas*. Recordar-se-á, de fato, que os "sinais", durante a quarta fase (até então eles estavam vinculados aos próprios movimentos da criança), começam a destacar-se da ação imediata, sob a forma de "indícios" que permitem a previsão de eventos independentes da atividade do sujeito (obs. 132-135). Durante a quinta fase, o caráter desses "indícios" ainda mais se acentua, isto é, eles permitem à criança prever as propriedades dos próprios objetos, assim se adaptando ao mecanismo das "reações circulares terciárias" (obs. 175). Ora, o desenvolvimento dos indícios no duplo sentido da acomodação às coisas e do desprendimento em relação à ação imediata encontra seu remate no decurso da sexta fase, quando os esquemas se tornam capazes de funcionar sozinhos por combinação puramente mental. Por um lado, graças ao progresso da acomodação (a qual, como verificaremos ulteriormente, prolonga-se necessariamente em imitação), os indícios amoldam-se cada vez mais às características das coisas e tendem, assim, a constituir-se em imagens. Por outro lado, graças ao divórcio progressivo entre os indícios e a ação imediata, em proveito da combinação mental, essas imagens libertam-se da percepção direta para tornarem-se "simbólicas".

Observa-se esse duplo movimento nos fatos relacionados com a imitação e o jogo. A imitação característica da sexta fase torna-se representativa tanto porque a criança imita os gestos novos, por meio das partes invisíveis para ela do seu próprio corpo (imitação relativa aos movimentos da cabeça etc., a qual conduz a uma representação do seu próprio rosto), como por causa das "imitações diferidas" que anunciam o simbolismo (imitar pessoas ausentes etc.). Por outro lado, o jogo, durante o mesmo período, também se torna simbólico na medida em que começa a implicar o "como se".

Ora, do ponto de vista das significações e da inteligência em geral, esse desenvolvimento das representações não se afirma apenas na "invenção de novos meios por combinação mental", mas também numa série de outras condutas que testemunham a existência de imagens representativas necessárias à evocação de objetos ausentes. Eis um só exemplo:

Obs. 183. – Ao 1; 6 (8), Jacqueline brinca com um peixe, um cisne e uma rã de celuloide, que ela mete numa caixa para tirá-los, voltar a metê-los etc. Num dado momento, ela perde a rã; pousa na caixa o cisne e o peixe e depois procura, manifestamente, a rã. Ergue tudo o que está ao seu alcance (uma grande tampa, um tapete etc.) e começa a dizer (mas muito tempo depois de ter começado a busca) *inine, inine* (= *grenouille*: rã). Não foi a palavra que desencadeou a busca, mas o inverso; houve, portanto, a evocação de um objeto ausente sem qualquer excitante diretamente percebido. A vista da caixa onde só se encontram dois dos três objetos provocou

354 O Nascimento da Inteligência na Criança

a representação da rã, pouco importa que essa representação tenha precedido ou acompanhado o ato.

Vê-se, portanto, a unidade de condutas dessa sexta fase: combinação mental dos esquemas com possibilidade de dedução que ultrapassa a experimentação efetiva, invenção, evocação representativa por imagens-símbolos são outras tantas características que assinalam o acabamento da inteligência sensório-motora e a tornam, doravante, suscetível de entrar nos quadros da linguagem para se transformar, com a ajuda do grupo social, em inteligência refletida.

CONCLUSÕES

A Inteligência "Sensório- -Motora" ou "Prática" e as Teorias da Inteligência

Existe uma inteligência sensório-motora ou prática, cujo funcionamento prolonga o dos mecanismos de nível inferior: reações circulares, reflexos e, mais profundamente ainda, a atividade morfogenética do próprio organismo. Tal é, segundo nos parece, a principal conclusão do presente estudo. Convém agora determinar o alcance de tal interpretação, procurando fornecer uma visão de conjunto dessa forma elementar da inteligência.

Recordemos, primeiramente, para poder inserir nele a nossa descrição, o quadro de explicações possíveis dos diferentes processos psicobiológicos. Com efeito, existem, pelo menos, cinco maneiras principais de conceber o funcionamento da inteligência e elas correspondem às concepções que já enumeramos, no tocante à gênese das associações adquiridas e dos hábitos (cap. II; § 5) e à das próprias estruturas biológicas (Introdução, § 3).

Em primeiro lugar, pode-se atribuir o progresso intelectual à pressão do meio exterior, cujas características (concebidas como inteiramente constituídas independentemente da atividade do sujeito) seriam pouco a pouco gravadas no espírito da criança. Princípio do lamarckismo, quando se aplica às estruturas hereditárias, tal explicação acabou erigindo o hábito em fato primordial e considerou as associações mecanicamente adquiridas como o princípio da inteligência. De fato, é difícil conceber entre o meio e a inteligência a existência de outros vínculos além dos que são próprios da associação atomística quando, de acordo com o empirismo, se ignora a atividade intelectual em proveito da pressão exercida pelas coisas. As teorias que consideram o meio

356 O Nascimento da Inteligência na Criança

como uma totalidade ou uma coleção de totalidades são obrigadas a admitir que a inteligência ou a percepção é que lhe conferem esse caráter (mesmo que este corresponda a dados independentes de nós, o que implica então uma harmonia preestabelecida entre as "estruturas" do objeto e as do sujeito): de fato, não se entende como, na hipótese empirista, o meio, mesmo admitindo que constitua em si próprio uma totalidade, possa impor-se ao espírito, a não ser por sucessivos fragmentos, quer dizer, ainda por associação. O primado conferido ao meio acarreta, portanto, a hipótese *associacionista*.

Em segundo lugar, pode-se explicar a inteligência pela própria inteligência, isto é, supor a existência de uma atividade estruturada desde o começo e que se aplica diretamente a conteúdos cada vez mais ricos e mais complexos. Assim é que existiria, a partir do plano fisiológico, uma "inteligência orgânica", a qual se prolongaria depois em inteligência sensório-motora e, finalmente, em inteligência propriamente reflexiva. Tal interpretação é paralela, naturalmente, ao vitalismo, no campo da Biologia. Quanto às associações e hábitos, considera-os, como já vimos, derivados em relação à inteligência, em seus diferentes níveis, e não fatos primordiais. Designaremos por *intelectualista* essa segunda solução.

Em terceiro lugar, pode-se, de acordo com as concepções *aprioristas*, considerar que os progressos da inteligência são devidos não a uma faculdade inata, mas à manifestação de uma série de estruturas que se impõem de dentro para fora à percepção e à inteligência, à medida que se manifestarem as necessidades provocadas pelo contato com o meio. Assim, as estruturas expressariam a própria contextura do organismo e das suas características hereditárias, o que tornaria fútil toda e qualquer aproximação entre a inteligência e as associações ou hábitos adquiridos sob a influência do meio.

Em quarto lugar, a inteligência pode ser concebida como consistindo numa série de tentativas e explorações empíricas inspiradas pelas necessidades e as implicações delas resultantes, mas selecionadas pelo meio exterior (como, em Biologia, as mutações são endógenas, mas a sua adaptação é devida a uma seleção ulterior). Essa interpretação *pragmática* da inteligência seria intermediária entre o empirismo da primeira e o apriorismo da terceira solução. Do ponto de vista das relações entre a inteligência e a associação baseada no hábito, ela resulta, como esta última, na oposição entre esses dois tipos de comportamentos, mas menos radicalmente, visto que a associação adquirida desempenha um papel essencial na exploração empírica, por tentativas.

Enfim, em quinto lugar, pode-se conceber a inteligência como o desenvolvimento de uma atividade assimiladora cujas leis funcionais são dadas a partir da vida orgânica e cujas sucessivas estruturas que lhe servem de órgãos são elaboradas por interação dela própria com o meio exterior. Tal solução difere da primeira na medida em que não acentua o papel isolado da experiência, mas destaca a atividade do sujeito que torna possível essa experiência. Portanto, aparenta-se sobretudo com as três outras soluções. Entretanto, distingue-se da segunda na medida em que não considera a inteligência algo dado e acabado desde o início da vida orgânica: a inteligência elabora-se e somente as suas leis funcionais estão implicadas na organização e na assimilação orgânicas. Ao apriorismo estático da terceira solução, ela opõe a ideia de uma atividade estruturante, sem estruturas pré--formadas, que engendra os órgãos da inteligência à medida que funciona em contato com a experiência. Finalmente, ela difere da quarta solução porque limita o papel do acaso na exploração por tentativas, em benefício da ideia de uma pesquisa dirigida, direção esta que se explica pela continuidade da atividade assimiladora, da organização reflexa e da elaboração dos hábitos mais elementares, até à das estruturas mais complexas da inteligência dedutiva. Mas essa continuidade não equivale a reduzir o superior ao inferior nem a operar a redução inversa: consiste numa construção gradual de órgãos que obedecem às mesmas leis funcionais.

Para justificar esta quinta interpretação, examinemos antes as outras quatro possíveis, limitando-nos a discuti-las à luz dos nossos resultados.

§ 1. *O EMPIRISMO ASSOCIACIONISTA.* – É impossível negar, parece-nos, que a pressão do meio exterior desempenha um papel essencial no desenvolvimento da inteligência; e não podemos seguir o gestaltismo no seu esforço para explicar a invenção independentemente da experiência adquirida (§ 3). Por isso o empirismo está destinado a

358 O Nascimento da Inteligência na Criança

renascer incessantemente das suas próprias cinzas e a desempenhar o seu útil papel de antagonista das interpretações aprioristas. Mas todo o problema consiste em saber como é que o meio exerce a sua ação e como o sujeito registra os dados da experiência: é sobre esse ponto que os fatos obrigam a divergir do associacionismo.

Em favor do empirismo é permitido invocar, portanto, tudo o que, na sucessão das nossas fases, manifesta uma influência da história das condutas sobre o seu estado presente. A importância do meio só é sensível, com efeito, num desenvolvimento histórico, quando as experiências adicionadas opõem as séries individuais umas às outras o suficiente para permitir que se determine o papel dos fatores externos. Pelo contrário, a pressão atual das coisas sobre o espírito, num ato de compreensão ou de invenção, por exemplo, pode ser sempre interpretada em função das características internas da percepção ou da intelecção. Ora, o papel da história vivida pelo sujeito, isto é, a ação das experiências passadas sobre a experiência atual, pareceu-nos considerável no decurso das sucessivas fases por nós estudadas.

Desde a primeira fase se verifica como o exercício de um mecanismo reflexo influi na sua maturação. Que dizer, senão que, desde o começo, o meio exerce a sua ação? De fato, o uso ou não uso de uma montagem hereditária depende, sobretudo, das circunstâncias exteriores. Durante a segunda fase, a importância da experiência cresce incessantemente. Por um lado, com efeito, os reflexos condicionados, associações adquiridas e hábitos, cujo aparecimento caracteriza esse período, consistem todos em ligações impostas pelo meio exterior, seja qual for a explicação que se adote, quanto à própria capacidade de estabelecer tais ligações (portanto, relativamente ao seu mecanismo formal), não sofre dúvida alguma que o seu conteúdo é empírico. Por outro lado, verificamos que certas maturações correntemente consideradas como dependendo, em exclusivo, de fatores internos são, na realidade, regidas pelo próprio meio, pelo menos em parte; assim é que a coordenação entre a visão e a preensão se apresenta em datas que oscilam entre 0; 3 e 0; 6, segundo a experiência adquirida pelo sujeito (obs. 84-93).

A conduta, cujo aparecimento caracteriza a terceira fase, é a reação circular secundária, como o leitor recordará. Ora, também nesse caso, seja qual for a interpretação que se dê à própria capacidade de

A Inteligência "Sensório-Motora" ou "Prática" e as Teorias da Inteligência **359**

reproduzir os resultados interessantes obtidos por acaso, não há dúvida alguma de que as ligações adquiridas graças a tais condutas são devidas a aproximações empíricas. As reações circulares secundárias prolongam, assim, em linha direta, as reações primárias (às quais são devidos os primeiros hábitos); quer ele aja sobre as coisas ou sobre o seu próprio corpo, o sujeito só descobre as ligações reais mediante um exercício contínuo cujo poder de repetição supõe, como matéria, os dados da experiência como tais.

Com a coordenação dos esquemas, própria da quarta fase, a atividade da criança deixa de consistir apenas em repetir ou conservar; ela passa também a combinar e a unir. Poder-se-ia esperar, então, que o papel da experiência diminuísse em proveito de estruturações *a priori*. Mas tal não sucede. Em primeiro lugar, como os esquemas são sempre resumos de experiência, as suas assimilações recíprocas ou suas combinações, por muito refinadas que sejam, nunca exprimem mais do que uma realidade experimental, passada ou futura. Em seguida, embora essas coordenações de esquemas suponham, como as reações circulares e os próprios reflexos, uma atividade própria do sujeito, só se realizam, entretanto, em função da ação, de seus êxitos ou fracassos: o papel da experiência, longe de diminuir da terceira para a quarta fase, só faz, portanto, aumentar de importância. Durante a quinta fase, a utilização da experiência ainda mais se amplia, pois esse período é caracterizado pela "reação circular terciária" ou "experiência para ver" e a coordenação dos esquemas prolonga-se, doravante, em "descobertas de novos meios por experimentação ativa".

Finalmente, a sexta fase acrescenta às condutas precedentes mais um comportamento: a invenção de novos meios por dedução ou combinação mental. Tal como a propósito da quarta fase é lícito perguntar, pois, se a experiência não é mantida em xeque pelo trabalho do espírito e se novas ligações, de origem apriorística, não vão doravante sobrepor-se às relações experimentais. Nada disso acontece, pelo menos no que diz respeito ao conteúdo das relações elaboradas pelo sujeito. Mesmo na própria invenção, que, aparentemente, supera a experiência, esta desempenha o seu papel a título de "experiência mental". Por outro lado, a invenção, por muito livre que seja, une-se à experiência e, afinal de contas, submete-a ao seu veredicto. Essa submissão pode, é certo, assumir por vezes o ar de um acordo imediato e total; daí a ilusão de uma estrutura endógena em seu próprio conteúdo, aderindo ao real

360 O Nascimento da Inteligência na Criança

por meio de uma harmonia preestabelecida. Mas, na maioria dos casos observados por nós (em contraste com os fatos do primeiro tipo, citados por W. Köhler), o acordo só é progressivamente realizado e não exclui, de modo algum, uma série de correções indispensáveis.

Em resumo, em todos os níveis, a experiência é necessária ao desenvolvimento da inteligência. Tal é o fato fundamental em que se baseiam as hipóteses empiristas e para o qual elas têm o mérito de atrair a atenção. Nesse ponto, as nossas análises do nascimento da inteligência infantil confirmam essa maneira de ver. Mas no empirismo há muito mais do que uma simples afirmação do papel da experiência; o empirismo é, antes de tudo, certa concepção da experiência e da sua ação. Por um lado, tende a considerar a experiência como algo que se impõe por si mesmo, sem que o sujeito tenha de organizá-la, isto é, como se ela fosse impressa diretamente no organismo sem que uma atividade do sujeito seja necessária à sua constituição. Por outro lado, e por consequência, o empirismo encara a experiência como existente em si mesma, quer ela deva o seu valor a um sistema de "coisas" exteriores, totalmente feitas, e de relações dadas entre essas coisas (empirismo metafísico), quer consista num sistema de hábitos e de associações autossuficientes (fenomenismo). Essa dupla crença na existência de uma experiência autônoma e na sua pressão direta sobre o espírito do sujeito explica, afinal de contas, por que o empirismo é necessariamente associacionista: toda e qualquer outra forma de registro da experiência, além da associação sob as suas diferentes formas (reflexo condicionado, "transferência associativa", associação de imagens etc.), supõe, com efeito, uma atividade intelectual que participa na construção da realidade exterior percebida pelo sujeito.

Bem entendido, o empirismo assim apresentado nada mais é, hoje em dia, que uma doutrina-limite. Mas certas teorias célebres da inteligência continuam bem próximas dela. Por exemplo, quando Spearman descreveu suas três fases do progresso intelectual, a "intuição da experiência" (apreensão imediata dos dados), a "educação das relações" e a "educação dos correlatos", empregou uma linguagem muito diferente da do associacionismo e que parece indicar a existência de uma atividade *sui generis* do espírito. Mas em que é que ela consiste, nesse caso particular? A intuição imediata da experiência não ultrapassa a consciência passiva dos dados imediatos. Quanto à "educação" das relações ou dos correlatos, consiste na simples leitura de uma

A Inteligência "Sensório-Motora" ou "Prática" e as Teorias da Inteligência **361**

realidade já totalmente constituída e leitura essa de que não se define o mecanismo em seus detalhes. Uma sutil continuadora de Spearman, S. Isaacs, tentou recentemente, é verdade, analisar esse processo.[1] O importante, na experiência, seria a "expectativa", isto é, a antecipação resultante das observações anteriores e destinada a ser confirmada ou desmentida pelos acontecimentos atuais. Quando a previsão é anulada pelos fatos, o sujeito entregar-se-á a novas antecipações (formulará novas hipóteses) e, finalmente, no caso de malogro, voltar-se-á para si próprio a fim de modificar o seu método. Mas, ou os esquemas que assim serviram à "expectativa" e ao controle de seus resultados consistem, meramente, num resíduo mnemônico das experiências passadas e, nesse caso, recairemos num associacionismo cujo único progresso é ser motor e não mais, somente, contemplativo; ou, então, esses esquemas implicam uma organização intelectual propriamente dita (uma elaboração ativa dos esquemas de antecipação, graças a um mecanismo assimilador ou construtivo) e saímos do empirismo, porquanto, nesse caso, a experiência é estruturada pelo próprio sujeito.

Ora, se admitimos a necessidade da experiência, em todos os níveis, e se, em particular, podemos acompanhar Isaacs em tudo o que ela afirma (se não no que ela nega), os fatos analisados no decorrer deste volume parecem, contudo, interdizer-nos a interpretação dessa experiência ao modo empirista, isto é, como um contato direto entre as coisas e o espírito.

A primeira razão poderá parecer paradoxal, mas, bem meditada, ela acarreta e envolve todas as outras: é que a importância da experiência aumenta, em vez de diminuir, durante as seis fases que distinguimos. O espírito da criança avança, com efeito, à conquista das coisas, como se os progressos da experiência supusessem uma atividade inteligente que a organiza, em vez de resultar dela. Em outras palavras, o contato com as coisas é menos direto no começo do que no fim da evolução prevista. Mais do que isso: na verdade nunca o é, mas tende, somente, a vir a ser. Foi o que verificamos ao mostrar que a experiência nada mais é do que uma "acomodação", por muito exata que possa tornar-se. Ora, é da essência do empirismo colocar, pelo contrário, a "coisa" ou, na sua falta, o "dado imediato" (isto é, sempre a atitude receptiva

---

[1] Em Susan ISAACS, *The intellectual growth in young children*, London, 1930.

362 O Nascimento da Inteligência na Criança

do espírito), no ponto de partida de toda a evolução intelectual, consistindo o progresso da inteligência, tão somente, em construir vias mais reduzidas para as reações ou reações cada vez mais "diferidas", destinadas a contornar ou dispensar o contato direto para só o reencontrar de longe em longe.

Recordemos como as coisas se passam no decurso das nossas seis fases, do ponto de vista dessa acomodação progressiva ao meio exterior. Durante a primeira fase, não existe, naturalmente, contato direto de nenhuma espécie com a experiência, visto que a atividade é simplesmente reflexa. A acomodação às coisas confunde-se, portanto, com o exercício do reflexo. Durante a segunda fase, constituem-se as novas associações e principia, assim, a pressão da experiência. Mas essas associações limitam-se, no começo, a interligar dois ou vários movimentos do corpo da criança ou, ainda, uma reação do sujeito com um sinal externo. Trata-se, indubitavelmente, de uma conquista devida à experiência. Porém, essa "experiência" ainda não coloca o espírito na presença das "coisas": põe-no exatamente a meio caminho entre o meio externo e o corpo do sujeito. A acomodação, portanto, permanece ainda indissociada da atividade de repetição, influindo esta, simplesmente, nos resultados adquiridos de maneira fortuita, em vez de serem devidos ao desenrolar da atividade reflexa. Com a terceira fase, as associações adquiridas constituem relações entre as próprias coisas e já não mais, unicamente, entre os diversos movimentos do corpo. Mas essas relações ainda continuam na dependência da ação do sujeito, quer dizer, o sujeito ainda não experimenta: a sua acomodação às coisas consiste num simples esforço de repetição, embora os resultados reproduzidos sejam agora somente mais complexos do que na fase precedente. Com a quarta fase, a experiência ainda se aproxima do "objeto", permitindo as coordenações entre os esquemas que a criança estabeleça relações reais entre as coisas (em contraste com as relações práticas puramente fenomenistas). Mas somente com a quinta fase a acomodação se liberta definitivamente e dá lugar a uma verdadeira experiência, a qual se desenvolve ainda ao longo da sexta fase.

O espírito evolui, portanto, do fenomenismo puro, cujas representações se situam a meio caminho entre o corpo e o meio externo, até à experimentação ativa, a única que penetra no interior das coisas. Que dizer, pois, senão que a criança não sofre, por parte do meio, uma simples pressão exterior, mas que, pelo contrário, procura

A Inteligência "Sensório-Motora" ou "Prática" e as Teorias da Inteligência 363

adaptar-se-lhe? Portanto, a experiência não é recepção, mas ação e construção progressivas. Eis o fato fundamental.

Ora, esta primeira razão para corrigir a interpretação empirista acarreta outra: se o "objeto" não se impõe no começo da evolução mental, mas propõe-se a título de fim supremo, acaso não poderá ser concebido independentemente de uma atividade do sujeito? Sobre esse ponto, o exame dos fatos parece comportar uma resposta decisiva: a "acomodação", pela qual definimos o contato com a experiência, é sempre indissociável de uma "assimilação" dos dados à atividade do próprio sujeito. Escolhamos uma coisa qualquer, que consideraremos, como observadores, um "objeto" independente de nós – o que significa, sem dúvida, que o assimilamos às estruturas mentais do nosso espírito adulto – e vejamos como a criança se adapta progressivamente a ela.

Durante as duas primeiras fases, a realidade exterior só pode ter um significado: as coisas são apenas alimentos para o exercício dos reflexos (mamar, chupar etc.) ou mecanismos em vias de aquisição (seguir com os olhos etc.). Portanto, se o indivíduo se adapta empiricamente às características do objetivo, trata-se unicamente de acomodar a este último os esquemas inatos ou adquiridos a que ele é desde logo assimilado. Quanto à aquisição dos esquemas do segundo tipo, ela necessita, precisamente, de assimilação; é procurando assimilar o objetivo a um esquema anterior que a criança acomoda este àquele (revertendo, assim, até os esquemas reflexos) e é repetindo (por "assimilação reprodutora") o movimento bem-sucedido que o sujeito executa essa operação e constitui o novo esquema. A experiência não pode ser, portanto, nem mesmo no começo, um simples contato entre o sujeito e uma realidade independente dele, pois que a acomodação é inseparável de um ato de assimilação que atribui ao objetivo uma significação relativa à atividade do próprio sujeito.

Durante a terceira fase, pode parecer que a experiência se emancipa da assimilação. Quando, por exemplo, a criança descobre que os movimentos da sua mão, ao agarrar um cordão, desencadeiam os do teto do berço, parece que tal fenômeno, cujo surto repentino é irredutível a toda a antecipação, constitui o tipo de experiência pura. Não obstante, esse espetáculo dá lugar, na criança, a uma tentativa imediata de reprodução, isto é, a uma reação de assimilação, intervindo a acomodação, simplesmente, para reencontrar os gestos

364   O Nascimento da Inteligência na Criança

que conduziram ao resultado desejado. Ora, essa repetição seria inexplicável se o fenômeno fortuito, logo que se produziu, não tivesse sido assimilado, sob um ou outro de seus aspectos, a um esquema anterior, do qual ele se manifesta como uma diferenciação. Assim é que, desde as suas primeiras manifestações, os movimentos do teto do berço são percebidos não só como coisas a ver, a ouvir etc. (esquemas primários), mas como prolongamentos da ação da mão (puxar o cordão etc.) ou do corpo todo (agitar-se etc.). Por outro lado, como essas primeiras reações secundárias culminam, assim, pela sua própria repetição assimiladora, na constituição de novos esquemas, estes assimilam, por sua vez, todos os novos eventos empíricos que virão diferenciá-los. Os primeiros esquemas secundários derivam, portanto, dos esquemas primários, mediante um contínuo processo de assimilação, e engendram por diferenciação todos os esquemas secundários ulteriores. Em nenhum momento a acomodação está isenta, pois, de assimilação.

Durante a quarta fase, a coordenação dos esquemas resulta em ensaios que são confirmados ou anulados só pela experiência. Mas como essa coordenação é, por seu turno, o resultado de uma assimilação recíproca, a acomodação dos esquemas é, mais uma vez, inseparável de sua assimilação. Durante a quinta fase, em contrapartida, a acomodação tende a libertar-se para dar origem a condutas essencialmente experimentais. Mas, no tocante a essas reações "terciárias", duas circunstâncias bastam para demonstrar que elas supõem sempre a assimilação. Por um lado, os esquemas terciários derivam, por diferenciação, dos esquemas secundários: é durante o exercício destes últimos que surge o novo fato que provoca a experimentação. Quanto a esta, também consiste numa reação circular, quer dizer, numa exploração ativa e não numa recepção pura; por muito aprimoradas que possam ser as acomodações a que ela dá lugar, tem sempre por motor, portanto, a própria assimilação e limita-se a diferenciar as reações circulares, no sentido da conquista do novo. Por outro lado, as condutas de "descoberta de novos meios por experimentação ativa" consistem em coordenações análogas às da quarta fase, mas tendo a mais um ajustamento aos dados da experiência, o qual é devido ao método das reações terciárias; isso significa, portanto, que tais comportamentos são duplamente dependentes da assimilação. No decurso da sexta fase, por fim, o mesmo ocorre *a fortiori*, pois as "experiências mentais" que

A Inteligência "Sensório-Motora" ou "Prática" e as Teorias da Inteligência **365**

então aparecem atestam o poder assimilador de esquemas que assim se combinam interiormente entre si.

Em conclusão, não só a experiência é tanto mais ativa e mais compreensiva quanto mais a inteligência amadurece, mas também as "coisas" sobre as quais ela se desenvolve nunca poderão ser concebidas independentemente da atividade do sujeito. Essa segunda constatação vem reforçar, pois, a primeira e indicar que, se a experiência é necessária ao desenvolvimento intelectual, não poderá ser interpretada, implicitamente, como as teorias empiristas querem, isto é, como autossuficiente. É verdade que quanto mais ativa for a experiência, tanto mais a realidade sobre que ela incide se torna independente do eu, e, por conseguinte, mais "objetiva". É o que demonstraremos no v. II, ao estudar como o objeto se dissocia do sujeito, à medida que o progresso intelectual se opera. Mas, longe de falar em favor do empirismo, esse fenômeno parece-nos, pelo contrário, ser o que está em melhores condições de caracterizar a verdadeira natureza da experiência. Com efeito, é na medida em que o sujeito é ativo que a experiência se objetiva; portanto, a objetividade não significa independência em relação à atividade assimiladora da inteligência, mas, simplesmente, dissociação em relação ao eu e à sua subjetividade egocêntrica. A objetividade da experiência é uma conquista da acomodação e da assimilação combinadas, isto é, da atividade intelectual do sujeito e não um dado primordial que se lhe impõe de fora. Por consequência, o papel da assimilação está longe de diminuir de importância durante a evolução da inteligência sensório-motora, pelo fato de a acomodação se diferenciar progressivamente; muito pelo contrário, na medida em que a acomodação se afirma como atividade centrífuga dos esquemas, a assimilação desempenha com um crescente vigor o seu papel de coordenação e unificação. O caráter cada vez mais complementar dessas duas funções permite-nos, assim, concluir que a experiência, longe de emancipar-se da atividade intelectual, só progride na medida em que é organizada e animada pela própria inteligência.

Uma terceira razão vem somar-se às duas primeiras para impedir-nos de aceitar incondicionalmente a explicação "empirista" da inteligência: é que o contato entre o espírito e as coisas não consiste, em nível nenhum, em percepções de dados simples ou em associações de tais ou tais unidades, mas sempre em apreensões de complexos mais ou menos "estruturados". Durante a primeira fase, isso é perfeitamente claro, pois

366   O Nascimento da Inteligência na Criança

as percepções elementares que podem acompanhar o exercício reflexo prolongam, necessariamente, o seu mecanismo; portanto, elas estão desde o começo organizadas. Quanto à segunda fase, procuramos estabelecer que as primeiras associações e os hábitos elementares jamais se apresentam como ligações constituídas *a posteriori* entre os termos isolados, mas que resultam, outrossim, de condutas complexas e estruturadas desde o seu ponto de partida; uma associação habitual só se forma na medida em que o sujeito persegue um fim determinado e, por consequência, atribui aos dados em presença uma significação relativa a esse fim preciso. Isso resulta, aliás, de o fato já mencionado da acomodação às coisas apoiar-se sempre numa assimilação dessas coisas a esquemas já estruturados (a constituição de um novo esquema consiste sempre, de fato, numa diferenciação dos esquemas precedentes). Evidentemente, as ligações que se estabelecem durante as fases ulteriores (da terceira à sexta) ainda são menos simples, pois derivam de reações secundárias e terciárias e de diversas assimilações recíprocas entre os esquemas. Logo, podem reivindicar ainda menos a qualidade de associações puras; é sempre no seio de totalidades já organizadas ou em via de reorganizações que elas se constituem.

Ora, como já dissemos, é difícil compreender como o empirismo poderia deixar de ser associacionista. Afirmar, como Hume, que as percepções espaciais e temporais são, primordialmente, "impressões compostas", e dizer que a ordem de sucessão dos sons, numa frase musical, constitui uma "forma" diretamente percebida, significa renunciar, nesses pontos, à explicação empirista. Com efeito, na medida em que a experiência se revela imediatamente organizada à percepção, é que, ou esta se encontra estruturada de maneira correspondente, ou então a percepção impõe a sua própria estrutura à matéria percebida. Nos dois casos, o contato com a experiência supõe uma atividade organizadora ou estruturante, de modo que a experiência não se imprime tal e qual no espírito do sujeito. Com efeito, é somente na hipótese de vestígios mnemônicos isolados e de associações devidas à repetição mecânica (à repetição de circunstâncias exteriores) que se compreende como poderá haver uma recepção pura. Toda e qualquer hipótese ultrapassa o empirismo e atribui ao sujeito um poder de adaptação com tudo o que comporta tal noção.

Em resumo, se a experiência se revela uma das condições necessárias do desenvolvimento da inteligência, o estudo das primeiras fases desse desenvolvimento anula a concepção empirista da experiência.

A Inteligência "Sensório-Motora" ou "Prática" e as Teorias da Inteligência 367

§ 2. *O INTELECTUALISMO VITALISTA.* – Se a inteligência não é uma soma de traços depositados pelo meio nem de associações impostas pela pressão das coisas, a solução mais simples consistirá, então, em considerá-la uma força de organização ou uma faculdade inerente ao espírito humano e mesmo a toda a vida animal, seja ela qual for.

É inútil recordar aqui como tal hipótese, abandonada durante as primeiras fases da Psicologia Experimental, reapareceu hoje sob a influência de preocupações simultaneamente biológicas (o neovitalismo) e filosóficas (o ressurgimento do aristotelismo e do tomismo). Com efeito, não é esta ou aquela forma histórica ou contemporânea de intelectualismo que nos interessa aqui, mas, tão somente, o bem fundado de tal interpretação, na medida em que ela é aplicável aos nossos resultados. Ora, é inegável que a hipótese tem seus méritos e que mesmo as razões que militam em favor do vitalismo, na Biologia, são de natureza a favorecer também o intelectualismo na psicologia da inteligência.

Essas razões são em número de duas, pelo menos. A primeira gravita em torno da dificuldade de explicar a inteligência, uma vez realizada, por meio de qualquer outro fator a não ser a sua própria organização, considerada uma totalidade autossuficiente. A inteligência em ação é, com efeito, irredutível a tudo o que não é ela mesma; e, por outro lado, manifesta-se como um sistema total de que é impossível conceber uma parte sem fazer intervir o todo. Daí a fazer da inteligência um poder *sui generis* (como o vitalismo faz do organismo a expressão de uma força especial) não vai mais do que um passo. Ora, ao falar, como fizemos, de uma "organização" de esquemas e de sua "adaptação" espontânea ao meio, andamos rondando incessantemente esse gênero de explicação das totalidades por si mesmas, que é no que realmente consiste a interpretação vitalista e espiritualista. Resistir-lhe-emos, porém, na medida em que não faremos da organização nem da assimilação forças, mas apenas funções; e cederemos, em compensação, na medida em que substantivaremos essas funções, isto é, uma vez que as conceberemos como mecanismos de estrutura inteiramente dada e permanente.

Daí os argumentos do segundo grupo, que são de ordem genética. Admitido que a inteligência constitui um mecanismo que se explica por si mesmo, a organização que a caracteriza é imanente, portanto, nas

368 O Nascimento da Inteligência na Criança

fases mais primitivas. Assim, a inteligência está em germe na própria vida, seja porque a "inteligência orgânica" que age no plano fisiológico contém em potência as realizações mais elevadas da inteligência abstrata, seja porque as suscita progressivamente, tendendo para elas como para um fim necessário. – Ora, não procuremos dissimular que, sob a diversidade dos vocabulários, também é para o estabelecimento de uma ligação condutora entre o vital e o intelectual que tendem as nossas interpretações e que, nessa medida, elas podem reivindicar uma inspiração vitalista. De fato, não nos cansamos de insistir na unidade profunda dos fenômenos de organização e de adaptação, desde o plano morfológico-reflexo até a inteligência sistemática. A adaptação intelectual ao meio externo e a organização interna que ela implica prolongam, assim, os mecanismos que podemos observar a partir das reações vitais elementares. A criação de estruturas inteligentes é parente de elaboração das formas que caracterizam a vida inteira. De modo geral, é difícil não fazer das relações entre o conhecimento e a realidade o equilíbrio ideal para que tende toda a evolução biológica, pois só essas relações harmonizam plenamente a assimilação e a acomodação, até então mais ou menos antagônicas entre si. Nada seria mais fácil, pois, do que traduzir as nossas conclusões numa linguagem vitalista, recorrer à hierarquia vegetativa, sensível e racional dos seres para expressar a continuidade funcional do desenvolvimento e opor, em princípio, a vida e a matéria inorganizada para justificar metafisicamente a atividade do sujeito inteligente.

Mas, se o vitalismo tem o mérito, incessantemente renovado, de sublinhar as dificuldades e, sobretudo, as lacunas das soluções positivas, é evidente, por outro lado, que as suas próprias explicações apresentam o inconveniente de sua simplicidade e realismo, isto é, tais explicações são permanentemente ameaçadas pelos progressos da análise biológica, assim como pelos da reflexão da inteligência sobre si mesma. Ora, sendo a nossa ambição, precisamente, fazer convergir para a interpretação do desenvolvimento da razão a luz dupla da explicação biológica e da crítica do conhecimento, seria paradoxal que essa união redundasse num reforço da tese vitalista. Na realidade, três divergências essenciais separam a descrição que adotamos do sistema que estamos agora examinando: a primeira diz respeito ao realismo da inteligência-faculdade; a segunda ao da organização-força vital; e a terceira ao realismo do conhecimento-adaptação.

A Inteligência "Sensório-Motora" ou "Prática" e as Teorias da Inteligência **369**

Em primeiro lugar, é da essência do intelectualismo vitalista considerar a inteligência uma faculdade, ou seja, um mecanismo inteiramente montado em sua estrutura e em seu funcionamento. Ora, uma distinção essencial se impõe a tal respeito. Se a análise epistemológica, quer seja simplesmente reflexiva, quer envolva o conhecimento científico, chegou igualmente a considerar a intelecção um ato irredutível, trata-se tão só, neste último caso, do próprio conhecimento, na medida em que obedece a normas ideais de verdade e em que se traduz, no pensamento, na forma de estados de consciência *sui generis*. Mas dessa experiência íntima da intelecção nada se pode concluir no que concerne às condições de fato, quer dizer, psicológicas e biológicas, do mecanismo intelectual, prova em si de que, sem falar das teorias metafísicas do conhecimento, está muito longe de realização, no próprio terreno científico, um acordo entre as diversas análises lógico-matemáticas da verdade racional, entre as múltiplas teorias da psicologia da inteligência, e, com muito mais razão, entre esses dois grupos de investigações. Ora, o intelectualismo pretende, justamente, extrair do fato da intelecção a conclusão de que existe uma faculdade psíquica simples de conhecer, a qual seria a própria inteligência. Portanto, não é a intelecção como tal que essa doutrina considera irredutível; é certa coisificação desse ato, sob a forma de um mecanismo que é dado em estado de total constituição.

Ora, é a partir desse ponto que o nosso caminho diverge. Do fato de o ser vivo atingir o conhecimento e de a criança estar destinada a conquistar um dia a ciência, cremos dever concluir, sem dúvida, a existência de uma continuidade entre a vida e a inteligência. E mais. Do fato de as operações de maior complexidade do pensamento lógico parecerem preparadas desde as reações sensório-motoras elementares, inferimos que essa continuidade pode ser já observada na transição do reflexo para as primeiras adaptações adquiridas e destas para as manifestações mais simples da inteligência prática. Mas subsiste a questão de saber o que é permanente no curso dessa evolução e o que é característico de cada um dos níveis considerados.

A solução a que conduzem as nossas observações é que só as funções do intelecto (em contraste com as estruturas) são comuns às diferentes fases e, por consequência, servem de traço de união entre a vida do organismo e a da inteligência. Assim é que, em cada nível, o sujeito assimila o meio, quer dizer, incorpora-o a esquemas sem que

370 O Nascimento da Inteligência na Criança

estes deixem de ser alimentados por esse exercício e por uma constante generalização. Portanto, em cada nível, a adaptação é simultaneamente acomodação do organismo aos objetos e assimilação dos objetos à atividade do organismo. Essa adaptação faz-se acompanhar, em cada nível, por uma busca da coerência que unifique a diversidade da experiência, coordenando os esquemas entre si. Em resumo, existe um funcionamento comum a todas as fases do desenvolvimento sensório--motor e do qual o funcionamento da inteligência lógica parece ser o prolongamento (o mecanismo formal dos conceitos e o das relações prolongam a organização de esquemas e a adaptação à experiência sucedendo à acomodação ao meio). Por outro lado, esse funcionamento sensório-motor prolonga, por sua vez, o do organismo, sendo o jogo dos esquemas funcionalmente comparável ao dos órgãos, cuja "forma" resulta de uma interação do meio e do organismo.

Mas é evidente que não se pode extrair dessa permanência do funcionamento a prova da existência de uma identidade de estruturas. Que o jogo dos reflexos, o das razões circulares, dos esquemas móveis etc., seja idêntico ao das operações lógicas não prova em nada que os conceitos sejam esquemas sensório-motores nem estes esquemas reflexos. Portanto, ao lado das funções, é preciso aceitar a participação das estruturas e admitir que a uma só função podem corresponder os mais diversos órgãos. O problema psicológico da inteligência é, justamente, o da formação desses órgãos ou estruturas e a solução desse problema em nada é prejulgada pelo fato de se admitir uma permanência do funcionamento. Portanto, essa permanência não supõe, em absoluto, a existência de uma "faculdade" totalmente feita, transcendendo a causalidade genética.

Contudo, não se poderá objetar que uma permanência das funções implica, necessariamente, a ideia de um mecanismo constante, de um "funcionamento" que se conserva a si próprio, em resumo, quer se queira, ou não, de uma "faculdade" com estrutura invariável? Assim é que, na linguagem psicológica corrente, a palavra "função" tornou-se, por vezes, sinônimo de "faculdade" e que, à sombra da terminologia, dissimula-se uma verdadeira coleção de entidades; a memória, a atenção, a inteligência, a vontade etc., são assim tratadas, com frequência, como "funções", numa acepção que quase nada tem de "funcional" e que tende a tornar-se estrutural ou pseudoanatômica (como se disséssemos "a circulação" não pensando mais na função, mas, somente,

A Inteligência "Sensório-Motora" ou "Prática" e as Teorias da Inteligência **371**

nos aparelhos que a preenchem). Assim sendo, teremos o direito de admitir a existência de um funcionamento intelectual permanente, sem reconhecer a existência de uma inteligência-faculdade? É nesse ponto que as comparações com a Biologia parecem decisivas. Existem funções cuja invariância absoluta faz-se acompanhar de variações estruturais consideráveis de um grupo para outro (a nutrição, por exemplo). Poder-se-á mesmo afirmar que as funções mais importantes e mais genéricas, por meio das quais é possível tentar uma definição da vida (organização, assimilação no mais lato sentido do termo etc.), não correspondem a qualquer órgão especial, mas têm por instrumento estrutural a totalidade do organismo; a permanência dessas funções acompanha paralelamente, portanto, uma variabilidade ainda maior do órgão. Logo, admitir que existe um funcionamento intelectual permanente não é, de modo algum, prejulgar sobre a existência de um mecanismo estrutural invariante. Talvez ele exista, tal como um sistema circulatório é necessário à circulação. Mas também pode ser que a inteligência se confunda com a totalidade da conduta[2] ou com um de seus aspectos gerais, sem que haja necessidade de isolá-la na forma de um determinado órgão dotado de poderes e de conservação. Por outro lado, se ela caracteriza a conduta em seu conjunto, nem por isso será necessário fazer dela uma faculdade ou a emanação de uma alma substancial, e isso pelas mesmas razões.

O realismo biológico a que se refere a interpretação vitalista é exatamente paralelo ao realismo intelectualista que acabamos de rejeitar; assim como a permanência das funções intelectuais pode parecer que implica a existência de uma inteligência-faculdade, também a organização vital conduz abusivamente à hipótese de uma "força" organizacional. A solução vitalista é a mesma em ambos os casos: do funcionamento passa-se diretamente à interpretação estrutural, e "realiza-se", assim, a totalidade funcional sob a forma de uma causa única e simples. Ora, tampouco nesse segundo ponto poderemos seguir a concepção vitalista. Do fato de a organização do ser vivo implicar um poder de adaptação que culmina na própria inteligência não se segue, forçosamente, que essas funções diversas sejam inexplicáveis e irredutíveis. Acontece, porém, que os problemas da organização e

---

[2] H. PIÉRON, *Psychologie expérimentale*, Paris, 1927, p. 204-208.

372 O Nascimento da Inteligência na Criança

da adaptação (inclusive o da assimilação) ultrapassam as fronteiras da Psicologia e supõem uma interpretação biológica de conjunto.

Essas duas primeiras expressões do realismo vitalista conduzem a um realismo da própria adaptação, a propósito do qual a oposição nos parece ainda muito mais nítida entre os resultados das nossas investigações e o sistema de interpretação que estamos agora examinando. Embora considerando a vida como irredutível à matéria e a inteligência uma faculdade inerente à vida, o vitalismo concebe o conhecimento com uma adaptação *sui generis* dessa faculdade a um objeto dado independentemente do sujeito. Em outras palavras, essa adaptação, se bem que permaneça misteriosa por causa dessas mesmas oposições, reduz-se, de fato, ao que o senso comum sempre considerou ser a essência do conhecer: uma simples cópia das coisas. A inteligência, dizem-nos, tende a conformar-se ao objeto e a possuí-lo em virtude de uma espécie de identificação mental: ela "se converte no objeto" em pensamento. O vitalismo une-se desse modo ao empirismo, uma vez mais, no terreno do conhecimento como tal, quase com uma só variante: a inteligência, do ponto de vista em que nos colocamos agora, submete-se de moto próprio à coisa, em vez de ser-lhe submetida do exterior; portanto, há uma imitação intencional e não uma simples recepção.

Mas esse realismo epistêmico choca-se, em nosso entender, com o fato fundamental em que insistimos incessantemente no decorrer das nossas análises: é que a adaptação – intelectual e biológica, logo, tanto a da inteligência às "coisas" como a do organismo ao seu "meio" – consiste sempre num equilíbrio entre a acomodação e a assimilação. Em outras palavras, o conhecimento não pode ser uma cópia, visto que é sempre um relacionamento entre o objeto e o sujeito, uma incorporação do objeto a esquemas, devidos à atividade do próprio sujeito e que se lhe acomodam, simplesmente, sem que deixem de torná-lo compreensível ao sujeito. Ainda em outras palavras, o objeto só existe, para o conhecimento, nas suas relações com o sujeito e, se o espírito avança sempre e cada vez mais à conquista das coisas, é porque organiza a experiência de um modo cada vez mais ativo, em vez de imitar de fora uma realidade toda feita: o objeto não é um "dado", mas o resultado de uma construção.

Ora, essa interação da atividade inteligente e da experiência encontra sua réplica, no plano biológico, numa interação necessária entre o

A Inteligência "Sensório-Motora" ou "Prática" e as Teorias da Inteligência **373**

organismo e o meio. Com efeito, na medida em que nos recusarmos a definir a vida, com o vitalismo, como uma força *sui generis* de organização, seremos obrigados a considerar os seres vivos como condicionados pelo universo físico-químico e, ao mesmo tempo, resistindo-lhe, na medida em que se lhe assimilam. Portanto, há interdependência do organismo e de todo o universo, de uma parte objetivamente, porque aquele resulta deste, completando-o e transformando-o; de outra parte subjetivamente, porque a adaptação do espírito à experiência supõe uma atividade que ingressa, a título de componente, no jogo das relações objetivas.

Em resumo, a interpretação biológica dos processos intelectuais baseada na análise da assimilação não culmina, de modo algum, no realismo epistêmico que é próprio do intelectualismo vitalista. Mesmo que se faça do conhecimento um caso singular da adaptação orgânica, chegaremos, pelo contrário, a esta conclusão: a verdadeira realidade não é um organismo isolado na sua enteléquia nem um meio externo capaz de subsistir tal como é se lhe extraírem a vida e o pensamento; a realidade concreta nada mais é do que o conjunto das relações mútuas do meio e do organismo, isto é, o sistema de interações que os tornam mutuamente solidários. Uma vez estabelecidas essas relações, pode-se tentar elucidá-las quer pelo método biológico, partindo de um meio todo feito para procurar explicar o organismo e suas propriedades, quer pelo método psicológico, partindo do desenvolvimento mental para apurar como o meio se constitui para a inteligência. Ora, se a adaptação consiste, efetivamente, como admitimos, num equilíbrio entre a acomodação dos esquemas às coisas e a assimilação das coisas aos esquemas, é evidente que esses dois métodos são complementares. Mas na condição de não se crer mais numa inteligência toda feita ou numa força vital independente do meio.

§ 3. *O APRIORISMO E A PSICOLOGIA DA FORMA.* – Se o desenvolvimento intelectual não resulta apenas das pressões exercidas pelo meio externo nem da afirmação progressiva de uma faculdade toda preparada para conhecer esse meio, talvez seja lícito concebê-lo como a explicação gradual de uma série de estruturas pré-formadas na constituição psicofisiológica do próprio sujeito.

Tal solução impôs-se na história das teorias filosóficas do conhecimento quando, decepcionado pelo empirismo inglês e pelo

374 O Nascimento da Inteligência na Criança

intelectualismo clássico (e, sobretudo, pela teoria wolffiana da faculdade racional), o kantismo recorreu à hipótese apriorista para explicar a possibilidade da ciência. Na Biologia, por outro lado, o apriorismo surgiu quando as dificuldades relativas ao problema da hereditariedade da aquisição levaram a rejeitar o empirismo lamarckiano; uns tentaram, então, um retorno ao vitalismo, enquanto outros procuraram explicar a evolução e a adaptação mediante a hipótese da pré-formação dos genes. Enfim, no terreno psicológico, uma solução do mesmo gênero sucedeu ao empirismo associacionista e ao vitalismo intelectualista: ela consiste em explicar cada invenção da inteligência por uma estruturação renovada e endógena do campo da percepção ou do sistema de conceitos e relações. As estruturas que assim se sucedem constituem sempre totalidades, isto é, não podem reduzir-se a associações ou combinações de origem empírica. Por outro lado, a *Gestalttheorie*, à qual estamos agora aludindo, não recorre a qualquer faculdade ou força vital de organização. Não sendo essas "formas" provenientes, pois, das próprias coisas nem de uma faculdade formadora, são concebidas como algo que mergulha suas raízes no sistema nervoso ou, de modo geral, na estrutura pré-formada do organismo. É sob esse aspecto que podemos considerar tal solução como "apriorista". Sem dúvida, na maioria dos casos, os gestaltistas não especificam a origem das estruturas e limitam-se a dizer que elas se impõem necessariamente ao sujeito numa situação dada; essa doutrina faz pensar, assim, numa espécie de platonismo da percepção. Mas, como é sempre à constituição psicofisiológica do próprio sujeito que o gestaltismo reverte, quando se trata de explicar essa necessidade das formas, tal interpretação consiste, efetivamente, num apriorismo biológico ou numa variedade do pré-formismo.

Ora, a teoria da forma, longe de limitar-se a enunciar princípios gerais, forneceu uma série de obras fundamentais para a compreensão do mecanismo da inteligência: as de Wertheimer, sobre a natureza psicológica do silogismo; de Köhler, sobre a inteligência e a invenção; de K. Lewin, sobre a teoria do "campo" etc. Essas pesquisas resumem-se todas em explicar por uma estruturação do campo da concepção ou da percepção aquilo que atribuímos à assimilação. Portanto, é indispensável confrontar de perto esse sistema de explicação com o que empregamos e tentar, até, para melhor conduzir essa comparação, interpretar os nossos resultados em termos de *Gestalt*. Sobre dois

A Inteligência "Sensório-Motora" ou "Prática" e as Teorias da Inteligência **375**

pontos essenciais, pelo menos, podemos, de fato, acertar o passo com a "teoria da forma".

Em primeiro lugar, é inteiramente certo que toda a solução inteligente e mesmo toda a conduta em que intervém a compreensão de uma situação dada (por muito lato que seja o sentido atribuído à palavra "compreensão") manifestam-se como totalidades e não como associações ou sínteses de elementos isolados. A esse respeito, o "esquema", cuja existência nunca deixamos de admitir, pode ser comparado a uma "forma" ou *Gestalt*. Sistema definido e fechado de movimentos e de percepções, o esquema apresenta, de fato essa dupla característica de ser estruturado (logo, de estruturar ele próprio o campo da percepção ou da compreensão) e de constituir-se logo como totalidade, sem resultar de uma associação ou de uma síntese entre elementos anteriormente isolados. Sem falar dos esquemas reflexos, que são tanto mais totalitários e mais bem estruturados porquanto já se encontram montados à nascença, pode-se observar essas características desde os primeiros esquemas não hereditários devidos às reações circulares primárias. Os hábitos mais simples, assim como as pretensas "associações" adquiridas, não resultam, com efeito, de associações genuínas, isto é, unindo entre eles os termos dados isoladamente: resultam, outrossim, de ligações que implicam desde logo uma totalidade estruturada. Só a significação global do ato (o lugar de assimilação que liga o resultado à necessidade a satisfazer) assegura, com efeito, a existência de relações que, do exterior, podem parecer "associações". – Os "esquemas secundários", por outro lado, constituem também, e sempre, sistemas de conjuntos análogos a *Gestalten*. De fato, só na medida em que a criança tenta reconstituir um espetáculo de que acabou de ser testemunha, ou o autor involuntário, é que ela aproxima tal gesto de tal outro gesto: as percepções e os movimentos, portanto, só são associados se as suas respectivas significações já forem reciprocamente relativas e se esse sistema de relações mútuas implicar, ele próprio, uma significação de conjunto dada na percepção inicial. – Quanto às coordenações entre os esquemas, características da quarta fase, tampouco poderemos considerá-las na categoria de "associações": não só as coordenações se operam por assimilação recíproca, isto é, graças a um processo que tem mais de reorganização global do que simples associação, como essa reorganização, além disso, resulta imediatamente na formação de um novo esquema que apresenta todas as características de uma

376 O Nascimento da Inteligência na Criança

totalidade nova e original. – Com as "experiências para ver" e os atos de inteligência que delas decorrem (quinta fase), estamos certamente fora dos domínios da *Gestalt* pura. Mas a teoria da forma jamais pretendeu suprimir a existência da exploração por tentativa; tentou apenas afastá-la do domínio das condutas propriamente inteligentes, para considerá-la um substituto da estruturação e situá-la nos períodos intermediários entre duas estruturações. – Com a sexta fase, reencontraremos, em compensação, autênticas "estruturas": a invenção de novos meios por combinação mental apresenta, com efeito, todas as características desses reagrupamentos rápidos, ou mesmo instantâneos, por meio dos quais Köhler caracterizou o verdadeiro ato de inteligência.

Em suma, se excetuarmos a tentativa – cujo papel é, a bem dizer, constante, mas que se revela, sobretudo, por ocasião das primeiras condutas experimentais (quinta fase) –, os esquemas cuja existência reconhecemos apresentam, no essencial, as características de totalidade estruturada por meio das quais a teoria da forma opôs as *Gestalten* às associações clássicas.

Um segundo ponto de convergência entre os dois sistemas de interpretações é a rejeição de toda e qualquer faculdade ou de toda e qualquer força especial de organização. W. Köhler insiste no fato de que a sua crítica do associacionismo coincide frequentemente com as objeções análogas já formuladas pelo vitalismo. Mas, acrescenta ele com razão, não se pode deduzir desse acordo que as "formas" devem ser interpretadas como produto de uma energia especial de organização; o vitalismo concluiu prematuramente da existência de totalidades pela hipótese de um princípio vital de unificação. Portanto, simpatizamos inteiramente com o esforço da Psicologia Gestaltista para encontrar as raízes das estruturas intelectuais nos processos biológicos concebidos como sistemas de relações e não como a expressão de forças substanciais.

Assim definidos esses traços comuns, encontramo-nos mais livres para mostrar agora em que é que a hipótese da assimilação procura superar, e não contradizer, a teoria das formas; e como o "esquema" é uma *Gestalt* dinamizada e não uma noção destinada a reagir contra os progressos do movimento gestaltista. Para reatar, de fato, a nossa comparação entre a teoria da forma e o apriorismo epistemológico, a

A Inteligência "Sensório-Motora" ou "Prática" e as Teorias da Inteligência **377**

Gestalt apresenta as mesmas vantagens sobre a associação que, outrora, o apriorismo kantiano sobre o empirismo clássico, mas para redundar em dificuldades paralelas: tendo vencido o realismo estático no exterior, o apriorismo reencontra-o no interior do espírito e arrisca--se, afinal de contas, a acabar num empirismo recidivo. Com efeito, a teoria da forma, como outrora o apriorismo epistemológico, quis defender a atividade interna da percepção e da inteligência contra o mecanismo das associações exteriores. Portanto, situou o princípio da organização em nós e não fora de nós; e, para melhor protegê-lo da experiência empírica, o gestaltismo enraizou a organização na estrutura pré-formada do nosso sistema nervoso e do nosso organismo psicofisiológico. Porém, ao procurar garantir assim a atividade interna da organização contra as interferências do meio externo, acabou por subtraí-lo ao nosso poder pessoal. Encerrou-a, pois, num formalismo estático concebido como preexistente ou elaborado à margem da nossa intencionalidade. Esse formalismo constitui, sem dúvida, um grande progresso sobre o associacionismo, porque afirma a existência de sínteses ou de totalidades em vez de permanecer atomístico, mas é um progresso precário: na medida em que as "formas", como outrora as categorias, são anteriores à nossa atividade intencional, recaem no plano dos mecanismos inertes. É por isso que, na teoria da forma, a inteligência acaba por dissipar-se em proveito da percepção e esta, concebida como um fenômeno determinado por estruturas internas todas feitas, isto é, por consequência, interiormente pré-formado, acaba por confundir-se cada vez mais com a percepção "empírica", quer dizer, exteriormente pré-formada; com efeito, num e outro caso, a atividade desaparece em benefício do todo elaborado.

A nossa crítica da teoria da forma deve consistir, portanto, na retenção de tudo o que ela opõe de positivo ao associacionismo – isto é, tudo o que ela descobre de atividade no espírito – e na rejeição de tudo o que não passa de um empirismo recidivo – isto é, o seu apriorismo estático. Em resumo, criticar o gestaltismo não é rejeitá-lo, mas torná-lo mais móvel e, por consequência, substituir o seu apriorismo por um relativismo genético.

A análise de uma primeira divergência permitir-nos-á definir, desde já, essas posições: uma *Gestalt* não tem história porque não leva em conta a experiência anterior, ao passo que um esquema resume em si o passado e consiste sempre, portanto, numa organização ativa da

378   O Nascimento da Inteligência na Criança

experiência vivida. Ora, esse ponto é fundamental: a análise contínua de três crianças, de que observamos quase todas as reações, desde o nascimento até a conquista da linguagem, convenceu-nos, efetivamente, da impossibilidade de divorciar qualquer conduta, seja ela qual for, do contexto histórico de que ela fez parte, ao passo que a hipótese da "forma" torna a história inútil e os gestaltistas negam a influência da experiência adquirida sobre a solução dos novos problemas.[3]

Assim é que, começando pelo fim, jamais nos foi dado observar, mesmo durante a sexta fase, reorganizações "inteligentes", mesmo súbitas e imprevistas, sem que a invenção ou a combinação mental que as definiram não tivessem sido preparadas, por pouco que fosse, pela experiência anterior. Para a teoria da forma, pelo contrário, uma invenção (como a da escada de caixas, por exemplo, com os chimpanzés de Köhler) consiste numa estruturação nova do campo perceptivo, que nada explica no passado do sujeito; daí a hipótese segundo a qual essa estrutura resultaria unicamente de certo grau de maturação do sistema nervoso ou dos aparelhos de percepção, de tal ordem que nada de exterior, isto é, nenhuma experiência atual ou passada seria a causa de sua formação (a experiência atual limita-se a desencadear ou a necessitar da estruturação, mas sem explicá-la). É verdade que algumas das nossas observações da sexta fase parecem, à primeira vista, confirmar essa concepção; assim é que, se Jacqueline e Lucienne descobriram, pouco a pouco, o uso da vara, graças a tentativas empíricas, Laurent, a quem deixamos muito mais tempo sem pôr na mesma situação, compreendeu imediatamente a significação desse instrumento, sem necessitar fazer as numerosas tentativas de suas irmãs. Tudo se passa, pois, como se uma estrutura ainda não amadurecida, no caso de Jacqueline e Lucienne, se impusesse toda feita à percepção de Laurent. Do mesmo modo, Lucienne descobriu logo a solução do problema da corrente de relógio, enquanto Jacqueline teve de empenhar-se em laboriosas explorações. Porém, antes de concluir pela novidade radical de tais combinações mentais, e, por conseguinte, antes de recorrer, para explicá-las, à emergência de estruturas endógenas que não mergulham suas raízes na experiência passada do

---

[3]   Ver CLAPARÈDE, La genèse de l'hypothèse, *Archives de Psychologie*, v. XXIV, especialmente o resumo (p. 53-58) dos trabalhos de K. DUNCKER e de N. R. F. MAIER, destinados a demonstrar essa inutilidade da experiência adquirida.

A Inteligência "Sensório-Motora" ou "Prática" e as Teorias da Inteligência **379**

indivíduo, é necessário fazer duas observações. A primeira é que, na ausência de tentativas exteriores, não se pode excluir a possibilidade de uma "experiência mental" que ocuparia os instantes de reflexão, imediatamente anteriores ao próprio ato. As invenções mais súbitas de que podemos fazer a introspecção mostram-nos sempre, com efeito, pelo menos um começo de pesquisa e tentativa interior, fora das quais as ideias e as percepções não se reagrupam sozinhas. Que essa "experiência mental" não é um simples prolongamento passivo dos estados anteriormente vividos e que consiste, como a experiência efetiva, numa ação real, é mais do que evidente e não poucas vezes insistimos em dizê-lo. Mas permanece o fato de que, mesmo sem tentativas nem explorações visíveis de fora, o pensamento do sujeito pode sempre dedicar-se, interiormente, a combinações experimentais, por muito rápidas que sejam; portanto, a reorganização brusca pode ser concebida como um caso extremo de combinação mental. Ora, e esta segunda observação é essencial, tais experiências mentais podem sempre, mesmo se os dados do problema são inteiramente novos, aplicar à situação presente os esquemas anteriormente utilizados em casos mais ou menos análogos, quer esses esquemas se apliquem sem mais a algum aspecto dessa situação, quer inspirem, simplesmente, o método a seguir para resolver o problema. Assim é que, se Lucienne jamais fizera uma bola com a corrente do relógio para introduzi-la numa pequena abertura, pudera realizar gestos semelhantes ao enrolar panos, cordões etc. Do mesmo modo, sem ter jamais utilizado uma vara, Laurent pôde muito bem aplicar à nova situação os esquemas extraídos do emprego de outros intermediários ("suportes", "barbantes" etc.): entre a simples preensão e a ideia de que um sólido pode ser a causa do deslocamento de outro, encontramos, de fato, toda uma série de transições insensíveis.

É lícito conceber, pois, que as invenções súbitas que caracterizam a sexta fase sejam, na realidade, o produto de uma longa evolução dos esquemas e não apenas de uma maturação interna das estruturas perceptivas (a existência deste último fator deve, naturalmente, ser aceita com reservas). É o que mostra, desde logo, a existência de uma quinta fase caracterizada pelas tentativas experimentais e situada entre a quarta (coordenação de esquemas) e a sexta (combinações mentais). Se, para a teoria da forma, a exploração por tentativa constitui uma atividade à margem da maturação das estruturas e sem influência

380 O Nascimento da Inteligência na Criança

sobre essa maturação, acreditamos, pelo contrário, ter verificado que a invenção brusca de novas estruturas, que caracteriza a sexta fase, só aparece após uma fase de experimentação ou de "reação circular terciária". Que dizer senão que a prática da experiência efetiva é necessária para adquirir a da experiência mental e que a invenção não surgiu inteiramente pré-formada, apesar das aparências?

E mais. Toda a sucessão de fases, da primeira a essas duas últimas, aí está para atestar a realidade da evolução dos esquemas e, por consequência, o papel da experiência e da história. Existe, com efeito, uma completa continuidade entre as condutas características das diferentes fases. As reações circulares primárias prolongam, assim, a atividade dos esquemas reflexos, ampliando sistematicamente a sua esfera de aplicação. As reações circulares secundárias, por outro lado, derivam sem choque das reações primárias, na medida em que cada descoberta acarreta, historicamente, uma série de outras. Assim é que a coordenação entre a visão e a preensão leva a criança a pegar os objetos que pendem do teto do seu berço e que a manipulação desses objetos a conduz a agir sobre o próprio teto etc. Uma vez constituídos os esquemas secundários, em função do desenrolar histórico das reações circulares, estabelece-se então uma coordenação dos esquemas, durante a quarta fase, a qual resulta das atividades anteriores: o ato de repelir o obstáculo, por exemplo, coordena os ciclos da preensão com esquemas tais como bater etc., e pareceu-nos impossível explicar o aparecimento de tais coordenações sem conhecer, em cada caso particular, o passado do sujeito. Quanto à descoberta de novos meios por experimentação ativa (quinta fase), ela constitui uma coordenação de esquemas que prolonga a da fase precedente, com uma só diferença: a coordenação já não se faz agora de maneira imediata e necessita de um reajustamento mais ou menos laborioso, ou seja, precisamente, uma atividade experimental por tentativas. Ora, essa atividade é preparada pelas condutas de exploração inerentes à assimilação por esquemas móveis.

Em resumo, os novos comportamentos cujo aparecimento define cada fase apresentam-se sempre como um desenvolvimento dos das fases precedentes. Mas duas interpretações podem ser dadas a esse mesmo fato. Primeiramente, poder-se-á ver aí a expressão de uma maturação puramente interna, de tal modo que a estrutura formal das percepções e dos atos de inteligência se desenvolva por si mesma sem

A Inteligência "Sensório-Motora" ou "Prática" e as Teorias da Inteligência **381**

exercício, em função da experiência, nem transmissão de conteúdos de uma fase a outra. Ou, pelo contrário, poder-se-á conceber essa transformação como sendo devida a uma evolução histórica de tal natureza que o exercício dos esquemas seja necessário à sua estruturação e que o resultado de sua atividade se transmita, assim, de um período a outro. Ora, essa segunda interpretação parece ser a única conciliável com o detalhe dos fatos individuais: comparando o progresso da inteligência em três crianças, dia após dia, vê-se como cada nova conduta se constitui por diferenciação e adaptação das precedentes. Pode-se acompanhar a história particular de cada esquema por meio das sucessivas fases do desenvolvimento, não podendo a constituição das estruturas ser dissociada do desenrolar histórico da experiência.

O esquema é, portanto, uma *Gestalt* que tem uma história. Mas como se explica que a teoria da forma tenha chegado a contestar esse papel da experiência passada? Da recusa em considerar os esquemas da conduta como simples produto de pressões exteriores (como uma soma de associações passivas) não se segue, necessariamente, é claro, que a sua estrutura se imponha em virtude de leis preestabelecidas, independentes da sua história; basta admitir uma interação da forma e do conteúdo, de modo que as estruturas se transformem, assim, à medida que se adaptam aos dados cada vez mais variados. Por que razões sutis autores tão esclarecidos como os gestaltistas rejeitam uma interação que parece tão evidente?

Uma segunda divergência deve ser aqui exarada: um "esquema" aplica-se à diversidade do meio exterior e generaliza-se, pois, em função dos conteúdos que abrange, ao passo que uma *Gestalt* não se generaliza e "aplica-se" até menos do que se impõe, de maneira imediata e interiormente, à situação percebida. O esquema, tal como se nos deparou, constitui uma espécie de conceito sensório-motor ou, mais amplamente, o equivalente motor de um sistema de relações e de classes. A história e o desenvolvimento de um esquema consistem, pois, sobretudo, na sua generalização, por aplicação a circunstâncias cada vez mais variadas. Ora, uma *Gestalt* apresenta-se de maneira totalmente diversa. Tomemos, por exemplo, dois objetos, sendo um deles o objetivo e o outro o seu "suporte", primeiro percebidos sem relação mútua, depois bruscamente "estruturados"; e vamos admitir que o sujeito após ter assim "compreendido" a relação que os liga, compreende em seguida toda uma série de relações análogas. Para explicar tal fato, a teoria

382 O Nascimento da Inteligência na Criança

da forma não sustenta que a *Gestalt* que intervém aqui se generaliza, nem mesmo que ela "se aplica", sucessivamente, a objetos variados. Se a percepção, inicialmente não estruturada, adquire bruscamente uma "forma", é porque, num grau qualquer de maturação, é impossível ao sujeito ver as coisas diferentemente, dado o conjunto da situação. A "forma" constitui, assim, uma espécie de necessidade ideal ou de lei imanente que se impõe à percepção e quando os gestaltistas descrevem a coisa do ponto de vista fenomenológico, falam dessa forma como os platônicos de uma "ideia" ou os logísticos de um ser "subsistente": a *Gestalt* afirma-se, simplesmente, em virtude da sua "pregnância". Quando os mesmos autores adotam a linguagem dos fisiologistas, acrescentam que esse valor interno resulta da constituição nervosa do sujeito. Num e noutro caso, trata-se sempre de uma necessidade imediata, que pode renovar-se a cada percepção, mas que dispensa a existência de um esquematismo generalizador. É o que os gestaltistas exprimem também ao invocar o *Einsicht,* ou a compreensão total que surge em função do fim almejado, e ao acentuar, com Duncker,[4] que "o raciocínio é um combate que cria as suas próprias armas". Se afirmamos que a teoria da forma constitui uma espécie de apriorismo é, pois, simplesmente, porque a estruturação resulta, segundo essa doutrina, de uma necessidade intrínseca e não da experiência, e porque depende, assim, das condições do próprio sujeito: o critério do *a priori* sempre foi, com efeito, a necessidade como tal. As *Gestalten* não consistem, portanto, em que se aplicam, sucessivamente, a conteúdos diversos; a estruturação é, simplesmente, um processo predeterminado, isto é, que se impõe necessariamente, mais cedo ou mais tarde, e, desde logo, esse processo pode-se repetir sempre que a situação o exija, sem implicar por isso a atividade de esquemas munidos de uma história e capazes de generalização.

Pré-formação necessária ou atividade generalizadora, como é que a observação genética resolve essa alternativa? É evidente que, na medida em que se atribui uma história às estruturações, é-se obrigado a admitir um elemento de generalização, quer dizer, é-se levado a separar as estruturas das situações estruturadas para delas fazer esquemas ativos, devidos a uma atividade estruturante. Desde o exercício dos reflexos

---

[4] Citado por CLAPARÈDE, La genèse de l'hypothèse, *Archives de Psychologie,* v. XXIV, p. 53.

A Inteligência "Sensório-Motora" ou "Prática" e as Teorias da Inteligência **383**

hereditários, tem-se a impressão de que o sujeito procura alimentos para a sua atividade e que, assim, esta última é generalizadora; por esse motivo o bebê chupa, olha, escuta, num número crescente de situações dadas. Mas se, durante esse primeiro período, como durante o das reações circulares primárias, é difícil dissociar a generalização ativa da simples estruturação, o contraste torna-se flagrante a partir da terceira fase, isto é, desde o aparecimento das reações circulares secundárias. Com efeito, a partir do momento em que a criança age verdadeiramente sobre o mundo exterior, cada uma de suas conquistas dá lugar não só a uma repetição imediata, mas também a uma generalização agora bem visível. Assim é que, após ter agarrado um cordão pendente do teto do seu berço e após ter descoberto, por acaso, os resultados dessa tração, a criança aplica essa conduta a todos os objetos suspensos. Ora, seria muito difícil não interpretar a coisa como uma generalização, pois a criança não se contenta em sacudir o teto do berço de diferentes maneiras, mas vai, em seguida, ao ponto de empregar os mesmos meios para fazer durar os espetáculos interessantes, seja qual for a distância que a separa deles. Essa ampliação perpétua, que assinalamos, dos esquemas secundários em "processos para fazer durar os espetáculos interessantes" é a melhor prova do seu poder generalizador. Quanto à quarta fase, é caracterizada por uma mobilidade dos esquemas bem maior do que antes, isto é, por um novo progresso da generalização. Com efeito, não só a coordenação de certos esquemas é devida à sua assimilação recíproca, ou seja, a um processo generalizador, mas, além disso, o poder de generalização próprio dos esquemas móveis afirma-se em certas condutas especiais, a que demos o nome de "exploração de novos objetos". Essas condutas, que prolongam, aliás, as assimilações generalizadoras da terceira fase, consistem em aplicar aos novos objetos todos os esquemas familiares, sucessivamente, de maneira a "compreender" esses objetos. Parece evidente, em tal caso, que o esforço de generalização sobrepuja toda a estruturação pré--formada, visto que há um ajustamento laborioso do conhecido ao desconhecido e, sobretudo, porque essa busca pressupõe uma série de opções. Do mesmo modo, durante a quinta fase, a sequência de tentativas que levam a criança a descobrir o uso de suportes, barbantes e varas é dirigida pelo conjunto de esquemas anteriores que inculcam uma significação às explorações atuais; essa aplicação do conhecido ao desconhecido também supõe uma generalização constante. Enfim,

384 O Nascimento da Inteligência na Criança

consideramos a generalização indispensável às combinações mentais da sexta fase.

Portanto, se acompanharmos, fase após fase, o desenvolvimento dos esquemas, quer em geral, quer cada um deles, individualmente, verificar-se-á que essa história é a de uma generalização contínua. Não só toda a estruturação é capaz de reproduzir-se na presença dos acontecimentos que provocaram o seu aparecimento, mas, além disso, aplica-se aos objetos novos que a diferenciam em caso de necessidade. Essa generalização e essa diferenciação correlativas demonstram, parece-nos, que uma "forma" não é uma entidade rígida, para a qual tende necessariamente a percepção, como sob o efeito de uma predeterminação, mas uma organização plástica, tal como as molduras se adaptam ao seu conteúdo e deste dependem, pois, mesmo parcialmente. Isso quer dizer, portanto, que as "formas", longe de existirem antes da sua atividade, comparam-se melhor a conceitos ou a sistemas de relações cuja elaboração gradual se opera por ocasião de suas generalizações. A observação força-nos, pois, a separá-las da pura percepção, a fim de as elevarmos à categoria de esquemas intelectuais; com efeito, só um esquema é capaz de atividade real, isto é, de generalização e diferenciação combinadas.

Isso nos conduz ao exame de uma terceira dificuldade da teoria da estrutura: na medida em que as "formas" não possuem história nem poder generalizador, a própria atividade da inteligência encontra-se preterida, em benefício de um mecanismo mais ou menos automático. Com efeito, as *Gestalten* não têm, intrinsecamente, atividade alguma. Surgem no momento em que se reorganiza o campo da percepção e impõem-se como tais, sem resultar de qualquer dinamismo anterior a elas; ou, se as *Gestalten* se fazem acompanhar de uma maturação interna, esta mesma é dirigida pela estrutura pré-formada, que, portanto, ela não explica.

Ora, é aí que os fatos, encarados em sua continuidade histórica, mais nos impedem de admitir sem reservas a teoria da forma, seja qual for a analogia estática que possa existir entre a *Gestalt* e o esquema. Com efeito, os esquemas surgiram-nos constantemente não como entidades autônomas, mas como produtos de uma atividade contínua que lhes é imanente e de que eles constituem os sucessivos momentos de cristalização. Não lhes sendo essa atividade exterior, ela não

A Inteligência "Sensório-Motora" ou "Prática" e as Teorias da Inteligência **385**

constitui, portanto, a expressão de uma "faculdade" e vimos há pouco por quê. É unitária com os próprios esquemas, tal como a atividade do julgamento se manifesta na formação de conceitos; mas, assim como os conceitos se dissociam da cadeia contínua de julgamentos que lhes deram origem, também os esquemas se separam, pouco a pouco, da atividade organizadora que os engendrou e com a qual se confundiram no momento de sua formação. Mais precisamente, os esquemas, uma vez constituídos, servem de instrumentos à atividade que os engendrou, tal como os conceitos, uma vez desligados do ato judicatório, são o ponto de partida de novos julgamentos.

Em que consiste, pois, essa atividade organizadora, se ela não é exterior, mas imanente aos esquemas, embora não consista numa simples maturação? Como já o acentuamos repetidamente, a organização dos esquemas é apenas o aspecto interno da sua adaptação, a qual é, simultaneamente, acomodação e assimilação. O fato primordial é, portanto, a própria atividade assimiladora, sem a qual nenhuma acomodação é possível; e é a ação combinada da assimilação e da acomodação que explica a existência dos esquemas e, por conseguinte, da sua organização.

Com efeito, por mais prematura que se queira considerar a aparição das primeiras "condutas" psicológicas, elas se apresentam sempre na forma de mecanismos tendentes à satisfação de uma necessidade. Isso significa, portanto, que as condutas são, logo de começo, função da organização geral do corpo vivo; de fato, todo ser vivo constitui uma totalidade que tende a conservar-se e que, portanto, assimila a si os elementos exteriores de que tem necessidade. Do ponto de vista biológico, a assimilação e a organização desenvolvem-se paralelamente, sem que se possa considerar as formas organizadas como anteriores à atividade assimiladora nem o inverso: a necessidade, cuja satisfação encontra-se garantida pelos reflexos subordinados ao conjunto do organismo, deve ser considerada, destarte, a expressão de uma tendência assimiladora simultaneamente dependente da organização e própria para conservá-la. Mas do ponto de vista subjetivo, essa mesma necessidade, por muito complexa que seja a organização reflexa de que ela é a expressão, manifesta-se, em sua forma primitiva, como uma tendência global e simples para a saciedade, ou seja, apenas diferencia-da dos estados de consciência que passam do desejo à satisfação e da satisfação ao desejo de conservar ou de recomeçar. Do ponto de vista

386 O Nascimento da Inteligência na Criança

psicológico, a atividade assimiladora, que se prolonga imediatamente sob a forma de assimilação reprodutora, é, portanto, o fato primordial. Ora, essa atividade, precisamente na medida em que tende para a repetição, gera um esquema elementar – sendo o esquema constituído pela reprodução ativa –, e, depois, graças a essa organização nascente, torna-se capaz de realizar assimilações generalizadoras e recognitivas. Por outro lado, os esquemas assim constituídos acomodam-se à realidade exterior, na medida em que procuram assimilá-la e, por conseguinte, diferenciam-se progressivamente. Assim é que no plano tanto psicológico como biológico, o esquematismo da organização é inseparável de uma atividade assimiladora e acomodadora, cujo funcionamento é a única explicação plausível para o desenvolvimento das sucessivas estruturas.

Compreende-se agora em que é que o fato de considerar as "formas" como isentas de história e de conceber as suas contínuas reorganizações como independentes de toda e qualquer generalização ativa equivale, mais cedo ou mais tarde, a negligenciar a atividade da própria inteligência. Com efeito, na medida em que se encarem os esquemas como subentendidos por uma atividade simultaneamente assimiladora e acomodadora, então só eles nos surgem como suscetíveis de explicar os progressos ulteriores da inteligência sistemática, na qual as estruturas conceptuais e as relações lógicas vêm sobrepor-se às simples montagens sensório-motoras. Pelo contrário, na medida em que a "forma" estática sobrepuja a atividade, mesmo que essa "forma" seja dotada de um poder indefinido de maturação e de reorganização, não se compreende por que a inteligência é necessária e se dissocia da simples percepção. Abordamos aqui, sem dúvida, o ponto essencial da divergência para a teoria da forma, o ideal é explicar a inteligência pela percepção, ao passo que, para nós, a própria percepção deve ser interpretada em termos de inteligência.

Que existe continuidade de mecanismo entre a percepção e a inteligência, é uma questão que não oferece dúvida. Toda percepção nos apareceu como elaboração ou aplicação de um esquema, isto é, como uma organização mais ou menos rápida dos dados sensoriais, em função de um conjunto de atos e de movimentos, explícitos ou simplesmente esboçados. Por outro lado, a inteligência, que em suas formas elementares implica um elemento de exploração por tentativas, chegou, durante a sexta fase, a reorganizações bruscas que, nos casos extremos, consistem

A Inteligência "Sensório-Motora" ou "Prática" e as Teorias da Inteligência 387

em "percepções" quase imediatas da solução justa. Portanto, é correto sublinhar, com a teoria da forma, a analogia da percepção e da inteligência prática. Mas essa identificação pode ter dois sentidos. Segundo o primeiro, as percepções bastam-se a si próprias e a pesquisa apenas constitui uma espécie de acidente ou de entreato que denuncia a ausência de percepção organizada. De acordo com o segundo, pelo contrário, toda percepção é o produto de uma atividade cujas formas mais discursivas ou por tentativas nada mais são do que a sua explicitação. Ora, foi assim que as coisas se nos apresentaram incessantemente: toda percepção é uma acomodação (com ou sem reagrupamento) de esquemas que exigiram para a sua construção um trabalho sistemático de assimilação e de organização; e a inteligência é apenas a complicação progressiva desse mesmo trabalho, quando a percepção imediata da solução não é possível. O vaivém que se observa entre a percepção direta e a pesquisa não autoriza, pois, que as consideremos essencialmente opostas; só as diferenças de velocidade e de complexidade separam a percepção da compreensão ou mesmo da invenção.

Essas considerações levam-nos ao exame de uma quarta dificuldade na teoria da forma. Com efeito, como explicar o mecanismo das reorganizações, essenciais ao ato de inteligência? E, mais precisamente, como explicar a descoberta das "boas formas", em contraste com as que são menos boas? Quando se trata apenas da percepção estática (por exemplo, perceber uma figura formada por pontos esparsos numa folha de papel branco) e de um nível mental elevado, verifica-se frequentemente que tal forma se impõe como sendo mais satisfatória do que a que lhe sucede imediatamente; assim é que, depois de se perceberem os pontos como constituindo uma série de triângulos justapostos, percebe-se de súbito um polígono. Tem-se, pois, a impressão de que as formas se sucedem de acordo com uma "lei de pregnância", sendo as boas formas, as que acabam por predominar, aquelas que preenchem certas condições *a priori* de simplicidade, de coesão e de acabamento (as que são "fechadas" etc.). Daí a suposição de que o ato de compreensão consiste em reorganizar o campo de percepção, substituindo nele as formas inadequadas por outras mais satisfatórias, e de que o progresso da inteligência é, de modo geral, devido a uma maturação interna dirigida para as melhores formas. Mas, na nossa hipótese, as percepções de estrutura acabada constituem o ponto culminante de elaborações complexas, nas quais intervêm a experiência e a atividade

388 O Nascimento da Inteligência na Criança

intelectual, e não poderiam ser escolhidas, portanto, como representativas no problema da descoberta das "boas" formas. Desde que se ultrapasse, com efeito, o caso particular dessas percepções estáticas, para analisar como as percepções se estruturam, uma vez situadas na atividade inteligente, na qual se movem como no seu meio natural, percebe-se logo que as "boas formas" não surgem isoladamente, mas sempre em função de uma pesquisa prévia; e que esta, longe de confundir-se com uma maturação ou um simples exercício, constitui uma exploração real, isto é, implicando a experimentação e o controle.

A tentativa, repetimos, é considerada pela teoria da forma uma atividade extrainteligente, destinada a substituir pelo empirismo das descobertas fortuitas as reorganizações difíceis demais para serem sistematicamente executadas. Ora, se reconhecemos muitas vezes a existência de tentativas desordenadas, respondendo em parte a essa concepção e derivando do fato de o problema equacionado exceder em demasia o nível do sujeito, também sublinhamos constantemente, em contrapartida, a existência de outro tipo de tentativas, que é dirigida e manifesta essa atividade cujas estruturas acabadas constituem, precisamente, o resultado. Essa segunda tentativa seria, pois, a própria expressão da reorganização em curso e do dinamismo cujos esquemas constituem o produto estático.

Com efeito, embora os esquemas nos tenham parecido, em todas as fases, como derivados da atividade assimiladora, esta se apresentou sempre como um exercício funcional antes de resultar nas diversas estruturações. Desde a primeira fase, é evidente a necessidade de certo exercício para fazer funcionar normalmente os mecanismos reflexos, exercício esse que comporta, naturalmente, um elemento de tentativa. No decorrer da segunda e da terceira fases, as reações primárias e secundárias resultam de uma assimilação reprodutora, cujas tentativas são, pois, necessárias à constituição dos esquemas. O mesmo se pode dizer das coordenações próprias da quarta fase. Quanto às condutas da quinta fase, elas revelam ainda melhor do que as precedentes a relação que existe entre a tentativa e a organização dos esquemas: longe de se apresentar como um registro passivo de acontecimentos fortuitos, a pesquisa própria desse tipo de comportamento é dirigida, simultaneamente, pelos esquemas que atribuem um fim à ação, pelos que servem sucessivamente de meios e pelos que atribuem uma significação às peripécias da experiência. Em outras palavras, a

A Inteligência "Sensório-Motora" ou "Prática" e as Teorias da Inteligência **389**

exploração do segundo tipo é, sobretudo, uma acomodação gradual dos esquemas aos dados da realidade e às exigências da coordenação; quer seja exterior, como no decurso da quinta fase, quer se interiorize com as condutas próprias da sexta fase, a exploração supõe, assim, um processo permanente de correção ou de controle ativos.

Ora, essa questão do controle dos esquemas é fundamental. Por força da sua hipótese de pregnância, a teoria da forma foi levada, com efeito, a negligenciar quase inteiramente o papel da correção. Considera-se, é verdade, que as boas formas eliminam as menos boas, não só na medida em que estas são pouco satisfatórias em si, mas ainda na medida em que são inadequadas ao conjunto da situação dada. Mas o processo de reorganização, embora desencadeado por uma espécie de controle global, permanece independente, em seu mecanismo íntimo, desse próprio controle. Pelo contrário, toda a reorganização dos esquemas pareceu-nos sempre constituir uma correção dos esquemas anteriores, por diferenciação progressiva, e toda organização em processamento apresentou-se-nos como um equilíbrio entre a tendência assimiladora e as exigências da acomodação, logo como um exercício controlado.

Assim é que, desde a primeira fase, o exercício reflexo é corrigido pelos seus próprios defeitos; ele é reforçado ou inibido segundo as circunstâncias. Durante a segunda e a terceira fases, a constituição das reações circulares supõe um desenvolvimento desse controle: para reencontrar os resultados interessantes obtidos uma primeira vez, por acaso, trata-se, com efeito, de corrigir a busca em função do seu êxito ou fracasso. A coordenação dos esquemas, própria da quarta fase, só se opera igualmente quando sancionada pelos seus resultados. A partir da quinta fase, as operações de controle diferenciam-se ainda mais: a criança já não se limita a sofrer, por parte dos fatos, uma sanção automática; procura agora prever, por um começo de experimentação, as reações do objeto e, assim, submete a sua busca da novidade a uma espécie de controle ativo. Enfim, na sexta fase, o controle interioriza-se na forma de correção mental dos esquemas e de suas combinações. Pode-se dizer, portanto, que o controle existe desde o princípio e afirma-se cada vez mais no decurso das fases de desenvolvimento sensório-motor. Certo, mantém-se sempre empírico, no sentido de que o único critério é sempre constituído pelo êxito ou fracasso da ação: a busca da verdade como tal só começa com a inteligência reflexiva. Mas o controle basta para assegurar uma correção

390 O Nascimento da Inteligência na Criança

cada vez mais ativa dos esquemas e para explicar, assim, como as boas formas sucedem às menos satisfatórias, mediante uma acomodação gradual das estruturas à experiência e de umas às outras.

Assinalamos até aqui quatro divergências principais entre a hipótese das formas e a dos esquemas. Uma quinta diferença resulta, segundo parece, das quatro precedentes e resume-se, até, de certa maneira. Pode-se dizer, com efeito, numa palavra, que as "formas" existem em si mesmas, ao passo que os esquemas nada mais são do que sistemas de relações cujos progressos permanecem sempre interdependentes.

Que as *Gestalten* são concebidas como existentes em si é o que as diversas extensões da teoria mostraram suficientemente. Para os autores que se limitaram à análise do fato psicológico da percepção ou da intelecção, as formas são simplesmente dadas, é certo, como quaisquer relações e a própria noção de forma não implica, assim, qualquer espécie de realismo. Mas, na medida em que se recusa a explicar, ou a tentar explicar, a gênese dessas formas, estas tendem a tornar-se entidades de que participam (à maneira platônica) a percepção ou a intelecção. Depois passou-se dessa "subsistência" fenomenológica à hipótese do caráter apriorístico das formas: assim se procurou explicar a sua necessidade pela estrutura psicobiológica inata do organismo, o que as torna definitivamente anteriores à experiência. Enfim, veio uma terceira etapa: as "formas" passam a ser condição de toda experiência possível. Assim é que, no plano do pensamento científico, Köhler descreve-nos as "formas físicas" como se estas condicionassem os fenômenos do mundo exterior e se impusessem aos sistemas eletromagnéticos, químicos ou fisiológicos.

Ora, nada nos autoriza, se levarmos em conta as reservas precedentes, a crer na existência em si das "estruturas". No tocante à sua existência exterior, em primeiro lugar, é evidente que, na medida em que os fenômenos são estruturáveis, em conformidade com os quadros do nosso espírito, a coisa pode-se explicar tanto por uma assimilação do real às formas da inteligência como pela hipótese realista. Quanto àquelas, tampouco podem ser consideradas como "subsistentes" em si – e isso na própria medida em que possuem uma história e revelam uma atividade. Portanto, como móveis, as formas só são boas ou más relativamente umas às outras e relativamente aos dados que lhes compete sistematizar. Nesse caso, pois, o relativismo deve temperar, como sempre, um realismo que renasce incessantemente.

A Inteligência "Sensório-Motora" ou "Prática" e as Teorias da Inteligência **391**

Sem dúvida, tal relativismo pressupõe a existência de algumas invariantes. Mas estas são de ordem funcional e não estrutural. Assim é que uma "forma" é tanto melhor quanto mais satisfizer à dupla exigência de organização e de adaptação do pensamento, consistindo a organização numa interdependência dos elementos dados e a adaptação num equilíbrio entre a assimilação e a acomodação. Mas, se esse duplo postulado exclui as formas caóticas, a coesão que exige pode ser atingida, sem dúvida, por meio de uma infinidade de estruturas diversas. Assim é que o princípio de contradição não nos ensina se dois conceitos são, sim ou não, contraditórios entre si, e que duas proposições podem parecer-nos por muito tempo compatíveis entre elas para, em seguida, se revelarem contraditórias (sendo o inverso igualmente possível).

§ 4. *A TEORIA DAS TENTATIVAS.* – Segundo uma hipótese célebre devida a Jennings e retomada por Thorndike, existiria um método ativo de adaptação às circunstâncias novas: o método das tentativas. Por um lado, uma sucessão de "ensaios", comportando, em princípio, tantos "erros" quantos os êxitos fortuitos; por outro lado, uma seleção progressiva operando *a posteriori*, em função do êxito ou fracasso desses mesmos ensaios. A teoria de "ensaios e erros" combina, assim, a ideia apriorista, segundo a qual as soluções derivam de uma atividade própria do sujeito, e a ideia empirista, para a qual a adoção da boa solução é devida, em definitivo, à pressão do meio externo. Mas, em vez de admitir, como faremos (§ 5), uma relação indissociável entre o sujeito e o objeto, a hipótese dos ensaios e erros distingue dois tempos: 1º) a produção dos ensaios, que são devidos ao sujeito, pois são fortuitos em relação ao objeto; e 2º) a sua seleção, devida unicamente ao objeto. O apriorismo e o empirismo estão aqui justapostos, portanto, e não superados. Tal é a dupla inspiração dos sistemas pragmatistas em Epistemologia e mutacionistas em Biologia: a atividade intelectual ou vital permanece, em sua origem, independente do meio exterior, mas o valor dos seus produtos é determinado pelo seu êxito no mesmo meio.

Em sua bem conhecida teoria da inteligência,[5] Claparède retomou a hipótese de Jennings, mas generalizando-a e inserindo-a numa

---

[5] Édouard CLAPARÈDE, La psychologie de l'intelligence, *Scientia*, p. 353-867, 1917. Artigo reeditado em *L'éducation fonctionelle*, 1931.

concepção de conjunto dos atos de adaptação. A inteligência constitui, segundo Claparède, uma adaptação mental às novas circunstâncias, ou, mais precisamente, "a capacidade de resolver pelo pensamento os novos problemas". Todo ato completo de inteligência supõe, portanto, três momentos: a interrogação (que orienta a pesquisa), a hipótese (ou pesquisa propriamente dita) e o controle. Por outro lado, a inteligência não derivaria de adaptações de ordem inferior, o reflexo ou adaptação hereditária e a associação habitual ou adaptação adquirida às circunstâncias que se repetem, mas surgiria com as insuficiências do reflexo e do hábito. Que sucede, com efeito, quando a novidade da situação transborda os quadros do instinto ou das associações adquiridas? O sujeito não permanece passivo, mas, pelo contrário, apresenta a conduta em que Jennings insistiu: tateia e entrega-se a uma série de "ensaios e erros". Tal é, segundo Claparède, a origem da inteligência. Antes que se elabore a "inteligência sistemática", caracterizada pela interiorização dos processos de exploração, a inteligência manifesta-se sob uma forma empírica, a qual prepara as formas superiores e delas constitui o equivalente prático ou sensório-motor. À "interrogação" corresponde, assim, a necessidade suscitada pela nova situação em que o sujeito se encontra. À "hipótese" corresponde a tentativa, a série de ensaios e erros que não são mais do que as sucessivas suposições assumidas pela ação, antes de o serem pelo pensamento. Ao "controle", enfim, corresponde a seleção dos ensaios que resulta da pressão das coisas, antes que a consciência das relações permita ao pensamento controlar-se por experiência mental. A inteligência empírica explicar-se-ia, pois, pela tentativa e seriam a interiorização e a sistematização progressivas desses processos que explicariam, ulteriormente, a inteligência propriamente dita.

A favor de tal solução, pode-se invocar a generalidade do fenômeno da tentativa, em cada uma das etapas que distinguimos. Em primeiro lugar, a "correção" dos esquemas por acomodações progressivas, sobre a qual acabamos de insistir a propósito da *Gestalt*, constitui um primeiro exemplo dessa tentativa. Ora, verifica-se, por um lado, que essa tentativa se interioriza durante a sexta fase, sob a forma de uma espécie de reflexão experimental ou de experiência mental (como quando Lucienne, na obs. 180, abre a boca diante do orifício que se trata de ampliar para atingir o conteúdo da caixa de fósforos); e, por outro lado, que, antes dessa interiorização, a mesma tentativa

A Inteligência "Sensório-Motora" ou "Prática" e as Teorias da Inteligência **393**

manifesta-se em plena exterioridade durante toda a quinta fase, no decorrer da qual ela constitui o princípio das "reações circulares terciárias", e da "descoberta de novos meios por experimentação ativa". Em seguida, é fácil observar que essa tentativa evidente na quinta fase é preparada por uma série de processos análogos discerníveis desde a primeira fase. A partir da acomodação reflexa, observamos a tentativa do recém-nascido em busca do mamilo materno. Com a aquisição dos primeiros hábitos, por outro lado, destaca-se a importância da tentativa no exercício das reações circulares primárias, aumentando progressivamente essa importância com a constituição dos esquemas secundários e a coordenação ulterior desses esquemas. Em resumo, a história da tentativa é a da acomodação com suas complicações sucessivas e, a esse respeito, parece que uma grande parte de verdade deve ser creditada à teoria que identifica a inteligência com uma exploração que se desenvolve por tentativa ativa.

Mas há duas maneiras de entender a tentativa. Ou admitimos que a atividade por tentativa é logo dirigida por uma compreensão relativa à situação exterior e, nesse caso, tal atividade jamais é pura, tornando-se secundário o papel do acaso, e essa solução identifica-se com a da assimilação (reduzindo-se a tentativa a uma acomodação progressiva dos esquemas assimiladores); ou, então, admite-se a tentativa pura, isto é, efetuando-se ao acaso e com uma seleção ulterior das atividades favoráveis. Ora, foi nesse segundo sentido que se interpretou primeiro o jogo de tentativas e é esta segunda interpretação que não podemos aceitar.

É certo que determinados fatos parecem dar razão a Jennings. Acontece que a tentativa se desenrola ao acaso, realmente, que as soluções corretas são descobertas fortuitamente e que se fixam por simples repetição, antes que o sujeito possa compreender o mecanismo delas. Assim é que, por vezes, a criança descobre prematuramente soluções que ultrapassam o seu nível de compreensão, descobertas essas que só podem ser devidas a felizes acasos e não a uma busca dirigida (prova em si de que essas aquisições se perdem, frequentemente, para dar lugar, mais tarde, a uma redescoberta inteligente). Mas é que, como já dissemos, existem dois tipos de tentativa ou, melhor, dois termos extremos entre os quais se estende toda uma série de intermediários: um deles surge quando o problema, situado no nível do sujeito, não proporciona, porém, uma solução imediata e sim uma exploração

394 O Nascimento da Inteligência na Criança

dirigida; o outro tipo aparece quando o problema excede o nível intelectual ou os conhecimentos do sujeito e, por conseguinte, a exploração realiza-se ao acaso. Somente à segunda dessas duas situações é que se aplica o esquema de Jennings, ao passo que a outra interpretação se aplica ao primeiro caso. Toda a questão se resume, pois, em saber qual é a relação que une esses dois tipos de tentativas: são independentes, um deriva do outro e qual?

Ora, nada poderia ser mais instrutivo para resolver essa questão do que examinar a evolução da doutrina de Claparède, a qual, de 1917 a 1933, deu lugar a um aprofundamento progressivo e culminou, sob a influência dos fatos admiravelmente analisados a propósito da "gênese da hipótese",[6] numa delimitação exata do papel da tentativa.

Desde o início de suas pesquisas, Claparède distinguiu os dois tipos de tentativas que acabamos de recordar: "Eu estabelecera então duas espécies ou graus de tentativas: a *não sistemática*, puramente fortuita, cujos 'ensaios' seriam selecionados, triados mecanicamente, como por uma peneira, pelas circunstâncias exteriores; e a *sistemática*, guiada e controlada pelo pensamento, notadamente, pela consciência das relações. A não sistemática caracterizava aquilo a que chamei de 'inteligência empírica'; a outra era a típica da inteligência propriamente dita".[7] Porém, do estudo de 1917 ao de 1933, assinala-se uma inversão de sentido quanto às relações entre esses dois tipos de tentativa. Em 1917, é a tentativa não sistemática que Claparède considera o fato primordial da inteligências, a qual se explicaria pelo contato progressivo com a experiência a que essa dá lugar e pela consciência das relações daí decorrentes, assim como pelo desenvolvimento constante da tentativa sistemática: "O ato de inteligência consiste, essencialmente, numa tentativa, a qual deriva da tentativa manifestada por todos os animais, ainda os mais inferiores, quando se encontram numa nova situação".[8] Pelo contrário, no estudo de 1933, três inovações conseguem, realmente, inverter a ordem dessa filiação: 1ª) os dois tipos de

---

[6] Édouard CLAPARÈDE, La genèse de l'hypothèse, *Archives de Psychologie*, v. XXIV, p. 1-155, 1933.

[7] Édouard CLAPARÈDE, La genèse de l'hypothèse, *Archives de Psychologie*, v. XXIV, p. 149, 1933.

[8] Édouard CLAPARÈDE, La genèse de l'hypothèse, *Archives de Psychologie*, v. XXIV, p. 149, 1933.

A Inteligência "Sensório-Motora" ou "Prática" e as Teorias da Inteligência **395**

tentativas já não são concebidos como "dois gêneros inteiramente distintos, mas como dois extremos de uma cadeia que compreende todos os intermediários";[9] 2ª) a própria tentativa não sistemática já é relativamente dirigida: "Nenhuma tentativa é inteiramente incoerente, pois tem sempre por função atingir algum fim, satisfazer alguma necessidade, está sempre orientada em alguma direção... Nas formas inferiores do pensamento, essa direção ainda é muito vaga, muito genérica. Mas, quanto mais o nível mental do explorador se eleva, tanto mais nele se afirma a consciência das relações e, por consequência, tanto mais se define a direção em que se deve efetuar a busca da solução do problema... Assim, cada nova exploração fecha um pouco mais o círculo dentro do qual se efetuarão as tentativas seguintes... A tentativa, *guiada inicialmente pela consciência de relações – relações entre certos atos a executar e um certo fim a atingir –*[10] é, portanto, o agente que permite a descoberta de novas relações";[11] 3ª) finalmente, não só a tentativa não sistemática pressupõe, como acabamos de ver, a consciência de certas relações que a dirigem inicialmente, mas, além disso, essas relações elementares derivam de um mecanismo fundamental de ajustamento à experiência, sobre o qual Claparède insistiu com sagacidade no seu artigo de 1933 e a que chamou, como os lógicos, de "implicação": "A implicação é um processo indispensável às nossas necessidades de ajustamento. *Sem ela, não poderíamos tirar proveito da experiência*".[12] A implicação é, portanto, um fenômeno primitivo que não resulta da repetição, como a associação, mas pelo contrário, introduz imediatamente um vínculo de necessidade entre os termos que se implicam. A implicação mergulha as suas raízes, assim, na vida orgânica: "O organismo revela-se-nos, desde as suas manifestações mais reflexas, como uma máquina de implicar".[13] Ela

---

[9] Édouard CLAPARÈDE, La genèse de l'hypothèse, *Archives de Psychologie*, v. XXIV, p. 149, 1933.

[10] Fomos nós que grifamos.

[11] Édouard CLAPARÈDE, La genèse de l'hypothèse, *Archives de Psychologie*, v. XXIV, p. *149-150, 1933.*

[12] Édouard CLAPARÈDE, La genèse de l'hypothèse, *Archives de Psychologie*, v. XXIV, p. *104, 1933 (grifado no texto).*

[13] Édouard CLAPARÈDE, La genèse de l'hypothèse, *Archives de Psychologie*, v. XXIV, p. *106, 1933.*

396 O Nascimento da Inteligência na Criança

também é o princípio dos reflexos condicionados e das reações circulares. Além disso, é ela que dirige, desde o seu ponto de partida, a tentativa mesmo não sistemática. "Implicar é esperar e é tender para aquilo que se espera."[14] Na medida em que a expectativa não é gorada, a tentativa é inútil; mas, na medida em que o for, a tentativa, orientada pela expectativa, será dirigida para o fim visado pelas implicações que ligam estas à necessidade experimentada.

Dito isso, gostaríamos de mostrar agora por que a hipótese da tentativa pura não pode ser retida e em que é que as correções proporcionadas por Claparède na sua última interpretação não só quadram inteiramente com o que observamos sobre o nascimento da inteligência infantil, mas, além disso, parecem-nos implicar a teoria dos esquemas e da assimilação em geral.

A hipótese de uma tentativa pura, concebida como o ponto de partida da própria inteligência, não teria justificação cabível porque ou essa tentativa não sistemática surgiria à margem da tentativa dirigida e mesmo, frequentemente, depois desta, ou então precederia a exploração dirigida, mas nesse caso estaria sem influência alguma sobre esta última, isto é, seria ela própria relativamente dirigida e, por consequência, já sistemática.

De modo geral, recordemos desde já que a diferença entre a tentativa não sistemática e a tentativa dirigida é simplesmente uma questão de dosagem e que as situações em que se manifestam esses dois tipos de comportamento não diferem, pois, uma da outra em qualidade e apenas em grau. A tentativa sistemática é, com efeito, caracterizada pelo fato de os ensaios sucessivos se condicionarem mutuamente, com efeito cumulativo, e por serem esclarecidos, em segundo lugar, pelos esquemas anteriores, que conferem uma significação às descobertas fortuitas; e, finalmente, pelo fato de serem dirigidos por esquemas que atribuem um objetivo à ação e pelo esquema ou esquemas que servem de meio inicial, cujos ensaios por tentativas constituem as diferenciações ou as acomodações graduais. (Ver as obs. 147-174.) A tentativa sistemática é, pois, tripla ou quadruplamente dirigida, segundo o fim e os meios iniciais formam um todo ou são distintos. Pelo

---

[14] Édouard CLAPARÈDE, La genèse de l'hypothèse, *Archives de Psychologie*, v. *XXIV, p. 107, 1933*.

A Inteligência "Sensório-Motora" ou "Prática" e as Teorias da Inteligência **397**

contrário, na tentativa não sistemática, como a efetuada pelos gatos de Thorndike, os sucessivos ensaios são relativamente independentes entre si e não são guiados pela experiência anteriormente adquirida. É nesse sentido que a tentativa é fortuita e que a descoberta da solução é realmente devida ao acaso. Porém, do momento em que, mesmo não sistemáticas, as tentativas são sempre orientadas para a necessidade experimentada, logo, pelo esquema que atribui uma finalidade à ação (o próprio Thorndike reconhece que os ensaios são selecionados graças ao desprazer provocado pelo fracasso), é evidente que a experiência anterior desempenha, apesar de tudo, um papel e que o sistema de esquemas já elaborados não é estranho à conduta aparentemente mais desordenada do sujeito; as sucessivas tentativas só são relativamente independentes entre si e os resultados a que chegam, embora sejam em grande parte fortuitos, só adquirem significação, entretanto, graças aos esquemas ocultos, mas atuantes, que os esclarecem. A diferença entre as tentativas não sistemáticas e a pesquisa dirigida só é, portanto, de grau e não de qualidade.

Sendo assim, é evidente que, com frequência, longe de preceder a pesquisa dirigida, a tentativa não sistemática só aparece à margem dessa pesquisa ou depois dela; e que, quando aparentemente a precede, já está sendo quer orientada por ela, quer sob a sua influência. Com efeito, a relação entre os dois tipos extremos de condutas é definida pelas situações em que eles se manifestam: há investigação dirigida sempre que o problema está bem adaptado ao nível intelectual e aos conhecimentos do sujeito, o bastante para que este procure a solução mediante um ajustamento de seus esquemas usuais, ao passo que há tentativa quando o problema supera demais o nível do sujeito e um simples reajustamento dos esquemas não basta para encontrar a solução. Por consequência, a tentativa é tanto mais dirigida quanto mais a situação se aproxima do primeiro gênero, e tanto mais sistemática quanto mais tende para o segundo.

Portanto, dois casos são possíveis, quanto à sucessão dos dois tipos de tentativas. No primeiro caso, o sujeito só adotava o método de tentativa pura, por "ensaios e erros", depois de ter esgotado os recursos da exploração dirigida. Esse modo de sucessão observa-se mesmo no adulto. Quando um automóvel enguiça, o intelectual não mecânico começa por tentar utilizar os seus alguns conhecimentos relativos ao carburador, às velas, à ignição etc. Isso constitui uma investigação

398 O Nascimento da Inteligência na Criança

dirigida pelos esquemas anteriores, logo uma tentativa sistemática. Depois, nada conseguindo, mexe em tudo ao acaso, toca em peças cujo significado ele ignora completamente e, em raras ocasiões, consegue assim descobrir o que se passava com o motor, mediante uma manobra puramente fortuita: é a tentativa não sistemática. Em tal caso, é evidente que a tentativa pura prolonga a investigação dirigida; é o fato de ter tentado um número crescente de soluções que impele o sujeito a generalizar essa conduta e é na medida em que ele cada vez menos compreende os dados do problema que o sujeito passa da tentativa dirigida à tentativa não sistemática. Nesse primeiro caso, a tentativa é, pois, a forma, por assim dizer, mais lata de pesquisa intelectual e não o ponto de partida do ato de inteligência.

Mas há um segundo caso: é aquele em que o problema é absolutamente novo para o sujeito e em que a tentativa não sistemática parece surgir antes da pesquisa dirigida. Por exemplo, um animal em busca de seu alimento pode enveredar ao acaso por uma série de caminhos sucessivos, sem ser capaz de perceber as relações em jogo; ou uma criança, para alcançar um objeto semioculto por diversos obstáculos, pode conseguir desembaraçá-lo sem compreender a relação "situado debaixo ou atrás". Mas, nesse caso, das duas uma: ou a parte de acaso é considerável no êxito final e as tentativas não sistemáticas assim coroadas de êxito permanecem alheias à inteligência, não engendrando como tais e por si mesmas as ulteriores pesquisas sistemáticas; ou, então, as tentativas não sistemáticas são já suficientemente dirigidas para que possamos atribuir o êxito a essa orientação e, assim sendo, é o começo de um sistema que explica as ulteriores pesquisas sistemáticas. No exemplo da criança que quer apanhar um objeto semioculto, pode muito bem acontecer, é evidente, que o sujeito alcance seus intentos sem saber como; mas, nesse caso, a tentativa não sistemática que conduziu a esse resultado fortuito não prepara, de modo nenhum a pesquisa dirigida que permitirá à criança, ulteriormente, descobrir as relações "colocado sobre", "situado sob" etc. A tentativa não sistemática nada mais é, pois, que uma conduta esporádica surgindo à margem da inteligência e prolongando a atitude de busca por tentativa comum a todas as fases (exercício reflexo, reação circular etc.); nada mais é do que o limite extremo da acomodação, quando esta é preponderantemente regida pela assimilação. Pelo contrário, pode acontecer que a busca do objeto semioculto, se bem que não implique ainda o

A Inteligência "Sensório-Motora" ou "Prática" e as Teorias da Inteligência **399**

conhecimento da relação "situado debaixo de" e comporte, por consequência, uma grande parcela de tentativa ao acaso, seja dirigida, não obstante, por certos esquemas gerais, como os de afastar o obstáculo, utilizar um objeto móvel para atrair um objeto distante (no caso dos brinquedos suspensos do teto do berço etc.). Nesse caso, a tentativa não sistemática prepara, de fato, a ulterior busca dirigida (aquela que permitirá à criança compreender, realmente, a relação "situado sob"); mas isso acontece porque a tentativa já está sendo dirigida, ainda que de modo vago e genérico. A diferença entre essas duas possibilidades reconhece-se facilmente pelo fato de que, na primeira, a descoberta fortuita da criança não é acompanhada de qualquer utilização duradoura, ao passo que, na segunda, dá lugar em seguida a exercícios (a reações circulares ou atos de assimilação reprodutora com acomodação gradual) e a um progresso mais ou menos contínuo.

Vê-se, assim, que, mesmo quando a tentativa não sistemática parece surgir antes da pesquisa dirigida, ela não se explica por esta última, mas já se explica por si mesma, dado que comporta desde o começo um *mínimo* de direção. Sem rejeitar, absolutamente, a ideia de tentativa, não a consideramos, pois, suficiente para explicar por si só o mecanismo da inteligência. Ora, foi precisamente isso o que, no seu último estudo, Claparède mostrou com grande perspicácia: levado a rejeitar a hipótese de uma tentativa pura, acabou por admitir que, se as necessidades e a consciência do fim a alcançar orientam as tentativas ainda as mais elementares, é porque uma implicação elementar dos atos e interesses constitui o dado primordial, pressuposto na própria tentativa. Gostaríamos de mostrar, agora, em que é que essa implicação comporta, necessariamente, a assimilação e o sistema de esquemas.

No que diz respeito à inteligência reflexiva, em primeiro lugar, é óbvio que a implicação supõe um sistema de conceitos e, por consequência, a atividade assimiladora do julgamento. Dizer que A implica B (por exemplo, que o fato de ser "retângulo" implica, para um triângulo, que satisfaça ao teorema de Pitágoras), é afirmar que se está na posse de certo conceito C (por exemplo, o de "triângulo retângulo"), no qual A e B estão unidos pela necessidade lógica ou pela definição; assim, a implicação é o resultado de julgamentos que engendram C, A e B, e a necessidade da implicação resulta da assimilação prévia realizada por esses juízos.

400 O Nascimento da Inteligência na Criança

O mesmo acontece, exatamente, com a inteligência sensório-motora, incluindo as suas fases preparatórias constituídas pela aquisição das primeiras associações habituais (segunda fase). Claparède, que considera a implicação, com toda a razão, a condição da experiência ("sem ela, não poderíamos tirar proveito da experiência"), mostra-nos, em páginas altamente sugestivas, que o reflexo condicionado é um fenômeno de implicação. Com efeito, diz ele, "B está implícito em A quando, dado A, o sujeito se conduz para com ele tal como se conduziria em face de B". Ora, "a visão, pelo cão de uma cor rosa A apresentada primeiro com uma refeição B, provocará a reação salivar e gástrica que essa refeição B desencadeou. O cão reagiu a A como se B estivesse contido, estivesse implicado em A". "Se houvesse uma simples associação e não implicação, a cor rosa deveria simplesmente evocar na memória do cão a lembrança da refeição, mas sem que se seguisse reação alguma, significando que a cor rosa *é tomada pela* refeição, *funciona como* a refeição."[15] Mas como explicar que, segundo os termos dessa excelente descrição, a cor "seja tomada pela" refeição? Claparède insiste no fato de que a necessidade de tais conexões se manifesta desde a origem: "Portanto, bem longe de ser a repetição de um par de elementos que cria entre eles um vínculo de implicação, esta, a implicação, tem origem logo na altura do primeiro encontro dos dois elementos desse par. E a experiência só intervém para quebrar essa relação de implicação quando se verificar que não é legítima." E ainda: "A necessidade de uma conexão tende, pois, a aparecer na origem. Se a necessidade não estivesse na origem, não se entende como poderia aparecer em qualquer outra ocasião, pois o hábito não é a necessidade".[16] Mas o problema apenas foi recuado: como explicar essa necessidade que aparece desde o primeiro encontro entre dois termos até então mutuamente estranhos, ao ponto de eles parecerem imediatamente ao sujeito que um implica o outro?

Do mesmo modo, Claparède interpreta, graças à implicação, a analogia clássica da percepção e do raciocínio: "Se a operação que constitui a percepção é idêntica àquela que forma a espinha dorsal do

---

[15] Édouard CLAPARÈDE, La genèse de l'hypothèse, *Archives de Psychologie*, v. XXIV, p. 105-106, 1933.

[16] Édouard CLAPARÈDE, La genèse de l'hypothèse, *Archives de Psychologie*, v. XXIV, p. 105, 1933.

A Inteligência "Sensório-Motora" ou "Prática" e as Teorias da Inteligência 401

raciocínio, *é porque essa operação é uma implicação*. Se percebemos o sabor açucarado na mancha colorida que forma a laranja para o nosso olho, não é em virtude exclusiva da associação, mas graças à implicação. É porque esse sabor açucarado *está implicado* nas outras características da laranja...".[17] Mas, também nesse ponto, como explicar que as qualidades dadas na sensação adotam imediatamente uma significação mais profunda e implicam um conjunto de outras qualidades necessariamente interligadas?

A única resposta possível é que existem esquemas (quer dizer, precisamente, as totalidades organizadas cujos elementos internos se implicam mutuamente), assim como uma operação constitutiva desses esquemas e suas implicações, que é a *assimilação*. Com efeito, sem essa operação formativa das implicações, que é o equivalente sensório-motor do julgamento, qualquer coisa implicará qualquer outra coisa, ao sabor das aproximações fortuitas da percepção. A implicação seria regida por aquela "lei de coalescência" mencionada por W. James, segundo a qual os dados percebidos simultaneamente formam uma totalidade enquanto a experiência não os dissociar. "A lei de coalescência", escreve mesmo Claparède, "engendra a implicação, no plano da ação, e o sincretismo, no plano da representação".[18] Mas, nesse caso, pode-se perguntar se a noção de implicação conserva ainda o seu valor e se a necessidade, que as relações implicantes comportam, não é ilusória. Muito mais profunda é a interpretação de Claparède quando liga a implicação à sua "lei de reprodução do semelhante" e acrescenta: "A implicação mergulha as suas raízes nas camadas motoras do ser. Poder-se-ia dizer que a vida implica a implicação".[19] Mas, então, falta um traço de união entre a organização motora e a implicação e esse traço de união é, precisamente, a assimilação. Com efeito, só a assimilação explica como o organismo tende, ao mesmo tempo, a reproduzir as ações que lhe foram proveitosas (assimilação reprodutora) – o que basta para constituir os esquemas não em virtude

---

[17] Édouard CLAPARÈDE, La genèse de l'hypothèse, *Archives de Psychologie*, v. XXIV, p. 107, 1933.

[18] Édouard CLAPARÈDE, La genèse de l'hypothèse, *Archives de Psychologie*, v. XXIV, p. 105, 1933.

[19] Édouard CLAPARÈDE, La genèse de l'hypothèse, *Archives de Psychologie, v. XXIV, p. 104-105, 1933.*

402 O Nascimento da Inteligência na Criança

da repetição das condições exteriores, mas, ainda e sobretudo, graças a uma reprodução ativa das condutas anteriores, em função dessas condições – e para incorporar aos esquemas assim formados os dados suscetíveis de lhes servirem de alimento (assimilação generalizadora). Por consequência, só a assimilação explica como a reprodução ativa engendra a implicação. Por um lado, com efeito, a fim de reproduzir as condutas interessantes, o sujeito assimila incessantemente aos esquemas dessas condutas os objetos conhecidos, já utilizados em circunstâncias semelhantes, isto é, que lhes confere uma significação ou, em outras palavras, que os insere num sistema de implicações; assim é que a boneca pendurada no teto do berço implica, para o bebê, a qualidade de ser puxada, batida, sacudida etc., porque ela é, toda vez que a criança a percebe, assimilada aos esquemas de puxar etc. Por outro lado, os objetos novos também são assimilados, graças às suas características aparentes ou à sua situação, aos esquemas conhecidos, daí resultando novos feixes de significações e de implicações; assim é que, na obs. 136, a cigarreira examinada por Jacqueline é sucessivamente chupada, esfregada, sacolejada etc. A assimilação reprodutora (e recognitiva), por um lado, e a assimilação generalizadora, por outro lado, são, portanto, a origem da implicação, a qual não se explicaria sem elas; e essas implicações, longe de resultarem de simples "coalescências", são logo dirigidas e organizadas pelo sistema de esquemas.

No reflexo condicionado, para voltarmos aos exemplos de Claparède, a cor rosa A está implicada à refeição B porque, segundo os próprios termos do autor, essa cor "é tomada pela" refeição. Que dizer, se não que a cor é assimilada à própria refeição, ou que recebe uma significação em função desse esquema? Nesse caso, como em todos os outros, a implicação resulta, pois, de uma prévia assimilação. Do mesmo modo, na percepção, o sabor açucarado da laranja é implicado na cor percebida desde o começo, porque essa cor é imediatamente assimilada a um esquema conhecido. Em resumo, sem a assimilação, essa "necessidade" implicativa, que Claparède situa na "origem" e que ele distingue, com razão, do hábito devido à repetição passiva (a qual se distingue muito bem da reprodução ativa), permanece inexplicável e a implicação desprovida de fundamento orgânico. Na medida em que a implicação mergulha realmente as suas raízes no organismo, o que nos parece igualmente incontestável é que toda atividade sensório-motora se desenvolve, funcionando (assimilação reprodutora), e utiliza por

A Inteligência "Sensório-Motora" ou "Prática" e as Teorias da Inteligência **403**

assimilação generalizadora os objetos suscetíveis de lhe servir de alimento; logo, todo dado exterior é percebido em função de esquemas sensório-motores e é essa assimilação incessante que confere a todas as coisas significações que comportam as implicações de todos os graus. Assim se compreende por que as tentativas são sempre dirigidas, por muito pouco que seja; a tentativa desenvolve-se, necessariamente, por acomodação dos esquemas anteriores e estes se assimilam ou tendem a assimilar a si os objetos sobre os quais a exploração incide.

Assim é que, corrigida em virtude das observações de Claparède sobre o papel diretor da necessidade ou da interrogação e sobre a anterioridade da implicação em relação aos "ensaios e erros", a teoria das tentativas conjuga-se com a da assimilação e a dos esquemas.

§ 5. *A TEORIA DA ASSIMILAÇÃO*. – Duas conclusões parecem decorrer das considerações precedentes. A primeira é que a inteligência constitui uma atividade organizadora cujo funcionamento prolonga o da organização biológica e o supera, graças à elaboração de novas estruturas. A segunda é que, se as sucessivas estruturas devidas à atividade intelectual diferem qualitativamente entre elas, nunca deixam de obedecer às mesmas leis funcionais; a esse respeito, a inteligência sensório-motora pode ser comparada à inteligência reflexiva ou racional, e esta comparação esclarece a análise dos dois termos extremos.

Ora, sejam quais forem as hipóteses explicativas entre as quais oscilam as principais teorias biológicas, todo mundo admite certo número de verdades elementares que são justamente aquelas de que falamos aqui: que o corpo vivo apresenta uma estrutura organizada, isto é, constitui um sistema de relações interdependentes; que ele trabalha para conservar a sua estrutura definida e, para fazê-lo, incorpora-lhe os alimentos químicos e energéticos necessários, retirados do meio ambiente; que, por consequência, reage sempre às ações do meio em função dessa estrutura particular e tende, afinal de contas, a impor ao universo inteiro uma forma de equilíbrio dependente dessa organização. Com efeito, contrariamente aos seres inorganizados, que estão igualmente em equilíbrio com o universo, mas não assimilam a eles o meio, pode-se dizer que o ser vivo assimila a si o universo inteiro, ao mesmo tempo que se lhe acomoda, pois o conjunto de movimentos de toda ordem, que caracterizam as suas ações e reações a respeito das coisas, ordena-se num ciclo planejado tanto pela sua própria organização como pela natureza dos objetos exteriores. Portanto, é permitido, em sentido geral, conceber a assimilação como incorporação de uma realidade externa qualquer a uma ou outra parte do ciclo de organização. Em outras palavras, tudo o que corresponde a uma necessidade do organismo é matéria a assimilar, sendo essa necessidade a própria expressão da atividade assimiladora como tal; quanto às pressões exercidas pelo meio, sem que correspondam a qualquer necessidade, não dão lugar à assimilação na medida em que o organismo não estiver adaptado àquelas; mas, como a adaptação consiste, precisamente, em transformar as pressões em necessidades, tudo se presta, afinal de contas, a ser assimilado. As funções de relação, mesmo independentemente da vida psíquica que delas deriva, são, pois, duplamente responsáveis pela origem da assimilação: elas servem, por um lado, à assimilação geral do organismo, pois que o seu exercício é indispensável à vida; mas, por outro lado, cada uma de suas manifestações supõe uma determinada assimilação, visto que esse exercício é sempre relativo a uma série de condições exteriores que lhes são especiais.

Tal é o contexto da organização prévia em que a vida psicológica tem sua origem. Ora, e aí está toda a nossa hipótese, parece que o desenvolvimento da inteligência prolonga tal mecanismo, em vez de contradizê-lo. Em primeiro lugar, a partir das condutas reflexas e dos comportamentos adquiridos que nelas se enxertam, vê-se surgir uma série de processos de incorporação das coisas aos esquemas do sujeito. Essa busca de alimento funcional necessário ao desenvolvimento da conduta e esse exercício estimulante do crescimento constituem as formas mais elementares da assimilação psicológica. Com efeito, essa assimilação das coisas à atividade dos esquemas, embora não seja ainda sentida pelo sujeito como uma consciência dos objetos nem dê lugar, por consequência, a juízos objetivos, já constitui, entretanto, as primeiras operações que, posteriormente, culminarão em julgamentos propriamente ditos: operações de reprodução, recognição e generalização. São essas operações que, já implícitas na assimilação reflexa, engendram os primeiros comportamentos adquiridos e, por consequência, os primeiros esquemas não hereditários, resultando o esquema do próprio ato de assimilação reprodutora e generalizadora. Assim

A Inteligência "Sensório-Motora" ou "Prática" e as Teorias da Inteligência **405**

é que cada domínio de organização reflexa sensório-motora é o teatro de assimilações particulares que prolongam, no plano funcional, a assimilação físico-química. Em segundo lugar, esses comportamentos, na medida em que estão enxertados nas tendências hereditárias, encontram-se desde logo insertos no quadro geral da organização individual, ou seja, antes de toda a conscientização, eles ingressam na totalidade funcional que o organismo constitui; contribuem, assim, imediatamente, para assegurar e manter esse equilíbrio entre o universo e o corpo do sujeito, equilíbrio que consiste tanto numa assimilação do universo ao organismo como deste àquele. Do ponto de vista psicológico, isso significa que os esquemas adquiridos constituem, de imediato, não somente uma soma de elementos organizados, mas também uma organização global, um sistema de operações interdependentes, primeiro de um modo virtual, graças às suas raízes biológicas, depois de um modo efetivo, em virtude do mecanismo de assimilação recíproca dos esquemas em presença.

Em resumo, no seu ponto de partida, a organização intelectual prolonga sem mais a organização biológica. Não consiste apenas, como pode fazer crer uma reflexologia impregnada de associacionismo empirista, num conjunto de respostas mecanicamente determinadas por estímulos externos e num conjunto correlativo de condutas que ligam os novos estímulos às reações antigas. Constitui, pelo contrário, uma atividade real, fundada numa estrutura própria e assimilando a esta um número crescente de objetos exteriores.

Ora, assim como a assimilação sensório-motora das coisas aos esquemas do sujeito prolonga a assimilação biológica do meio ao organismo, também anuncia a assimilação intelectual dos objetos ao espírito, tal como se verifica nas formas mais evoluídas do pensamento racional. Com efeito, a razão apresenta, ao mesmo tempo, uma organização formal das noções que utiliza e uma adaptação dessas noções ao real – organização e adaptação aliás inseparáveis. Ora, a adaptação da razão à experiência tanto supõe uma incorporação dos objetos à organização do sujeito como uma acomodação desta às circunstâncias exteriores. Traduzido em termos racionais, tudo isso quer dizer que a organização é a coerência formal, que a acomodação é a "experiência" e a assimilação é o ato de julgamento, na medida em que une os conteúdos experimentais à forma lógica.

406 O Nascimento da Inteligência na Criança

Ora, essas comparações, sobre as quais insistimos frequentemente, entre o plano biológico, o plano sensório-motor e o plano racional permitem compreender em que é que a assimilação constitui, do ponto de vista funcional, o fato primordial de que a análise deve promanar, seja qual for a interdependência real dos mecanismos. Em cada um dos três planos, com efeito, a acomodação só é possível em função da assimilação, visto que a própria constituição dos esquemas chamados a acomodar-se é devida ao processo assimilador. Quanto às relações entre a organização desses esquemas e a assimilação, pode-se dizer que esta representa o processo dinâmico de que aquela é a expressão estática.

No plano biológico poder-se-ia, é certo, objetar que toda operação de assimilação supõe uma organização prévia. Mas o que é uma estrutura organizada senão um ciclo de operações tais que cada uma é necessária à existência das outras? A assimilação é, pois, o funcionamento próprio do sistema cuja organização constitui o aspecto estrutural.

No plano racional, esse primado da assimilação traduz-se pelo primado do julgamento. Julgar não é, necessariamente, identificar, como se afirma por vezes; é assimilar, isto é, incorporar um novo dado a um esquema anterior, num sistema de implicações já elaborado. Portanto, a assimilação racional supõe sempre, é verdade, uma organização prévia. Mas de onde vem essa organização? Da própria assimilação, pois todo conceito e toda relação exigem um julgamento para se constituírem. Se a interdependência dos julgamentos e dos conceitos demonstra, assim, a da assimilação e da organização, também sublinha, ao mesmo tempo, a natureza dessa interdependência: o juízo assimilador é o elemento ativo do processo cujo conceito organizador é o resultado.

Enfim, no plano sensório-motor, que é o da vida intelectual elementar, insistimos infatigavelmente no mecanismo assimilador que dá origem aos esquemas e à sua organização. A assimilação psicológica, na sua mais simples forma, não é outra coisa, com efeito, senão a tendência de toda a conduta ou de todo o estado psíquico a conservar-se e a extrair, com essa finalidade, a sua alimentação funcional do meio externo. É essa assimilação reprodutora que constitui os esquemas, adquirindo estes sua existência logo que uma conduta, por pouco complexa que seja, dá lugar a um esforço de repetição espontânea e assim se esquematiza. Ora, essa reprodução que, por si mesma e na

A Inteligência "Sensório-Motora" ou "Prática" e as Teorias da Inteligência **407**

medida em que não está enquadrada num esquematismo anterior, não implica qualquer espécie de organização, conduz necessariamente à constituição de um todo organizado. Com efeito, as repetições sucessivas que são devidas à assimilação reprodutora acarretam, em primeiro lugar, uma ampliação da assimilação, sob a forma de operações recognitivas e generalizadoras; na medida em que o novo objetivo se assemelha ao antigo, há reconhecimento e, na medida em que ele difere, há uma generalização do esquema e acomodação. A própria repetição da operação acarreta, pois, a constituição de uma totalidade organizada, resultando a organização da aplicação direta e contínua de um esquema assimilador a uma diversidade dada.

Em resumo, em todos os domínios, a atividade assimiladora manifesta-se como sendo, ao mesmo tempo, o resultado e a origem da organização, o que significa que, do ponto de vista psicológico, necessariamente funcional e dinâmico, ela constitui um verdadeiro fato primordial. Ora, se mostramos, fase após fase, como os progressos do mecanismo assimilador engendram as diversas operações intelectuais, falta explicar, entretanto, de um modo mais sintético, como o fato primordial da assimilação esclarece as características essenciais da inteligência, ou seja, do jogo combinado da construção mental que culmina na dedução e da experiência efetiva ou representativa.

O principal problema a resolver, para uma interpretação baseada na assimilação como, aliás, para toda e qualquer teoria da inteligência que recorra à atividade biológica do próprio sujeito, é o seguinte, segundo nos parece: como explicar, se é um mesmo processo de assimilação do universo ao organismo que se desenrola desde o plano fisiológico até o plano racional, que o sujeito venha a compreender suficientemente a realidade exterior para ser "objetivo" e situar-se ele próprio nela? Com efeito, a assimilação fisiológica está inteiramente centrada no organismo: é uma incorporação do meio ao corpo vivo e o caráter centrípeto desse processo é tão apurado que os elementos incorporados perdem sua natureza específica para se transformarem em substâncias idênticas às do próprio corpo. Pelo contrário a assimilação racional tal como se revela no julgamento não destrói o objeto incorporado ao sujeito, dado que, ao manifestar a atividade deste, submete-o à realidade daquele. O antagonismo desses dois termos extremos é tal que recusaríamos atribuí-los ao mesmo mecanismo se a assimilação sensório-motora não viesse estabelecer uma ponte entre ambos: em

408 O Nascimento da Inteligência na Criança

sua origem, com efeito, a assimilação sensório-motora é tão egocêntrica quanto a assimilação fisiológica, pois só se serve do objeto para alimentar o funcionamento das operações do sujeito, ao passo que, em seu desfecho, o mesmo impulso de assimilação consegue inserir o real nos quadros exatamente adaptados às suas características objetivas, tão bem que tais quadros estão prontos a ser transportados para o plano da linguagem, na forma de conceitos e de relações lógicas. Como explicar, pois, essa passagem da incorporação egocêntrica à adaptação objetiva, passagem essa sem a qual a comparação da assimilação biológica e da assimilação intelectual seria apenas um jogo de palavras?

Uma solução fácil consistiria em atribuir somente essa evolução aos progressos da acomodação. Recordar-se-á, com efeito, que a acomodação, primeiro reduzida a um simples ajustamento global, dá lugar, quando da coordenação dos esquemas secundários e, sobretudo, das reações circulares terciárias, a tentativas dirigidas e a condutas experimentais cada vez mais precisas. Não bastaria, pois, para explicar a passagem da assimilação deformante para a assimilação objetiva, recorrer a esse fator concomitante que é a acomodação?

Sem dúvida, é o progresso da acomodação que assinala a objetividade crescente dos esquemas de assimilação. Mas, contentarmo-nos com semelhante explicação, equivale a responder à pergunta com a própria pergunta ou, então, a dizer que a assimilação das coisas ao sujeito perde cada vez mais importância à medida que a inteligência se desenvolve. Na realidade, a assimilação conserva, em cada fase, o mesmo papel essencial e o verdadeiro problema, que é saber como os progressos da acomodação são possíveis, só pode ser resolvido recorrendo, uma vez mais, à análise do mecanismo assimilador.

Com efeito, por que é que a acomodação dos esquemas ao meio exterior, que se torna tão precisa com o desenvolvimento da inteligência, não foi dada desde o início? Por que é que a evolução da inteligência sensório-motora nos surge como uma extraversão progressiva, em vez de as operações elementares serem voltadas, desde o início, para o meio externo? Na realidade, essa exteriorização gradual, que se manifesta, à primeira vista como a característica essencial da sucessão das nossas seis fases, constitui apenas um dos dois aspectos dessa evolução. O segundo movimento, exatamente complementar e necessário à explicação do primeiro, é o processo de coordenação crescente que

A Inteligência "Sensório-Motora" ou "Prática" e as Teorias da Inteligência **409**

marca os progressos da assimilação como tal. Ao passo que os esquemas iniciais só estão interligados graças à sua subestrutura reflexa e orgânica, os esquemas mais evoluídos, inicialmente primários depois secundários e terciários, organizam-se pouco a pouco em sistemas coerentes, em virtude de um processo de assimilação mútua sobre que insistimos frequentemente e que comparamos à implicação crescente dos conceitos e relações. Ora, não só esse progresso da assimilação é correlativo ao da acomodação, mas, além disso, é ele que possibilita a objetivação gradual da própria inteligência.

Com efeito, o próprio de um esquema de assimilação é propender a aplicar-se a tudo e a conquistar o universo da percepção na sua totalidade. Mas, ao generalizar-se, forçoso é que se diferencie. Essa diferenciação não resulta apenas da diversidade dos objetos a que o esquema tem de acomodar-se; tal explicação remeter-nos-ia de volta à solução já rejeitada, demasiado simples porque nada força a criança a levar em conta a multiplicidade do real, tanto que a sua assimilação é deformante, isto é, ela utiliza os objetos como simples alimentos funcionais. A diferenciação dos esquemas opera-se na medida em que os objetos são assimilados por diversos esquemas, simultaneamente, e em que a sua diversidade se torna, destarte, suficientemente digna de interesse para impor-se à acomodação (por exemplo, os quadros visuais são diferenciados pela preensão, pela sucção, pela audição etc.). Sem dúvida, mesmo sem coordenação com outros esquemas, cada um deles dá lugar a diferenciações espontâneas; mas estas são de pouca importância e é a variedade infinita das combinações possíveis entre esquemas que constitui o grande fator de diferenciação. Sabe-se, pois, como o progresso da acomodação é correlativo do da assimilação; é na medida em que a coordenação dos esquemas impele o sujeito a interessar-se pela diversidade do real que a acomodação diferencia os esquemas e não em virtude de uma tendência imediata à acomodação.

Ora, essa coordenação e essa diferenciação de esquemas bastam para explicar a objetivação crescente da assimilação, sem que haja necessidade de romper a unidade desse processo para elucidar a passagem da incorporação egocêntrica dos primeiros tempos ao julgamento propriamente dito. Compare-se, a título de exemplo, a atitude do bebê diante de um objeto que ele balança ou de um corpo que ele joga à terra com a que está subentendida nos juízos "eis aqui um objeto pendurado" ou "os corpos caem". Esses juízos são, sem

410 O Nascimento da Inteligência na Criança

dúvida, mais "objetivos" do que as atitudes ativas correspondentes, no sentido de que estas últimas se limitam a assimilar os dados percebidos a uma atividade prática do sujeito, ao passo que as proposições formuladas os inserem não mais num esquema único e elementar, mas num sistema complexo de esquemas e relações: as definições do objeto suspenso ou da queda de corpos supõem, com efeito, uma elaboração das características das coisas em classes hierarquizadas, unidas por múltiplas relações e esquemas que englobam, de perto ou de longe, toda a experiência presente e passada do sujeito. Mas à parte essa diferença de complexidade, logo, de diferenciação e coordenação dos esquemas (sem falar, bem entendido, de sua tradução simbólica no plano da linguagem e do reagrupamento que essa construção verbal e essa socialização supõem), tais juízos nada mais fazem do que incorporar as qualidades percebidas num sistema de esquemas que assenta, em definitivo, na ação do sujeito. Não seria difícil, com efeito, mostrar que as classes e relações hierarquizadas subentendidas por esses julgamentos aplicam-se, em última análise, sobre os esquemas sensório-motores subjacentes em toda a elaboração ativa. Assim, as qualidades de posição, forma, movimento etc., percebidas no objeto suspenso ou nos corpos que caem, não são nem mais nem menos objetivas do que as qualidades mais globais que servem ao bebê para reconhecer o objeto a balançar ou o objeto a atirar: é a própria coordenação, isto é, a assimilação múltipla, construindo um número crescente de relações entre os complexos "ação x objeto", que explica a objetivação. É o que veremos em pormenores no v. II, ao estudar a construção do objeto e a objetivação do espaço, da causalidade e do tempo, durante os dois primeiros anos da infância.

Portanto, é um mesmo e único processo de assimilação que leva o sujeito, em via de se incorporar ao universo, a estruturar esse universo em função da sua própria organização e a situar a sua atividade, finalmente, entre as próprias coisas. Mas, se essa inversão gradual do sentido da assimilação não é só devida à experiência, o papel da acomodação à experiência nem por isso é menos necessário, e convém recordá-lo agora. As teorias em curso tendem a superestimar o papel da experiência, como o empirismo neoassociacionista, ou a subestimá-lo, como a Psicologia da Forma. Na realidade, como vimos há instantes, a acomodação dos esquemas à experiência desenvolve-se na mesma medida dos progressos da assimilação. Em outras palavras, as relações

A Inteligência "Sensório-Motora" ou "Prática" e as Teorias da Inteligência **411**

entre o sujeito e o seu meio consistem numa interação radical, de modo tal que a consciência não começa pelo conhecimento dos objetos nem pelo da atividade do sujeito, mas por um estado indiferenciado; e é desse estado que derivam dois movimentos complementares, um de incorporação das coisas ao sujeito, o outro de acomodação às próprias coisas.

Mas em que consiste a participação do sujeito e como distinguir a influência do objeto? No início, a distinção é ilusória: o objeto, como alimento funcional, e a atividade do sujeito são radicalmente confundidos. Pelo contrário, na medida em que a acomodação se diferencia da assimilação, pode-se dizer que o papel do sujeito se afirma, essencialmente, na elaboração das formas, enquanto à experiência compete dotá-las de um conteúdo. Porém, como já acentuamos antes, a forma não pode ser dissociada da matéria: as estruturas não estão pré-formadas dentro do sujeito, mas constroem-se à medida das necessidades e das situações. Portanto, dependem em parte da experiência. Inversamente, a experiência não é a única a explicar a diferenciação dos esquemas, visto que, pelas suas próprias coordenações, os esquemas são suscetíveis de multiplicações. A assimilação não se reduz, pois, a uma simples identificação; é, ao mesmo tempo, construção de estruturas e incorporação das coisas a essas estruturas. Em resumo, o dualismo do sujeito e do objeto reduz-se a uma simples diferenciação progressiva entre um polo centrípeto e um polo centrífugo, no seio das constantes interações do organismo e do meio. Do mesmo modo, a experiência jamais é recepção passiva: é acomodação ativa, correlativa à assimilação.

Essa interpretação da acomodação à experiência e da assimilação organizadora permite, segundo nos parece, fornecer uma resposta à pergunta crucial de toda a teoria da inteligência: como explicar a união da fecundidade própria da construção intelectual com o seu rigor progressivo? Não se pode esquecer, de fato, que se a Psicologia, na ordem das ciências, promana das disciplinas biológicas, é a ela que incumbe, entretanto, a tarefa enorme de explicar os princípios das Matemáticas – uma vez que, dada a interdependência do sujeito e do objeto, as próprias ciências constituem um círculo e, se as Ciências Físico-Químicas que fornecem os seus princípios à Biologia assentam nas Ciências Matemáticas, estas, por seu turno, derivam da atividade do sujeito e repousam na Psicologia e, portanto, na Biologia. Assim é que os

412 O Nascimento da Inteligência na Criança

geômetras recorrem aos dados psicológicos para explicar a constituição do espaço e dos objetos sólidos; e veremos, no decurso do v. II, como as leis da inteligência sensório-motora explicam a origem de "grupos de deslocamentos" e a permanência do objeto. Portanto, é necessário a toda teoria da inteligência cogitar sobre a generalidade dos problemas que suscita e foi isso o que muito bem empreendeu Wertheimer, por exemplo, quando tentou aplicar a *Gestalttheorie* à questão do silogismo.

Quanto à fecundidade do raciocínio, pode-se conceber o ato da construção intelectual de um grande número de maneiras, oscilando entre a descoberta de uma realidade exterior toda feita (empirismo) e a explicação de uma estrutura interna já pré-formada (teoria da forma). Mas, no primeiro caso, se o trabalho da inteligência conheceu resultados infinitamente fecundos, pois o espírito foi chamado a descobrir, pouco a pouco, um universo já todo estruturado e inteiramente construído, esse trabalho não comporta qualquer princípio interno de construção e, por consequência, nenhum princípio de rigor dedutivo. No segundo caso, pelo contrário, é do sujeito como tal que deriva o progresso intelectual; mas, se a maturação interna das estruturas é suscetível de explicar a sua coerência progressiva, só o pode fazer à custa da fecundidade; com efeito, que razão temos para crer que formas, por muito numerosas que sejam, nascidas exclusivamente da estrutura do sujeito, sem que a sua experiência intervenha, bastarão para abranger toda a realidade? Ora, na medida em que se admite a interdependência necessária da acomodação à experiência e da assimilação à atividade do sujeito, a fecundidade torna-se, forçosamente, correlativa da coerência. Com efeito, todos os intermediários se apresentam, então, entre a simples descoberta empírica, a que resulta da inserção puramente fortuita de um novo dado num esquema, e a combinação interna de esquemas que culminam na construção mental. Na descoberta mais empírica (como a que resulta das reações circulares terciárias) já intervém um elemento de assimilação, o qual, sob as espécies da repetição ativa e da necessidade intelectual de conservação, anuncia o juízo de identidade, tal como na combinação interna mais refinada (como as construções matemáticas) ainda intervém um dado a que o pensamento se deve acomodar. Por consequência, não existe oposição de natureza entre a descoberta e a invenção (não mais do que entre a indução e a dedução), testemunhando ambas, ao mesmo tempo, uma atividade do espírito e um contato com o real.

Dir-se-á, então, que a organização assimiladora não apresenta, por si mesma, nenhuma fecundidade e limita-se a um trabalho de identificação, resultando sempre a novidade da realidade exterior assimilada? Mas, precisamente, a interação do sujeito e do objeto é tal, dada a interdependência da assimilação e da acomodação, que se torna impossível conceber um dos termos sem o outro. Em outras palavras, a inteligência é construção de relações e não apenas identificação; a elaboração dos esquemas implica tanto uma lógica de relações quanto uma lógica de classes. Por consequência, a organização intelectual é intrinsecamente fecunda, visto que as relações se engendram mutuamente, e essa fecundidade ganha corpo com a riqueza do real, dado que as relações não se concebem independentemente dos termos que as vinculam, nem o inverso.

Quanto ao rigor ou à coerência assim obtida, está em proporção direta da fecundidade e isso na medida em que a coordenação dos esquemas iguala a sua diferenciação. Ora, como é precisamente essa coordenação crescente que permite a acomodação à diversidade do real, e como a coordenação se obtém não só por fusão identificadora, mas ainda por um qualquer sistema de relações recíprocas, não importa qual, não há dúvida de que existe correlação entre a unidade do sistema de esquemas e a sua riqueza. Com efeito, o rigor das operações não resulta, necessariamente, da identificação, mas de sua reciprocidade em geral: a assimilação recíproca que explica a coordenação dos esquemas é, portanto, o ponto de partida dessa reversibilidade das operações, a qual, em todos os níveis, se impõe como o critério do rigor e da coerência.

Em resumo, o problema da invenção, que constitui em muitos aspectos o problema central da inteligência, não requer, na hipótese dos esquemas, qualquer solução especial por esta razão: a organização de que a atividade assimiladora é testemunho é, essencialmente, construção e, assim, é de fato invenção, desde o princípio. É por isso que a sexta fase, ou fase da invenção por combinação mental, nos pareceu constituir o ponto culminante das cinco fases precedentes e não o princípio de um novo período; desde a inteligência empírica das quarta e quinta fases, e mesmo a partir da construção dos esquemas primários e secundários, esse poder de construção está em germe e revela-se em cada operação.

O Nascimento da Inteligência na Criança

Em conclusão, a assimilação e a acomodação, inicialmente antagônicas, na medida em que a primeira permanece egocêntrica e em que a segunda é simplesmente imposta pelo meio exterior, completam-se mutuamente na medida em que se diferenciam, sendo os progressos da acomodação favorecidos pela coordenação dos esquemas de assimilação e reciprocamente. Assim é que, a partir do plano sensório-motor, a inteligência supõe uma união sempre estreita da experiência e da dedução, união essa de que o rigor e a fecundidade da razão serão, um dia, o duplo produto.